大学问

始于问而终于明

THE MAKING OF THE MODERN CHINESE STATE: 1600—1949

现代中国的形成

1600

/

1949

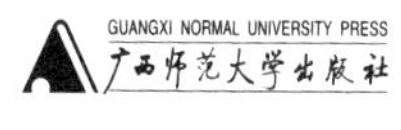

·桂林·

现代中国的形成：1600—1949
XIANDAI ZHONGGUO DE XINGCHENG（1600—1949）

图书在版编目（CIP）数据

现代中国的形成：1600—1949 / 李怀印著. --桂林：广西师范大学出版社，2022.2（2024.11 重印）
（实践社会科学系列 / 黄宗智主编）
ISBN 978-7-5598-4412-5

Ⅰ. ①现… Ⅱ. ①李… Ⅲ. ①中国历史－研究－近现代 Ⅳ. ①K250.7

中国版本图书馆 CIP 数据核字（2021）第 229433 号

广西师范大学出版社出版发行
（广西桂林市五里店路 9 号　邮政编码：541004
网址：http://www.bbtpress.com）
出版人：黄轩庄
全国新华书店经销
广西民族印刷包装集团有限公司印刷
（南宁市高新区高新三路 1 号　邮政编码：530007）
开本：880 mm×1 240 mm　1/32
印张：13.875　字数：300 千
2022 年 2 月第 1 版　2024 年 11 月第 14 次印刷
印数：79 001~84 000 册　定价：89.00 元

如发现印装质量问题，影响阅读，请与出版社发行部门联系调换。

“实践社会科学系列”总序

中国和美国的社会科学近年来多偏重脱离现实的抽象理论建构,而本系列丛书所强调的则是实践中的经济、法律、社会与历史,以及由此呈现的理论逻辑。本丛书所收入的理论作品不是由理论出发去裁剪实践,而是从实践出发去建构理论;所收入的经验研究则是那些具有重要理论含义的著作。

我们拟在如下三个子系列中收入精选后的重要作品,将同时推出中文版和英文版;如果相关作品已有英文版或中文版,则将其翻译出版。三个子系列分别是“实践法史与法理”“实践经济史与经济学”“中国乡村:实践历史、现实与理论”。

现今的社会科学研究通常由某一特定的理论立场出发,提出一项由该理论视角所生发出的研究问题,目标则是证明(有时候是否证)所设定的“假说”。这种研究方法可以是被明确说明的,也可以是未经明言的,但总是带有一系列不言而喻的预设,甚或是无意识的预设。

因为当下的社会科学理论基本上发端于西方,这种认识论的进路经常伴随着西方的经验(诸如资本主义、自由市场、形式主义法律等),以及其理论抽象乃是普适真理的信仰。而在适用于发展中的非西方世界时,社会科学的研究基本上变成一种探索研究对象国家或地区的不足的工作,经常隐含或者公开倡导在西方“模式”道路上的发展。在经济学和法学领域内,它表现得最为明显,这是因为它们是当前最形式主义化和意识形态化的学科。而中国乡村的历史与现实则是最明显与主流西方理论不相符的经验实际。

我们的“实践社会科学系列”倡导把上述的认知过程颠倒过来,不是从源自西方的理论及由此得出的理论假说出发,而是从研究对象国家的实践历史与现实出发,而后进入理论建构。近代以来,面对西方在经济、军事及文化学理上的扩张,非西方国家无可避免地被卷入充满冲突性斗争的历史情境中——传统与西方“现代性”、本土与引进、东方与西方的矛盾。若从西方理论的视野去观察,在发展中国家的历史社会实践中所发生的现象几乎是悖论式的。

我们从实践出发,是因为不同于理论,实践是生成于研究对象国家自身的历史、社会、经济与政治的情境、视域和话语内的。而且由实践(而非理论)出发所发现的问题,更有可能是所研究国家自身的内生要求,而不是源自西方理论/认知所关切的问题。

实践所展示的首先是悖论现象的共存——那些看起来自相矛盾且相互排斥的二元现实,却既真实又真切地共存着。例如,没有(社会)发展的(全球化的)商业化、没有民主的资本主义,或者没有相应司法实践的西化形式主义法律。其挑战着那些在它们之间预设因果关系的主流西方理论的有效性,因此呼吁新理论的构建。此外,理论往往由源自西方的形式演绎逻辑所主导,坚持逻辑上的前后一贯,而实践则不同于理论,惯常地容纳着看起来是自相矛盾的现象。从实践出发的认知要求的是,根据实践自身逻辑的概念化来建构理论——比如中国的“摸着石头过河”。

从实践出发的视野要求将历史过程作为出发点,要求由此出发的理论建构。但是,这样的实践和理论关怀并不意味着简单地拒斥或盲目地无视西方的社会科学理论,而是要与现有理论进行自觉的对话,同时自觉地借鉴和推进西方内部多样的非主流理论传统。此类研究还可以表现在实际层面上,在西方主流的形式主义理论以外,有必要结合西方主流以外的理论传统去理解西方自身的经验——例如,结合法律实用主义(以及马克思主义和后现代主义)和主流的“古典正统”法学传统,去理解美国法律实践的过去和现在,或者结合马克思主义、实体主义和主流的亚当·斯密古典自由主义经济学传统,去理解西方的实践经济史。更重要的还在于,要去揭示这些存在于实践中的结合的运转理论逻辑,在这些看起来相互排斥的二元对立之间,去寻找超越“非此即彼”之逻辑的道路。

我们的丛书拟收入在实践法史与法理、实践经济史与经济学,以及中国乡村的实践历史、现实与理论研究领域内的此类著作,也包括讨论中国创新的著作,这些创新已经发生在实践内,却尚未得到充分的理论关注和表述。我们的目标是要形成一系列具有比主流形式主义研究更适合中国历史、现实的问题意识和理论观念的著作。

黄宗智

中文版前言

此书英文稿的写作，始于2012年，我当时刚刚完成另一部英文书稿《重构近代中国》的写作，该书梳理了20世纪以来中国史家对近代以来中国历史的认知过程，探讨了其在历史叙事的建构上存在的根本问题。这本书在某种意义上是上本书的续编，主要想探讨两方面的问题。首先是对现代中国形成过程的重新认识问题。一个现代国家的形成，离不开四个基本要素，即领土、人口、政府和主权。所以，我们要认识现代中国，至少须回答：中国作为一个以汉人为主体的内地各省和以少数民族为主体的各边疆所组成的多民族国家，在19世纪之前是如何成形并得以维系的？它在19世纪被卷入世界范围的主权国家体系之后，是如何维持自身的生存尤其是既有疆域，并在国际上获得对其主权的确认的？20世纪以来不同形态的国家体制，又是在怎样的历史背景下和通过何种路径而形成的?归根到底,我们需要回答,今天的中国究竟从何而来?其疆域构成、族群组合和政权形态是否具有历史的合理性?她到底是一个具有生命力的现代民族国家,抑或一个在疆域整合和政治认同方面依然面临重重危机的非常态国家?这些问题不解释清楚,中国作为一个现代国家的历史正当性,及其在西方历史经验基础上所建构的国际政治话语中的合法性,便会受到质疑。

其次是中国近现代史的历史书写本身所存在的问题。20世纪以来,海内外史学界对中国近现代史的解读,通常是在革命或现代化叙事的主导下展开的。历史学家的研究对象,大都是跟这些叙事相关的重大历史事件和重要人物;社会经济史研究所关注的,也是全国或地区范围内的长期结构性发展趋势。而历史书写背后的终极关怀,都跟革命/社会主义抑或现代化/资本主义在20世纪中国的必然性、合法性相关。不过近二三十年来,上述宏大叙事和相关的问题意识已经从中外历史学家的视域中逐渐消退。在革命和现代化宏大叙事失去了往日魅力之后,人们纷纷埋头从事过去一直被边缘化的课题的研究,诸如妇女、性别、宗族、民间宗教、地方社会及各种边缘群体和边缘现象。这些枝节性的具体课题研究,丰富和深化了人们对相关具体历史事实的了解,体现了其独到的学术价值;但是在宏大历史叙事缺位的情况下,新一代的历史书写也存在“碎片化”问题,人们无法——甚至也不愿意——把这些碎片加以拼凑,以了解它们在更为宽广的视域下所体现的历史意义。

因此,欲重新认识现代中国,有必要从过去宏大历史叙事的窠臼及“碎片化”的泥潭里解放出来,站在新千年的全球地缘政治的高度,重新探究对今日中国的历史认识最具挑战性的问题。如果我们对当代中国不是仅仅从政权性质的角度加以界定,而是从更宽广的视角,把它定义为一个现代主权国家,那么,整个中国近现代史的宏大叙事和概念架构,均有待重构。在前述组成现代国家的四个基本要素中,除政权外,还必须考虑到疆域、族群构成和主权形成问题;最为重要的是,政权本身也必须放在国家形成的宏观历史视野里加以理解。中国的近现代史,换句话说,是中国朝向一个现代主权国家转型的历史。这一历史的时间跨度和涵盖范围,远远超出了过去以革命或现代化为主叙事的历史书写。只有这样,我们才能就目前学术界业已提出的跟现代中国国家的历史起源和可持续性相关的各种议题和认识,做出较为全面的、客观的解读。

基于这样一个意图,我在七年前就开始了本书的构思和断断续续的写作。在方法上,此书采用“宏观历史”(macrohistory)的研究路径。所谓宏观历史或大历史,这里有三层基本的含义。其一,它既不同于专门史,也不同于通史。经济史、文化史、思想史、社会史、军事史、外交史等等专门史,各有自己的一套问题意识和概念体系,彼此之间界限分明,治专门史者也很少“跨界”做研究;而通史又面面俱到,无所不包,其分期又受既有的学科体系的约束。本书所采用的大历史路径,则有其独特的综合视角,即有选择地聚焦于地缘战略、财政构造和政治认同三个关键变项,强调从这三者之间的互动过程之中,探寻各个时期国家建构的轨迹。其二,中国的国家转型,是近世以来全球范围的国家形成过程的一部分;中国之走向现代国家的轨迹和动力,也必须置于世界史的视角下加以认识。因此,本书始终以西方及其他非西方社会的历史经验为参照,观察外部各种力量的冲击与内部各种因素的交相作用,如何决定中国的国家转型在各阶段的走向和进展,从而识别国家形成的中国道路。其三,在时间跨度上,本书打破了国内外中国史学界所习惯的古代与近代、近代与现代之间的分期樊篱,把近三个多世纪的中国国家转型历史作为一个既有不同环节又前后贯通的完整过程。

这个写作计划所涉及的范围和时间跨度如此之广,要对每一时期、每个具体议题做第一手的原始档案资料的挖掘和研究,已不可能。所幸过去几十年来,有关清代和民国时期的军政制度和财政经济的大批档案资料,以及各个时期重要历史人物的著述,均已印行;与此同时,中西学术界同行也已经出版了大量跟清代和民国时期的政治、经济、财政、军事制度和人物思想相关的研究成果。本书各章的写作,大量引用了前人的研究成果,均已一一注明。英文初稿写成后,由下列几位学者译成中文:

宋平明(第一、十、十一章)

林盼(第二、三章)

翟洪峰(第四、五章)

马德坤(第六章)

董丽琼(第七章)

李铁强(第八、九章)

在此谨向各位译者致以最诚挚的谢意。译文经过我的仔细校对,部分内容也有所调整,有兴趣的读者,可参阅原版(Huaiyin Li, *The Making of the Modern Chinese State, 1660—1950*, Routledge, 2020)。书中观点和史实不足之处在所难免,竭诚欢迎同行和读者予以指正。

李怀印

2020 年 8 月 25 日于奥斯汀

目　录

图表列表

第一章　导论

问题所在

从帝国到民族国家？

在有关世界近现代史上的国家形成的种种解读中，一个常见的做法是把帝国与民族国家加以对立，视彼此互为反题。现有的帝国史和民族主义诸多著述，均强调了这两种政治体系之间的反差。在这些文献中，帝国总跟好战、扩张、奴役连在一起。不同于现代国家之由享有共同的族群或文化背景的人民所构成，且由其政府直接加以统治，帝国的最基本特征，据经典的解释，是其多族群、跨文化的人口构成，及其对殖民地、属地或朝贡国的间接统治。人们多认为，一个现代民族总是透过弘扬其族群特性和独特的文化传统来建构内部的认同感，而帝国则倾向于拥抱世界主义，声称其思想和制度放之四海而皆准。一个现代国家总是以平等的立场界定其与世界范围的国家体系其他成员之间的关系,而帝国则总是建立在一种等级秩序之上;相对于其核心地带,那些被征服的土地总处于边缘地位。[①]

尤需指出的是,现有的关于现代民族国家的解释,多以西方国家的国家建造的历史经验为依据,强调三个基本特征。其一,人民对国家的高度认同;在理想状态下,国家的疆土与有着共同传统和认同的人民所居住的地域范围大体上是一致的。[②] 其二,一个民族国家同时也是主权国家,对于其边界明确且固定的领土,拥有排他

---

① 有关世界历史上诸帝国的研究,见 Eisenstadt 1963, Doyle 1986, Hobsbawm 1987, Scammell 1989, Pagden 1995, Howe 2002,以及 Burband and Cooper 2010。关于民族主义和民族国家形成过程的研究,见 Greenfeld 1992, Brubaker 1996, Hechter 2000, Gellner 1997, 2006, Opello 2004, Anderson 2006, Roeder 2007 及 Hobsbawm 2012。

② 民族国家大体上可分为两类,尽管它们之间的差异事实上经常是模糊的。一类是所谓的"族群国家"(ethnic nations)或"文化国家",诸如德国,其集体认同乃基于共同的语言、宗教、历史及种族渊源。另一类则是法国那样的所谓"公民国家"或"政治国家",这些国家虽由不同的族群所构成,但他们有"一起生活"在同一块土地之上的共同意愿;国家的统一是基于民众的政治平等意识和在法律面前共同的权利和义务(Smith 1991; Ignatieff 1993; Alter 1994; Shulman 2002)。但是在不同的历史背景下,民族和国家之间的关系复杂多变。有些人认为先出现民族,然后兴起一场民族主义运动以争取本民族的主权,而民族国家的建立正是为了满足此种要求。另一些人则认为,国家比民族先产生,而且在民族的形成过程中发挥了关键作用,即通过武力将不同地区的有着共同语言和传统的民众统一在一起,通过发展全国范围的交通、银行以及其他事业来促进经济统一,或是通过推行一系列政策来促进民族统一文化的形成,比如将各地方言统一成国家的标准语言,向全体国民推广公共教育系统及通用课程。工业资本主义的发展也促进了上述诸多发展,而印刷媒体在其中发挥了特别作用,因为它有助于一个形成中的国家的所有成员增强其"想象的共同体"之成员意识(Anderson 2006)。因此,总体上,民族国家的兴起是近代才有的现象,且主要是在 19 和 20 世纪,尽管在某些特定情形下可追溯至古代或中世纪。

的各种权利，并且在国际法的框架下跟所有其他国家地位平等。① 其三，同样重要的是，民族国家的主权归其人民而非君主所有，理想的政府形态应当是欧洲 17、18 世纪自由主义思想家们所构想的以个人权利和自由为基础的国家，或者是后来在西方和非西方世界日渐流行的体现主权在民的代议制民主国家（Morgan 1988；Yack 2001；Bourke and Skinner 2015；Tuck 2015；Lee 2016）。

不用说，民族国家晚至 20 世纪才在世界上大行其道。随着欧亚大陆旧式帝国的衰亡及二次世界大战后欧洲殖民帝国的崩溃，亚洲和非洲的殖民地人民纷纷效仿 19 世纪拉丁美洲之先例，民族主义运动风起云涌，"新兴国家"次第成立。尽管其历史不算久远，但是人们还是将今日由民族国家所组成的世界视作理所当然，把现代世界史上的国家形成等同于一个从帝国到民族国家的直线过渡，认为帝国只不过是一种由征服所造就的前现代世界之遗存，必然走向衰亡并让位于体现人类理性抉择和自由意志的现代民族国家（Emerson 1960；Mehta 1999；Muthu 2003；Pagden 2003）。

不过，晚近的研究揭示，关于民族国家的此种目的论预设，很少跟现代世界的国家建造的历史实际相吻合。以中世纪和近代早期的欧洲为例，尽管其中的一些主要国家，如英格兰（不列颠）、法

① 1648 年签订的旨在结束神圣罗马帝国的三十年战争，以及西班牙和荷兰的八年战争的《威斯特伐利亚和约》，是主权国家国际体制形成的重要标志。该体制重视下列指导国家间关系的原则：（1）成员国对其自身领土享有完全主权，任何其他国家不得侵犯，国家之间相互尊重领土完整；（2）主权国家享有根本性的自决权，其他任何国家不得干涉其内部事务；（3）国家之间在法律上一律平等；（4）一个主权国家的合法性通过其他国家的外交承认来确立（Philpott 2000；Kissinger 2014：11—41；另见 Beaulac 2000；Krasner 2001；Osiander 2001）。

兰西及西班牙,在有关民族主义的研究中通常被视作经典的、界定明确的早期"民族国家",但是军事征服和殖民在它们的形成过程中却起到关键作用,其情形跟帝国的形成过程并无实质性的区别。如果我们把视野转移到1870年代以后直至第一次世界大战时期的欧洲,会发现英、法、德等列强之间的民族主义对抗,包括它们对海外殖民地的争夺和走向全球性帝国的过程,使得帝国与民族国家之间的界限更加模糊不清。此一时期的民族主义,究其实质而言,是帝国主义的;尽管所有这些欧洲国家相互之间均视对方为民族国家,但它们都力求在全球扩张,打造海外殖民帝国。① 历史学家贝利因此精辟地写道:"帝国主义与民族主义均属于同一现象。"(Bayly 2004:230)库马尔也说:"如果民族国家可以被视作帝国的话,那么,帝国(尤其是现代帝国)也无非是民族国家的放大而已。"(Kumar 2010:133)②

① 清末民初中国最负影响力的政论家梁启超,曾把19世纪晚期欧洲民族国家之间的竞争所驱动的对外扩张,恰如其分地称作"民族帝国主义"或"新帝国主义"(*YBS*:767—768,787—789)。

② 把从帝国到国家视为现代国家建造唯一普遍适用的路径,这一宏大叙事之所以成问题,还因为它无法解释当今亚、非、中东和东欧许多国家所面临的危机。这些国家大多是在民族主义运动的高潮时期以人为划界的方式匆忙造成的,境内各族群的人民之间缺乏共享的民族意识,从而给这些地区带来长期的种族或宗教冲突、内战、种族屠杀或恐怖袭击,以及由此所产生的对旧日帝国的怀旧心理(Wimmer 2002;Kappeler 2001:392;Mann 2005;Pitts 2005;Esherick,Kayali,and Young 2006:2—4)。

中国的历史实际

帝国—民族国家的二分法以及所谓“从帝国到民族国家”的演进范式，不仅不适用于中世纪晚期和近现代欧洲的历史，也不能用来解读中国的国家形成路径，尽管不少研究者视此范式为理所当然。中国在过去数个世纪向现代民族国家的过渡历程中，在以下三个重要的方面，对“帝国—民族国家”的二分法和民族国家的目的论构成了挑战。

先就清朝(1644—1911)的形成而言。自从1640年代取代明朝、控制内地各省之后，直至1690年代后期，在长达半个世纪的时间里，清朝并未从事陆地疆域的扩张。此后几十年中，清朝虽然通过一系列征战，将外蒙古、新疆和西藏正式纳入自己的治理范围，但在1750年代之后，直至19世纪后半期跟西方及日本发生全面碰撞之前，其疆域一直保持稳定。可以说，战争和扩张，在清朝入关之后的漫长历史上，是例外而非通则。所有这些，都跟世界历史上诸如奥斯曼这样的帝国形成鲜明对比，后者的历史自始至终充满与其竞争者之间的征战，疆域也一直处在不断地扩张或收缩状态；这些帝国没有固定的边界，只有前沿地带，亦即“暂时的外在极限，帝国的军队只能在那里停止，无法进一步推进”；这些前沿只是“帝国与帝国之外的人民之间一种具有弹性的军事和经济接触地带而已”(Opello 2004:9)。与此形成鲜明对比的是，清朝要么通过条约或协议，要么透过习惯性的分界，跟周边邻国均有相对固定的边界，甚至在一些重要的边界地段驻扎军队或有兵力巡防(孙宏年

2006,2011;X. Liu 2010:11)。边疆之外,清朝还对周边的一系列小国维持宗主权;后者定期对清廷朝贡,但它们并不在“中国”的疆界之内,清廷从未视之为其疆域的一部分。

因此,这里产生了一个问题:清朝到底是否为一帝国?它为何在1690年代至1750年代期间对边疆用兵?又为何在此之后终止此类军事行动?最为重要的是,为什么清朝在随后的一个世纪保守自己的疆域不变,直至欧洲列强的到来?到底是什么样的机制使得清代得以长期在国内维持和平与秩序?这些问题之所以重要,是因为今日中国的现代国家,亦即中华人民共和国,乃是转经民国、间接地建立在清朝的疆域之上。清朝如何奠定并统治自己的疆域,对于我们理解现代中国作为一个民族国家的起源及其生命力,十分关键;我们将以此为历史基点,判定“帝国—民族国家”的规范认识是否适用于中国的国家形成过程。

其次,不同于欧洲国家之在国际法架构下相互承认主权,亚洲和非洲的传统国家在达到西方所强加给它们的“文明”标准之前,一直被当作落后、原始的群体,不配享有主权,从而被排斥在这一源自欧洲的国家体系之外。它们被卷入以欧洲为中心的国家体系,只能意味着遭受西方列强的征服和殖民化,一如绝大多数亚非国家在19世纪和20世纪早期所实际经历的那样(Obregon 2012)。中国在19世纪和其他非西方国家一样,也被卷入了全球性的国家体系。由于中国在传统上是东亚唯一的主导力量,并声称对周边所有国家拥有文化和政治上的优越性,因此中国融入以欧洲为中心的国家体系的过程尤为困难和漫长。对它而言,最大挑战是放弃自己一直宣扬的世界中心地位,平等对待其他所有国家,并终结与周边附属国的宗藩关系，承认它们的独立。中国当然不愿这样做，除非遭遇到了无法抵抗的外部压力。因此，在成为一个主权国家之前，它不得不屈服于那些军事上击败自己的列强的要求，比如治外法权、固定关税、割让土地以及给予列强单边最惠国待遇。尽管如此，在整个非西方世界，中国是少数几个在帝国主义冲击下得以幸存的国家（其他几个这样的国家包括日本、暹罗/泰国、波斯/伊朗以及阿比西尼亚/埃塞俄比亚）。更令人称奇的是，晚清中国不仅幸免于列强的征服，而且开始向主权国家全面转型，且一直将自己的边疆（包括蒙古、新疆和西藏等）大体保存完好。同样令人印象深刻的是，清朝在1911年的终结，并没有导致边疆脱离中国；相反，清帝在退位之际，其版图完整地由新生的中华民国加以继承。因此这里产生了另一个问题：中国到底有何凭借，使其能够抵抗帝国主义的冲击，保持领土的大体完整？晚清中国当然算不上是非西方世界在卷入世界国家体系之后最为成功的国家，尤其是跟邻近的日本相比的话。不过1949年之前和之后流行于中国的民族主义历史书写只突出晚清以来的"百年屈辱"，远不足以全面概括中国在这一个世纪所经历的突破和坎坷（H.Li 2013）。

再者，由于受民族主义的种种学说尤其是"主权在民"理念的影响，同时由于18世纪美国革命和法国革命的激励，世界各地几乎所有的民族革命的倡导者，均追求同样一个目标，即他们所要建立的政府，不仅要对自己的土地拥有完全的主权，而且要采用代议制民主的形式。中国的现代志士也不例外。晚清的革命党人，以及后来的国民党和共产党人，均致力于在中国建立一个共和国。但是，民国宪法所规定的民主制度，在现实中很少能够运作；它在北京的北洋政府时期(1912—1927)不得不对独裁退让,而在南京国民政府时期(1927—1949),则为一党统治所替代。共产党人在打败国民党之后,摒弃了国民党在1946年一度尝试的宪政体制,把新政权定性为共产党领导下的人民民主专政的国家。因此,这里需要探究,为什么数个世纪以来的国家转型过程会反复出现此一阶段性结局。

中国:为何既"大"且"强"?

总之,中国从1640年代至1940年代长达三个世纪的国家转型过程,产生了这样一个政治实体,它不仅地域辽阔,而且就权力结构而言也很坚固。既"大"且"强",亦即超大规模的领土和人口,与一个高度强势的政府体制之间独一无二的结合,乃是今日中国作为一个现代国家的最大特征。

对于现代中国来说,作为一个"大国"可谓意义非凡。1980年代以降,中国经济飞速发展,至2010年代业已成为世界上最大的制造国,以及全球经济增长最重要的引擎。当然,中国的大部分成就要归功于后毛泽东时代的改革政策给经济发展所提供的制度支撑,比如市场机制的推行、国外资金和技术的使用、对于私人产权的承认和保护、交通网络的建设,最重要的是加入了WTO,使中国经济融入了世界体系。但是,这些制度安排对于中国来说并没有什么特别之处,因为自由市场、私有产权、外国投资等等这些因素,都可以在其他大大小小的发达国家和发展中国家找到。让中国在世界一枝独秀的最重要因素,其实是中国的庞大体量。中国拥有全世界最庞大的人口,使其制造业具备了广阔的国内消费市场和充足的劳动力。辽阔的国土加上丰富的自然资源,使中国经济能够高度独立且体系完备。另外,就地缘政治而言,大国也意味着更广阔的机动空间和庞大的动员能力,而人均国防费用的降低,也使得经济发展倍加受益。

这种“大而强”的奇特结合,既有优点也有弱点。有关国家规模的研究表明,大国虽然在提供公共服务方面人均成本较低,但是在人口构成方面更有可能复杂多元,从而给其经济增长带来负面影响(Alesina and Spolaore 1997,2003)。种族多元的国家,不得不克服国内语言差异所带来的各种障碍,以及不同种族和宗教之间的冲突所引起的潜在动荡。而在这一方面,中国可谓得天独厚。这不仅是因为中国的绝大部分人口都是汉族(约 91%),从而使得中国既是一个大国,同时就内地省份而言,又是人口高度同质的国家,这在世界上绝无仅有。同样重要的是,少数民族主要集中于五个自治区(在很大程度上是在清朝的边疆地区基础之上建立起来的),从而使创造经济“奇迹”的内陆省份免于种族或是宗教差异所带来的社会冲突。最为重要的是,由“大国”所带来的在资源调控和行政整合上的种种不利因素,在很大程度上,因为一个强势政府的存在而被抵消或受到控制。尽管 1950 年代到 1970 年代反复出现的政治运动给国家带来短暂的失序和混乱,尽管在毛时代以及后毛时代少数民族地区发生过小规模的冲突和骚乱,但是中央政权依旧能够对整个国家实施有效治理,启动工业化进程且取得巨大成就。

质言之,中国和其他非西方国家的区别之处,在于其兼具幅员辽阔的国土和强大的行政力量。中国的国家建造的历史经验,从两个方面“偏离”了“从帝国到民族国家”的“正常”路径:其一,它并没有经历多族群帝国的崩溃、分裂并在此基础上形成一系列各自独立的民族国家,相反,至20世纪中叶,在中国所出现的是一个就领土格局而言,跟清朝在极盛时期的疆域大体相当的国家(其中一个显著的例外当然是1945年外蒙古正式脱离中国);现代中国因此乃是世界上唯一一个建立在旧日“帝国”疆域之上的民族国家。其二,它并没有建立一个西式的体现主权在民原则的代议制民主制度,最终产生的是一个高度集权的国家。其生命力之强,乃至在建国后近七十年间维持其政党—国家的体制基本不变。这在21世纪的世界诸大国中,同样是独一无二的。

因此,这里的一个终极问题是,今天的中国是否为一具有历史合法性的“民族国家”?作为一个现代国家,中国为何具有如此超大的规模,且具有如此强固的组织结构?今后的中国国家是否能够维持“既大且强”的格局?进而言之,中国的国家转型过程至今有没有结束?经过几十年改革后中国所面临的经济、社会和政治方面的多重难题以及这些难题带来的不确定性,使人们有理由质问,一个大且强的中国能否在未来的几十年继续维持其现状?而内地省份的汉族民众以及边疆少数民族在形成共同的国家认同方面所遇到的挑战,也使部分人存疑,中国是否会像1990年代初的苏联那样解体并在清朝原有的边疆地区产生数个独立国家?抑或相反,中国是否有可能凭借其强大经济力量所展现出来的与日俱增的影响力,一如18世纪的清朝,在本区域重建自己的地缘支配地位?

建造现代中国:三个关键环节

中国的国家起源,可溯至中华文明的远古时期。在清朝之前的数千年里,古代中国国家由公元前 11 世纪以前黄河中下游的若干小邦,最终演进至明朝(1368—1644)那样一个成熟的中央集权的官僚制国家,其行政权大体上限于以汉人为主的两京十三省,此乃众所周知的事实。[①] 不过,此项研究将揭示,今日中国作为一个集权的现代主权国家,是 1640 年代至 1940 年代这段更为晚近的国家转型过程之累积的结果。国家转型包括重建下列三组关系:汉人与其他族群的关系,这比其他因素更能决定中国的疆域构成和治理方式;中国和外国的关系,它决定了中国国家的战略目标和政策优先项;中央和地方的关系,它决定了中国国家的权力架构及其应对国内外挑战的能力。以下各章还将论证,中国的国家转型是一个连贯的历史过程,包含如下三个关键环节。

其一,将中国由明朝所代表的以汉人为主体的原初型族群国家,经过清朝至 1750 年代为止的军事征讨和行政整合,再造为一个多族群的疆域国家。"中国"的有效治理范围骤然扩大,从明代的两京十三省,延伸至满人、蒙古人、中亚穆斯林、藏人以及其他非汉人所居住的亚洲内陆各个边疆。国家的地缘战略也从明代视华北

① 中外若干历史学家、考古学家和历史地理学家,均致力于研究中国如何从远古时代的部落国家成长为统一的中原王朝(例见 Lattimore 1988[1940];K.Chang 1983;谭其骧 1982—1988,1991;R.Huang 1997;王明珂 1997;C.Chang 2007;葛剑雄 2013;葛兆光 2011)。

为核心地带,对长城以外的游牧部落采取守势,一变而为以满洲和大漠以南的蒙古族聚居区为核心、以内地省份为腹地、靠边疆提供防卫保障的新格局;由此所产生的行政体制和治理方式,也独具特色,且带来清代国家的长期稳定。此一步骤之所以重要,是因为它奠定了现代中国国家赖以形成的地理的、人口的乃至行政的基础。

其二,再将中国由一个自居于周边各国之上的疆域国家,重构为一个近代主权国家。国家重建的关键,是通过变法自强,融入世界范围的国家体系。这一过程始自 19 世纪下半叶,分为两个步骤:起初是在外力胁迫下,放弃对周边国家的权利,终结旧有的宗藩体制,在法律上承认其与世界其他国家的平等地位;继而(也更为重要的)是在列强的环视和侵逼下维持现有的领土状况和国家权益。中国作为一个近代主权国之制度的和法律的架构的建立,完成于晚清;而国家主权自身的健全和恢复,则晚至第二次世界大战结束才基本完成。这一过程之所以重要,是因为它奠定了现代中国国家赖以形成和运作的法理架构。

其三,将中国由一个军事上和行政上非集中化的国家,经过重建和整合,改造为一个高度集权、统一的现代国家。在此过程中,抗拒外国入侵,维护领土完整,依然是建国的重要目标,但是,国家重建的中心舞台,已经转到内部,其关键在于消除或制服对抗中央的地方离心力量。较量的结果,总是地方势力瓦解和取代现有的中央政权;而制胜的关键,则在财政军事资源的集中和政治认同的打造。国家的制度架构因此也在“中央”与“地方”的不断对抗、更替中,一步步走向统一和集权。正是这样一个以克服非集中化和追求政治统一为中心内容的过程及其历史遗产,塑就了延续至今的现代中国国家的政治实体。

中国国家转型的这三个环节在历史层面和逻辑层面都是紧密联系的。每一环对于缔造现代中国均不可或缺,并且,如果不放在长达三个世纪的国家转型过程中加以审视,就无法充分理解。中国在17世纪晚期以及18世纪初期的持续用兵,导致疆域的整合和中国的重新界定;由此所形成的国家尽管表面上具有"帝国"的某些外在特征,却显现出军事或殖民帝国所不具有的稳定性和持久性。在19世纪融入世界体系的过程中,中国区别于所有其他非西方国家的地方,不在其疆土之不断受损,而是在中央权力式微的情况下,完成了向近代主权国家的过渡,使其体现传统秩序的疆域,变成现代国际法意义上的领土。因此,20世纪的国家重建,不是在原先统一的朝代国家崩溃之后,由不同族群和宗教背景的政治力量,在各自所在的区域建立自己的国家,而是由挑战中央的地方势力,自下而上地完成国家权力的再集中和领土的整合。这三个步骤中的每一步,在现代中国的成长过程中,都是至关紧要的突破,同时彼此之间又显现了内在的连续性。其过程之复杂,绝非"帝国—民族国家"之二元对立和线性演进图式所可概括。

地缘、财政、认同:一个分析架构

以下三个因素是理解国家重建过程之关键所在:一是地缘政治环境。在此环境中,国家针对来自国内、国外的挑战和机会,制定相应的战略优先目标,而这些目标又进一步决定了国家对各种资源的需求程度。二是财政军事实力。它取决于经济规模的大小,经济资源在多大程度上可供国家抽取,以及国家通过税收、借贷、征用、动员或其他手段将资源转化成真正的财政收入和军事实力的能力。三是政治认同。它决定了国家对所掌握的资源进行再分配和加以使用的有效程度。下面对这三个因素展开分析。

地缘政治

地缘政治事关一个国家相对于其他国家的国力和地位,以及这种地位对于国内政治的影响。国家间关系在不同的国家体系中表现出来的形式也不一样。大致上,我们可以确定如下三种类型:第一种类型是主权国家之间的平行关系,这种关系流行于 1648 年《威斯特伐利亚和约》签订之后的欧洲,在这种关系中,每个国家将他国视为法律上和外交上平等的主体,而且“每个国家与他国总是处于竞争状态,并通过与对手的比较以获得自身的认同”(Tilly 1990:23)。地理位置对于不同类型的国家的成长是非常关键的。如果一个国家的国境线较长且与他国接壤过多,那么就会面对更多的地面战争的危险,因此也就更加急需建立一支常备军,以及一个受控于集权政府的庞大官僚体系,以应对陆战的威胁;而像英国这样的海洋国家,不存在来自其他大陆国家的军事威胁,因此无须维持庞大的常备军,同时也更易形成议会政治以及自治政府(Hintze 1975;Roberts 1967)。

第二种是体现在一个庞大帝国内部国家间关系上的垂直类型。在 17 世纪中叶之前的欧洲以及 19 世纪或 20 世纪初之前的世界其他地区,各个帝国通过军事征服或是版图扩张建立其统治地位。尽管这些帝国并不一定直接统治其征服的领土,但是会采取各种强制手段,将附属国置于其羽翼之下,要求其臣服并定期朝贡。在近代,这些帝国不仅要在政治上控制它们的附属国和殖民地,并且进一步将这些属国和殖民地变成帝国的原材料供应者及其工业品的倾销市场,因此会将帝国内部的国家间关系融入一个更大的资本主义世界体系,这一体系包含工业化的核心地区以及外围的农业地区(Wallerstern 1974)。

第三种类型存在于东亚地区,中国是其中唯一的主导力量。总体上,中国的王朝满足于与其附属国礼仪性的交往,其具体形式是由属国定期向中国的朝廷进贡,而朝廷则给予其属国的政权以相应的互惠支持。属国对中国的臣服完全是自愿的,是基于对中国文化和政治影响力的认可。世界上其他地区的帝国一般会将其殖民地置于其军事控制之下,并要求缴纳大量的贡品,而清廷以及此前的其他朝代仅仅只是通过各种仪式和庆典,对属国维持名义上的统治。这种礼仪性的交往并未给朝廷带来多少物质利益,因为属国的贡品价值通常不及朝廷回赠的礼品。总之,东亚的朝贡体系只是礼仪性的,只是朝廷确认其统治地位以及属国换取认可和保护的一种互利性需求而已(Fairbank and Teng 1941,李云泉2004;另见 Hamashita 2008,Esherick 2010)。

地缘政治也牵涉到如何应对来自一个国家内部的各种挑战,尤其是因为种族、宗教、语言的不同或是文化价值的差异而发生的各种冲突。为了应对这些可能的冲突和挑战,国家可能会(1)压制这种冲突并使抗争者屈服,(2)将冲突中的各个集团强制隔离,给他们划定特定生活区域并阻止相互接触,或(3)同化那些较小的、边缘化的集团,使其融入主流群体之中。总之,一个国家的人口越是单一,发生这种冲突的可能性就越小,反之亦然。因此,蒂利特别重视单一的人口构成在成功塑造一个民族国家过程中的重要性:“一个国家的人口在文化上是同质的,就有可能做出统一的行政制度安排,就能增强所辖人口的忠诚和团结(只要这个国家的统治者属于相同的文化),统治者就能利用现成的沟通机制,从而大大降低国家构建的成本。”(Tilly 1975:42)如果同一民族或宗教的民众有不同的利益诉求,他们之间也会发生冲突,导致垄断暴力的群体与挑战垄断的群体之间发生内战。一旦发生反抗或内战,反抗者须有固定地盘以获得后勤支持;地理上的孤立以及全国经济和行政体系的非集中化,构成了地方反叛或分离势力生存发展的必要条件。

财政—军事构造

一个国家是否能够克服内外挑战,很大程度上取决于其财政和军事实力,进而言之,乃取决于国家对经济的抽取能力。多种因素在其中发挥作用。在前资本主义时代生产技术或生产关系没有重大突破的前提下,加大劳动力的投入,便能够提升经济产出(亦即所谓的“马尔萨斯式增长”),但是边际回报的无限趋小,会使劳动力的进一步投入变得没有意义。因此,人口是其中一个关键因素,它决定了可供国家抽取的经济盈余的规模(即总产出减去维持人口生存所需部分)。在人口增长尚未对土地产生压力之前,更多的人口便意味着更多的劳动力;经济总产也会相应上升,并给国家提供更多的可供抽取的资源。一旦土地资源得到充分利用，人口便达到最优规模；而人口的进一步增长将会给土地带来压力，导致经济盈余减少，国家的收入也会趋紧。

有多种途径可以打破这种僵局以增加经济剩余，并进而增强国家对经济的榨取能力。比如，经济形态从传统的自给自足型转变到一种新形态，即通过生产过程中的劳动分工和商品交换，以提高生产率和经济产出（即所谓斯密型经济增长）。此一转型会使国家的财源从土地或农业转变为贸易和商业。而生产率的更为根本的突破，则在现代科学知识和技术在生产上的应用，在理论上可带来经济产出的无限扩大（亦即现代经济增长模式）。这一历史过程始于18世纪末期和19世纪早期的欧洲工业革命，进而在19世纪后半期延伸至东亚。急剧增长的工业品以及不断扩张的国内外贸易，成为国家最重要的税源。

国家有多种手段将经济盈余从潜在的资源变成实在的财力。除了对土地征收直接税以及对商品和服务征收间接税，还可以采用金融手段，以获取额外的财政收入，比如通货膨胀、发行国债或者借款等。另外，也可以出售政府职位或是荣誉称号以增加收入。最后，通过军事扩张和征服，对新攫取的土地征税，或是要求附属国进贡，这些都是增加国家财富的最有效办法。

抽取资源的不同程度和手段，对于国家机器的形成，有着不同的影响。人们普遍认为，对土地征税难度大，成本高；因此，早期近代欧洲国家的统治者，在征收农业税时，倾向于一种较为便利的手段，即把征税权委托给专门的代理人。然而，这些包收人征税的手段却是掠夺性的，经常征税过度，导致民众反抗。包收人还会拿走税收中原本可以成为国家财政收入的很大一部分。农村地区的反抗迫使国家采用强制手段以获取税收,从而导致专制主义政权的产生,国家形成因此走上所谓"强制密集"道路。另一方面,在商业化的经济体系中,对商品、地主精英的财富进行征税或是向富人借钱会相对容易些。但是,与富人讨价还价就意味着统治者须减轻官僚机构的干预,放弃使用强迫性的抽取手段,从而为城市精英进入政府创造了条件,使宪政国家的发育成为可能,国家因此走向"资本密集"道路(Tilly 1985;另见 Mann 1980,1986:450—490;Downing 1992:3—17)。最后,军事征服和领土扩张会导致帝国的形成。对这些帝国而言,备战以及从征服的土地上攫取资源本身就是其行政机构和军事机构的主要目的。如此形成的帝国,一旦不能继续征战并获得维持帝国生存的财政收入,便会陷入危机和衰落过程,最终导致帝国的解体以及附属国的独立。

政治认同

除了地缘和财政因素,我们还需进一步探讨国家为了实现其目标,将如何使用财政和军事资源,亦即这些资源是如何在中央及其在地方层面的代理人或竞争者之间进行再分配的。总体而言,我们可以确定出三种再分配模式。其一,高度地方化的分配模式,结果产生虚弱的中央政府以及强势的地方政府;地方政府控制了本区域的财政和军事力量,彼此之间展开争斗,或者为了谋取更多的权力和财富,而与中央争斗。其二,高度集中化的分配模式:中央垄断所有资源,而地方则因缺乏资源不得不听命于中央。其三,资源的分配介于上述两种极端之间;中央和地方都控制了一定的财政收入和军事力量,两方的平衡关系因为某一方所控制的资源超过另一方而被打破。因此,财政和军事力量的分配格局,反映了各方政治力量的利益聚合程度;利益聚合程度越高,则财政和军事力量更有可能趋向集中,中央在应对内外挑战方面会更加强势,反之亦然。

如何有效利用军事和财政资源,在很大程度上取决于一个社会政治集团成员内部的认同及组织凝聚力。认同存在于不同的层面。在草根层面,认同感的形成多基于血缘关系、亲疏远近、地理远近以及共同的经历等等因素。当然,认同感的形成也可以超越个人层次,把同一区域或同一集团的人群凝聚在一起,而共同的归属感、共同的事业以及领导者因其个人能力、魅力及意识形态诉求所带来的个人影响力,则构成其中的纽带。在更高的层面上,不同宗教的信众以及不同族群之间,也可能基于共同的经济利益或政治使命而形成认同。最后,在国家层面,民众可以进一步克服族群背景和阶级地位的差异,为了全民族的利益而团结在一起。

因此,财政和军事资源的使用效率,取决于资源再分配的层面如何与介入再分配的个人或群体的认同感关联。较高程度的正面关联会导致资源的高效利用以及高水平的竞争力,反之亦然。如果资源集中于中央,而介入分配的各支势力克服了地区或集团利益的差异,对中央产生了强烈的认同,那么,财政和军事资源便能得到有效的利用。相反,如果人们对于国家的认同感很弱,政府领导人不得不转而利用较低层面的认同感(派系的或是私人的)来维持统治,其管理和使用各种资源的效率便很差,政府甚至会陷入瘫痪状态。另一方面,如果一个区域势力或是地方集团不仅控制了其辖区内或集团内部的各种资源,并且能够在内部形成强烈的认同感,那么便能成为强有力的竞争者,对更上层的权威构成挑战。

若干关键论题

早期近代疆域国家的形成

现代国家在中国的形成过程,始自清朝前期边疆的开拓和疆域的整合;战争在此一过程中的确起到关键作用。由此所产生的清代国家,与此前的明朝相比,在地缘战略和行政结构上确有根本的不同。但清朝并不能因此等同于世界史上所常见的军事帝国或征服王朝。为说明此点,有必要把清朝的扩张分为两个完全不同的阶段。从满人的后金政权在东北兴起,到入关之后取代明朝,至1650年代基本控制关内各省,是为扩张的第一阶段;此时扩张的目的,是为了获得更多的土地、人口和财富,这跟欧亚大陆诸帝国以及中国历史上的帝国形成过程,并没有根本的不同。但在此之后,清朝失去了进一步扩张的势头;它无意将自己的疆域延伸到现有的版图(满洲、内蒙以及内地各省)之外。在1640年代之后将近半个世纪,清朝的版图基本未变;其立国的目标是维持在关内的统治,重建曾存在于明朝与亚洲内陆各游牧政权之间的朝贡制度。在此期间没有迹象表明,清朝统治者有意进一步扩张。直至1690年代后期,清朝才开始了第二波征伐,至1750年代结束,外蒙、新疆和西藏最终纳入其有效治理范围。正是在此一阶段,清朝的疆域整合显示出与世界历史上其他帝国的兴起完全不同的动力，由此所形成的国家，也异于通常意义上的帝国。

欲理解满族统治者为何从 1690 年代开始发动对北部、西北和西南部的征讨，有必要认识一下清朝独特的地缘战略。此一战略的核心是满族与大漠以南蒙古部落的结盟；这种结盟曾对清人南下征服明朝起到关键作用，也对此后拱卫京师不可或缺。清廷之所以在 1690 年代发动一系列的征讨，正是因为来自大漠以西的准噶尔蒙古部落东侵外蒙古、南下内蒙古，直接对京师构成了威胁。因此，不同于满族在第一阶段的军事征战之具有进攻、扩张性，其在第二阶段的历次战役均为防御或预防性的，包括为了把准噶尔势力从西藏驱逐出去以及最终为彻底消除隐患对其所发动的征讨。新疆、外蒙以及西藏之正式纳入治理体系，只不过是这些征讨行动的副产品，而不是征讨本身原初的目标。不同于世界历史上帝国建造的典型路径，即以边疆作跳板进一步向外扩张，因而从来没有固定的边界，清朝在 1750 年代达成清除准噶尔的目标之后，其版图即大体固定下来，并且在此后的一个多世纪一直保持不变（此后对缅甸、大小金川用兵，均为回击或平乱性质，并未对其疆域产生影响）；与周边邻国的边界，也通过正式谈判或非正式的习惯性划分而得以界定。在其历史的大部分时间里，清朝并不寻求通过战争获得邻国的土地。它将自己定位为一个上承明朝、统治整个中国的正统王朝，并以内地各省为其全部的财源；而对边疆各地区，则以军队加以驻守，以确保其地缘战略上的安全。

因此，19 世纪以前的清朝跟世界历史上的任何其他政治体系皆不相同；它既非一主权国家，也不是一般意义上的征服帝国。在三个重要方面,18 世纪中后期国力鼎盛时期的清朝独具一格。其一是它的地缘政治环境。作为亚洲东部和内陆唯一居于支配地位的强国,它没有对手可以在规模和实力上对其构成致命的挑战,因此也就不存在持续不断地扩大和更新军力的压力。欧洲各国及相邻地区所出现的军事革命,在清朝于 19 世纪晚期卷入全球范围的国家体系之前,从未发生过。国与国之间的竞争和交战,曾在欧洲早期近代国家形成过程中起关键作用,但在清朝迁都北京后,对其政权体制影响不彰。军事开支的不断上扬,曾经驱动欧洲各地的国家建造过程(更准确地说,是促使各国不断加强国家机器的榨取能力),但对清代国家的行政结构冲击不大,直至 19 世纪中叶地缘环境发生彻底改变之前均是如此。

其二是清朝独特的治理方式。有两个因素使得清朝的统治具有低成本、高效率的特征:内地人口的高度同质,使得种族和宗教纠纷减至最低程度;同时,国家对儒家说教和治理传统的一贯尊崇,也大大减低了汉人对清朝统治的抵触情绪,并赢得了汉人精英的忠诚。因此,清朝没有必要打造一个庞大的国家机器,以最大程度地抽取财源;相反,由于没有来自周边的军事压力,清朝的政府规模极小,主要是依靠乡绅和宗族组织维持地方村社的秩序及履行对国家的义务。军事开支的相对固定,政府运作的低成本,纳税人口的庞大,所有这些因素交相作用的结果,是使清代得以长期执行低税政策,一直到 19 世纪晚期为止。换言之,清代之所以能够维持低税率,并非因为它无力抽取更多来自土地的剩余资源,而是因为没有必要。所有这些,皆与早期近代和近代欧洲的所谓"财政—军事国家"适成鲜明对比;后者因面临不断上升的军事开支,所以财政需求也不断飙升，进而驱动国家扩大和重建行政机器，以增强税收能力。

因此，清朝不同于早期近代世界上的其他国家，还在于其独特的财政构造。早期近代欧洲的民族国家的财政体系是动态的，大都依靠间接税，具有扩张的潜力，这不仅因为支撑它的工商业一直在成长，也因为战争和庞大的官僚系统的开销在加剧国家财政上的需求。与之相反，19 世纪中叶之前，清朝财政体系是静态的，以田赋为主要收入，其收支结构基本固定。清朝的财政结构之所以缺乏弹性，当然是因为其地缘上的高枕无忧，使得军事开销相对稳定并处在一个较低水平，同时也因为人口与耕地的比率依然处在一个适度的状态；即使税率很低，因为纳税人口庞大，国家依然拥有充沛的财源。清朝的财政体系中由此形成一种独一无二的均衡结构，即财政收入相对稳定，并稍高于相对固定的财政开支。可是，无论是清朝的地缘优势，还是其人口规模，均非恒定不变的，只要这两个前提条件中的任何一个受到破坏，此一均衡状态即不存在。财政构造的这一特征，对清朝的兴衰起到至关紧要的作用。它有自身的优点，即在正常情况下，每年可产生一定的盈余，长此以往会是一个很大的数目；正是凭借此一盈余，清廷可以大规模用兵，而不必增加土地税率。但是它也有自身的弱点，亦即均衡状态的脆弱性，最终将在 19 世纪因为上述前提条件不复存在而深刻影响着中国的转型道路。

其三是清朝的边疆政策也不同于其他帝国。世界历史上各帝国的建立，其驱动力均来自宗教诉求或来自统治者对土地、人口和财富的贪得无厌，而不是出于自身防卫的需要。清朝正好相反；它之所以将外蒙古、新疆和西藏等地变成自己的边疆,并不是因为对这些地方的财富感兴趣,更不是为了传播宗教,而是由于这些边疆在地缘战略上的重要性。清朝仅仅是在其防卫受到来自外部(主要是准噶尔部落)的威胁之后,才发动一系列征讨,导致边疆的扩大。也正因为如此,清朝治理边疆的目标,并不是要那里提供贡赋或税款,以增加自身的税收,而是要确保边疆的稳定,使之对其核心地带和核心利益起到保障作用。在其他帝国历史上,对殖民地肆意剥削,对被征服对象进行政治和宗教压迫,是司空见惯的现象;与殖民帝国不同的是,清廷对边疆的贡赋要求微乎其微,仅具象征意义,甚至要为边疆的行政体系提供财政补贴。它对边疆的治理采取的是一种实用的方式,即一方面鼓励满洲贵族与蒙古王公通婚,庇护蒙藏统治精英所信奉的宗教,但并不在满人内部或全国其他地方提倡之;对于边疆的世俗和宗教领袖,它牢固掌握自己的任免或认可权;且对边疆的精英分而治之,限制其影响力。所有这些都使得清代国家始终能够维持边疆的稳定。清代这些行之有效的政策,也在很大程度上说明了这些边疆即使在清朝垮台之后,依然接受中央政权名义上或实质性的控制。此一事实跟其他所有帝国衰退或灭亡之后,其边疆、属地或殖民地纷纷独立,构成鲜明的对比。硬要把清代的国家形成,与欧亚大陆诸帝国创建过程加以比附,显然没有足够的理由。

清代国家不仅不能跟欧亚大陆历史上的军事帝国画等号,也不能跟中国历史上的汉人王朝等而视之。满人的入关统治,不仅带来版图的扩大,更进一步导致中国的重新定位和定义。此前的明朝和其他华夏王朝,亦即原初形态的中国,本质上是以汉人为主体族群的国家，国家赖以存在的基础是对本族群及其文化的认同；就地缘战略而言，其核心地带始终未超出内蒙古草原以南的中原地区。相比之下，清朝作为一个“外来”王朝，有着不同于以明朝为代表的汉人王朝的生存战略和核心利益。不同于后者之抱守中原腹地，视长城以北为化外，视所有非汉人族群为外番，清朝开疆扩土之后，将满人、蒙古人、穆斯林和藏人地带变成边疆，地缘上“内”与“外”的概念也为之一变。所谓“内”，已从明代两京十三省扩及包括内地十八省和所有边疆的整个中国；而“外”则由原来长城以外的所有游牧部落，转变为边疆以外的周边邻国。18 世纪中叶以后的“中国”，也从清代以前的以汉人为主体、以对华夏文明的认同为基础、边界模糊的原初型族群国家，过渡为一个多族群的、边界日趋清晰和固定的疆域国家。因此，如果抱守传统史学中的汉人中心论，将边疆人口看作“少数民族”，视之可有可无，无疑弱化了清代历史中最富意义的部分。然而，如果过分强调边疆的作用，认为清朝是一个“亚洲内陆帝国”，认为内地各省仅仅是此一帝国诸多版块中的普通组成部分，同样失之偏颇。清朝移都北京后，清楚地将自己界定为明朝的继承者，即一个版图扩大之后的“中国”（不仅包含内地省份，也包含边疆地区）的正统王朝。对于清廷而言，内地和边疆功能各异。内地为大清提供了统治整个中国的合法性，并为中央提供了几乎全部的财源；而边疆仅仅用来捍卫国家的战略安全，巩固其对内地省份的统治，而非赖以作为财源。清朝之所以可以称之为“中国”的一个朝代，而非满人的或是亚洲内陆的帝国，正因为它一直以内地各省为国祚之根本。

因此，我们最好把清代中国定义为一个前近代的或早期近代的疆域国家:它拥有固定的边界和稳定的版图,拥有一支形制完备的常备军,拥有一个高度集权的以职业官僚为主体的行政体制,这些均为中世纪欧洲大大小小的政治体所不具备,而跟早期近代欧洲的民族国家颇多相似之处,但它不属于一个正形成于西方的、由主权国家所构成的近代世界体系之一员。另一方面,它又不同于靠战争维持其生命的传统军事帝国,也不同于前近代世界历史上缺少明确疆域概念的各种形式的政治实体。作为一个高度集权、疆域固定的大国,它比非西方世界的其他任何政治实体,都更加具备向主权国家过渡的条件,同时也将会遭受来自西方的更为严重的冲击。

迈向近代主权国家

对早期近代欧洲的绝大多数地区而言,中央集权的国家的兴起和领土的巩固,皆发生于由诸多国家所构成的国际体系之中,这些国家在国际法下既互认为平等伙伴,又展开激烈竞争。中国的不同之处在于,清朝作为一个疆域国家的形成,与其介入世界国家体系,是两个不同的步骤。第一步已在1750年代完成,而第二步则要等到19世纪遭遇重大危机之后。从18世纪末开始,清朝在三个方面连续遭遇危机。一是在人口方面。在17和18世纪,中国人口增长了四倍,对土地资源构成日益严重的压力,最终导致1790年代后期和1850年代两场大规模内乱。二是在地缘政治方面,即欧洲两大强国(英、法)出于商业利益反复入侵中国。这两大危机叠加在一起,破坏了先前在清朝财政构造中长期存在的低度均衡状态。

第三种危机则涉及汉人精英对清廷的认同。太平天国和清末十年的政治运动先后冲击了这种认同，它们均诉诸历史上和现实中的满汉矛盾，以动员民众反抗清廷。尽管面临这三重危机，清朝仍在19 世纪后半期以“自强”为旗号经历了一场现代化运动；义和团运动之后，现代化运动在“新政”的名义下以更大的规模在全国铺展。因此，当清朝于 1911 年走到终点时，中国已经经过重新打造，在基本维持其版图、避免边疆分离的同时，政权本身无论在军事上还是行政、外交体制上，均经历了相当程度的现代化。这跟近代欧亚大陆诸帝国之四分五裂以及绝大多数非西方国家之遭受西方征服和沦为其殖民地的命运，形成了鲜明对比。晚清中国历史固然充满了挫折和屈辱，但放眼整个非西方世界，它更是一部国家转型非常成功的历史。

有三种因素可以解释晚清国家的这种适应能力。首先，其财政构造发生转型，即由原来供需两侧均缺乏弹性和扩张能力的低度均衡机制，转变为一种高度不均衡机制；在此机制中，不断增长的需求推动了供应的增加，而且非农业财政收入（间接税、借款以及其他财政手段）取代田赋，成为国家岁入的最重要来源。而在财政转型背后起支撑作用的，则是中国的辽阔疆域、庞大人口以及由此所产生的巨大经济体量。因此，不管新产生的资源抽取机制多么低效和不合理，它总能提供足够的财源，满足中央和地方政府急剧增长的开支需求。此项转型，完成于 1850 年代至 1870 年代，其代价乃是中央失去了对各省正式的和非正式的各种财源的控制，以及汉人精英势力的崛起；后者通过控制本地区的财政、军事以及行政资源，在同治、光绪年间“中兴”大业中起到关键作用。需要强调的是,整个晚清时期,尽管地方督抚所能支配的财源远远超过了既往,但中央从未失去对督抚们的控制和对地方上财政、军事和行政资源分配的最终决定权。这种格局,亦即"地方化集中主义"(localized centralism),乃是晚清国家在太平天国期间及之后近半个世纪赖以度过内忧外患、维持不坠的关键所在。中央与地方势力的消长,不能简单地视为一种零和游戏。

第二个因素是清朝为了应对来自中亚和东南沿海的地缘政治危机而调整了其国防战略。中亚的军事力量在1860年代中期入侵新疆,这对清廷来说是一个传统的威胁;而在1870年代,清朝又开始在东南沿海面临来自日本的新威胁。清廷的传统战略是优先确保内陆边疆地区的安全,这种战略与清朝新获得的财政—军事实力结合在一起,使其能够成功地收复新疆。而海防在清朝的总体战略中的重要性也在迅速上升,但当政者对其紧迫性认识不足,资金投入有限,结果导致甲午战争的惨败。不过,新型的财政构造具有足够的灵活性和扩张性,使得清朝可以承受战后对日赔款,并支撑1900年之后全面展开的现代化事业。

财政转型和地缘战略调整所折射的,是晚清国家的治理能力。晚清政府问题重重,官员腐败、守旧、排外现象比比皆是,但是,它毕竟建立在以个人能力为衡量标准的科举制度之上,因而封疆大吏当中不缺通晓时务、精明能干之士;整个政府体制依然能够在内忧外患中控制局势,对现代化所需资源起到协调和控制作用。国家的世俗主义取向,汉人官僚的经世致用传统,士大夫因朝廷尊崇儒学而对清朝所产生的忠诚,所有这些都使得那些掌管国家各部和各省的官员,有能力履行其基本职能。因此,尽管自1850年代起中央的财政、军事和用人权力在向各省下移，但是，它依然能够平定清朝历史上前所未有的内乱，收复边疆失地；在1894年中日战争之前的数十年间，中国依然能够推展国防、制造业、交通运输、教育和外交的现代化，从而出现长达三十年的中兴局面，并且在庚子义和团运动之后以“新政”的名义展开新一轮的全面现代化工程。也可以说，中央权力下移与地方封疆大吏的自强、新政举措，两者实互为因果。权力地方化本身并不是坏事，如果它没有直接导致国土四分五裂的话；恰恰相反，它实际上是晚清国家赖以幸存、中国得以开启向近代主权国家转型的基本条件。

第三个有助晚清度过内忧外患的因素，是汉人和非汉人精英所共享的“中国”认同。1750年代以后清代国家的长期和平与稳定，使得世世代代居于其内的各个族群（尤其是他们当中的精英阶层）对现有疆域产生归属感。朝廷对边疆地区宗教的庇护，对边疆精英阶层的优待，满人的汉化，汉人之移民满洲、内蒙古和新疆，以及清朝在最后几十年力求将边疆的行政和内地省份加以整合，所有这些都有助于在各族精英阶层中培养共同的国家观念；其中，汉人官僚精英之超越对朝廷忠诚的中国意识的觉醒尤为关键。晚清国家的权力非集中化之所以没有伴随国土的四分五裂，主要原因也在这里。晚清绝大多数的革命党人和来自不同背景的改良派人物，尽管在对待朝廷的问题上立场不同，但皆有一个共识，即把中国（包括内地和边疆）打造为一个统一的现代国家，无论其政体是共和还是君主立宪。虽然部分革命党人在其早期活动中诉诸反满言论以博取民众支持，但他们很快便放弃此一做法，提出满、蒙、汉、藏、回“五族共和”，并获得一些满人精英和边疆地区其他非汉人精英的响应。这些均有助于中华民国在1912年成立时能够继承前清的边疆。

总之,晚清国家在19世纪后半期对财政、军事和行政体系的改造和中国共识的形成,决定了中国走向近代主权国家过程中的成与败。从鸦片战争到义和团,中国在与外国列强的遭遇中屡受重创。战后一系列不平等条约的签订,尤其是割地赔款之耻,刺激了每位仁人志士。这一连串的失败,经过20世纪民族主义历史书写的刻意放大,遂成为晚清政权在帝国主义欺凌下"丧权辱国"的集体记忆。然而,除了"失败"的记录,晚清中国还创造了一连串令人讶异的"成功";其中最可述者,无疑是它在卷入欧洲列强所主导的国际体系之后,通过外交和行政体制的变革,不断地朝近代主权国家的目标迈进,并通过地缘战略的调整和国防的近代化,始终能够维持其原有版图的基本格局和政府体系的独立运作,成为幸免于沦亡的少数几个非西方国家之一。而这一系列成功的关键,除了财政构造的非集中化及其所具有的高度扩张性,使晚清的各项近代化事业成为可能之外,背后更为根本的,乃是19世纪后期官僚和知识精英的政治意识日渐发生转变,从原先对朝廷的效忠,过渡到对形成中的主权国家即"中国"的效忠。主权国家的利益和朦胧的民族意识,超越了族群、派系的樊篱,成为凝聚共识、形塑集体行动的最大公约数。此前汉、唐、宋、明原初型族群国家历史语境中所特有的"化内"与"化外"的概念,以及清代早期疆域国家所使用的"域内"与"域外"、"海内"与"海外"的二分法,到了晚清和民初,已经日渐被"中国"与"外国"、"国内"与"国外"的二分法所取代。此一转变所折射的,正是近代主权国家在中国的形成过程。

统一集权的现代国家之肇建

国家转型的第三个突破,是针对晚清财政、军事和行政体系的零碎化,及其最终演变为民国初年的军阀混战,走上政治统一和权力再集中的道路。正是在此过程中,我们终于看到中国跟某些欧洲国家类似的发展。战争成为建国的驱动力;能否为战争而扩充财源和凝聚共识,成为决定建国成败最关键的因素。

国家重建的最初突破,出现在清朝覆没之后20年间。这一时期因为政治分裂和军阀混战,而被人们视作中国近代史上的黑暗时期。然而,恰恰是在这种分裂和无序状态中,产生了区域性的财政—军事政权(regional fiscal-military regimes)。各军阀或军阀派系不只是为了生存和扩张而无休止地相互争斗;其中的佼佼者也耗费巨大精力来巩固自身政权,所采用的手段包括:在所控制的辖区内建立集中化的官僚系统,致力于财政和金融系统的统一和标准化,建设公路、铁路以及其他基础设施,提升公共教育和医疗卫生,鼓励工商业发展,提倡基层自治,允许省级或县级议会的存在,从而在地方精英当中建立共识。我们不妨把这些努力统称为"集中化的地方主义"(centralized localism),它源自晚清地方化的集权主义,又是对后者的纠正和超越,使那些最有雄心的军阀能够将其所控制的省份打造成了区域性强权,其最终目标则是全国的政治统一和中央集权。到1920年代中期,在所有这些区域政权中,有两大力量最为成功也最具影响力,即满洲地区张作霖领导的奉系集团,以及孙中山所领导的广东国民党政权。到1930年代早期,经过北伐,国民党势力最终消灭或制服了其他所有军阀,推动了国家的统一。因此,不同于欧洲的先行者(以英、法为代表)所走的从上到下的建国路径,亦即从中央到地方逐级实现国家权力的集中化和科层化,中国在清末自上而下的"新政"失败之后,所走的是一种自下而上的路线,即由强大的地方力量逐步统一,然后再建立全国政权,一如欧洲民族国家形成过程中的那些后来者(以德、意为代表)。

国民党之所以能够统一全国,凭借以下三种因素:地缘政治方面,它在广东获得苏俄的物质援助,这对其早期的军事建设极为关键。财政上,它能抽取到比其他任何对手更多的财政资源:最初依靠统一广东的财政和金融体系;进入长江下游地区后,则通过发行公债和银行借款从江浙财阀那里获取支援;继而控制了海关和全国工商税收。另外,国民党在宣传上致力于国家统一和反对帝国主义,也赢得各方社会政治力量的认可。而党化教育和以党领军、以党领政的实践,则使国民党试图通过其意识形态的灌输和组织上的渗透,达成对军队和行政系统的全面控制。因此,北伐时期的国民革命军士气高昂,战场上节节胜利。此后二十来年,国民党政权在建国上的成就,举其要者,有以下二端:

其一,经过十多年的整合,到抗战全面爆发前夕,国民政府在蒋介石的领导下,已经建立了一个全国性的政治和军事架构,消弭了过去各区域割据势力之间的公开对抗和政治分裂;在财政和税制上也在逐步建立全国统一的制度。一个政治上和军事上统一的强大现代国家初见端倪。事实上,也正是由于中国的政治军事局势快速地朝着此一方向推进,日本军国主义势力才在 1931 年贸然占领满洲,在 1937 年发动全面侵华战争,因为一个统一强盛的现代中国的成长,必然意味着日本的帝国主义扩张野心的终结。所以中日之间的全面交锋在 1930 年代已势所难免,蒋介石所能做到的,是尽可能培育自身实力,推迟战事的发生。抗战爆发后,国民党军队因与日军实力相差悬殊,节节败退,乃意料中事;然而战前十多年的政治和军事整合,对八年全面抗战期间国民政府能够将各派系凝聚在一起,不仅在日本的大举进攻下幸存下来,而且组织了有效的抵抗,最终以胜者的姿态结束这场战争,仍起到关键作用。

其二,正是由于国民政府所领导的中国在第二次世界大战远东战场上所起的关键作用,故而在二战结束前后,现代国家的建造获得了前所未有的突破。国民政府次第废除了自鸦片战争以来外国列强跟清政府所签订的一系列不平等条约,取消了外人在华治外法权及其他各项特权,取消了外国在华设立的公共租界,并且早在 1929 年即已实行关税自主;由于打败了日本,中国收回了台湾和澎湖列岛,恢复了对东北三省的治权;同样重要的是,中国以联合国的创始国和安理会五个常任理事国之一的身份,确定了其在世界上的政治大国地位。

然而,同样一组因素(地缘、财政以及认同)也能解释国民党的建国失败。事实证明,自 1870 年代以来,国家重建的最大威胁来自日本。奉系集团原本是国民党在北方最强劲的对手,正是因为日本占领满洲,导致其走向衰亡。1937 年后,日本的全面侵华战争进一步中断了国民党的国家统一和重建事业,与此同时,中共在抗战后方不断发展壮大,最终成为国民党最大的对手。财政上,在 1927 年定都南京之后,国民党不仅优先在军事上投入大量经费,以巩固地盘,而且作为一个全国政权,还需承担全国事业机构和军事机关的巨大开支,结果不堪重负。政治上,尽管蒋介石通过制服各支军阀以及党内对手建立了个人权威,尽管抗战时期各派力量面对全民族的生存危机也暂时接受了蒋介石的领袖地位,但他从来没有消除党内、党外对手的挑战。其领袖地位更多是建立在与对手的妥协之上,而不是依靠意识形态的说服力和个人魅力。因此,一旦抗战结束,国共内战再度发生,嫡系与非嫡系之间的矛盾在战场上表露无遗,各支部队无法真正做到协调行动,在与中共部队的大规模作战中一再败北,最终在大陆全面溃败。概言之,国民党政权的最根本弱项,是其党政军体制的不完全集中主义或"半集中主义"(semi-centralism)。尽管在 1927 年之前,作为一支地方势力,国民党的财政军事组织比任何其他竞争对手都更加统一、集中,从而有能力击败或收编对手,但在 1928 年名义上统一全国之后,南京政府不仅未能成功地整编各支地方势力,也未能打造一个集权、高效的行政管理体系,更谈不上把国家权力有效地渗透到城乡底层社会,建立一个可以满足国家的财政收入和社会控制需求的基础结构。

对比之下,中共在与国民党的竞争中取胜,恰恰是因为它在地缘、财政和认同三方面同时取得突破。二战结束后,曾经构成建国之最大障碍的日本战败了,苏联的介入则构成了国共斗争中最重要的地缘因素。苏联红军所占领的东北地区,是中国农业剩余最多,近代交通、能源、制造业和军火业最集中的地区。中共军队充分利用了这一优势。尽管进入满洲的过程因苏方顾忌中苏同盟条约所承担的义务并不顺利,但在占领东北大部之后,其财政军事构造发生了根本性转换:中央主力从原来困顿于西北地瘠人稀的边区、缺乏枪支弹药、只能靠游击战术生存的地方势力,变成了兵源充沛、供应充足、拥有大批量新式武器的强大军队,终于可以与国民党军队相抗衡、在正规战场上一决雌雄。中共的财政体制,也从原先以农业剩余为主要财源、各支部队自筹自用、各根据地自成一体的分散状态,逐渐过渡到统一集中、各根据地相互协调、连为一体并且学会利用城市工商税源和现代财政手段的新体制。整个内战期间,中共的财政构造越来越呈现为新与旧两种体制的巧妙结合:利用高度集中的、跨解放区的新体制,它可以在短时期内动员巨大财力和物资,支撑大规模兵团作战;与此同时,在兵源和后勤供给上,它延续了延安时期已经十分成熟的草根动员模式,借助党组织对乡村的渗透和土改运动,以几乎无偿的方式,动员千百万民众提供源源不断的物质和人力支持。此构造因而是扩张型的、可持续的,并且能够维持总体上的平衡。中共的优势,因此即在其新获得的集中控制的城市经济和财政资源,与其传统的分散控制的人力动员及后勤保障模式的巧妙结合,新旧体制相得益彰,从而产生了巨大而源源不断的战斗力。

最重要的是,中共在1940年代不仅克服了其早期历史上对莫斯科的过分依赖,而且通过克服党内高层的宗派主义和各根据地的山头主义,确立了毛泽东的政治领袖和意识形态权威地位。政治上的高度集中,加上内战初期的军事劣势所带来的生存危机,使得不同地区的中共军队能够做到和衷共济,服从中央统一领导,战场上相互协调。与此同时,中共重视意识形态宣传,透过党组织严密组织基层官兵,加上推行土地改革,给农民参军带来物质激励,使军队保持着旺盛的士气。因此,中共党政机关以及整个军队,从上到下都形成了对于毛泽东领袖地位的高度认同以及求胜的强烈期待。与国民党相比,共产党政权最根本的不同,是其在权力结构、财政军事体制和政治认同方面的“全面集中主义”(total-centralism)。中共正是凭借此一优势,把自己打造成为民国肇建以来最具竞争力的一支建国力量,有能力将自己从区域推向全国,最终建立起一个高度集中统一的国家政权,彻底扭转了晚清以来权力下移、头轻脚重的政治格局。

总之,克服源自19世纪后期的权力非集中化趋势和各种离心力量,以“革命”的名义致力于国家的再造,是20世纪中国国家转型最为关键的一步,而政党则成为完成此一任务的利器。党不仅成为革命的中坚,而且革命本身是以党的名义,依靠党的组织渗透和控制来进行的。革命的成败,跟地缘的变局和财政军事资源的掌控息息相关,但是最终起决定作用的,还是党内力量的凝聚。加入政党成为投身革命的必要门槛;“党内”与“党外”成为识别革命势力的基本标杆。对党的忠诚,超越其他一切,成为衡量一个人是否革命的最重要尺度。而这种忠诚并非抽象的,在打造党内认同的过程中,它被具体化为对党的“正统”意识形态的无条件尊崇以及在组织上对党的各级权威尤其是最高领袖的服从。共产党之所以最终能够击败国民党,不仅因为革命的后期,即国共内战期间,其地缘环境和财政军事资源发生了颠覆性的转变,更重要的是它在凝聚党内共识、达成组织团结方面,把国民党远远抛在后面。

纵观中国的国家转型漫长历程,如果说前两个环节(即多族群的疆域国家的形成及其向近代主权国家的过渡)解释了现代中国为何在规模上很“大”的话,第三个环节则回答了它为什么在结构上很“强”的问题。20 世纪的中国,不仅没有像土耳其那样,经过帝国裂变后,使其疆域回归主体民族的腹地,而且也没有像战后土耳其共和国那样,走上议会民主的道路,而是以建立一个高度集权的国家而告一段落。所有这些,皆与“从帝国到民族国家”的目的论相悖,后者对民族国家做了双重界定,即不仅是一个由共享文化或族群传统的人民所构成的主权国家,而且是体现主权在民理念的民主政体,而在 20 世纪的国际政治上,“民主”被等同于欧美式的代议制多党政治,为二次大战后的众多亚非国家以及苏联解体后的东欧国家纷纷仿效。

中国道路的独特性

中国迈向现代民族国家的道路,之所以不同于其他国家的历史经验,可归诸前近代和近代的三项历史遗产。首先是汉族人口的巨大规模和同质性。此一人群所共享的文化、族群以及疆土的归属感,带来了华夏文明之异乎寻常的生命力及强大的向心力,并驱动历代的军事竞争者致力于结束分裂、混战的局面,建立大一统国家。面对 19 世纪中国所面临的生存危机,越来越多的政治和知识精英产生一种担当意识,即均把挽救社稷当作首务,而对朝廷的忠诚则退居其次。正是这种原初型态的民族主义,推动他们在晚清从事洋务新政。在 20 世纪前期,军阀混战之所以让位于国家统一,很大程度上也是因为民族主义日渐深入人心,军阀割据遭到唾弃,终结政治分裂乃大势所趋。同样,民国时期的中国之所以能够在 1937 年后抵御日本的全面入侵,与其归因于蒋介石的个人领导,毋宁说是因为有了全民共识,人民不分党派,结成统一战线,共赴国难。1949年以后,中国之所以能够保持稳定,不仅因为党在组织上和意识形态上对社会的组织管理,更因为内地各省主要是以高度同质的汉族人口为主,从而把族群和宗教纠纷降至最低程度。相比之下,在第三世界的众多"新兴国家",因其疆界多系人为划定,建国之前或过程中并未完成族群、文化和政治的整合,因此建国后均面临层出不穷的种族、语言和宗教纠纷,由此产生社会动荡、内战乃至种族屠杀,整个国家长期处于动乱和穷困之中。[①]

第二项遗产是清代国家的边疆建设。如前所述,清朝之所以把有效治理范围扩展至外蒙、新疆和西藏,并不是觊觎其财富或者出于宗教原因,而是为了捍卫其地缘战略上的核心利益。它在治理边疆上所采取的实用主义策略,培育了边疆地区的世俗和宗教领袖对朝廷的忠诚,或者至少是使他们为了自身特权和地位合法而不得不仰赖朝廷。清朝治理边疆的上述遗产,使得边疆的部分宗教精英在1912年民国成立之后依然效忠中央,同时也使得中央政权依然可以声索对边疆的主权。所有这些,均不同于其他帝国历史上的边疆或属地、殖民地之长期抗拒宗主国的榨取和奴役,并

---

① 梁启超早在1912年即指出中国内地人口的同质,以及由此所塑成的"民族性",作为区别于其他国家的一大优势,对民族建国所起的关键作用:"盖民族之建设一国家,为事本极不易,……而我国乃有天幸,借先民之灵,相洽以为一体。东渐于海,西被于流沙,朔南暨;宗教同,言语文字同,礼俗同;无地方部落之相残,无门第阶级之互阋;并世诸国中,其国民性之成熟具足,未或能我先也。……夫我之有此浑融统一完全具足之国民性,此即其国家所恃以与天地长久也。"他进一步把中国与印度加以比较:"今之印度,犹有沟绝不通之种族三十余,言语百二十种,部落酋长亦数十。盖印度自始无统一之枢轴,自始无国民性也。"并据此排除了中国被灭亡、瓜分的可能(*LQC*,8:217—218)。

且在帝国衰亡过程中或覆灭之后纷纷宣告独立。在清朝中央与边疆的关系史上，这样的榨取和奴役几乎不存在。

第三项遗产是国家财权、军权和行政权的地方化。这首先是晚清自强新政的动力和结果，它既使清朝在太平天国之后的数十年间得以继续生存，也导致地方督抚的大权独揽，使得朝廷在清末最后十年收回权力的努力付诸东流。民国初期，国家的权力下移依然如故，各省领袖拥兵自重，互争地盘，无视中央。因此，重新集权成为民国时期国家再造之最重大的任务，先后有三个主角担当此任，其路径则均为集权化的地方主义：一是1920年代的各个区域性财政军事政权，它们成功地在省一级或者跨省的范围内实行了某种程度的集中化，在大大小小的军阀竞争中得以幸存，最终崛起为全国范围的竞争者；二是国民党国家，通过与各家军阀的较量和妥协，建立起合法的中央政府，并在一定程度上实行了全国的统一，但是未能消灭那些自主的或者半独立的地方实力派，国家权力并未完全集中；三是共产党领导的力量，通过建立一个高度集中的军事体制和有效的民众动员机制，打败了国民党，统一了中国大陆。这三个主角中的每一个，都对国家权力走向集中和国家统一，起到承先启后的推动作用。对于生活在20世纪的绝大多数中国人来说，共产党革命的遗产，与其说是它的意识形态的号召力或者是它通过土地改革给大多数民众所带来的物质上的好处（1950年代的农业集体化使之不复存在），不如说是它终结了长期的政治动荡，统一了国家，从而为它所许愿的民族复兴铺平了道路。由此所产生的中华人民共和国，在性质上不同于苏联或东欧其他共产党国家，这些国家的政权之所以产生，只不过是由一群组织严密的革命党人利用了一时的政治混乱局面和政府的软弱无力而得手,或者是由外力所强加;革命之前,它们从未经历过长期的政治分裂,革命本身当然也没有长期追求统一集权的历史背景。换言之,这些国家的共产党政权的历史正当性,远不及1949年后的中国。

经过三个世纪的国家转型所产生的现代中国国家,之所以在规模、结构上“大而强”,正是上述三种遗产交相作用的结果。其超大的规模,首先源自华夏民族自身数千年来的开疆拓土和对周边部落的同化,由此得以形成一个原初形态的“中国”,并在此基础上出现唐、宋、明这样的王朝,它们在前近代的世界历史上,不仅是拥有最大疆域的单一族群国家,而且拥有最大的人口和经济产出。清朝正是依靠它所沿袭自明代的原初中国,才得以重新打造一个规模更大的中国:来自内地各省的巨量财源,使之能够发动屡次征讨,建立新的边疆;同时,清朝作为一个边疆少数民族建立的王朝所独有的地缘战略格局,也使之有必要整合边陲,以确保它对内地的控制。正是清代以前原初中国的遗产和清朝的疆域整合这两者的结合,解释了现代中国国家为什么得以建立在一个如此辽阔的领土之上。

现代中国国家在结构上如此紧固,首先还是获益于原初中国所馈赠的遗产,即在同质人口的基础上所产生的一个高度集权和统一的政府体制,后者对来自国家内部的离心力起到有力的抑制作用,并排除了权力分配上产生多元机制的可能性;而在中世纪的欧洲,在君主、教会、贵族以及自治城市等等之间所形成的权力多元格局,则司空见惯。现代中国国家形成的另一个重要背景,则是前面一再强调的晚清和民国早期国家权力的非集中化。20世纪前半期中国国家之再造，便意味着消除军阀，使国家机器的权力再趋集中，其结果乃是国民党和共产党领导下的政党—国家体系的兴起，两支力量均致力于打造一个组织紧密的政党，推动国家走向统一集权。总之，前近代的族群和政治传统，加上20世纪的再集中化努力，使得现代中国的国家结构异常强固。

清代以前原初型中国作为一个单一族群国家，清代前期中国被打造为一个多族群的疆域国家，与19世纪后期中国过渡到一个主权国家，以及20世纪中国走向再集中化，所有这些过程之间，所显示的不仅是历时的、逐层的变化，还有疆域、族群、国家形态上的连续性。此一过程截然不同于国家形成的经典论述中所流行的"帝国—民族国家"二分法，及其所隐含的从帝国到民族国家的目的论，即把传统帝国或殖民帝国的分崩离析，与随之而来的诸多民族国家的独立以及照搬西式民主，视为非西方世界之国家建造的理想路径和常规形态。当然，在近代中国，一个政治上高度统一、集权的现代国家的建立，并不意味着从17世纪中叶开始的国家转型过程到1949年已经终结。相反，虽然现代中国国家在此之后展现了令人惊异的结构性稳定，同时在促进国家工业化和1980年代以来的经济全球化方面取得举世瞩目的成就，但是它的再造过程仍未完成。中国的国家转型仍面临诸多挑战，只有在今后数十年内成功解决这些问题之后，历时数世纪的国家转型过程才得以完成。

第二章 早期近代疆域国家的形成：清朝前期和中期的中国

表面上看,满人在 17 世纪和 18 世纪早期的一系列征战,跟世界史上其他帝国的创建过程并无多大差异。崛起于满洲南部长白山地区的女真部落,在统一了满洲各部之后,于 1616 年建立了后金(1636 年改国号为清),又在 1630 年代征服了大漠以南蒙古各部,继而入关占据明朝所辖各省,并在 1644 年迁都北京,开始了对中国的统治。几十年之后,清朝重启一系列征战,于 1690 年代至 1750 年代先后将外蒙古、新疆和西藏正式纳入其治理体系。正因如此,清史研究者多倾向于把满人的开疆拓土,与世界其他地区的帝国建造过程等而视之。例如,罗友枝即称,"清朝对亚洲内陆和中亚的征服,可以与欧洲民族的殖民活动相比",认为清朝的国家形成"已经具备了 17 世纪和 18 世纪早期欧洲史上所出现的早期近代各种特征"(Rawski 2004:217,220)。米华健也把清朝对新疆地区的一系列征讨视为某种形式的“帝国主义”,尽管他把这一过程跟欧洲人受经济动机和宗教信念驱动所从事的殖民主义做了区别(Millward 1998)。濮德培更加明白无误地把清朝的扩张比附于欧亚大陆其他地区的国家建造。和罗友枝一样,他不同意过去的一种流行看法,即把中国、印度和奥斯曼这些“农业帝国”跟欧洲国家加以区别,以为只有后者才经历了真正的“国家建造”过程,并且在早期近代和近代世界的形成过程中起到主导作用。他的中心观点是,战争在清代国家的制度结构形成过程中起到重要作用,使中国与西欧国家有诸多可比之处。他写道:“在 17 世纪早期,满人建造了一个专门用于军事征战的国家机器。直至 18 世纪中叶,领土扩张依然是王朝统治者的首要任务”(Perdue 2005:518)。他进而认为,军事动员“改造了(清朝的)财政制度、商业网络、通讯技术以及地方农业社会”,清代国家因此“并不是一个孤立的、稳定的、统一的‘东方帝国’,而是一个不断演进的国家结构,从事战争动员和领土扩张”,并且,此一帝国“并没有与欧洲分道扬镳”(同上:527)。

就国家构造而言,清朝果真是一个可以与欧洲军事财政国家或殖民帝国相比的扩张主义帝国吗?如果是的话,为何清朝不同于所有其他帝国,直至其覆灭之日,依然能够一直保持其绝大部分版图?如果不是,我们该从这一历史过程中如何把握清代国家的性质?它对现代中国国家的兴起有何意义?为探讨这些问题,本章先从清朝的征战过程及驱动因素着手,继而检视满人统治边疆和内地的不同方式,最后把清朝的国家构造放在中国历史上的政治传统背景下加以考察,以探明其独特之处。

边疆的整合

清朝的地缘政治利益和战略,与明朝相比有着显著差异。明朝的疆域,限于以汉人为主的十五省(十三省加二京),并始终面临着外部游牧民族的威胁,主要是来自北方的蒙古人和东北的满人。洪武(1368—1398)和永乐(1403—1424)年间,明初两位皇帝发动过一系列远征,曾将战线延伸到蒙古人居住的腹地。但在明代大多数年份,统治者都沿袭此前汉人王朝的策略,对外部的游牧民族采取守势。纵观整个明代历史,朝廷既无决心,也无能力,将其边境拓展到汉人聚居区以外的地域。明朝沿着本土的边缘地带修建长城,并反复加以修缮,可以证明这种地缘战略以守为主的实质。清朝不同于明朝的地方,不仅在于它肇始于东北,通过一系列征讨,控制关内汉人聚居区;更重要的是,清朝大大拓展了其所统治下的"中国"疆域范围,从华夏本土延伸至蒙古人、中亚穆斯林和藏人等非汉人聚居的游牧部落领地。此前反复困扰历代华夏王朝的所谓"边患",在18世纪中叶之后,基本上不复存在。[①] 然而,清廷

① 在将蒙古部落的土地纳入其版图之前,清朝与蒙古的关系跟明朝与蒙古的关系颇为相似。漠北蒙古的鞑靼人曾一直不断地侵扰明朝的边境,导致永乐帝于1410年亲自率军远征,并击溃了他们。此后,蒙古部落首领接受了与大明之间的宗藩关系,并获得明廷所授的"和宁王"头衔。此前,漠西蒙古部落(明朝称之为瓦剌)的首领也认可了明朝的宗主地位,获得明廷所授的"顺宁王"头衔。结果,双方同时向明朝进贡,表示对明朝的屈从,更希望以此获得来自内地的商业利益。瓦剌和鞑靼次第兴衰,都曾入侵内地,构成明朝的主要威胁。这种局面到了1570年代出现转折,在俺答的率领下,鞑靼最终和明朝修好,接受明朝的册封,俺答自己获得"顺义王"的头衔(赵云田 2002:233—239)。

在取代明朝成为统治中国的正统王朝之后，直至1690年代，在近半个世纪的时间里，并没有进一步在内陆开疆拓土。此时，清朝的疆域限于内地诸省、满洲地区，以及在取代明朝之前即已获得的内蒙古地区；它与大漠以北、以西的蒙古部落以及西藏之间的关系，则维持着明朝以来业已存在的宗藩关系。欲理解为什么清朝在17世纪末和18世纪前期，展开第二波军事扩张，将其版图向华夏本土的北面、西北面和西南面继续拓展，有必要先了解清朝地缘战略的特殊格局。

地缘利益和地缘战略

在1644年迁都北京之前，满人已经在皇太极统治时期（1627—1643），对大漠以南的24个蒙古部落（所谓漠南蒙古，主要是察哈尔蒙古）通过结盟和征讨的方式建立了有效控制。正是在此基础上，满人得以展开南侵明朝的军事行动。由于清朝乃源自汉人本土之外的一个游牧民族，因此朝廷在界定其地缘利益、制定地缘战略方面，与此前的汉人王朝存在根本性的差异。历代汉人王朝均将华北平原的防守放在其地缘战略的核心位置，置帝都于兹。而清朝的统治者则将满蒙结盟视为立国之本，把满洲和内蒙古视作自己的后院，在其地缘战略上具有最重要的地位，因此严格限制汉人向这些地区移民。为了维系与漠南蒙古的同盟关系，清廷鼓励满人和蒙古王公联姻，并且以护主的身份在蒙古部落各地弘扬藏传佛教，视此为确保蒙古部落对清廷顺服的最重要手段。因此，维系蒙、藏两地对中央的向心力，对于清朝的战略安全来说

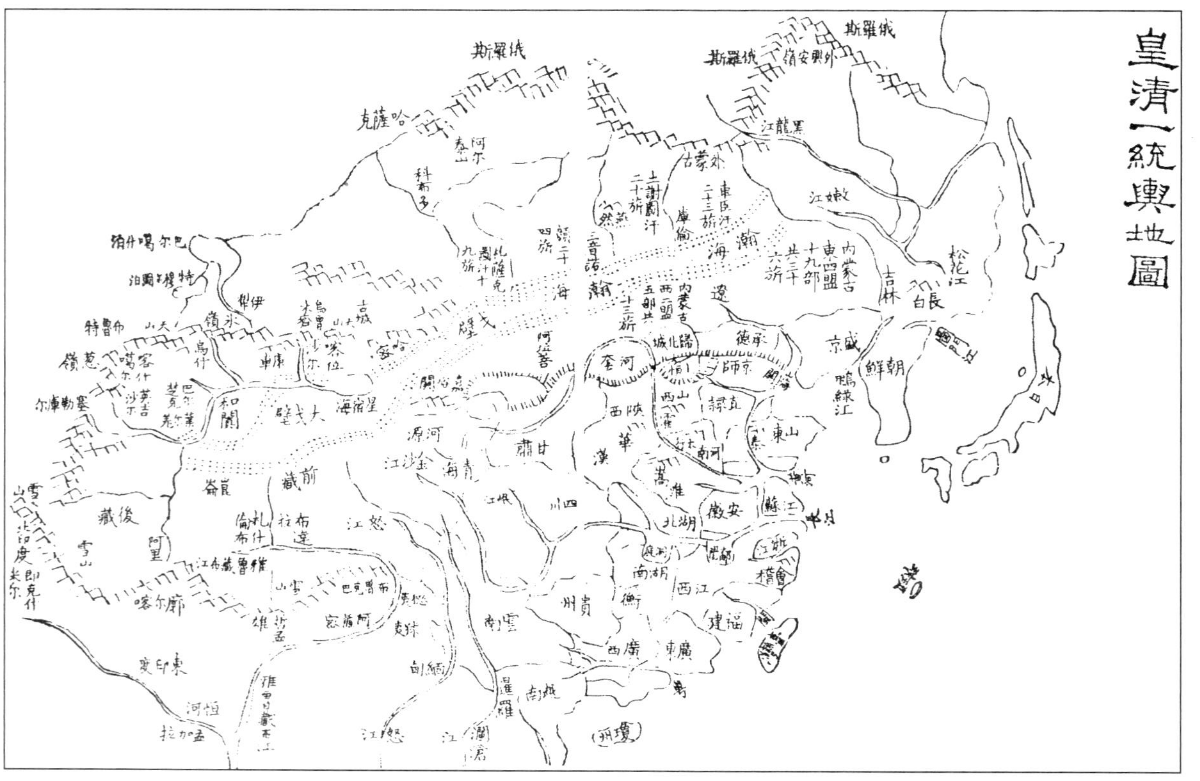

《皇清一统舆地图》，见清徐继畬著《瀛寰志略》

至关重要。一旦这些地区受到外力入侵、胁迫，清廷必须尽其所能予以保护。清廷在 17 世纪末和 18 世纪前期发动一系列远征，最基本的原因正是内外蒙古和西藏先后遭到漠西准噶尔蒙古的入侵，对清朝的核心战略利益构成了重大威胁。

从 1690 年代开始，清朝在半个世纪内，展开了新一轮的边陲用兵，其中包括三个关键步骤。第一步是 1691 年将大漠以北的喀尔喀蒙古并入版图。早在 1644 年入主北京之初，顺治帝即曾表达过与喀尔喀蒙古联手的意图，认为双方“素为一家”，乃“一体之国”（齐木德道尔吉 1998）。这是沿袭了他的祖父努尔哈赤在 1620 年的做法，后者在抵抗明朝的过程中，曾拉拢过喀尔喀部落（Elliott 2001：69）。不过喀尔喀部落从未被驯服，而清初的几位皇帝也仅仅满足于将喀尔喀部落置于宗藩关系的格局之中。直到 1688 年遭到准噶尔部落的攻击之后，喀尔喀部落才开始寻求清朝的保护。准噶尔是四个主要的卫拉特蒙古部落中最强大的一支，占据了大漠以西广袤地域，过去曾长期宣称臣服于清，维持朝贡关系。在噶尔丹的率领下，准噶尔部落一路东侵，在击溃了喀尔喀蒙古之后，南下入侵漠南蒙古，对清朝构成了直接威胁。1690 年，乌兰布通之役，清军击败了准噶尔（萧一山 1967：826—827；Perdue 2005：155—157）。次年，喀尔喀蒙古正式归顺清朝，和漠南蒙古一样，组合为新的盟、旗，外蒙古从此并入大清版图。为了彻底消除准噶尔对戈壁南北的侵扰，康熙帝在 1696 和 1697 年连续三次亲征，将准噶尔势力逐出上述地区。

清朝扩张的第二步，是在 1718 和 1720 年解除准噶尔对西藏的占领并由此在军事上控制西藏。在此前几十年间，清廷基本上只能与西藏保持着名义上的关系,满足于对达赖喇嘛的宗教领袖地位以及卫拉特蒙古和硕特汗在西藏的行政权所起的敕封角色。而西藏统治精英中间则存在着对立的两派:一派是居统治地位的蒙古可汗(尤其是可汗中的最后一位拉藏汗,此人得到了清朝的支持),另一派是西藏的摄政桑结嘉措,代表达赖喇嘛行使权力,以及当地的格鲁派僧人。长期以来,清廷一直无意介入纷争,直到1717年,准噶尔部落应西藏寺主之邀,进兵西藏,杀死拉藏汗、幽禁达赖喇嘛;作为回应,康熙帝在当年连续发动了两次战役。1720年,在将准噶尔部落从西藏驱除之后,清朝正式建立了对西藏的实际控制,其措施包括驻兵拉萨,任命若干噶伦,共同处理西藏地方政务,随后还在拉萨设立驻藏大臣,督办藏内事务,节制诸噶伦(赵云田 1995:40—46;Goldstein 1997:13—15;van Schaik 2011:138—141)。

对于清朝来说,最重要的是第三步,即对准噶尔的彻底征服。清初,康熙帝曾经把漠西卫拉特、漠北喀尔喀部落,与漠南蒙古加以区别,认为前两者"并其地不足以耕种,得其人不足以驱使",只满足于维系它们对清廷的藩属地位,但求它们安分守己,不去侵扰大清(*QSL*,康熙 227:45-10-乙巳)。他甚至容忍卫拉特和喀尔喀部落要和清朝平起平坐的声言。譬如,1682年,他要求自己的特使在当地与卫拉特或喀尔喀部落首领会面时,宽容对方所行使的蒙古礼仪,不必坚持要对方采用藩属对朝廷应该行使的跪叩之礼(*QSL*,康熙 102:21-7-乙卯)。后来,康熙帝之所以在1690到1697年间对准噶尔发动战争,只是因为后者兵锋东向,侵扰了大漠南北,对清朝构成了实际威胁而已。1717年,康熙帝发动了对准噶尔的第二轮攻势,主要因为后者入侵了西藏,对清朝在西藏的宗主地位造成威胁。战后,清朝依然寻求与准噶尔继续保持传统关系,接受准噶尔部落领地为清朝的"职贡之国"(或"纳贡之国"),力图恢复贸易往来,维持边地和平(*QSL*,康熙 143:28-12-辛未)。换言之,康熙帝针对准噶尔的军事行动,其目的主要是被动防御,并无侵略准噶尔部落领地,甚至将其彻底剿灭的意图。

然而,到了雍正、乾隆两朝,清朝一改此前的被动守势,采取预防性的主动出击。1723 年,策旺阿拉布坦(准噶尔部落可汗)拒绝将有过反清举动的和硕特王子罗卜藏丹津送还。尽管如此,雍正帝并未觉得准噶尔的挑衅行为有多么严峻;他对于准噶尔部落的看法和乃父康熙帝并无二致:"得其土不足以耕耘,得其民不足以驱使。"(*QSL*,雍正 4:7-2-癸巳)1727 年,策旺阿拉布坦死,其子噶尔丹策零继位,在沙俄支持下继续对抗清廷,导致雍正帝在 1729 年出兵准噶尔,声称"留此余孽不行剪除,实为众蒙古之巨害,且恐为国家之隐忧"(同上)。对于清朝来说,消除准噶尔的潜在威胁,是确保其控制西藏的最关键一着。正如雍正帝自言:"准噶尔事一日不靖,西藏事一日不妥,西藏料理不能妥协,众蒙古心怀疑贰。此二处实为国家隐忧,社稷生民忧戚系焉。所以圣祖明见事之始末利害,立意灭取准噶尔、安定西藏者,圣知卓见,不得已必应举者也。"(*XZDA*,2:395—396)

但是,雍正帝的军事行动,在 1731 年于和通泊地区出乎预料地遭到挫折。直到 1732 年,喀尔喀骑兵于光显寺(即额尔德尼昭)击溃了万余准噶尔军之后,才算让雍正帝挣回了面子(Perdue 2005:252—255)。乾隆帝继续了这种积极出击的预防战略。噶尔丹策零死后,准噶尔诸贵族为争夺汗位出现内讧,乾隆帝充分抓住了这一机会,于1755年发动军事行动,击败了准噶尔此时最强劲的竞争者达瓦齐所部,囚禁了此人,随后又在1756—1757年击溃了一度归顺清朝,但又选择反叛的阿睦尔撒纳(Perdue 2005:274—289)。为了给进袭准噶尔部落领地找一套说法,乾隆帝反驳了"庸众"(事实上也包括雍正、康熙帝)的言论,即认为准噶尔部落"威之不知畏,惠之不知怀,地不可耕,民不可臣"。在他看来,准噶尔必须平定,用他的话说,"我国家抚有众蒙古,讵准噶尔一部,终外王化?"因此,在平定了准噶尔之后,乾隆帝随即将卫拉特部落之地整体纳入清朝版图,并规定该地"一切制度章程,与内地省份无异"(*QSL*,乾隆722:29-11-戊申),也就顺理成章了。

除了上述军事行动,清朝还卷入了与维吾尔穆斯林、藏人、苗人以及对缅甸和越南的战争之中,其目的同样是为了巩固大清的西北、西南和南部边陲。但是,对准噶尔蒙古的远征,对于清朝的版图整合而言,具有决定性的意义。到了1750年代后期,当清军最终击败了准噶尔和维吾尔部落之后,清朝的版图达到极盛。直到19世纪后期,这种山河一统的局面才被打破。

征讨准噶尔,对于清朝地缘安全来说,具有关键意义。一个多世纪之后,钦差大臣左宗棠率军抗击了阿古柏政权对新疆的侵略,在对其军事行动进行评论时,他着重解释了新疆对于清朝战略安全方面的重要意义:"是故重新疆者所以保蒙古,保蒙古者所以卫京师。西北臂指相联,形势完整,自无隙可乘。若新疆不固,则蒙部不安,匪特陕、甘、山西各边时虞侵轶,防不胜防,即直北关山,亦将无晏眠之日",正是由于"祖宗朝削平准部,兼定回部,开新疆立军府之所贻也",才出现"我朝定鼎燕都,蒙部环卫北方,百数十年无烽燧之警”的局面（*ZZT*,6：701—702）。

边陲整合的目的

值得强调的是，在展开深入西北边陲的军事行动过程中，清廷并没有想方设法继续将版图扩展至准噶尔之外。清朝统治者满足于将其疆域限制在同样皈依喇嘛教的蒙古人和藏人活动范围之内，即使有部分异族及异教背景的群体，其所在的地区也是由蒙古人所控制（最典型的是维吾尔人）；他们并没有将版图扩展到上述地区之外的想法。在乾隆帝看来，准噶尔本为蒙古之一部（“亦蒙古同类”），历史上曾受元朝（1206—1368）的统治（“本有元之臣仆”）。只是在有明一代，准噶尔退出中国，对明朝构成边患。因此，出兵准噶尔，终结其“向自外携，数世梗化”的状态，乃是正当之举（*QSL*，乾隆 496：20-10-戊午）。相比之下，他在处理哈萨克人的归附要求时，则采取了完全不同的态度。1757 年 8 月，由于曾经庇护过准噶尔反叛势力首领阿睦尔撒纳，哈萨克可汗阿布赉担心会因此遭到清军的报复，有意将哈萨克全部土地献给清朝。乾隆帝拒绝了。对他来说，哈萨克人“自古不通中国”，与属于蒙古一部、行元代之规制的准噶尔并不相同。换言之，哈萨克对中国而言乃是“外人”，而准噶尔部落说到底还是自己人，只不过一度居于域外，此次被再度纳入中土而已。因此，乾隆帝要求哈萨克仍为中国之藩属国，一如安南、琉球、暹罗之例，清廷“不授官爵，不责贡赋”（*QSL*，乾隆 555：23-1-丙辰），而不是援喀尔喀蒙古之例，并入大清版图（*QSL*，乾隆 526：21-11-庚申；参见郭成康 2005）。

因此,和世界历史上那些出于宗教目的或为了获得更多土地、人口和财富而进行领土扩张的帝国不同,清朝对准噶尔的军事行动基本上是防御或防范性质的,其基本的出发点是国家的战略安全;发动宗教圣战或渴望更多土地、财富,并不是出兵的原初意图。这跟其他欧亚帝国迥然不同。以奥斯曼帝国为例,14 世纪奥斯曼国家形成之处,腹地过于狭小,局限于安纳托利亚西部和巴尔干半岛。其后两个世纪里,其统治者向四面八方实行了连续不断的领土扩张,直到这种远征无法带来其所期待的财富为止;而建立一个世界范围的伊斯兰教徒的哈里发国家,则使这种扩张套上了一圈神圣的光环。相比之下,清廷无须通过皈依或弘扬某个宗教来使自己的统治或扩张具有正当性。1680 年代之后清朝版图的扩张,也不是为了增加国库收入,因为内地十八省赋税之充沛,已足以满足清朝统治者的财政需求(详见下一章)。说到底,清朝用兵边疆的根本原因,在于统治者对地缘安全的考量。尽管从表面上看,清朝和边境诸部落之间的关系,似乎和欧洲帝国与其海外殖民地之间的关系存在某些相似之处,譬如任用地方精英实行间接统治(Di Cosmo 1998;Rawski 2004:221),但是,两者之间有着本质上的差别。对于清朝来说,边陲诸部落是其战略安全或地缘利益之命脉所系,但对其财政收入或经济利益方面并不重要;而对于欧洲各强国而言,建立殖民地的主要目的是获得经济回报。

综上所述,在取代明朝之前,清廷所执行的确实是一套主动出击的战略,先是将其领地扩展至满洲全境,继而是内蒙古,最终又控制了内地各省;这套战略与 15 及 16 世纪奥斯曼帝国的扩张模式并无二致。但在拥有内地各省之后,清朝统治者满足于现有的疆域。内地的人口和财富,能够在和平时期,满足国家所有可能的财政需求。这样,为了获得更多土地和人口而开疆拓土,已显得毫无意义。由此,清朝的国家构建路径发生了变化,不再致力于军事征服和扩张,而是希望与蒙古人、藏人建立稳定的联盟关系。换言之,清朝的军事战略从进攻型转为防御型。因而,我们不能再以从中国之外入侵的征服王朝来界定1640年代以后的清朝,而应将其看作是一个承袭天命,接替明代入主中原的中国王朝。经过1690年代以后的第二波扩张,到1750年代,中国已成为一个囊括内地各省,且包括满洲、内外蒙古、新疆和西藏的疆域辽阔的国家。

中国的再定义

在开疆拓土的过程中,清朝统治者扩大了"中国"或"华夏"的概念,并且重新界定了中国与周边的关系。在中华文明的早期,华夏先民的聚居区被称为中国,其统治者往往会自认为文明程度远超周边夷狄。秦汉以后,这些以汉人为主的聚居区被划分为若干郡和州县,置于官僚等级体制自上而下的直接控制之下,治理的主要方式是赋税征收和诉讼裁决。而周边各部落,仅仅被看作中央王朝的藩属,定期向朝廷进贡,以叩头之礼彰显尊卑。中原王朝的皇帝被尊为"天下"共主,与周边藩属国首领之间,是统治与被统治的君臣关系。同样重要的是,儒家思想的继承者孟子(前372—前289)曾提出,在区别不同人群时,文化认同应当是最为重要的,夷夏之间的界限并非固定不变,种族差异绝非区分夷夏的唯一标准。一个人群是否文明,取决于他们是否接受和实践中原王朝的文化价值观和政治制度,用儒家的话语来说,即是“王化”。如果已经王化,则夷可变成夏,而夷地也可成为中原王朝的一部分;如果失去了这种文化认同,则夏也有可能变成夷(参见张启雄 2010:133)。

清朝统治者也接受了汉人的天下观,认为“夫天下者,天下人之天下也,非南北中外所得私”(*QSL*,乾隆 1225:50-2-辛丑)。也就是说,满人虽然源自域外,但是与内地的汉人一样,也可以承袭天命,统治天下。更重要的是,满人从儒家有关文化意义上的夷夏之别的论述中,找到支撑。清朝统治者并不否认自己的祖先是“夷”,但他们反复论证其统治中国具有正当性,强调夷夏之间可以互相转化。他们更渴望在汉人精英面前,通过宣扬王化或汉化的方式,证明其正当性,而获得“华夏”的成员资格,不必以舍弃他们旧有的族群认同作为代价。正是为了彰显其承袭天命、统治天下的合法性,清朝才继承了前明的朝贡制度,要求明朝原有的藩属国向清廷行使同样的礼仪,这从清朝 1637 年降服朝鲜后处理对朝关系的做法上可窥见一斑(Rawski 2010:80)。

不过,清朝统治者也有背离传统的华夏中心观的地方。在其西扩的过程中,清朝对“中国”(或“中土”)的含义做了重新界定。雍正帝在 1729 年征讨准噶尔时,即曾明言:“自我朝入主中土,君临天下,并蒙古极边,诸部落俱归版图,是中国疆土开拓广远,乃中国臣民之大幸。”(*QSL*,雍正 86:7-9-癸未)虽然雍正帝的军事行动并未取胜,但他对于中国的再定义,仍然影响到了后世帝王关于中国或“中夏”的认识,这从 1755 年乾隆帝的一份诏书中可以大略知晓。在为征讨准噶尔辩护时,乾隆帝称,“我皇清之中夏”非“汉、唐、宋、明之中夏”(*QSL*,乾隆 496:20-10-戊午)。在他看来,大清之中国不仅仅限于内地十八行省,还包括已经大大拓展的边疆,尤其是满人和蒙古人(特别是其中49个漠南蒙古部落)所聚居的土地。

治理边疆

当然,清朝国家的形成绝不止用兵边陲。对大清君主来说,同样具有挑战意义的是,如何治理好这个幅员辽阔且经济、人口、文化和宗教差异甚大的国家。能否将国家的不同部分凝聚在一起,使国祚延绵不断,端看统治者有无能力在如此多样的族群中间塑造自己的合法性,使之产生对朝廷的认同,这要比单纯使用暴力驱使被征服的民众更为重要。

从平等到臣属:清代的边疆

在边疆扩张的过程中,清朝统治者也在调整他们与蒙古人、藏人的关系。先前无论是对抗还是结盟,双方的关系都是平等的。以漠北、漠西蒙古为例。在征服这些地区的蒙古部落之前,清廷将其视为域外势力,与漠南蒙古区分开来。清朝与漠北、漠西蒙古的关系承袭明朝的模式,仅仅满足于后者称臣纳贡。作为一个曾经的部落国家,清初统治者时常会对这些蒙古部落所发出的与清朝平起平坐的要求,以及用"蒙古礼"或"蒙古之例"对待清朝来使以示双方关系对等的做法,表示宽容(*QSL*,康熙102:21-7-乙卯;康熙22-7-戊戌)。同样的情况还发生在1720年代之前清廷与西藏的关系中。尽管清朝宣称对西藏享有政治上的至高地位,但也容忍事实上的平等关系(张永江 2001:89,92)。不过,在完成了第二波扩张之后,清朝统治者开始改变他们与蒙古人、藏人之间的相处模式,从平等关系转变为垂直关系,通过建立政治和道德权威的方式,形成中央与边缘的格局。喀尔喀蒙古贵族在 1691 年后即放弃旧有的对待清廷的礼数,转而采用"三拜九磕"的礼仪,可为这种从平等到不平等的转变做一注脚(*QSL*,康熙 151:30-5-丁亥)。这种转变同样发生于清廷与西藏首领之间。早在 1652 年,当满洲贵族建议顺治帝前往边地,亲自欢迎达赖喇嘛来访时,即有汉人大臣提出异议,认为这种做法无法体现出皇帝乃"天下国家之主"的地位(*QSL*,顺治 68:9-9-壬申)。

虽然清廷用儒家道德秩序来建构中央与边疆之间的等级关系,使之符合中国政治生态中特有的礼仪传统,但它并未把内地的一套行政制度加诸边疆各地,也不对边疆各族群宣扬儒家说教(Rawski 2004:229),而是创造了一种不同的管理模式,允许蒙古和西藏首领享有一定程度的自主权,管理地方行政事务;与此同时,清廷向边疆各地派驻军队,任命或认定其宗教及世俗首领,由此彰显中央的最高权威。蒙古各部在先后臣服清廷后,按照满洲的制度,被整编为"旗",分布在戈壁以南(49 旗)、以北(86 旗)、以西(16 旗)及青海,各部落首领被任命为旗主即札萨克,直接受位于京师的理藩院管理。在旗之上有地区范围的"盟"。理藩院不仅任命和监督旗主和盟主,还要确立不同旗之间的边界,设立卡伦或鄂博,有士兵巡逻,以保障各旗的部落和牧群的安全,避免相邻各旗逾越牧场。[①] 对于清廷来说，将蒙古划分为不同的旗、盟，还有一个重要目的，即“众建而分其势”（柳岳武 2009：65）。被任命为旗主和盟主的蒙古王公各自独立，直接受到理藩院的管控，使得蒙古各部很难形成合力威胁北京。为了保卫边地，确保蒙古精英的臣服，清朝政府还在蒙古人的聚居区派驻由不同等级的军官统领的军队，如掌握最高军事和行政权力的乌里雅苏台将军，及其两位僚属，分别驻扎科布多和库伦（乌兰巴托），以控制外蒙古；另设伊犁将军监控漠西地区。

清廷处理和藏人关系的方式，则和上述情况有所不同。在1720年前后两次用兵将准噶尔军队驱除出西藏之后，清朝将西藏置于直接的控制之下，包括在拉萨永久驻军，在西藏任命驻藏大臣，管理新组建的地方政府，即所谓噶厦。1793年，驻藏大臣的权限进一步扩大，有权监督选择转世灵童（达赖喇嘛和班禅额尔德尼）的宗教仪式。但是，清朝仍然允许西藏享有比蒙古和新疆更大的自主权。最典型的例证是，它从来没有将西藏如蒙古那样，分成不同的行政单位，由理藩院直接掌控（张永江 2001：129），而是保留了西藏的世俗政权，以方便统治整块高原。对于西藏和蒙古的不同处理方式，反映了清廷对这两块边疆地区的不同考虑。对待蒙古，尤其是内蒙古，由于地理上距离京师很近，在战略安全方面具有特别重要的意义，因此清朝要对这一地区实施更严密、有效的控制。西藏则远离政治中心，将之分为若干区域，由中央直接加以控

① “卡伦”卫所还设置在清朝和俄国等周边国家的边境线上，负责在边境地区巡逻（在俄国与喀尔喀蒙古等外蒙古地区之间，共设有28个卡伦）（宝音朝克图2007）。

制,在战略上意义不大,地理上不太方便,财政上也似乎并不划算。因此,清廷允许西藏世俗政权在治理整个高原方面享有较大的自治权。

在清朝统治者看来,西藏的重要性不仅在其作为缓冲区,分隔了内地各省与域外世界,更重要的是,西藏是喇嘛教的发源地,庇护和弘扬喇嘛教是防止内外蒙古离心离德的关键。但是,由于喇嘛教在西藏和蒙古具有支配地位,清廷还努力防止喇嘛教成为一个统一的宗教组织,与朝廷分庭抗礼。因此,清廷意味深长地鼓励不同流派的藏传佛教在不同地区发展,由此削弱达赖喇嘛的影响力,后者曾经是整个西藏和蒙古地区的最高宗教领袖(柳岳武 2009:65—66;赵云田 1995:55—56)。[①]

此外,1759 年,在平定了穆斯林叛乱之后,清朝将南疆各地的维吾尔人置于不同层级的伯克(共有 328 人)的控制之下。这些伯克同样受理藩院管治(王东平 2005)。为了防止当地穆斯林势力坐大,清廷禁止阿訇介入伯克的行政管理之中;这一政策和西藏、蒙古又有不同,后两者允许喇嘛教领袖参与行政事务。此外,清廷还采取措施,将汉人移民和穆斯林分开,禁止他们通婚,避免出现两个群体潜在的纷争(杨恕、曹伟 2008)。

所有蒙古旗主、盟主以及维吾尔伯克,皆须在每年 12 月到京师参加朝觐(或年班);未能亲自到朝廷汇报者,将会受到惩罚,停发俸禄。西藏的达赖和班禅则可每两年派遣特使朝觐一次(参见

① 在 18 世纪,共出现四个主要的“活佛”:以拉萨为中心的前藏地区,由达赖管理;以日喀则为中心的后藏地区,由班禅管理;哲布尊丹巴呼图克图管理喀尔喀蒙古(外蒙古);章嘉呼图克图管理内蒙古。

张双智 2010）。

连结边疆各地的喇嘛教

除了通过行政和军事手段控制边疆，清廷还以喇嘛教作为精神纽带，把蒙古人、满人和藏人联结在一起，促使他们成为多族群国家的组成部分。清朝统治者对于喇嘛教的态度是讲求实用的。在后金和清初，女真/满洲首领对于喇嘛教并不感兴趣，甚至反感，认为蒙古人正是因为沉迷于这种"奢靡"和"惑众"的宗教而走向了衰落。然而，皇太极随后对于建立与达赖和班禅的紧密关系表现出浓厚的兴趣，派遣使者去西藏，邀请西藏喇嘛教代表来盛京（今沈阳，1644 年前为清朝都城），这是因为他看到了喇嘛教能够作为一种有效的手段，赢得蒙古人的支持，有助于建立同盟关系，达到抗击明朝的战略目的。与此同时，由于喇嘛教虔诚信众脱离生产，不结婚生育，满人统治精英还把喇嘛教视作控制蒙古人势力壮大的有效手段；事实上也是如此，在整个清代，无论外蒙古还是内蒙古，人口都一直在下降（田雪原 2002：109）。[①] 因此，在取代明朝之后，顺治帝延续了庇护喇嘛教的政策，1652 年邀请五世达赖喇嘛来京，以隆重礼仪待之，目的是巩固和漠南蒙古的关系，并且把尚未归顺的漠北喀尔喀蒙古争取过来。次年，顺治帝在达赖喇嘛返藏

① 据冯玉祥称，"蒙古本有一千二百万人。在满清长期统治之后，今已减少至五十万人。满清利用喇嘛教以统治蒙古人民。凡有兄弟八人者，七人须当喇嘛；兄弟五人者，四人须当喇嘛；仅有一人可为娶妻生子的平民"（*FYX*：412）。冯玉祥无疑夸大其词（清末民初内外蒙古的实际人口在 160 万以上，见田雪原 2002：109），但也反映了民间对喇嘛教的负面认识。

之时,对其赐予极尽溢美之封号。此后,历代达赖喇嘛均获得清廷的正式册封。

事实证明,清朝皇帝以"护法之主"自任的做法很有效果。喀尔喀王公均为喇嘛教信众,由此很快跟清廷建立起藩属关系,向清帝呈献"九白之贡"(一匹白骆驼加八匹白马)。后来,康熙帝对西藏和蒙古的宗教领袖采取"分而治之"的策略。他特意提高了扎纳巴扎尔(1635—1723)即喀尔喀蒙古的藏传佛教格鲁派精神领袖一世哲布尊丹巴呼图克图的地位,以抵消达赖喇嘛的影响。这一措施让噶尔丹治下的准噶尔蒙古极为不满,因为达赖喇嘛是噶尔丹的支持者。准噶尔随即于1688年侵犯喀尔喀。扎纳巴扎尔则成为喀尔喀蒙古1691年归顺清朝的关键人物(商鸿逵 1982:110—111)。一世哲布尊丹巴呼图克图之所以让喀尔喀归顺清朝而不是俄国,宗教和文化的因素在其中起很大作用:"北方名俄罗斯之黄契丹可汗之朝,虽云康平大国,而佛法未兴,衣襟左向,不可与之。南方黑契丹可汗之朝,平安康泰,且佛法流通,故前往归附满洲大可汗,佛法振兴,仓廪丰盈,恩赐礼仪并举,遂享康乐安宁。"(妙舟 2009:5,17)值得注意的是,准噶尔尽管与清朝长期对峙,但依然能从宗教的角度把俄国与清朝区别开来,在顽强抵抗俄国入侵的同时,不时地维持着清朝的属国地位。即便是在与清军开战,噶尔丹仍在1688和1690年声称"中华与我一道同轨"(*QSL*,康熙 146:29-6-甲申),因此"我并无自外于中华皇帝、达赖喇嘛礼法之意"(*QSL*,康熙 137:27-11-甲申;参见郭成康 2005:8)。事实上,正如上文所示,隐藏在噶尔丹和康熙帝军事对立背后的原因之一,是通过不同的藏传佛教领袖来影响喇嘛教信众,以此确立各自的政治支配地位。

因此，喇嘛教在17世纪后期到18世纪中叶清朝国家的构建过程中，起到了关键作用。就清廷而言，对喇嘛教精神领袖表示尊重，维持彼此间的紧密关系，对于培植自己的"软实力"、赢得蒙古人和藏人的支持，是最为有效的手段。当然，军事行动对于将蒙古和西藏纳入版图同样必要，甚至具有决定性意义。宗教和用兵因此成为清朝开疆拓土，控制蒙古人、藏人及其他游牧部落聚居区域的两个不可或缺、互相补充的因素。由清朝建立起来的内亚国家，因此可以被定义为军事—宗教联盟，朝廷依靠战争作为重要手段，将以往的属国和地缘对手变成自己的边疆，同时，喇嘛教所具有的文化和宗教特性，有助于新纳入版图的族群对朝廷产生认同。当然，需要重申的是，清朝统治者对于喇嘛教的庇护和弘扬是功利性的，只有在意识到它对边疆治理有用时，才会这样去做。他们自己并不信喇嘛教，也没有将其向满人或内地传布的意图。当地缘对手被击溃、边疆获得巩固之后，统治者继续支持喇嘛教的兴趣大减，代之以日渐严厉的限教措施。宗教在清朝国家形成过程中所起的作用，跟它在诸穆斯林帝国崛起过程中所扮演的角色完全不同。

总而言之，对于清廷来说，边疆各地的重要性并不完全相同。其中最为重要的是满人与漠南蒙古之间的联盟以及京师在地理上所依托的内蒙古的战略安全。其次是西藏。西藏的战略安全和对朝廷的臣服，对于控制漠南蒙古至关紧要，这是因为藏传佛教构成了连接满族和蒙古王公的精神纽带。最后是新疆和外蒙古。它们之所以重要，是因为这些地区的稳定与否，直接影响到了西藏和内蒙古的安全。无论如何,上述各边疆对于清廷来说,都有一个共同的目的,即为扩大和再定义了的“中国”提供地缘安全的必要保障。因此,它们的作用是工具性的,与内地各省相比,其重要性也是次要的。内地各省毕竟维系着满人统治中夏的合法性和财源,决定了国家能否长治久安,因此构成了大清的核心地区。因此,如何治理汉族地区,成为对清朝统治者最具挑战性的议题。

治理内地各省

合法性的考量

清朝和此前存在于华夏本土的非汉人王朝之间最大的差异是,在入关之前,满人精英已经深受中国文化的影响;从他们对儒学的推崇和天命观的接受可见端倪(商鸿逵 1982:107—108)。因此,相对于统治中原的王朝,他们自视居于边陲(郭成康 2005:2—3)。入关后,清朝统治者面临的最大挑战,是如何驾驭汉人,后者不仅规模巨大,而且在历史上展现了罕见的同化能力。这种同化能力既靠人口规模,又靠自身的辉煌文明。清朝统治者因此既要刻意保存满人自有的种族、语言、文化特性,以此区别于汉人,从而维持其作为一个统治集团的特权;同时又要尽力证明,自己之所以取代明朝统治华夏,乃受自天命。为此,清朝继承了明朝的一套中央集权官僚体制,并且尊崇与之相伴的儒家说教。顺治帝的登基大典,也采用了典型的华夏礼仪;皇帝本人亲自主持仪式,祭拜天地。此外还为崇祯帝修建陵墓,将其安葬,并封孔子后裔为衍圣公。康熙帝还于1684年亲赴曲阜，拜谒孔庙，在孔子像前行“三跪九叩”之礼，超过了历代汉人皇帝的“二跪六叩”。此后六次南巡，康熙有五次以同样的礼仪拜祭了明太祖朱元璋，由此表达对前朝的尊重（商鸿逵1982：109）。所有这些举动，都是为了证明，清朝接续了前明的天命，具有充分的正当性统治华夏。

然而，清朝并非只是明朝的复制品。除版图的扩大、地缘格局的变化、行政制度的创新之外，两个王朝最大的不同在于，清朝源自华夏本土之外。作为征服者的满人和被征服的汉人之间的对立，贯穿了整个王朝的历史，构成了对清廷的最大威胁。事实上，清朝的反叛者，大都是以反满为宗旨的汉人，包括1670年代的三藩之乱、1790年代的白莲教、终清之世的三合会，以及19世纪中叶的太平天国起义和20世纪初的革命。不过在18世纪的大部分时间，清廷皆能成功地处理满汉关系，确立清朝统治的合法性，降低维持国内和平的成本。而成功的关键，则是对汉人士绅采用了恩威并施的政策。清廷大兴“文字狱”，对不忠的士人予以严厉的惩戒；同时，为了能够赢得更多汉人的支持，清廷又沿袭了科举考试制度，给予士人进入仕途的机会，并委任其中的精英编修典籍。更重要的是，为了能够在汉人社会确立清朝统治的合法性，满人精英还主动学习华夏文化；他们所具有的汉学功底，远远超过之前入主中原的非汉人统治者（Ping-ti Ho 1998）。比起历代的汉人王朝，清朝统治者更具有弘扬儒学的雄心和热忱。对于儒学精英和清朝统治者来说，落实儒家说教最好的办法，就是在施政之时努力体现出最富儒学意涵的“仁政”。轻徭薄赋因此成为清朝统治者的核心执政理念，贯彻于18和19世纪。

低税率

清朝在入主中原之初便宣称将会采用轻徭薄赋的政策。1644年,摄政王多尔衮废除恶名远扬的"三饷"。该政策施行于明末最后几十年间,通过对纳税者的榨取,总共获得1.695亿两白银,占每年常规财政收入的67%(杨涛1985)。1646年,清廷通过编修《赋役全书》(成于1657年),重申了轻徭薄赋政策。作为赋税征收方面唯一的官方指南,《赋役全书》参照明朝万历年间(1573—1620)的赋税标准及做法,规定了赋税种类、税率及征收方式,而将明末添增的附加税全部予以取消(何平1998:4—5)。但在顺治年间(1644—1661),为了平定中原,维持常规兵力,每年的军事开支在3000万两以上,远远超过其承受能力(1650年代,政府的常规岁收徘徊在2400万到2500万两之间),使得轻徭薄赋的政策难以实施。1646年,清朝重启"辽饷",每年可征收520万两。1661年又启动"练饷"征收,每年可获730万两(同上:12)。两饷加上常规田赋,导致清初实际土地税率达到了15%以上(见表1)。1681年,在平定三藩之乱后,清朝统治者方能废止战时财政措施,遵守《赋役全书》有关赋税征收的制度和规定,认真执行轻徭薄赋的政策。

总的来说,从17世纪后期到19世纪初,清朝的土地税率相对较低;相对于土地收益,税率呈下降趋势。表1可见实际征收土地税的总额(包括各种非法或非正式的附加,约占合法赋税总数的25%,见Yeh-chien Wang 1973,表4.1,注d)。如表所示,在清朝平定内地叛乱之后,到1685年,税率很快降低至土地总产出的10%

以下,1724年约为5%,18世纪后期约为3.5%,而在19世纪初,则不到3%。

表1　田赋占土地产出的百分比(1652—1820)(单位:千两)

年份	实收田赋数额[a]	土地产量[b]	田赋负担(%)
1652	49 795	315 991	15.75
1685	38 809	415 359	9.35
1724	44 550	890 648	5.01
1766	57 360	1 783 965	3.21
1784	54 348	1 646 449	3.30
1820	63 478	2 313 710	2.74

资料来源:关于表中历年田赋数额,见梁方仲2008:544—555;关于漕粮折算为银两所依据的稻米价格,见Yeh-chien Wang 1992;关于各种非正式附加的征收率,亦即地丁银的百分比,见Yeh-chien Wang 1974:表4.1,注d。关于据以估计土地产出的历年耕地面积,见梁方仲2008:530;孙毓棠、张寄谦1979。

注释:(a)1652年田赋包括:1)地丁:21 261 383两白银以及5 739 424石粮食(何平1998:84)(粮食支付相当于18 574 746两,按每石3.30两折算),共计39 836 129两;以及2)各种附加:9 959 032两(地丁的25%;以下各年份按同样征收率计算)。1685年田赋包括:1)地丁:24 449 724两白银以及7 331 131石粮食(含3 000 000石漕粮)(相当于6 598 018两,按每石0.90两折算),共计31 047 742两;2)各种附加:7 761 936两。1724年田赋包括:1)地丁:26 362 541 两白银以及 7 731 400 石粮食(含3 000 000石漕粮)(相当于 9 277 680 两,按每石 1.20 两折算),共计 35 640 221 两;以及 2)各种附加:8 910 055 两。1766 年田赋包括 1)地丁:29 917 761 两白银以及 8 317 735 石粮食(相当于 15 970 051 两白银,按每石 1.92两折算),共计 45 887 812 两,以及 2)各种附加:11 471 953两。1784 年田赋包括:1)地丁:29 637 014两白银以及7 820 067石粮食(含 3 000 000 石漕粮)(相当于 13 841 519 两,按每石 1.77 两折算),共计 43 478 533 两,以及 2)各种附加:10 869 633两。1820 年的田赋包括:1)地丁:30 228 897两白银以及8 821 183石粮食(相当于 20 553 356 两,按每石 2.33 两折算),共计 50 782 253 两,以及 2)各种附加:12 695 563两。

(b)1652 年耕地总面积为 403 392 500 亩(陈支平 1986:89)。考虑到战争破坏,假定当时的粮食亩产量下降到明末水平的三分之一,亦即只有每亩 0.627 石,则耕地总产出为 252 792 633 石。再进一步假定去掉麸糠之后,粮食总产出为原来的三分之二,即 168 528 422石,相当于 252 792 633 两(按每石值 1.5 两折算)。剩下的三分之一(84 64 211 石)为杂粮,值 63 198 158 两(按每石0.75 两折算,亦即去掉麸糠后的米价的四分之一,以下各年份皆同)。耕地总产出的价值因此为 315 990 791 两,如果种植经济作物的耕地收益与种植粮食的耕地收益相等的话。其他年份的耕地总产出价值以同样方法估算。

另一种估计赋税负担的方法,是将实际征收的所有税额(包括向土地和成年男子征收的直接税,以及针对商品交易所征收的间接税）和农业、工业总产量进行比较（见表2）。结果显示出相近的赋税负担（虽然比上表略高）以及同样的长期下降趋势。

表2　实收赋税额占经济总产出的百分比（1652—1820）（单位：千两）

年份	实收赋税总额[a]	经济总产出[b]	赋税负担（%）
1652	55 328	351 100	15.76
1685	45 658	461 510	9.89
1724	52 412	1 047 821	5.00
1766	76 480	2 098 782	3.64
1784	72 464	1 936 999	3.74
1820	84 639	2 722 012	3.11

注释：（a）包括表1中的田赋实收总额，还包括其他所有税项，其数额估计为1652年实收税款总额的百分之十，1685和1724年为百分之十五，1766、1784以及1820年为百分之二十五（关于田赋在政府官方收入中的实际比重，见表3）。

（b）包括表1中的土地产出数额，还包括非农业产出，其数额估计为1652和1685经济总产出的百分之十（当时经济尚未完全恢复），以后历年为百分之十五（关于非农业产出占经济总产出比重的初步估计，见周志初2002：40）。

如果与18世纪主要欧洲国家进行对比，也可以发现，清代中国的赋税负担是较低的。例如在英格兰，1700年税率约为其GNP的12%，1789年则达到18.61%（Goldstone 1991：204—206）。又如法国,税率从 1700 年的 5.06% 升至 1751 年的 6.87%,1789 年升至 8.71%。但需要指出的是,在英格兰和法国,工业和贸易对于经济的重要性远超中国。在法国,1700 年,工业和贸易额占 GNP 的 25%,1789 年占 31%。而在英格兰,1700 年,上述两项占 GNP 的 45%,1789 年占 55%(同上:204—206)。相较之下,在中国,从 17 世纪后期到 18 世纪初期,工业和贸易额仅占经济总量的 10% 左右,18 世纪后期约占 15%。由此导致的结果是,英格兰和法国从工业和贸易中所征收的税额,在税收总量中占有较高的比重。在法国,1700 年,54% 的税额来自工业和贸易,1789 年占 50%;而在英格兰,1700 年,66% 的税额来自工业和贸易,1789 年升至 82%(同上:204—206)。而在中国,18 世纪初期,仅有约 10% 的政府收入来自工业和贸易,18 世纪后期则达到约 25%。但是,尽管在 18 世纪的多数时间内,农业税占英格兰和法国税收总量的比重较小,但考虑到两国的农业总量,再与中国进行对比,可以看到农业税率并不算低。譬如,在 1780 年代,法国农业税约占土地收益的 6.34%,英格兰则占到 7.36%(同上:204—206),而在中国,同期的农业税仅占土地收益的 3.3%,大约只是上述两国的一半。再对比其他相对较小的欧洲国家如普鲁士,会发现中国的农业税率显得特别低。18 世纪下半叶,普鲁士农民要付出收入总量的 16% 作为军事税,另付 18% 作为封建领主的租税(Wilson 2009:118)。

田赋蠲免

为了进一步理解清朝实行轻徭薄赋的原因,我们需要讨论,在

18 世纪,是哪些因素导致了国家经常性地采取减免赋税的措施。这一时期,国家时常会选择某一年份,实行区域性或全国性的田赋蠲免政策。从顺治朝(1644—1661)到康熙朝(1662—1722)最初二十年,即使天下尚未底定、经济尚未完全恢复,统治者已经在遭受战火蹂躏、军事供给浩繁或者发生天灾的地区,三番五次地蠲免田赋。换言之,清初的田赋蠲免仅仅是一种救济措施。1700 年之后,与灾害有关的局部蠲免政策仍在实行,次数更多、蠲免幅度更大。但是,在 18 世纪,蠲免政策有所不同,即不管有无灾害,在全国范围内普遍执行。第一次全国性的田赋蠲免发生在 1711 年,康熙帝宣布,在 3 年之内(1711—1713),全国 19 个省份将分三批进行蠲免,蠲免范围不仅包括上述其中一年的地丁银,也包括各省历年所欠钱粮,最终总共蠲免超过 3800 万两(张杰 1999:58)。在乾隆朝(1736—1795),全国性的蠲免共发生五次,分别在 1746、1770、1777、1790 和 1795 年,每次蠲免额均在 2700 万两以上(王庆云 1985:12—17;参见何平 1998:41)。

全国性蠲免的出现,毫无疑问是和 18 世纪大部分时间的经济繁荣直接相关,故而户部出现空前数额的现金盈余。譬如,在康熙帝于 1710 年第一次实行全国赋税蠲免时,盈余量达到 4500 万两,超过全国岁收总量(约 3500 万两)。而在乾隆朝,全国性蠲免实施之时,盈余量甚至接近或超过 7000 万两。但是,这种史无前例的繁荣局面,并非清朝反复实施全国蠲免的唯一原因。乾隆帝至少在其在位的第 10、35、37 年三次宣布蠲免天下。他在诏书上为这一决定加以辩解时,反复强调两点。首先,“天下之财止有此数”,因此“不聚于上,即散于下”(*QSL*,乾隆 242:10-6-丁未)。换言之,政府和民众之间的财富再分配是一种零和游戏:要么集聚于中央,要么藏富于民间。如果国家掌握的财富过多,就会削减民众所应得到的财富。其次,"国用原有常经",而如今"帑藏充盈",足以满足所有财政需要。因此,"与其多聚左藏,无宁使茅檐蔀屋自为流通"(*QSL*,乾隆 850:35-1-己卯;另见乾隆 920:37-11-癸卯)。乾隆帝谆谆教诲,国库"持盈保泰"的根本之道在于"足民"(*QSL*,乾隆 242:10-6-丁未)。这些文字显示,清朝财政政策的目标,并不在于竭尽全力增加政府收入,或是无休止地扩大国库储量,而是在财富的再分配方面,在国家和民众之间达到某种平衡。一旦国家收入能够满足需求,那么继续增加现金储量,必将有损于民众福祉,不利于国家的财政收入和长治久安。此一理念,跟西欧早期近代"财政军事国家"千方百计搜罗财源的做法(详见下章),不可同日而语。

限制税收

在清朝统治者所制定的所有限制税收的政策中,最重要的无疑是在 1712 年宣布"盛世滋生人丁永不加赋"的政策,冻结了丁银额,永久免除了此后出生的男性之丁银。又经过数十年,丁银在大部分地区摊入地亩,无地人口免除了纳税负担。

关于实行这一政策的理由,康熙帝在 1712 年的诏书中做了解释:"今国帑充裕,屡岁蠲免,辄至千万。而国用所需,并无不足之虞。"(*QSL*,康熙 249:51-2-壬午)他进一步将此政策和他对人口压力的认识结合起来讨论:"今海宇承平已久,户口日繁,若按见在人丁加征钱粮,实有不可。人丁虽增,地亩并未加广。”又说:“自平定以来,人民渐增,开垦无遗。……山谷崎岖之地,已无弃土。……由此观之,民之生齿实繁。”(同上)康熙帝的思路足够清晰:全国的财富是一个固定的总量,耕地也有一个限度,而人口的增长却是没有限度的。在国家已有足够的收入满足所有需求时,对新增加的人口征收丁银,不仅毫无意义,还会危及民众的生计。

限制民众纳税负担的另一项重要措施,是1720年代雍正在位时所施行的“火耗归公”政策。火耗是在征收和解送正项地丁钱粮时,为弥补白银在熔化为大块银锭及解送中央银库过程中的损耗,在地丁钱粮基础上按一定比例征收的非正式加派,归地方州县衙门掌握并私分,以弥补官员薪俸之不足。尽管实际损耗率不及百分之一二,但各地加派比率通常不低于10%,多的在30%—40%(如山西),严重的则高达40%—50%(如陕甘),成为地方官员灰色收入的最大源头(Zelin 1984:73,88,329n44)。推行改革之后,火耗从原来不合法、无规章变得合法和规范化,各省从1724年起,先后把火耗固定在10%至20%之间不等的水平,除小部分用作衙门办公经费外,大部分成为地方官员的“养廉”银。改革的效果很明显。尽管官府正式征收的税额比以前提高了,但有效地杜绝了原先征收火耗过程中对额外税款的侵吞,降低了百姓的赋税负担。各省的财政也大为改观,从原来普遍亏空变成出现可观的收入盈余(同上:130)。

清朝统治者对新垦耕地的税收政策的不断调整,也体现了同样的意图。在顺治朝(1644—1661),由于用兵耗费巨大,超过了国库岁入,清廷只允许新垦土地免除三至六年的钱粮(陈锋2008:

134—145)。到了1710年代,当经济恢复、国家财政状况好转之际,康熙帝仍无意向新垦土地征税。1713年,在宣布对南方诸省蠲免田赋之后,康熙帝表示:“朕意国用已足,不事加征。”他又将其决定与人口对土地的压力联系起来:“先年人少田多,一亩之地,其值银不过数钱,今因人多价贵,一亩之值竟至数两不等。即如京师近地,民舍市廛日以增多,略无空隙。”他还写道:“今岁不特田禾大收,即芝麻、棉花皆得收获。如此丰年而米粟尚贵,皆由人多田少故耳。”(*QSL*,康熙256:52-10-丙子)

乾隆帝即位后,在处理新垦土地问题上,采取了进一步措施。在他看来,地方官员热衷于登记新垦土地,并将其向朝廷报告,根本动机是为了增加政府的赋税收入,但是这些措施“非徒无益于地方,而并贻害于百姓也”(*QSL*,乾隆4:13-9-乙亥)。朝廷遵照乾隆的旨意,推出一项新的法令,永久性地终止清查地亩,禁止地方官员对新垦土地进行强制登记。显然,清朝对于现有的田赋收入感到满意,认为数量之大,足以应付各项开销。企图对新垦土地征税,以此增加国库收入,已经变得毫无意义,徒增民众负担。因而,对于清朝统治者来说,最佳方案是对大量存在的不在册“黑地”“隐地”以及由此导致的赋税偷漏现象视而不见。由于不再清查土地,停止登记新垦土地,清政府实际上冻结了田赋收入。的确,在乾隆、嘉庆、道光三朝,田赋给国家所带来的收入大体上保持稳定,徘徊在每年3000万两左右,只比明代万历朝的田赋收入稍高一些。由此出现的结果是,应纳税的土地面积在整个18世纪基本保持稳定(从1720年代的7.2亿亩到1850年代的7.5亿亩,参见郭成康、郑宝凤1995:101—102);而在同一时期,由于不断有新垦土地的出现,实际耕地面积一直在稳定增长。结果两者之间的差距越拉越大。然而,只要现有赋额的征收有保障,清朝便无意调查全国应纳税土地的实际面积。

概而言之,清朝的低税政策,主要基于以下两个明确的假设前提:(1)常年开支是一个固定的、制度化的数额标准,而清朝法规所确立的赋额能够满足所有的常项开支;(2)由于人口增长对土地资源带来前所未有的压力,因此,保障百姓生计("足民")比国库增收来得更重要。这两个假设进一步导致了清朝财政体制的两个特征。首先,由于以下三项措施,国家的财政收入总体上不具弹性,即(1)1712年冻结丁银;(2)雍正朝(主要在1720年代)摊丁入亩和火耗归公;(3)1730年代禁止清查土地和向新垦土地征税,进一步导致全国田赋总额的固定不变。其次,国家面对日益增长的人口压力采取了实用的处理办法,即通过禁止向隐匿和新垦土地征税,对全国田赋的总体负担加以限制,而不是全面、彻底地清查全国新旧耕地,并在此基础上降低所有耕地(不管是否在册)的税率。

地方治理中的自主性

清代县以下治理体制的特征是内生组织和惯例大行其道,其目标是满足村落的利益,同时在征税和治安方面配合国家权力机构。在清代国家的制度设计中,所有的城乡家庭都被编入"保甲",十户为一甲、十甲为一保,在治安上相互监督,在赋税征收过程中共同担责。但事实上,很少有地方能够从保甲法实行之初,就将各户按照上述办法原原本本地组织和延续下来。在大多数地区,保甲皆融入原有的村落组织,或者依托原有的社会网络建立起来,因此,保甲制在不同地区呈现出不同的面貌。例如在华南部分地区,村民聚族而居,宗族组织往往取代保甲,为族人承担起集体纳税的责任。而在长江下游地区,土地所有权高度分化,那些功名士子以及在职或卸任官宦大户支配了当地社会,其中有些还从事“包揽”生意,即利用功名士子所独享的优惠(免除部分地丁钱粮),为受其庇护的乡民代缴税款,这种做法给地方精英及其庇护者带来好处,却会导致国家赋税收入的流失(Bernhardt 1992)。

而在华北大多数地方,社会分化程度很低,存在着大量的自耕农,具有影响力的士人精英十分稀少,因此普通村民会自发形成村内或跨村的组织,承担赞助寺庙香火、举行求雨仪式或祭拜龙王、看青、防洪、防盗等责任。各个村落在纳税方面也有不同的做法。在那些生计艰难的村落,村民迁出迁入的现象频发,因此多姓杂处,宗族纽带脆弱,村民很难自发组织起来,以合作的方式向官府纳税。通常的做法是,村内有头有面的人推举某人做乡保(又称地保、地方),以半官半民的身份,负责催促全村各户甚或相邻各村按时纳税,并协助县衙门处理其他行政事务(P. Huang 1988:225—232;Duara 1991:50—53,130)。

相较之下,在宗族纽带紧密的村落,各户在缴税时多能相互合作,族内各户轮流派人做“乡地”,为全村或族内所有税户预垫粮款,各户因此省下了各自前往粮柜缴税的费用和时间。同样,乡地也会奔走于县衙门与所在村落之间,协助各种行政事务。由于不取薪酬,也没有官府的正式任命,乡地一职是非官方的,由所在村落根据业已存在的惯例(亦即“村规”)选拔出来。各户每年按照这些村规决定轮替充任乡地的次序，同时，按照村规，村民也有责任为乡地所提供的服务给予补偿，具体做法是在出售田屋或农产品时，乡地有权从中抽取一笔佣金（“中用”），无论该乡地是否在交易过程中真正担当中介人。各户之间有时会因为充任乡地一职而产生纠纷。如果乡地任务繁重，会发生逃避此职的现象。但是，如果当地交易兴旺，佣金丰厚，也会有人争夺乡地的职位。一旦出现纠纷，村民都会按照村规进行调解。如果调解失败，则会到县衙门打官司，而知县（或民国以后的知事、县长）同样会基于乡规做出反应，因为国家法律并未对乡地的选任和履职有任何规定（H. Li 2005：66—91）。

因此，清朝县以下的行政治理具有非官方的自主性质，主要依靠村落本生的组织和惯例，其形式既可能是普通乡民之间的同村或跨村合作，也可能由士人精英与宗族组织出面提倡。国家只是有限地进入村落，地方治理主要靠民间惯例。这并不是因为国家没有能力把触角延伸到乡村，而是清朝的地缘环境和财政制度所带来的一种十分独特的地方治理方式。前面已经提到，由于外无强敌持续性的威胁，内无族群或宗教的纷争，清朝的军事和行政支出处在一个很低且稳定的水平，故而在 18 世纪的大多数时间，民众的赋税负担很轻，完全在其承受范围之内。因此，只要乡民在纳税和治安方面能够履行其义务，国家的权力中枢并无必要将其正式的职能机构延伸到县以下的各个村落。

还值得一提的是，依靠民间内生组织治理地方的做法，也切合宋明儒学的理念。宋明儒学在帝制时代被官方长期奉为正统的意识形态。在理学家看来，最好的治理方式应该是尽可能减少官府对地方村落的干预,鼓励村民在纳税、治安方面自愿合作,这样于公于私皆有好处,既减少了官府的管理成本,还可以保护地方免受外来衙役的勒索。[①] 我在之前的研究中,曾提出"实体治理"(substantive governance)的概念,用来刻画帝制晚期中国基层治理的此一特征(H.Li 2005:107—109,130—132,259—260)。它所强调的正是以村社为基础的非正式的制度安排在地方税收和行政方面所起的主导作用,以及由此所形成的国家权力与地方惯例之间相互依赖的关系,以确保政府的运转和地方秩序的稳定。

归根结底,清朝国家对内地各省的统治,采取了一种特殊的组合形式:一方面由正式的高度集权的国家机关行使其强制性的权力,另一方面由相对自主的各种非正式机制在基层社会的日常治理中执行着国家的基础功能。国家之所以不用将权力深入基层社会,是因为相对于庞大的纳税人口和经济体量,国家的岁收需求很低:地缘环境的安全,使得国家的军事开支有限且稳定;同时,内地人口的高度同质,也带来治安成本较低和政府规模较小的优势。

清代在中国历史上的独特性

复合型集权自主

下面,我们再进一步把边疆与内地的两套不同治理体系结合

---

① 清代国家的经济政策与"实体治理"模式是一致的。这一政策不鼓励政府干预,而是强调利用市场和社会自身的其他经济机制,由此达到所期望的自发产生的经济目标(Rowe 1993;Dunstan 1996:6—9)。

起来，从总体上把握清朝国家的基本特征。首先，清朝的国家结构具有不同于以往中原王朝的鲜明的复合性（hybridity）。如前所述，清朝涵盖了两个在地理环境、人口、文化和制度上都差异甚大的部分：汉人内地诸省和由满人、蒙古人、藏人及其他非汉人组成的边疆地区。中央政权依靠内地诸省满足其财富和人力需求，同时通过建立和巩固边疆以维护地缘安全。为了确保财源，维持其统治中国的正统王朝地位，清朝把内地各省置于其直接管控之下，并在地方治理方面，推崇儒家思想，实践"仁政"原则。而为了保障边疆稳定、提高对于朝廷的认同，清朝允许当地精英拥有一定的自主权，还对流行于蒙古人和藏人中间的喇嘛教予以庇护，并将维吾尔穆斯林和其他部落同汉人隔离开来。尽管存在着这些巨大的内部差异，清朝还是成功地将版图内不同族群的精英人士聚拢在一起，对朝廷产生共同的认知，这要归因于清廷在治理不同地区的过程中，重视利用宗教纽带、文化涵化和制度建设上的因地制宜，而不仅仅依靠军事控制和强制性的行政措施。

其次，在内地各省，清廷在中央和省级行政体制中开创了一套复合结构，由满洲贵族与汉人官员平分关键性的文武职位。不过，尽管清廷一直宣扬满汉平等，这种"满汉共治"的原则并未应用于中下级的朝廷官职，这些职位大多由满人占据（Rhoads 2000：45—46）。清朝的兵力也分为八旗和绿营两类。前者主要由满人构成，驻防内地各省重要城市；后者由汉人组成，以维持地方秩序。城市里的满人也跟汉人隔开，自成满城。虽然这些生活于内地的满人终将不可避免地失去自己原有的语言以及其他一些文化特征，产生认同危机，但是，清廷仍然鼓励在满人内部使用满语，并力图维护源自游猎民族的文化传统;有研究者把这套做法形容为"族群主权"(ethnic sovereignty)(Elliott 2001,2006)。因此,纵观有清一代,满族从未被汉人文化所完全同化。到了清末,满汉精英之间的矛盾更是愈演愈烈,这可以部分归因于满洲贵族对革命党人反满的一种本能回应,同时也是汉人精英阶层的民族主义意识日渐觉醒的结果。

如果再就边疆与内地各自的治理体系来看,清朝国家则具有"集权自主"(centralized autonomy)特征。首先,它是高度集权的:无论治理边疆的理藩体制,还是内地的州县体制,都受到中央的有效的直接控制;无论是内地的州县官还是蒙古各盟的首领或各旗的札萨克,新疆穆斯林地区各地的伯克,均由清朝中央直接任命,而藏区噶厦的四名噶伦的任命,也须经由中央批准。但是,在内地的州县以下,或边疆的盟旗、伯克、噶厦以下,却各自存在着一套相对自主的治理体系,承担日常治安、司法、征税、公益等具体职能。正式的官僚体制或理藩制度高度集权于中央,并且在制度建设上高度标准化,内地各省之间以及边疆各地内部差异不大;但地方上自主的日常治理制度却有明显的区域变化,其具体形式取决于当地的生态环境、经济社会结构和政治文化传统。

集权国家的低成本

理解清朝国家高度集权的上层机构与相对自主的底层结构同时并存的关键,在于其独特的地缘政治优势以及由此所带来的国家机器运转的低成本。如果把清朝和之前的汉人王朝加以比较,这一点尤为突出。例如宋朝和明朝,作为汉人政权,均面临北方游牧部落持续不断的乃至致命的侵扰。宋朝先后与女真及蒙古发生战争,不仅消耗了大量的财政资源,还被迫南迁,最终亡国。明朝的衰亡,也由于跟满人对垒,开支浩繁,不得不想尽办法筹集兵饷,导致民怨沸腾。相较之下,清朝在将蒙古、新疆及西藏纳入版图之后,再无传统意义上的“边患”。作为亚洲最强大的国家,中国周边没有可与其一争锋芒的势力,主导其与相邻国家关系的是以清廷为中心的朝贡体制。由于没有任何势均力敌的外来威胁,清朝统治者没有必要保持一支规模庞大的常备军,更无须像早期近代欧洲国家那样,在列国竞争的格局中一直不断地更新军事装备。清朝维持一支常规军队的目的,主要是为了维护国内秩序。在 18 世纪的大多数时间,其常备军的规模保持在 80 万人左右,包括 60 万汉人绿营和 20 万—25 万满洲八旗(彭泽益 1990:55;陈锋 1992:23,97),在清朝人口总数中,只占很小的比例(1700 年前后约 0.4%,1800 年前后约 0.19%,见 Ping-ti Ho 1959)。而政府的常规军事开支,1720 年代每年 1300 万两,1790 年代每年 1700 万两(陈锋 1992:194),占清朝经济总量的比重同样很小(1720 年代约 1.24%,1790 年代约0.85%)。虽然维持常备军的耗费占清政府每年总开支的 58%—65%,但仍在其支付能力范围之内。从 1730 年代到 1840 年代,政府每年军事开支稳定在 1700 万两上下。出现这种常规军事开支相对稳定的状况并不令人意外,因为这一时期并不存在任何实质性的外来军事挑战,现有的常备军规模足以在平时确保国内局势稳定,故而无须扩充和更新军备。①

除地缘上的对外优势使其能够维持较低的军事开支,清朝的政府开支较低还有一个原因,即维持国内秩序稳定所需要的花费极低,这可进一步归因于两方面:其一,内地人口在族群、语言和文化上保持着高度同质性,尽管地区间的差异很大;其二,政府管理采用的是一套承袭自明朝的基于公平竞争的文官遴选机制,以及由此所产生的高度集权的官僚体制。

在长达五千年的中华文明史上,以下几个关键环节导致中国国家在族群融合的基础上走向集权并日臻完善:(1)商朝和西周时期(前 1600—前 770),华夏族群从黄河中游向东、向南扩张,形成华夏文明核心地带;(2)秦朝(前 221—前 206),华夏国家持续向南扩张,并以中央集权的官僚体制(包括文字、交通和计量的统一)取代分崩离析的封建体制;(3)儒家世俗说教在汉代(前 206—220)上升为官方意识形态,此后在历代依然保持其正统地位,教义也日趋复杂;(4)唐朝及此后历代采用科举考试制度,使得士人地位上升,主导了地方社会。

上述发展所导致的结果是,到了 11 世纪,在族群融合和文化昌盛的基础上,华夏国家已经日臻成熟,尽管王朝屡经更迭,但这种国家体制变化不大,一直持续到 20 世纪。在这些世纪里,中国的国家体制在以下几个方面,不同于同时代的欧亚大陆其他国家。

① 事实上,由于三藩之乱后有近一个世纪的和平,清朝统治者发现绿营和八旗因缺乏有效训练而日渐废弛,不再能够成为战场上的有生力量。这种状况在 1790 年代平定白莲教叛乱的过程中第一次出现,随后在鸦片战争时期对英军作战过程中,变得更为明显。

首先，士人阶层在社会上占主导地位，并且在意识形态上与国家高度认同，因而使得政府可以将大多数行政职能下放给士绅，而不必将行政权力延伸到县以下的数百个村落。其次，秦代以后中央集权官僚体制的确立，排除了贵族阶层拥兵自固、威胁中央，导致四分五裂的可能，当然，也有少数例外情况出现过。再次，汉代以后，儒家思想与官僚制集权国家的融合，以及儒学对“怪力乱神”的质疑，大大限制了各种内生或外来宗教的生存空间，使其无法挑战儒家思想在精神世界的正统性，也无力发展出自主而庞大的宗教组织，对各种世俗权力构成威胁。最后，科举考试在吸纳富商进入士人阶层、培养商人对朝廷的认同、阻止他们形成一股自主的社会力量等方面发挥巨大效用，削弱了商人通过经济途径干预国家的潜在可能。

因此，宋代以后，统一的官僚制国家在华夏本土一直占据主导地位，朝廷牢固控制了各项行政、财政和军事权力，而不受地方割据势力、宗教组织或商人阶层的挑战。比起欧亚大陆的其他强国，中国用于维持有效统治的开支低得惊人。直至 19 世纪末，清政府的规模仍只限于大约 23 000 名享有俸禄的官员（Chang 1962：42），即平均每 17 000 人供养一名官员。国家的行政开支非常有限。例如，1766 年，所有文官和王公贵族的薪俸总共只有 497 万两；该年国家的总支出亦仅为 4221 万两（陈锋 2008：408—409），约占同期国家经济总量的 2%。清代国家政府确可谓规模小、成本低。正是在这样的背景下，我们方可理解清代地方治理的独特之处。

在帝国与主权国家之间

清朝和之前的汉人王朝确实有所不同。那些汉人王朝虽然也讲儒家的“仁政”,但为了对付边患,往往不得不增设苛捐杂税,以应付庞大的军事开支,一如在明朝末年所见。清朝的不同之处,在于把蒙古、新疆和西藏纳入版图之后,不再存在传统意义上的边患问题。由此,清廷得以把军费以及税率降至较低的水平。同时,为了在汉人社会确立其统治的合法性,清廷也有必要采用轻徭薄赋政策,忠实地践行儒家的仁政理念。

清朝地缘战略的核心是确保边疆地区的安全。纵观清朝早期历史,与漠南蒙古的同盟关系,是满人得以征服内地各省的重要因素。在平定中原之后,内蒙古和满洲地区作为清廷的“后院”,一直是清朝战略安全的重中之重;直至19世纪后期中国被卷入全球范围的主权国家体系,导致其地缘格局发生根本颠覆之前,这种局面一直未变。也正是这样一种地缘格局,催使清廷下决心平定对漠南蒙古造成最大威胁的准噶尔蒙古部落,并在此后将西藏和新疆并入版图,以彻底消除边患。但是,边疆地区对于清朝的重要性仅限于此。统治者既没有被新疆的人口和财富所吸引,也并不是真正对西藏的喇嘛教感兴趣。这些地区之所以重要,只是因为它们担负着维护清朝地缘安全的作用。

但是,清朝并非一个军事帝国。尽管在其早期历史上,曾经全力以赴扩张版图,但是在征服中原之后,清朝国家的性质发生了变化。清朝统治者不再对开疆扩土感兴趣,而是致力于将自身转变为统治中国的正统王朝。在治理内地各省和处理与周边朝贡国的关系方面，清朝继承了明朝的大部分制度。它既不想对周边国家如朝鲜、越南进行征服，也无意要求藩国进献大量的贡品。在定都北京之后的半个世纪中，清朝满足于它从明朝所承袭的版图。就疆域而言，此时的清朝跟明朝的差别，仅限于满人入关时所带来的满洲地区和内蒙古，以及 1683 年从反清的郑氏手里收回的台湾。此后，从 1690 年代到 1750 年代，清朝次第把外蒙古、新疆和西藏纳入版图，乃是抗御准噶尔势力的军事威胁的结果。一旦彻底消除了此一威胁，清朝再也没有兴趣将其边疆向中亚腹地进一步拓展，尽管此时清廷的财政之充沛已经达到了历史顶点，足以支撑其继续用兵。相比之下，军事征战和疆域变动始终贯穿于欧亚大陆其他帝国的历史。这些帝国往往源自小块核心区域，然后逐步对外扩张，目的是获得更多的土地、人口和财富，并为此将被征服的土地和人民变成其藩属，再将藩属进一步变成中央直接控制的行政区。其中最典型的例子莫过于奥斯曼帝国（详见第十章）。清朝平定中原后走了一条不同的道路，因为中国本土规模够大，财政收入又足够充盈，除非自身安全受到威胁，否则清廷并没有必要无休止地开疆拓土，将藩属并入版图，用以增加国库收入。总之，清朝国家的形成，虽具游牧民族的背景，并一度展现出征服王朝的特征，在某种程度上走过与欧亚大陆诸军事帝国相似的道路，但它跟后者之间有着实质性的差别。迁都北京后，清朝很快转变为一个复合型国家，既延续了内亚游牧民族的传统，又承继了中原王朝的政治遗产。

最后，清朝在本质上又和现代主权国家有所不同，这是因为清朝的立国理念与威斯特伐利亚体系内所有主权政体一律平等的原则南辕北辙。尽管如此,在19世纪卷入欧洲中心的国家体系之前,清朝仍然显现出一些向主权国家发展的蛛丝马迹。尽管清朝将明朝的朝贡体制继承了下来,尽管这一体制对于维系其统治合法性非常重要,但是清朝并不热衷于增加朝贡国的数量及其觐见的次数。通过在中亚内陆的开疆拓土,清朝在对外交往方面,要比明朝显得更有信心、更具安全感。在处理欧洲和俄国来华的商人和使臣问题上,清朝灵活应对着他们的各种需求,并没有要求对方严格遵守根据宗藩体系确立起来的交往方针。更重要的是,清朝通过与俄国和中亚国家的交锋,逐渐树立起领土主权的意识,通过一系列条约、协议的谈判,与相关的周边国家之间明确了边界(参见 Esherick 2010:23),从而告别了中国旧有的"普天之下,莫非王土"的政治理念。

清朝在多大程度上是"中国"的?

鼎盛时期的清朝统治者,掌控着辽阔的疆域和多元的人口,比起先前的帝王都更有可能宣称自己是普世君主,并对大清版图内的各种文化和语言都表现出尊重,无论这仅仅是一种姿态,还是出于真心。事实上,清朝统治者在与具有不同族群和宗教背景的民众打交道时,的确是以不同的形象出现的。在内地汉人社会,清帝力图以儒家圣贤君主的姿态展现自己;面对西藏和蒙古的喇嘛教徒,以及满洲地区的萨满教信众,则以慷慨的护主身份出现;同时,为了让从满洲到中亚的辽阔草原上的游牧民族臣服于朝廷,统治者或多或少地借鉴了先前部落国家时代可汗制度的传统。乾隆帝因此会不时地自视为跨越文化和族群藩篱,统御四海的"天下共主"(Crossley 1992,1999;Rawski 1996,2004)。

然而,所有这些并不意味着清朝将边疆和内地等同视之(参见 Waley-Cohen 2004;Millward 1998:201),也不意味着清朝皇帝作为非汉人族群之护主或可汗身份,跟在华夏本土特定的政治文化环境中所扮演的"天子"角色同样重要。概而言之,一个基本的事实是,在迁都北京、平定中原之后,清朝将自己的定位从偏居边陲的满人政权转变为统治华夏本土的正统王朝,并且重新界定了"中国",涵盖范围从内地省份延伸至边疆地区,从而使大清等同于"中国"(参见 G.Zhao 2006;黄兴涛 2011)。相应地,清朝统治者也改造了自身与边疆地区精英群体之间的关系,不再像过去那样在部落首领之间平等相处,而是继承了先前中原王朝的一套规制,将其界定为基于儒家政治秩序的君臣关系。对于清廷来说,内地各省无疑构成其疆域的主体,因为这里不仅为国家的正常运作提供了所需的财富和人才,同时还为他们统治华夏本土、边疆及藩属国提供了政治的和文化的合法性基础。因此,尽管清廷允许边疆地区的精英享有一定的行政和宗教自主权,但在处理与边疆的关系时,毫不犹豫地将其纳入承袭自先前华夏王朝的儒家政治秩序的框架之中。

总之,清朝最好被视作一个二元国家,它融合了游牧民族征服王朝的传统与中原王朝的文化及政治遗产。相较于此前曾经入主华北或统治中国全境的异族王朝,包括鲜卑族拓跋部所建立的北魏(386—534)、契丹人建立的辽朝(907—1125)、女真人建立的金朝(1115—1234)、蒙古人建立的元朝(1206—1368),清朝统治中国的时间最长(1644—1911)。清朝国祚绵长之根本原因,是其相辅相成的两个特征,皆为国家建构所不可或缺:(1)将内亚边疆地区正式纳入版图,由此消除了来自游牧部落的威胁;(2)继承了前明的正统,从征服王朝转向复合型王朝。清朝通过尊重士人特权、认同儒家理念、因地制宜地选择治理策略等,赢得了地方精英的忠诚。在内地各省,它既依靠士绅精英处理乡村日常行政事务,同时又不让他们拥有太多的自主权,由此既能把汉人社会置于中央的有效统治之下,又将政府控制在较小的规模。同样,在边疆地区,通过庇护喇嘛教及允许当地的宗教和世俗领袖掌握一定的地方行政事务自主权,清廷也赢得了他们的支持。由此,清朝无须大量派驻军队,即可维持边疆的稳定,同时也无须使用强制手段,即可确保边陲地区非汉人族群的臣服。清廷强调通过宗教和政治纽带稳固边疆,而非诉诸暴力,也有助于边疆地区对中央政权产生认同。前后两个世纪的开疆拓土和边疆的巩固,不仅使得中国的版图得以扩大,也有助于在汉人与非汉人精英之间产生共同的国家意识,即他们一同生活在一个重新界定后的疆域之内。这种观念的生命力,甚至比国家本身更加久远。归根到底,清朝可谓帝制时代华夏国家谱系的最后一个王朝。但清朝的"中国性",跟清之前的王朝不尽相同。"中国"的概念重新得到了界定,既体现了中国以往的文化和政治遗产特征,又显现出以往所未见的多样性和复合性。事实上,中国文化本身之所以如此悠久而富有韧性,正是因为其长期以来一直保有向其他民族的文化和族群因子开放的传统。正是由于华夏族群在同化其他民族且又吸纳异族文化遗产的要素方面，所展现的非同寻常的能力，才使得中华先民在数千年的历史长河中坚强生存，繁衍不息。清朝只是这一长篇故事的最后一章而已。

第三章　边疆整合的限度：清朝财政构造中的低度均衡机制

正如上一章所述，在17世纪后期和18世纪上半叶，对亚洲内陆的用兵和边疆的整合，作为清朝国家构建过程中最为重要的步骤，是清廷对准噶尔蒙古持续威胁加以回应的结果。清朝统治者在面对此一威胁时所采取的策略，随时间的流转而发生变化：康熙年间，以被动守势为主；在1690年代击溃入侵大漠南北的准噶尔蒙古之后，康熙无意进军大漠以西准噶尔蒙古故地，满足于准噶尔蒙古称臣进贡。然而到雍正、乾隆时期，清廷则选择预防性的主动出击，最终于1750年代彻底剿灭准噶尔势力；然而清廷在此国力最为鼎盛之际，并未寻求进一步对外扩张。后来在1830年代，清廷重又启用羁縻政策。为了给上述一系列策略上的转变加以辩护，统治者使用了不同的语言：康熙帝之所以采取保守策略，据称是因为准噶尔土地荒瘠无用，当地民众也难以驾驭；而乾隆帝则将其先发制人的战略,用冠冕堂皇的“王化”说辞加以包装(见上一章)。

然而,无论地缘政治还是统治者的辩解,都不能充分说明为什么清朝在亚洲内陆的用兵花费了半个世纪以上的时间才得以完成,也无法真正解释为什么清廷的策略前后互异。那么,究竟是什么机制在支撑或牵制清朝的对外征讨?这一机制对于我们认识清代国家的性质有何含义?我们究竟该如何从早期近代和近代世界史上国家形成的视角解读清朝的开疆拓土?濮德培对清朝征讨准噶尔部落的研究,强调了后勤供给在清廷用兵决策上所起的关键作用:补给困难曾经制约康熙帝发动更为持久的对敌作战,而后来贯穿甘肃直抵新疆的供给线路的开通,则使乾隆帝能够最终击溃准噶尔势力。而后勤补给运输的改善,据称又受到中国内地“市场整合”的支撑(Perdue 1996:780)。他进一步写道,“正是由于十八世纪发生经济商业化的总体趋势,才使得清朝官员能够从中国西北市场上采购大量的物资输送到新疆”(Perdue 2005:523)。不过,他也承认,在1755—1760年用兵期间,由于军队在当地市场采购粮食,导致那里的粮价上涨了三倍,可见甘肃一带的市场整合程度实为有限(Perdue 1996:781;2005:523)。

本章将会指出,清廷反复调整其军事战略,不仅考虑到地缘利益的因素,更是17世纪后期到19世纪初财政状况变化所导致的结果。财政状况是良好还是恶化,要比后勤供给本身更为根本,也更能说明清朝边疆战略的前后变化。本章还将揭示,理解清朝财政体制的关键,是18世纪大部分时间里所出现的“均衡”(equilibrium)状态,即财政收入大体相当(或适度高于)常规的军事和行政支出。为了解释这种“均衡”及其对于认识清朝国家性质的意义,本章将首先检视清朝国家的用兵与财政之间的总体关系以及由此所产生的一系列“财政周期”。然后将考察土地资源的开发利用是否能够满足日益增长的人口需求,这是理解清朝政府财政能力的关键,也是讨论清朝财政体制低水平均衡状况之所以存在并很脆弱的切入点。本章还将对清朝财政—军事的关联状况进行深入分析,并通过与近代早期欧洲国家进行比较,进一步阐发清代国家的特殊性。

清朝的战争与财政

财政周期

欲了解清朝的财政状况,一个可行的方法是观察户部账面上的现金储备,也就是在从户部常年收入中扣除常年开销之后,历年累积的盈余总额(每年财政收支的具体情况,见表3)。在本研究所涉及的大部分时段,户部每年的财政收入保持着缓慢而稳定的增长。例如,1685年收入3424万两,而到了1766年,收入4254万两(见表3),一般都高于当年的常规支出,如1685年支出2920万两,到1766年支出3451万两。这样,每年均有几百万两(个别年份超过一千万两)的盈余。但是,一旦朝廷用兵平定内乱、边患,或是卷入国际战争,军费急剧增加,再加上常规岁出,就会大大削减现金储备,导致户部的年度支出产生赤字,严重影响清政府的财政状况。总体而言,我们可将17世纪中叶到19世纪中叶清朝的财政环境分为五个周期,每个周期跨越四五十年。通常来说,每个周期的开端，财政状况良好，国库盈余逐步增加，这主要归因于境内保持大体的和平与稳定。持续的和平局面，加上经济的恢复和扩张，推动盈余不断上扬，达到本周期顶点。一旦战争支出增加，现金储备快速减少，该财政周期便步入尾声。下面是对这五个周期的概述。

图表 1　清朝户部盈余、用兵开支和田赋蠲免（1644—1862）

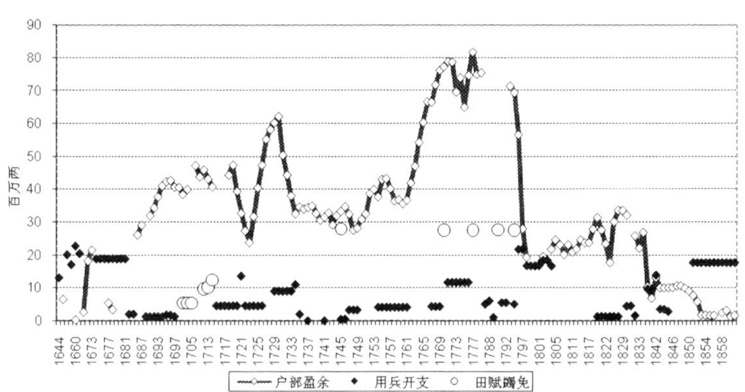

资料来源：关于户部历年盈余额，见彭泽益 1983：10—11，39，73—74，84，142—143；1990：57—58；史志宏 2009：253—281；史志宏、徐毅 2008：51—54，61—66。关于清朝用兵开支，见彭泽益 1983：127—137；陈锋 1992：239—276。关于清朝田赋蠲免，见何平 1998：22—25，41—43；张杰 1999：56—58。

第一周期（1644—1681 年）：顺治年间（1644—1661），清廷花费了大约一亿两白银，用于平定内地，平均每年支出近 600 万两。此外，每年还需花费大约 1300 万两，用于维持军队日常开销（彭泽益

1990:55)。例如,在1656年,全年的军事开支达到2000万两,而在接下去的几年中,每年则需要2400万两。但在这一时期,清政府每年的财政收入仅有2000万两,由此导致在1650年代后期,每年都出现了约400万两的赤字(何平1998:6)。但在内地平定之后,清政府的财政状况很快出现好转。随着和平局面的到来,户部的现金储备连续十年(1664—1673)出现盈余。到三藩之乱爆发前夕的1673年,盈余量达到了本周期的最高点(2136万两白银)。为了平定这场来自云南、广东和福建,历时八年之久(1674—1681)的叛乱,清政府的开支总数约一亿两白银(陈锋1992:247),平均每年1250万两,耗去了户部大部分的盈余。1678年清军与叛军交锋激烈,导致当年的盈余量降至332万两。

第二周期(1682—1722年):1681年平定三藩后,清朝国内局势渐趋平稳。而在边境地区,则不时地发生一些军事行动,例如为了降服台湾郑氏政权而用兵两年(1682—1683),共耗资400万两,年均200万两;1695至1696年,东北边陲发生了与俄罗斯的军事冲突,耗资近100万两;而在大漠南北,清军与噶尔丹率领的准噶尔部落交战八年(1690—1697),高潮为1696至1697年康熙帝的三次亲征,八年间总共花去约1000万两,年均125万两。上述军事行动,均在清政府支撑能力范围之内,并未对其财政状况造成严重影响;相反,户部现金储备的盈余量还出现了稳定的增长,从1670年代后期年均不到1000万两,上升到1686年2600万两,1691年接近3200万两,1694年甚至达到4000万两。1697年后,清朝的边陲安稳了17年,这一时期,户部年均盈余超过4000万两(1708年达到极值4700万两)。这种状况让康熙帝有能力在内地部分区域实行田赋蠲免。然而，边境的和平局面很快告一段落。针对准噶尔部落入侵并占据西藏，康熙帝在1715—1726年持续用兵（战事高峰期在1720—1722年），共耗资约5000万两，年均约550万两（陈锋1992：252）。此外，为了镇压台湾的朱一贵起义，清政府在1721年耗费900万两。结果，到1722年，户部现金储备下滑到了2700万两。

第三周期（1723—1761年）：1723年后，清朝与准噶尔的战争持续数年，但在雍正年间，这种军事行动对于清廷的财政不再构成压力。户部的现金储备在1726年回升到4700万两（超过了前两个周期的峰值）。在接下来的数年间，由于边境安宁，1730年甚至达到了6200万两。然而好景不长，噶尔丹策零率领准噶尔部再度作乱，迫使雍正帝在西北用兵六年（1729—1734），共花去5400万两，年均900万两。1734至1735年，为了镇压贵州南部苗人叛乱，清廷又花费约400万两。结果，户部的盈余状况在这些年持续走低，1734年跌至3250万两，仅及1730年的一半左右。在本周期的其他年份，边陲用兵仍不时发生，包括在西北地区彻底剿灭了准噶尔部（1755—1757），加上随后对维吾尔穆斯林的征伐（1758—1761），共消耗3300万两，年均约400万两。[①] 由于这些军事开支，1734至1761年的大部分时间，户部现金盈余徘徊在3000万至4000万两之间。

第四周期（1762—1804年）：在稳定了西北边疆之后，清朝度过

---

① 其他的军事行动，包括1737和1741年分别平定湘、贵苗人之乱，总共耗费了10万两；1745至1746年对瞻对地方的藏人用兵，花费了100万两；而在1747至1749年对金川藏人用兵，共耗去了330万两，年均110万两。

了相对和平的三十年。这种前所未有的安定局面以及随之而来的经济扩张(详见下文),使得户部现金储备在1765年超过6000万两,1768年超过7000万两,1777年接近8200万两,是为有清一代的最高纪录。当然,在这三十年间,南部边陲仍有零星的战事。规模最大的战争发生在金川,对手是藏人(1771—1776),共耗去7000万两,年均1166万两,致使户部盈余从7900万两滑落到7460万两,不过清政府的财政状况仍然保持良好。① 然而,国家的富足局面为时短暂。嘉庆初年爆发的白莲教起义,成为清朝财政的转折点。这场起义前后持续九年(1796—1804年),波及中原和西北五个省份。为了平乱,清政府共耗费1.5亿两,年均1666万两,户部的盈余从战前的近7000万两持续下滑,到了1801年已不足1700万两,即使跟上个世纪相比,也是很低的水平。②

第五周期(1805—1840年):1804年平定白莲教之后,清朝又迎来了和平时期。在接下来的16年间,内地和边疆地区均未发生大规模战事。③ 令人讶异的是,户部盈余并没有因此发生反弹,在本周期的大部分年份,一直维持在2000万至3000万两之间,具体

① 其他的军费开支包括:1767—1769年对缅甸用兵,耗去1300万两,年均433万两;1787—1788年对台湾用兵,耗去1000万两,年均500万两;1788—1789对越南用兵,耗去130万两;1788—1789对尼泊尔廓尔喀用兵,耗资100万两,1791—1792年又花费1100万两;镇压湘贵苗乱,花去了1500万两(陈锋1992:275)。

② 除了镇压白莲教的军费开支(年均1666万两),1795至1797年平息湘贵苗人之乱,开销了1500万两(年均500万两),因此在1796至1797年,年均军费约为2166万两。

③ 在这十余年内,只发生过两次值得一提的军事行动,一是针对蔡牵为首的"洋匪"起事,前后持续九年(1802—1810年),骚扰东南沿海省份,清廷为此用兵耗费700万两,年均78万两;二是1813年平息天理教,仅在安徽一省即花费11万两(陈锋1992:274),全国总共花费约100万两。

原因将在下文探讨。1820年，西北边陲发生了受浩罕汗国支持的张格尔之乱。清军为此用兵九年（1820—1828年），直至1828年才击溃张格尔部。随后又花去两年时间（1830—1831），打败张格尔的兄长玉素普。为了平定张格尔之乱，清政府花去1200万两（年均133万两，导致户部盈余量从1820年的3100万两下降至1826年的1760万两）；在剿灭玉素普的过程中，又花费900万两（年均450万两，户部盈余量从1829年的3340万两下降至1832年的2570万两，1831年数据缺失）。此后在1830年代，尽管未发生大规模战乱，户部盈余量仍在低位徘徊，大致处于2000万至3000万两之间。①

战争的资金来源

综观上述，战争对于清政府的财政状况，确实造成了显而易见的影响。从1690年代到1830年代，与准噶尔蒙古人、藏人、廓尔喀人、维吾尔人和苗人所展开的历次战争，耗去清政府大量支出，总数约2.5亿两。政府维持日常运作所付出的开销，通常是可预见的，数额也相对固定。与此不同的是，军事行动往往不包含在政府"预算"或常规性的开支之内，因为在大多数情况下，战争是难以预测的。因此，战端一开，户部现金储备中的盈余，往往成为主要的资金来源，直接用于战争开销，或者在战事结束后，给卷入战事并

① 在这10年内发生的大规模军事行动，主要是1832年镇压湖南和广东的瑶人之乱，耗费了153万（陈锋 1992：275）。

提供“协饷”的各省报销(参见第四章)。[①] 战争的规模和开销,直接影响到户部的盈余状况,这从上文所述1640年代到1830年代户部盈余的周期变化上可见一斑。每次大规模战事发生后,现金盈余量必定下滑;一旦战事结束,则止跌反弹。总体而言,边陲用兵的支出,年均数额很少超过1000万两,远远低于户部历年累积的现金盈余总量(1690年代到1760年代后期,户部每年基本上能有3000万至5000万两的盈余,而在1760年代后期到1790年代前期,每年盈余达到6000万至8000万两),因此,清廷对这些军事开销有足够的支付能力。

当然,户部盈余并非军事开支的唯一来源;还有部分兵费来自富商的捐输。[②] 从1670年代到1830年代,盐商总共捐输4275万两白银,用于支撑朝廷的用兵开销,占同一时期清政府用兵边陲总开销的约17%。譬如,1773年在小金川战事中,两淮盐商江春独力捐输400万两。又如,在1791—1792年与尼泊尔廓尔喀人的第二次战役中,来自盐商的捐输总额达到610万两,超过了这次军事行动总支出(1100万两)的一半。出现这些捐输行为的原因,主要在于盐商通过垄断食盐贸易,获得了巨量财富。在最富裕的一百多位两淮盐商之中,个人财富至少在几百万到一千万两之间,有些盐商甚至拥有7000万至8000万两资产(宋良曦1998)。盐商积极地向

① 有研究者提出,第一次金川战役的军费“由四川省筹集”,“为了应付西线战事所付出的3500万两,可能由各省和户部分摊”(Theobald 2013:103)。但他没有指出的是,来自各个省份的资金实质上属于“协饷”性质,是各省本该上交给户部的。

② 其他资源包括在战争发生地区向居民征收临时税,而在战事结束之后,这些临时税可以部分或全部报销。

朝廷捐输,是因为这是他们向朝廷展示忠诚的最直截了当和光明正大的途径,并可借此提高自身的地位与声望。盐商向朝廷捐输巨量钱款后,总能获得荣誉头衔,甚至受邀与皇上共饮同乐。事实上,在乾隆、嘉庆两朝(1730 年代到 1810 年代),食盐贸易获利颇丰,故而每有战事发生,盐商们都会向朝廷踊跃捐输,乃至乾隆帝不得不多次出面谢绝,称"国家库府充盈,无借商人捐输"(转引自陈锋 1992:334)。

因此,边陲用兵并未导致清政府提高税额或新设捐税以增加国库收入。雍正帝曾骄傲地说,"西陲用兵以来,一应军需皆取给于公帑,丝毫不以累民"(*QSL*,雍正 156:13-5-甲辰)。乾隆帝在1769 年针对缅甸战事所作的批示中也说了几乎同样的话(*QSL*,乾隆 840:34-8-庚申)。但是,针对内地汉人叛乱所进行的大规模军事行动对于财政状况的影响,则与前述情况完全不同。上述时段内发生的内地汉人叛乱主要有两次,即三藩之乱(1674—1681)和白莲教起义(1796—1804)。这两次叛乱均持续数年,影响多个省份,大大冲击了清政府的财政环境。除了遭难地区出现税收的巨大流失,政府还投入巨额兵费以平定叛乱。三藩之乱导致户部盈余在六年之内下滑 85%,1678 年仅剩 260 万两,之后几年只会更少。同样,白莲教起义让户部盈余在六年之内削减了 76%,1801 年降至约 1700 万两。事实上,正如下文所要解释的那样,这两次军事行动所造成的财政开支如此浩大,以至于朝廷不得不对一些国内政策进行修正,以增加税收。平叛给清朝的经济和财政所带来的危害广泛而深远,长达一个世纪之久的"康乾盛世"走向终结。1800 年之后,户部的盈余量再也未能恢复到原有高度,其最高额

(3350万两)仅仅是1770年代后期的40%。

对比之下,边陲用兵对于清政府的财政则没有造成太大的影响。在平定准噶尔的八年战争(1690—1697)中,户部的盈余不仅没有下降,反而有所增长,从用兵之初的约3100万两升至战事结束时的4000多万两,这要归功于有限的战争开支(年均125万两),以及三藩之乱后经济的快速恢复。接下去的两次对准噶尔部用兵,虽然造成了户部盈余的明显下滑(从1714到1723年,计减少约40%,此后战争开支更为浩繁,1729至1734年共减少46%),但这仍然在中央的财政承受范围之内,因此政府并不需要调整国内政策以提高国库收入(详见下文)。最后一次针对准噶尔的军事行动(1755—1757)对于户部的盈余几乎没有任何影响,在开战最初的两年,甚至还出现了一些增长,此后和战前大体持平。在与维吾尔部的四年战争中(1758—1761),户部的盈余量基本没有变化,足以表明战争并没有影响到清政府的财政状况。清廷用兵边陲耗费最多的实际上是1771至1776年的大小金川之役,总共花费7000万两,平均每年耗去逾1100万两。但在这六年中,户部的盈余变动很小,令人十分惊讶。在战争开支最高的年份(1775),盈余量仍能保持在6500万两的高位。由于持久的全国范围的经济繁荣,清朝的财政实力达到了顶峰,正享受着前所未有的富足局面。而国库充盈,反过来又驱动清廷对边陲大肆用兵(张晓堂1990:26—27)。事实上,清廷是如此富足,乃至在与噶尔丹策零所部准噶尔势力用兵之初(是役历时六年),雍正帝仍于1729年决定蠲免下一年甘肃、广西、贵州、四川和云南等五省田赋(Dai 2009:192)。

如果我们把清廷平定内乱与边陲用兵加以比较,更可以看出这两类不同的战事对其财政政策的不同影响。简单地说，平定内地汉人叛乱所耗费的巨额军费以及随之而来的财政压力，促使清政府采取一系列必要措施以增加国库收入；而在没有发生汉人叛乱的盛清时期，虽然对边陲不断用兵，中央政府却一直采取低税政策，降低甚至蠲免土地所有者的田赋负担。

战事对于清政府财政状况的影响，鲜明地体现在三藩之乱时期。三藩之乱爆发之时，清朝的经济尚未从入关以来的战乱中得到充分恢复；顺治时期，清廷的主要精力都在平定内地，导致大量汉人被杀，城池被毁，耕地荒芜。因此，康熙帝在位（1662—1722）之初，户部不仅没有盈余，反而有大约 400 万两的亏空（何平 1998：17）。接下去的 12 年间，社会渐趋安定，人口和经济缓慢增长，到三藩之乱爆发前夕，户部已有超过 2000 万两的盈余。然而，三藩之乱中断了这一增长势头。在叛军占领南方诸省之后，政府的税收急剧减少。平叛所引起的巨额开支消耗了财政盈余，迫使清廷采取一揽子措施增加国库收入，满足用兵之需。具体包括：

（1）田赋加征十分之三，对象为江南各州县官绅；

（2）在产盐各区加征 7.8% 至 39% 不等的盐课；

（3）在全国临时（仅限于 1676 及 1681 年）开征房税，门面房屋每间征 0.2—0.6 两；

（4）1677 年开征田房契税，每县派额为 100 至 600 两不等；

（5）缩短新垦耕地的田赋蠲免时间，从原定 10 年减至 3 年；

（6）对未造册、未纳税的隐漏土地进行调查、检举，鼓励自报；

（7）屡开捐纳，出售实官（在 1674 至 1677 年，计售 500 多个知县职位，获银逾 200 万两）；

(8)政府官员裁俸50%乃至100%(陈锋1992:302—331)。

而在1796至1804年的白莲教之乱中,清政府再度采取了非常措施,增加税收以应对高昂的战争开支。不过,和三藩之乱初期的财政环境不同,白莲教起事之时,户部的盈余非常庞大(接近7000万,是1673年的三倍有余)。因此,清廷并未在战争期间提高田赋和盐税,也没有给土地所有者增加额外负担。政府增加国库收入的措施,主要限于以下两项:

(1)售卖官职,无论在数量还是频率上均达到空前地步,在用兵期间及战后数年的经济恢复期,通过捐纳共获得超过7000万两收入(郑天挺1999:319);

(2)盐商报效,在1799至1803年间,共获1580万两(同上:333)。

这里可以稍做总结,即平定大规模内乱确实带来巨额军事支出,也导致清朝的财政政策发生变化。不过这种变化为期甚短,只出现在1670年代后期以及18、19世纪之交。而从1680年代至1790年代初的历次边陲用兵,则并未导致财政政策的显著变化。该如何解释这些现象?

为了回答这一问题,首先须关注清廷在处理内地和边陲地区问题时所采取的不同战略。对于满洲统治者来说,内地各省不仅仅是其祖辈所征服下来的又一块土地,而且构成整个清朝国家的核心地带,他们正是以此为支撑,建立并维持了对内亚边陲和周边各藩属国的最高权威。因此,汉人的反叛,尤其是波及数省的大动乱,对清朝统治者的根本利益构成致命的威胁。他们会不惜耗费巨资加以平定,并且想尽各种合适的办法以满足军需,包括增加新税种，提高旧税额。相反，清廷在应对边患时，则往往充满弹性，根据出现问题的边陲地区在地缘政治上的重要性，以及对国家安全的危害程度，采取不同的策略。总的来说，正如上文所楬橥的，其总体战略经历了从康熙时期的保守到雍正时期的进取、乾隆时期主动出击的转变历程，而这些转变所折射的，则是中央财政环境逐步向好的趋势。当然，在 18 世纪，财力充沛并非清朝面对边患采取攻势的唯一原因，但它的确鼓励统治者采取积极的策略，以彻底消除边患。两次最为昂贵的用兵（按年均军费来衡量），一是雍正时期针对噶尔丹策零的战争，发生在 1729—1734 年，每年耗费 900 万两；二是乾隆时期针对金川藏人的战争，发生在 1771—1776 年，年均耗费 1200 万两！这两次用兵，均发生在户部现金储备剧增之际（一是 1720 年代后期，二是 1760 年代末和 1770 年代初）（参见图表 1）。一言以蔽之，正是清朝在这些年份的财力上升，才使得统治者能够采取这些耗资巨大的军事行动。

与此形成鲜明对比的是，到了 19 世纪初，户部的现金储备量出现暴跌态势，徘徊在 2000 万至 3000 万两之间的低位（而在 1770 年代，曾高达 8000 万两），因此清廷在处理边患时，选择了消极保守的策略。例如，当 1830 年浩罕汗国入侵新疆，提出宗教及领事特权要求之时，道光帝以“一切如其所请”答复办事大臣（魏源 1984：195）。事实上，这也成为 1840 年之后清朝在与英国和其他欧洲强国交涉时息事宁人的先兆。

清朝财政的低水平均衡

“均衡”的定义

为了进一步理解清朝的财政,我们需要观察其财政收入的供需两方面关系。需求侧显得清晰易懂。上一章已经提到,在18世纪的大多数年份中,清朝具备两大优势:其一,国力远胜于周边任何国家,边患不复存在,地缘战略安全有保障;其二,内地人口的同质性,降低了维持社会秩序的代价,政府在军事和行政方面的花费有限。两个条件奇妙地结合在一起,使得清朝的军事开支以及财政需求,相对于其经济和人口规模而言,都维持在一个较低的水平。事实上,正如表3所示,从1760年代到1840年代,清朝每年的财政支出基本维持在3400万到3800万两之间。

表3 清朝国家的官方岁入和岁出(1653—1840)(单位:千两)

年份	总收入	地丁银	盐课	关税	其他收入	总支出	结余
1652	24 380	21 260	2120	1000			
1654	17 824	14 804	2720		300	15 219	2605
1657	25 486						
1682	31 100						
1685	34 240	28 230	3880	1220	910	29 207	5033
1724	36 490	30 280	3870	1350	990		

续表

年份	总收入	地丁银	盐课	关税	其他收入	总支出	结余
1725	35 850	30 070	4430	1350			
1748	42 660	29 640	7010	4590	1420		
1766	42 540	29 910	5740	5400	1490	34 510	8030
1791	43 590					31 770	
1812	40 140	28 020	5800	4810	1510	31 500	
1838	41 273					36 209	5063
1839	40 307					34 788	5520
1840	39 035					35 805	3230

资料来源:关于1652、1685、1724、1753、1766及1812年历年岁收,见许檀、经君健1990;*SQYJ*:113—115。关于1654年数据,见刘翠溶1967;关于1652、1682、1766及1791数据,见*QSG*,125:3703—3704。关于1838—1840数据,见*HBS*,1.1:172;彭泽益1983:38。

再看供给侧。这里同样有两个关键因素,决定了清朝财政资源的可获得程度。首先,财政收入的主要来源是田赋。这一点与17、18世纪亚洲其他地区的帝国及某些欧洲大陆国家并无区别。在传统技术条件下,土地生产率低,从农业中所产生的经济剩余也很有限。对于清朝来说,过分依赖田赋似乎并没有什么好处。但是,这种缺点被另一个因素所抵消,即中国的纳税地亩数额巨大。即使税率很低,中央从应税土地中所获得的收入,依然是一个巨大的数目,足以应付政府的常规性需求。由于统治者长期坚持轻徭薄赋的政策,在18世纪的大部分时间里,国家每年的田赋收入基本保持在一个固定的水平上。在18世纪和19世纪前期,全国每年的田赋收入大约为3000万两白银。同时,由于间接税(针对盐和其他商品)的增加,清朝国库的总收入从1700年前后的约3500万两白银,增加到18世纪后半期的4000多万两白银(见表3)。因而,在整个18世纪,清朝能够维持着财政收支的平衡局面,这是由于岁入总能高于岁出,历年所累积的盈余足以负担各种意外支出(如战争和防洪)。

但是,这种均衡的存在是有条件的,也是脆弱的。这种均衡态只有在具备以下两种条件时才存在:首先,无论就外部地缘环境还是国内社会政治秩序而言,都不存在严重的挑战力量,故清廷的日常开支能处于较低水平。一旦内地出现大规模动乱,或者周边出现严重威胁,导致军费剧增,上述供需之间的平衡必然会被打破。其次,国家的税源不存在问题,特别是土地所有者的纳税能力未受到影响,因为田赋毕竟构成了政府收入的最大组成部分。一旦人口的增长达到一个临界点,耗竭了经济剩余,纳税人很难照常缴税,国库入不敷出,现金结余日渐枯竭,财政收入产生短缺,均衡局面也必然会被打破。

为了说明这种均衡态势,图表2以U曲线表示清朝财政中的需求(y轴)和供应(x轴)。自1644年清朝入主中原,到1681年基本恢复稳定(曲线上b点),在此期间的大部分年份,财政需求(大部分来自军事支出)超过了收入。在供需差距最大的a点,清朝的财政赤字达到了最高峰。而在b点和d点之间(从1680年代到

1830 年代),由于收入超过了支出,出现了均衡局面。如果供给远远超过需求,两者之间的差距达到一个峰值(c 点),国家会采取区域性或全国性的赋税蠲免政策。但清朝的财务均衡状况只是暂时的、低水平的,一旦供需两端任何一方面发生变化,这种均衡将不复存在。这种均衡的消失,不外乎以下两个因素:一方面,18 世纪后期,在供给侧即税源产生问题,由于人口剧增,经济剩余减少,加上白银外流,直接影响到国家的抽取能力;另一方面,到 19 世纪中叶,出现了前所未有的外部威胁,加上前所未有的人口压力导致内乱的总爆发,使得财政支出迅速蹿升,最终打破了清朝财政体系的供需平衡局面。

图表 2　清朝国家财政构造中的低度均衡

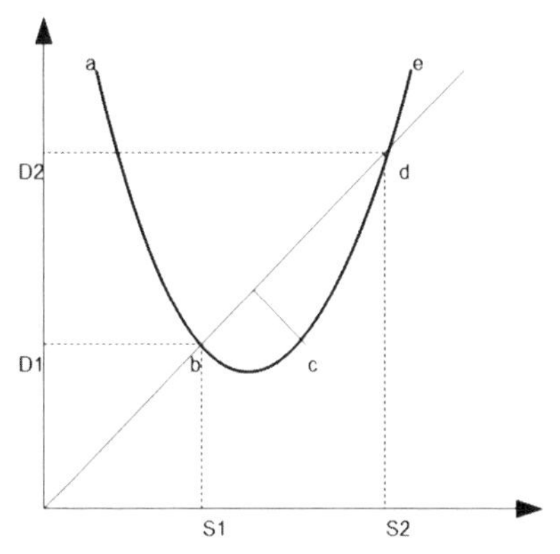

综上所述,除去清初平定内地的四十余年,即使出现像三藩之乱(1673—1681)这样耗资巨大的战事,清廷仍能保持财政收支的大体均衡,这一局面一直维持到 19 世纪中叶。其岁入稍高于常规

岁出,从而带来一定的现金结余。理论上,如果这种状态持续下去,其盈余能够年复一年无限地增多。此盈余在1770年代达到历史最高位,约在7000万至8000万两白银之间,几乎是清朝年收入的两倍。这种现金储备十分重要,确保了国家在应付诸如救灾、水利、用兵等突发事件时,能够负担额外的支出。对于清廷而言,是否要在边陲用兵,不仅要考虑到地缘政治安全是否受到严重威胁,也要顾及经济承受能力,而这主要取决于国库的现金储备状况。毫无疑问,从17世纪下半叶到19世纪上半叶,清廷的现金储备经历了几个周期的起伏,直到均衡状况最终被打破。这种财政周期的概念,对于理解清朝边疆扩张的阶段性变化,具有十分重要的意义。

清朝的经济承受能力

很明显,直到19世纪初,清朝的税收仍然只相当于其经济总量的一小部分(3%—5%)。然而,这并不意味着纳税人总能轻松地履行纳税义务。为了理解其纳税能力,我们需要考虑以下几个因素:经济总产出(尤其是通过田赋支撑国库的农业产量);经济产出中用于维持人口生存所需要的部分;经济总量在扣除人口消耗后的余额,亦即可供国家汲取的潜在的经济盈余量。

经济史家郭松义(1994、1995和2001)的研究,提供了迄今为止清代中国农业产量最详尽可靠的估算。基于在中国不同地区超过1000项的单位面积作物产量数据分析,以及在清朝各个时段400多个州县超过3000项的单个作物产量的数据分析,郭松义对清朝各个时段的粮食总产量、亩产量、每户粮食产量以及每个农夫所能供养的人口进行了测算（如下表所示）。

表 4　明清的农业生产率（1600—1887）

年份	粮食总产（千斤）	粮食种植面积（千亩）	每亩粮食产量	农夫总数（千人）	每个农夫的粮食产量	
					（斤）	供养人口
1600	171 601 741	669 946	256	26 359	6510	8.3
1766	289 074 380	932 498	310	41 081	7037	8.9
1790	286 151 985	908 419	315	60 251	4749	6
1812	301 298 820	944 695	319	70 293	4286	5.4
1887	290 835 468	1 013 364	287	81 138	3584	4.6

为了进一步确定粮食盈余的数量（亦即自我消耗后的粮食剩余量），郭松义首先得出中国的农村家庭人均粮食量（即粮食总产量除以农业人口总数），进而计算出加工后的可供消费的人均粮食数量（即从粮食总产量中扣除 20% 的生产成本，再扣除 58%，即粮食加工过程中所去掉的麸糠）。再从经过加工的粮食数额中扣除供自我消费的部分（人均 350 斤），所得到的即为人均粮食盈余数额（见表 5）。

表 5 明清的农业生产和人口(1600—1887)

年份	总人口(千人)	农业人口(千人)	耕地		农业人口人均粮食(斤)		
			总面积(千亩)	农夫人均(亩)	总额	净额	余额
1600	120 000	97 200	725 464	27.52	1765	819	469
1766	200 000	170 000	1 036 109	25.22	1700	789	439
1790	300 000	255 000	1 009 354	16.75	1122	521	171
1812	350 000	297 500	1 050 436	14.94	1012	470	120
1887	400 000	340 000	1 125 960	13.88	855	397	47

郭松义对于农业人口收入的估算,并不包括经济作物(如棉花、茶叶、甘蔗、蓖麻、桑树等)和家庭副业收入(如手工业、渔业、畜牧业等)。但粮食生产在农业中的重要性是显而易见的:在清代中国,大约 90% 的可耕地用于生产粮食(许涤新、吴承明 2003a:221),80% 左右的农户收入来自土地。① 既然我们的目的是要看农业生产率的长期变化和农业经济的盈余状况,而不是在特定时期内对经济产出总量进行准确估算,因此,虽然郭松义的计算并不完整,但由于其清楚地表明了这些变化,因此与这里的讨论紧密相关。

首先,从上面两个表格中可见,直到 1760 年代,清朝经济一直呈现出增长的势头。粮食产量的提升(1760 年的产量是 17 世纪初的 1.69 倍)还伴有人口大幅增加(1.66 倍)和耕地面积扩展(1.43

① 1914 至 1918 年间,农业总产量的 79.78% 是粮食作物。粮食作物更占据了农产品总市值的 83.11%(许涤新、吴承明 2003b:1098)。清代粮食作物在农业总产出中的比重,不会和上述估计出入太大。

倍)。换言之,粮食产量能够提升,主要原因是耕地面积的扩大,这要归因于大量新增加的人口向原本人烟稀少地区迁移,新垦了大量耕地。[①] 由此导致的一个结果是,1760 年代之前,清代农村人口数量显著增长,但农民的人均耕地面积变化不大,徘徊在人均 25—27 亩之间。很明显,人口的增长并没有对土地造成严重的压力亦即人地比率的显著上升。换句话说,在 1760 年代之前,清代尚未面临严重的人口压力。尽管农业技术或投入没有显著改进,但是耕地面积的扩大和数世纪以来集约型农业技术的应用,仍然使农民能够生产出足以支撑人口增长的农产品,避免生活水平的下降。在农业技术和投入没有重大突破的情况下,劳动生产率固然不可能有显著的提高。不过,荒地的开垦和人口的迁移,有效缓解了人口增长对土地造成的压力,避免了农业生产中劳动投入的过分密集化,以及由此所造成的劳动生产率的下降。一个例证就是,直到 1760 年代,每个农夫所生产的粮食,仍然足以养活将近 9 个人;在扣除自我消费之后,每一个农业人口依然会有 439 斤的粮食盈余,这两项皆与明末水准大体相当。总之,耕地的扩大、农业劳动生产率的稳定,以及农业剩余量的增加,不仅带来中国经济在 18 世纪中叶空前繁荣,也使农业人口有能力承受赋税负担,国库盈余维持在高位。

但在 18 世纪后期,随着人口压力增大,形势发生了明显变化。

① 对于 18 世纪经济的快速增长,有若干因素可加解释。除了长期和平、荒地开垦、人口迁居到新辟疆域、对外贸易的扩张、美洲农作物的引进等因素,历史学家还认为,南方自耕农数量的增加所起的作用不可低估。此外,满人征服内地过程中大地主的消亡,以及生产的市场化和专业化趋势,均有助于经济扩张(B.Li 1998;Goldstone 2004)。

当人口数量从 1766 年的 2 亿增加到 1812 年的 3.5 亿,同时可开垦的土地变得稀缺时(事实上,在此期间,耕地总面积几乎没有增加),人均耕地面积降至 1790 年的 16.75 亩和 1812 年的 14.94 亩(不到 1766 年的 60%)。为确保新增人口的生存,18 世纪中叶以后出现了一些新的或者较之过去更为显著的现象,显示从 18 世纪晚期之后人口增长对土地造成的压力越来越大。这些现象包括:(1)玉米和马铃薯的广泛栽培。两种作物最早在明代中后期从美洲传入,但直至 18 世纪中叶及 19 世纪初,上述作物才在全国各地推广种植(郭松义 2001:384)。(2)长江下游地区开始流行双熟制(冬小麦和夏季稻,或一年两次水稻种植),东南沿海地区则流行一年三熟。这些种植方式几乎不见于明代,但在 1750 年代后得到推广,到 19 世纪初,推广的速度加快(闵宗殿 2003)。[①] (3)在 18 世纪中后期,清朝统治者宣布蠲免新垦耕地的田赋,同时严格禁止对这些耕地造册。[②] (4)最重要的是,从 1760 年代开始,农业劳动生产率大幅下降,人均粮食产量(从 1766 年的 7037 斤降至 1790 年的 4749 斤,直至 1812 年的 4286 斤)和人均粮食盈余(从 1766 年的 439 斤降至 1790 年的 171 斤,直至 1812 年的 120 斤)双双下滑(见表 4 与表 5)。

种种迹象表明,18 世纪最后几十年人口的快速增长,对于农业

① 在明清两代载于地方志的 159 种双季稻案例中,113 种(占 71%)出现在 1750 年代之后。(闵宗殿 1999)

② 1740 年,清廷首次在法律上禁止新垦土地造册、升科。同年,乾隆帝重申,许可百姓开垦零散荒地,蠲免其税。1773 年,乾隆帝声称内地各省已经不存在未垦荒地,实即再次确认了新垦土地升科禁令,在他看来,只有在新疆的乌鲁木齐地区,仍存在待垦土地。(张研 2008:123—124)

生产造成一定的影响，进而波及了清朝的财政状况。由于可开垦的土地已消耗殆尽，移民速度放缓，大部分新增人口只得被本地所吸纳，其途径是加大劳动力在农业方面的投入，并且更多地从事农业之外的经济活动以增加收入。因此，清代的经济增长有可能发生了巨大转变：1760 年代之前的旧模式主要系由繁荣的市场所驱动，其背后则是农业及其他部门在生产上的专业化和商品化（即所谓经济成长的斯密模式）；1760 年代之后的新模式，则是在日益增长的人口压力下所进行的劳动强化（即所谓马尔萨斯模式）。这一转型带来了农业经济规模以及经济总产出的扩张，但经济盈余下降，其中相当一部分被新增加的人口所消耗，这从 18 世纪末到 19 世纪初人均粮食盈余量的急剧下降可见端倪。因此，尽管政府的赋税收入水平总体保持不变，并且由于经济总产出的扩张，其在经济总产出中所占的比重在缩小，但是，经济盈余的降低大大削弱了纳税人履行赋税义务的能力，同时，政府在坚守"仁政"理念方面也日渐困难。[①] 在 1790 年代之后，经济盈余的大幅下降还伴随着另外两个新变化，从而进一步削弱了百姓的赋税承受能力：白莲教之乱（1796—1804）导致内地五个人口大省的经济受到严重摧残；更为严重的是，鸦片走私迅猛发展，使得白银大量外流，由此导致白银价格的上升，以及用白银支付的田赋负担明显加重（彭信威 2007：629—645）。通货膨胀，加上人口快速增长所带来的政府开支的上升，使原来在火耗归公后已经正规化且水平固定的火耗加派，远远不能满足州县衙门的实际经费需求，财政紧张和亏空再次

① 关于 18 世纪中叶之后清朝统治者"养民"政策的退却，参见 Dunstan 2006。

成为困扰地方官府的难题。而嘉庆末年用摊扣养廉弥补亏空的做法,只能使问题更加严重。官府上下只好求助于收受各种不合法的"陋规"加以补救(Zelin 1984:298—301)。陋规之外,还有各种名目的田赋浮征,其中差徭在华北部分地方尤为严重(岁有生 2013)。更就全国而言,在1801年平定白莲教之后的近40年中,尽管内地各省和边疆各地区总体上保持安定,但由于上述各种因素的作用,清朝国库的现金盈余再也无法恢复到从前的水平。

清朝在世界历史上的独特性

人们公认,战争在早期近代和近代欧洲的民族国家成长过程中起到关键的驱动作用。在16世纪初,欧洲极度分裂,有近500个大小不等的政治实体,均在不同程度上享有自治权并垄断了境内的强制力量;那里既有大型帝国和主权国家,也有公爵领地(duchies)、王侯领地(principalities)、主教管区(bishoprics)、城邦及其他的更小实体。那些版图较大的邦国君主,多倾向于以间接方式统治所属人口,而那些享有种种特权和自主权的教士、封建主和城市寡头,作为君主与臣民之间的中介,往往自行其是,抵制与自身利益不合的国家要求。国家本身并无自己的常备军。各国的军事组织多杂乱无章,以雇佣兵为主,且掌握在封建主、主教、城市、行会或其他地方社区之手,只是有条件地听命于国家,其态度多取决于战场上的胜败是否对自己有利。相形之下,到了17世纪晚期,欧洲各地的军事力量多已经成为正规化的常备军,由国家透过职业军官等级体制加以掌控,地方社会群体和机构不再拥有自己的军力。为了供养庞大的军队,国家不得不增加各种税收,以扩大其财政基础。而这之所以成为可能,又仰赖整个政治体制的改造,亦即国家通过削弱那些代表地方利益的政治、军事势力,把那些零碎的自治城邦和领地整合到受国家直接控制的更大区域里,从而达到司法、税收的高度统一(Tilly 1990:38—47)。而所有这些变革背后的终极驱动力量,则是国与国之间持续不断的竞争和交战。正是战争促使君主们竞相打造更具竞争力的军事机器,为此又不得不提高征税、征兵、动员资源的能力,政府机构因之不断膨胀、分化。查尔斯·蒂利因而有此名言:“战争制造国家,国家制造战争。”(Tilly 1975:42)鉴于财政资源的使用对于强化和垄断各种强制手段如此重要,史家们倾向于把兴起于16至18世纪的那些民族国家称作“财政—军事国家”(fiscal-military state)。这一术语首先由约翰·勃雷尔用来描绘18世纪的英国(Brewer 1989),继而被史家们纷纷用来指称同一时期欧洲大陆的主要国家。他们在使用此一术语时,有一个基本的共识,即战争开支的攀升,以及随之而来的财政和行政体系的改造,是16世纪以来民族国家建构的中心内容。军事革命在此过程中起到最主要的驱动作用。不仅武器、战术、战略发生了根本变化,而且军队也变得更加庞大、复杂、常规化。维持军队和发动战争比以往更加昂贵;为此,国家需抽取更多税收及其他资源,也不得不扩大、更新其财政制度乃至整个行政体系,由此导致自身的转型,即从原来依靠领地地租和贡物作为财政收入的所谓领地国家(demesne state)变成了对臣民的财富征税并以此为主要收入来源的征税国家(tax state)。国家权力在此过程中越来越集中,军队也越来越正规化、常规化(Brewer 1989; Glete

2002：10—15；Mann 1986；Rasler and Thompson 1989；Downing 1992)。①

在某种程度上,18世纪的清代中国颇类似于同时代欧洲的一些"财政—军事国家":它有一个集权的行政体系,通过职业化的官僚阶层管理分界明确的疆域;它有一个有效的赋税征收机制,其中一半以上的收入都用于军事;政府拥有比任何欧洲国家更庞大的常备军,在占据中原后的一个世纪之中,不时地开疆拓土,巩固边陲。因此,有学者将清朝定义为一个"近代早期"国家,并认为清朝与16世纪以来的欧洲国家有诸多相似之处(Rawski 2004;

---

① 不过,尽管战争以及为战争服务的资源动员和国库增收在国家建造过程中如此重要,我们不能因此认为,制造战争是国家成长的唯一驱动力,也不应该理所当然地认可韦伯的立场,即把国家权力解释为特定疆域内对强制力的垄断,并认为国家总会以线性的、目的论的方式走向集中化和科层化(Weber 1978:217—226)。人们也对"财政—军事国家"的说法纷纷提出质疑,认为战争并不一定是早期近代欧洲国家建构的最重要因素,并且也并不总是有助于"近代"国家的崛起;战争也可能导致地方经济的摧毁,国家财政的危机,乃至集权国家的垮台。同样,军力的提升,往往也伴随着贪污腐败、裙带关系和大权旁落,更不用说战时的掠夺,而非国家机器的合理化、国家权力的扩张以及给本国公民提供保护。为了支撑国家发动战争所进行的财政体制的改革,也往往伴有讨价还价、妥协退让和人为扭曲等现象(Gunn 2010)。其他诸如司法、宗教、意识形态等因素,对于中央集权的民族国家的形成所起的作用,并不下于财政、军事制度的发展。厄特曼则把近代早期结束时存在的不同政权(专制的或宪政的)的形成,追溯到它们的起始状态,尤其是西罗马帝国灭亡后若干世纪在欧洲不同地区所出现的不同类型的地方政权。他特别强调,何时启动持续不断的地缘政治竞争,对于解释18世纪后期欧洲大陆不同类型的国家基础结构,是一个重要因素(Ertman 1997)。其他研究者则注重国家建构过程中的国内司法、行政以及意识形态问题(例见 Strayer 1970:35—89;van Creveld 1999:126—184;A.Harding 2002:295—335)。法律史家多认为,中世纪后期英格兰诉讼案例和立法的激增,以及由此所展现的"法律国家"(law state)的成长,其重要性并不下于"战争国家"(war state)的成长(Kaeuper 1988:134—184;Harriss 1993;Gunn,Grummitt,and Cools 2008)。

Lieberman 2008）。例如，曾小萍（Madeleine Zelin）对雍正朝财政制度的研究，便把清朝刻画为“一个生机勃勃的国家，不断探寻以自己的方式建立一个合理而有效率的官僚统治”（1984：xv），因此18世纪的中国与早期近代欧洲国家颇为相似，双方都面临来自政府体制内外对资源的争夺，并为此都在寻求财政收支的稳定可期。肯特·盖依（Kent Guy 2010）的研究也发现，清代中国通过各省督抚职官的制度化来加强统治者按照己意任命疆吏的特权，与17世纪中叶至18世纪欧洲君主专制的形成遥相呼应。尽管如此，如果我们把清朝与近代早期欧洲国家在国家构建过程中所涉及的地缘政治、经济和历史境况进行比较，还是能发现两者之间的本质差异。

地缘政治关系：垂直型与平行型

所谓地缘政治，是指一个国家在国际关系中所在的位置，以及在与他国争夺战略优势过程中所形成的各种关系。地缘政治比其他任何因素都更能决定一个国家的内政外交的目标和优先议程。清代中国和近代早期欧洲国家在这方面呈现出鲜明的对比。欧洲各国至中世纪晚期便逐渐构成了一个民族国家体系，并且主要是跟这一体系内部各成员国之间相互交往。对国家的认同，往往是通过与各成员国之间的对抗、交谊或中立态度体现出来的。各国之间通过结盟或者对抗展开互动，据此制定内政外交的大政方针，而战争则在国家形成的过程中起到了关键作用（Tilly 1990：23，162；Rasler and Thompson 1989：xv—xvi）。国与国之间的战争导致欧洲的国家数量从 1490 年的约 200 个,降至 1890 年的约 30 个;与此同时,欧洲国家的平均面积,则从 9500 平方英里上升到 63 000 平方英里(Tilly 1990:42—47)。

地缘政治关系同样在形塑帝制中国的过程中发挥了关键作用,但作用的方式在某种意义上与欧洲完全相反。欧洲各国共享一套国际秩序,彼此之间保持一种对等的(即使不是平等的)关系。相比之下,中国则是其地缘世界中唯一的主导力量。至少在象征的和思想观念的层面,这里的国与国之间关系是垂直型的:大清高高在上,周边由各藩属国环绕,迥异于欧洲列国之间的平等交往或相互竞争。如有邻国挑战清廷的宗主地位或者威胁其地缘安全,清廷必然会以武力加以回应。这种以中国为中心、周边缺少抗衡势力的国际秩序,也极大地影响了中国国家的内部运作机制。早期近代的欧洲各国统治者,面对持续不断的竞争和战事,纷纷追求扩大和升级军事能力,军事支出因此持续上扬;而在 18 世纪的清代中国,军事支出以及军队组织和训练几乎没有多大变化。从 17 世纪后期到 19 世纪中叶,清朝正规军的数量一直保持在 80 万—85 万名士兵,其中包括 60 万绿营和 20 万—25 万满洲八旗。同时,从 1730 年代至 19 世纪中叶,清朝的常规军事支出,也一直固定在约 1700 万两白银。直至 19 世纪晚期,清朝对士兵的招募、培养和训练的方法都没有显著变化。由于国内外不存在直接威胁,清朝统治者对现存的军事组织装备心满意足,失去了进一步加以改进的兴趣。与此同时,对武器制造的成本和标准所制定的死板规章,以及长期的物价通胀,也使得武器的更新升级成为一种奢望(茅海建 2005:33—88)。从 18 世纪至 19 世纪上半叶,由于在长期和平环境中缺乏训练，加上军事装备老旧，清朝军队的整体战力江河日下。

事实上，缺乏来自外部的实质性竞争和挑战，不仅导致清朝军事力量衰退，而且在很大程度上解释了国家行政和财政体制的整体演进为何趋于停滞。除雍正帝在位期间(1723—1735)曾采取措施，重组了中央最高决策机构，以此增强了个人权力之外，清朝的官僚系统并未发生显著变化，这种状况一直持续到19世纪后期。由于现有的赋税收入足以支付常规开支，而这些常规开支在原则上又长期保持不变，因此，清朝统治者认为并没有必要扩大或更新其财政体制。清朝财政制度的特点，是对直接税的依赖，将田赋视为最重要的收入来源，且赋税征收体系高度集权，田赋税率很低，在征税过程中禁止包税等各种非法活动，因此在19世纪之前并未出现以抗税为肇因的大规模农民暴乱。这些状况，与早期近代欧洲国家的混乱局面形成了鲜明的对比。对于当时的每个欧洲国家政府来说，最大的挑战乃是"在战争期间如何调动国家资源，而不至于引发多数民众的强烈不满"(Bonney 1988：1)。例如，由于纳税人口有限，收税权力下移，法国的历代国王为了满足自己的财政需求，不得不依靠下述举措：向金融家借债，用外包方式征收间接税，让贫苦农民承受高昂的直接税(taille)负担。由此出现国王的债务增长，政府腐败现象猖獗，国家财政收入损失巨大，以及农民反叛此起彼伏(Bonney 1981，1988)。

社会经济结构与国家构建:强制密集型还是资本密集型?

在国家建构和随后出现的国家与社会关系发展过程中,经济、社会结构的重要性不下于前面讨论的地缘政治因素。查尔斯·蒂利和迈克尔·曼均发现,欧洲国家的政府形式与资源获取能力之间存在着紧密关系。例如,那些拥有庞大的农村人口、商业化经济发展相对滞后的国家,在应付战争及其他政府行为时,往往难以增加收入(收入主要来自土地税的征收),因此只能扩大财政机器,建立专制主义政权,以强制手段"动员"农村地区的财力和人力资源。另一方面,那些拥有高度发达的商业经济、资源丰富的地区,相对容易通过征收商业税和地主精英的财产税,获得足够的收入,因此不必建立一个中央集权的官僚体制,而是朝着宪政政府发展(Tilly 1985:172—182;Mann 1986,I:456,476,479。参见 Downing 1992:9;Ertman 1997:13)。蒂利 1990 年对欧洲国家的研究,进一步区分了三种不同模式,以阐明经济如何制约国家活动:在"强制密集型"地区,农业占主导地位,统治者为了发动战争及其他活动,倾向于依赖人头税和土地税,为此建立了庞大的征税体制,并让地方精英在其中握有各种各样的权力;在"资本密集型"地区,由于商业经济的发达,国家倾向于依靠更易获取的关税和消费税,并且将信贷作为国家的财源之一,因此导致中央权力受到限制和分割。在这两种理想类型之间,存在着第三种模式,即"资本化强制模式"(capitalized coercion),国家同时从土地和商业贸易中获取资源,创造了双重国家结构,在这一过程中,土地精英既要直面金融家的挑战,同时又要寻求合作机遇(Tilly 1990:99)。

上述三种国家形成轨迹,与我们理解清朝国家的发展特征有何关联?显然,无论"资本密集型"路径,还是"资本化强制模式"路径,都不能用来解释18世纪以农业为主的中国。与英格兰所采取的资本强制化路径相比,这种差异显而易见。尽管中国的经济规模在1700年是英格兰的7.7倍,在1820年是其6.3倍(Maddison 2001:表格B-18),但是,中国的工业和贸易额仅占经济总量的30%,而英格兰的工业和贸易额在1700年和1789年的国民生产总值(GNP)中,分别贡献了45%和55%(Goldstone 1991:206)。[①] 再对中英两国工业和贸易税额在各自政府收入中所占的比重进行比较,这种差异显得更加明显。1700年,工业和贸易税额仅占清政府总收入的17%,到了1800年,也仅占30%(许檀、经君健1990)。而在英格兰,两种税额在1700年和1789年,分别占66%和82%的份额(Goldstone 1991:206)。即使与18世纪的法国相比,工业和贸易额在清代经济构成中的次要地位也是显而易见的:尽管法国的经济结构非常类似于中国(1700年,农业占GNP的75%,1789年仍然高达69%),但是,工业和贸易税收占其总收入的比重,在1700

① 据麦迪逊估计,1890年,工业和贸易额占中国GDP总量的31.5%(Maddison 1998),因此与18世纪末19世纪初的经济结构并没有什么不同。刘瑞中估计,1700年工业和贸易额约占中国经济总量的30%,1750年占33%,1800年占36%(刘瑞中1987)。而在明代(1368—1644)前期,工业和贸易额仅占经济总量的10%,后期则约占到20%(管汉晖、李稻葵未刊稿)。

年和 1789 年依然分别达到 54% 和 50% (Goldstone 1991:204—205)。[①]

工商业对政府收入的重要性的大小不同,对于欧洲和中国的统治者来说意味深长。在欧洲的资本密集型地区,战争成本的急剧增加,导致统治者越来越依赖资本家(商人、银行家和制造商),通过借贷、征税、采购等方式获得收入,而无须去构建庞大、持久的国家制度。相反,资本家会利用其经济和金融的优势,影响国家政策的制定,以保护和扩大工商业(Tilly 1990:50—151)。在资本化强制模式的国家,战争的巨额支出,国家对于税收、信贷和债务支付日益增长的需求,迫使统治者与各主要阶级讨价还价,在赋予选举权力和使用暴力镇压之间左右权衡,最终导致代议制度(诸如 Estates 和 Cortes)及全国性立法机构的建立和完善(Tilly 1990:188)。

上述状况并不存在于 18 世纪的中国。尽管在清朝的总收入中,工商税收的份额日益增长(从清初不到 13%,增长到 1800 年的 30%),但是,田赋仍是清政府的主要收入来源,这种局面一直持续到 19 世纪后期(周育民 2000:238—239)。虽然盐商的捐输,是政府在战争及其他紧急情况下额外支出的重要补充,但清朝统治者仍然认为,既不需要增加工商业税,也不需要为了战争或赈灾,而

① 英格兰与欧洲大陆无疑存在着巨大差异。高度集中的税收制度、对于间接税的日渐倚重、农业直接税的废除,以及由此而来的英格兰财政收入的增长,远远超过经济成长的速度。这些因素导致奥布莱恩将 17 世纪末至 19 世纪初的英格兰财政制度视为"财政例外主义"(fiscal exceptionalism),并将其与欧洲大陆国家基于僵化的区域配额和盛行的包税制所导致的财政体系上的分权、腐败和无效进行对比(O'Brien 2002)。

向商人和金融家举债，只需要依靠国库的现金储备，即可应对大部分额外支出。因此，中国商人并没有任何机会可以与国家讨价还价，以谋取自己的政治权力和经济利益。国家也没有采取提高商人地位、鼓励企业扩张的措施，而仅仅是在获得商人的捐输之后，给予他们一个荣誉称号而已。尽管在现实中，清政府采取了一系列的规章制度，以保障商业和手工业的正常运行，保护商人的生计，但正如雍正帝所言，在国家的意识形态中，农业为经济之“本”，必须加以培育和保护，而商业和工业都只是“末”，与农业争夺人力和资源，因此必须加以限制（邓亦兵 1997；王日根 2000）。

同样，中国也不应被当作强制密集型国家。像俄罗斯这样的强制密集型国家，经济商业化程度低，可从资本家那里抽取的资源有限，因此，国家不得不采取强制手段，而不是通过谈判和签订契约，以获得足够的收入，用来支撑战争和国家建设，结果只能通过强化农奴制、建立一个规模更大的中央集权制度，进一步榨取农民（Tilly 1990：140—141）。与此形成鲜明对比的是，在 18 世纪后期和 19 世纪初期的中国，由于纳税人口庞大而军队规模较小，清政府能够将田赋限制在一个较低的水平，在人口增长尚未消耗掉大量的经济盈余之前，大多数土地所有者均能承受此一负担。因此，中国的统治者没有必要把耕种者变成农奴甚至奴隶，也不需要建立一个庞大的行政机构，以最大限度地攫取农村资源。相反，清政府意识到，自耕农构成了纳税人口的主体，他们的生计安全构成了国家财政的基石，因此采取各种措施（如税收蠲免、鼓励垦荒、限制地租、救济饥荒等）以确保他们的生存。只要现有的财政机构能产生足够的收入，以满足常规和非常规的需求，国家没有理由将行政机器的触角延伸到县级以下。

历史遗产和国家构建:宪政还是专制?

在中世纪欧洲和帝制时代的中国,历史环境尤其是权力结构的模式各不相同,进而影响到中世纪晚期(或称帝制晚期)和近代早期各自的国家建构路径。正如布莱恩·唐宁所指出的,欧洲国家的封建制度是"一种分权式的政府形态,君主专制程度相对较弱,独立的拥有采邑的贵族控制了地方行政,并构成了军队的基础"(Downing 1992:249)。王权和贵族权力大体平衡,军事组织权力较为分散,土地所有者和耕种者之间形成互惠关系,所有这些,均为中世纪后期欧洲宪政制度的成长提供了肥沃的土壤。这一时期政治演变的特征是:(1)王权和贵族的权力平衡,导致乡村和城镇政府乘机而起,并获得诸多自由权利,制定自己的宪章;(2)代议制议会次第出现,国王借此与社会各等级之间就税收和战争问题展开讨价还价。这些社会等级包括在封建等级中享有地位和权力的贵族和神职人员,以及掌握了城镇财政大权并构成社会等级的富豪;(3)法律具备了新的功能,即用来限制王权和其他权贵的行为,而不再仅仅被用来服务于皇室政策和惩戒竞争对手(Downing 1992:18—38)。

但上述发展在欧洲各地区有显著差异,并对18世纪的国家建构产生直接的影响。依据奥托·辛茨(Otto Hintze)对代议制政权的分类,托马斯·埃特曼提出,在西罗马帝国灭亡后的几个世纪,欧洲各地的地方政府呈现为不同的模式,并对日后各种不同形式的代议机构和政权的形成，起到关键作用。他认为，宪政政府之所以流行于英格兰、苏格兰、瑞典、匈牙利和波兰，是因为这些国家已经出现了单一郡县和自治市镇的有序格局，让本地的自由民负责司法事务，维持治安，组织地方防务，征收税金。这些发展良好的自治组织所选举出来的地方代表，跟教会和贵族领袖一道，形成了国家的代议机构，有效地节制了国王的权力。相比之下，欧洲拉丁国家和日耳曼诸国，虽然也有议会或国会，但由于这些地方在基层治理方面缺乏民众的广泛参与，加上主管工商业的官吏对政治中心唯命是从，导致议会仅仅代表特权等级的利益，不具全国代表性。由于先天不足（尤其是由于不同等级的群体之间难以合作），这类议会容易被那些野心勃勃的国王所操控，从而为绝对主义的建立铺平了道路（Ertman 1997：19—25）。

显然，帝制时代的中国并不具备导致宪政制度在早期近代欧洲成长的历史条件。表面上看，由于县以下国家正式权力机构的缺位，从宋代直至晚清，乡村和城市的地方共同体在自身的治理方面均具某种程度上的“自主性”，有各种各样的村规民约，界定所有成员在纳税、治安、防匪和公益事业方面的职责和权益。除非乡民之中出现争议，无法在内部解决，进而威胁到了乡民履行对政府的职责，否则官府一般不会干预上述活动（H.Li 2005）。但是，和中世纪欧洲许多地区的情况不同，在帝制晚期的中国，村庄并没有自己独立的司法和行政机构，也没有在本地组织代议机构，让乡民选举村官，决定当地的政策。城镇同样没有出现自己的市政机关，独立于帝制国家的行政网络之外。相反，中国城乡的各种自我管理组织，不仅要为共同体成员的福祉负责，还要致力于满足国家的征税和治安要求,而非将国家的影响力排除在外。

归根结底,宪政政体在中国难以得到发展的原因,是自从中国古代国家形成之初(尤其在公元前 8 世纪到前 3 世纪,诸国林立,战乱不休,与中世纪欧洲非常相似),从未形成代议制传统,用来限制帝王们的征税权力。而在 12 世纪末和 13 世纪的欧洲,原初形态的宪政机构渐次出现,对于中世纪晚期的代议制、公民权以及法治的全面发展,起到不可或缺的作用,进而导致近代西方自由民主制度的形成(Downing 1992:36)。同样重要的是,帝制时代的中国社会,与中世纪的欧洲社会相比,在结构上非常不同。除了个别时期,中国历史上的贵族或宗教组织很少具有欧洲贵族和神职人员那样的自主权力和影响力。同样,中国的富商也不享有在欧洲所见到的基本权利、自由以及宪章所规定的豁免权。换言之,中国缺少像欧洲那样支撑其宪政制度的社会基础。

另一方面,中国绝非一个"绝对主义"的国家,因为绝对主义(absolutism,或译专制主义)本身有其特定的含义,即不受代议机构约束的王权,此乃中世纪欧洲国家形成过程中出现的历史现象;而在中国,这种基于身份或国土的代议机构从未出现过。同样,也不能以"东方专制主义"来解释帝制中国。卡尔·魏特夫在描绘此类政权时所设想的那些特征,包括统治者的无限权力、庞大的军力、高额的税收,以及国家的宗教基础等(Wittfogel 1957),并不完全适用于帝制时代的中国,至少不甚适用于清朝。应该说明的是,尽管宪政和代议机构从未出现于中国,但传统中国统治者的权力并不是无限度的,而是受到意识形态和行政体制的约束。儒家思想和"祖宗规训",要求统治者必须仁慈勤政,加上言官和大臣们的直言谏劝，使得皇帝在通常情况下难以独断专行。事实上，无论统治者是热心早朝、批阅奏章，还是不理朝政，国家事务均归训练有素的文官集团处理，他们会按照规章和各种先例履行职责，自主行事。

总而言之，18 世纪中国的地缘政治关系、社会经济结构和历史遗产，使其政府形态迥异于早期近代欧洲国家构建的任何路径。在欧洲，大国间的领土和军事竞争，驱动其财政需求不断上扬，而直接税（主要是土地税）的收入增长滞后，使得财政供需之间难以形成均衡。为了增加国库收入，国家要么增加对农村人口的剥削，强化对社会的控制，要么加强货物税的征收，向富人借贷，从而产生强制密集型或资本密集型或介于两者之间的国家形态。相比之下，在 18 世纪和 19 世纪初的中国，由于缺乏能与之对抗的外部势力，清朝军队规模和军事装备大体未变，导致政府的财政需求和收入不仅有限，且相对固定；作为政府收入主要来源的田赋也处在低位。不过，在 18 世纪，清政府的税收总量尽管并无太大变化，但仍然能够满足其常规支出的需求，甚至积有相当规模的盈余，在人口的持续增长耗尽经济剩余之前，足以应付各种非常规支出，这种状况至少一直维持到 18 世纪晚期。清朝国家的核心特征，一言以蔽之，是其财政构造以及国家—社会关系上独特的均衡状态。它实质上反映了一直持续至 18 世纪后期的中国地缘政治和人口规模的理想状态。

然而，这种均衡局面在 18 世纪的最后二三十年越来越难以维持。人口和经济资源之间的关系日渐紧张，导致政府财政盈余下降，因此在处理边患问题上渐趋保守。然而，正是在同一时期，欧洲最发达的国家相继经历工业革命。工业革命之前,欧洲列强从未对中国构成实质性威胁,因为这些国家的经济毕竟是以手工劳动和有机能源为基础。尽管出现劳动分工和商业发展,人口压力也推动经济发展,但其增速依然较慢。工业革命前的欧洲列强,在经济总量和制成品的整体竞争力上,没有一个是中国的对手。但是,到了1820和1830年代,随着英国率先完成工业革命,其制造能力迅速膨胀。化石能源在机器化生产和运输领域的大量使用,取代了旧的斯密模式或马尔萨斯模式所依赖的传统动力,刺激整个经济的指数级增长。① 正如马克思和恩格斯所言,欧洲资本主义经济第一次成为真正的全球性力量,"不断扩大产品销路的需要,驱使资产阶级奔走于全球各地。它必须到处落户,到处开发,到处建立联系"(Marx and Engels[1848]1969)。中国不可避免地被卷入资本主义扩张的全球化浪潮之中,伴随而来的还有欧洲列强的军事威胁。不幸的是,清朝国家对此毫无准备。尽管在应对西北边患的过程中,清廷有效处理了危机,但直到19世纪中叶,清廷仍然未能放眼整个世界,将其地缘政治问题置于全球化的视角之下,更没有打算以全局性的"外交"政策,取代旧有的局部性的具体"边患"处理方式(Mosca 2013)。更糟的是,19世纪的清廷,在全新的外患之外,还面临来自内部的前所未有的财政危机,使其处理外来危机的能力受到制约。下一章将对此展开讨论。

---

① 关于经济增长的不同类型及其对于理解帝制晚期中国经济的意义,参见Feuerwerker 1992;Wong 1997:43—52;Goldstone 2004。

第四章　地方化集中主义：晚清国家的韧性与脆性

从1790年代开始，清政府接连遭遇两场严峻危机。一是以欧洲为中心的国家体系的扩张。扩张的动力源自西方国家无可匹敌的军事实力和工业生产能力。而最终驱动力则来自资本主义的盛行，以及现代科学知识在军事和工业生产中的运用。19世纪中国与以欧洲为中心的国家体系的碰撞，无可避免地导致东亚内部国家之间秩序的崩坏，也促成帝制中国向一个普通的主权国家过渡，并逐渐加入强调主权国家法律地位平等的欧式国家秩序中。倘若中西之间的碰撞发生在18世纪晚期之前，亦即发生在清朝经济尚有活力、财政尚有盈余、军事尚为强大之时，中国原本可以有更好的机会去吸收这场碰撞所带来的冲击，顺应新型的国与国关系，并通过对欧洲采用积极而有选择性的拿来主义来增强自身实力。然而不幸的是，这次冲突来临时，清朝正赶上另一场危机，即人口膨胀;快速增长的人口几乎耗尽了经济剩余,严重影响了清政府的财政状况和社会稳定。尽管如此,清政府还是从这次财政和人口危机中挺了过来。更令人诧异的是,在太平天国运动之后,清朝还经历了长达30年的中兴,在其最后十年又经历了另一波现代化运动。因此,本章和下一章将讨论清朝如何度过这两场危机,更重要的是,中国在屡遭挫折和失败之后,是怎样启动向近代主权国家的过渡历程的。

二次大战后西方对晚清中国的研究,起初一直强调其近代化事业的失败。芮玛丽在其"同治中兴"研究中声称,清朝的国防、教育和外交近代化之所以失败,是因为官僚士绅的保守主义,而其根源则在支撑当时社会和政治秩序的儒家观念和行为方式(Wright 1957)。费维恺也以轮船招商局和其他企业为例,考察了晚清的"早期工业化",发现这些企业失败的根源在于中国社会所固有的制度上的和意识形态上的种种障碍。其中最显著的例证莫过于企业经营中臭名昭著的"官督商办"模式,它阻碍了为现代企业的成功所必需的非私人的、合理化的及专业化的组织的成长(Feuerwerker 1958)。饶林森也把清廷之未能建立一支有竞争力的海军,归咎于儒家意识形态以及由此所产生的传统制度(Rawlinson 1967)。西方史学研究中的这种失败叙事所折射的,则是流行于1950年代和1960年代社会科学领域的现代化范式,其核心内容是这样一个共享的假设,即"传统"社会的文化价值观念与现代化的种种要求在根本上是水火不容的。列文森对儒学的近代命运的解读(Levenson 1969)即是此范式在近代中国历史研究中的最佳体现(参见Cohen 2010)。失败叙事的流行也跟现代化范式所含的比较视角有关；研究者总认为晚清中国的“失败”跟明治维新时期日本的“成功”形成了鲜明对比。

后续的研究对上述失败叙事产生了质疑。在这些著述中，自强运动不再是以一场灾难告终；相反，根据它们的解读，其中部分近代企业在扩张业务、与外国企业竞争以及从西方引进先进技术方面，取得了“显著的成功”（Lai 1994；K.Liu 1994）。它们还发现，儒学不仅未构成近代化的障碍，反而有所助益。刘广京即把曾国藩在“中兴”大业上所取得的成就，跟其儒家治国理念联系在一起（K.Liu 1995）。刘氏还把李鸿章对国家安危的关切以及在自强运动中的领导角色，与源自儒家现实主义态度的所谓“儒家爱国主义”挂钩（K.Liu 1970：43）。制约洋务企业进一步发展和在竞争中胜出的，并非中国社会所固有的意识形态和文化观念，而主要是中央政府缺乏足够的资金（Pong 1994）。

最近的研究在否定失败叙事方面走得更远。在艾尔曼看来，自强运动之所以一直被视作一种失败，是因为中国在 1894 年被日本打败，导致运动突然中断。可是他发现，中国从 1860 年代起在通过译书引进西方科技以及制造业和军事的近代化方面，曾经在整个东亚地区长期处于领先的地位。只是因为甲午战争的灾难性结局才导致时人以及史学家回溯过去，认为中国在与日本的竞争中成了输家（Elman 2004，2005）。其他研究也显示，1870 年代和 1880 年代的招商局和其他洋务企业在打破外国垄断、发展民族工业方面均取得显著成就，远非一场失败（Halsey 2015）。同时，一些新的制度因素也纷纷出现，使得晚清国家能够从事长期借贷；如果当时具备必要的经济条件的话，晚清政权本可把自己打造为一个近代财政国家,而一场信贷危机尤能推动这样的转型(W.He 2013)。

这里无意对晚清的洋务企业逐个加以分析,或者检讨其成败。本章将侧重探讨这些近代化项目赖以运转的制度环境,其核心内容是清朝财政体系的转型及其对中央与各省之间的关系所产生的深远影响。正是此一关系的变化导致这些近代化项目产生引人注目的成就,同时也带来诸多问题,最终葬送了清王朝。

财权区域化

低度均衡机制之脆弱

第三章已述,1850 年代之前,清政府财政状况集中体现于户部银库的现金积存。几乎耗尽清朝银库积存的白莲教起义(1796—1804)是个转折点。由于庞大的军费开支,银库积存由此前 7000 万两下降到此后的不足 2000 万两。在接下来直到鸦片战争前的 40 年里,清政府国内和边境都保持相对和平,其间只发生过几次小规模的军事行动,平均每年消耗 450 万两。然而,这 40 年间清政府的银库积存一直维持在较低的水平上,每年大都介于 2000 万两到 3000 万两之间;1828—1830 年例外,每年可达 3200 万两或 3300 万两。这与 17 世纪晚期和 18 世纪银库积存的快速增长形成强烈反差。鸦片战争前夕的 1830 年代,形势恶化,银库积存由 1830 年的 3200 万两降至 1833 年的 2200 万两,1840 年又降为1000万两(见图表 1)。考虑到上述 10 年间中国没有发生重要军事行动而尽享太平,财政形势的恶化就令人吃惊了。更令人惊讶的是,银库积存的戏剧性减少不限于纸面上的数字,实际库存比官方数字还少。[①]

19 世纪早期,清政府的财政状况之所以恶化,基本原因有二。一是人口增长,从 1640 年代约 1.2 亿增长到 1760 年代的 2 亿,再增至 1790 年代的 3 亿。人均耕地面积相应减少,从 1736 年的7.87 亩降至 1766 年的 4.98 亩,1790 年的 3.35 亩,1812 年的 2.89 亩,1840 年的 2.78 亩,1851 年的 2.78 亩。[②] 粮食剩余(即粮食总产量减去农户自我消费后的余额)也随之下降,从 1766 年人均 439 斤降至 1790 年的 171 斤,1812 年的 120 斤,1840 年代的 40 斤以下,从而削弱了土地所有者向政府纳税的能力(见上一章)。另一原因是鸦片走私和连续的外贸入超所造成的白银外流。据估算,19 世纪早期,持续上升的外贸赤字导致 1800—1809 年从中国市场流出白银 1100 万两以上,1823—1831 年流出 2000 万两,1831—1834 年流出 2000 万两,1834—1838 年流出超过 3000 万两。这样,1800 年后近 40 年时间里,总共流出白银超过 1 亿两,为清政府年收入(约 4000 万两)的2.5倍。白银不断外流的直接后果就是银价上升(李强 2008:211—223)。政府规定用银纳税,银两与铜钱保持一定的比率。铜钱则是百姓日常交易使用的货币。19 世纪头 40 年里,银

① 例如在 1843 年,虽然户部提供的库存账面数字是 1218 万两,但根据一项详细的调查,实际上仅有存银 292 万两(周育民 2000:69;史志宏 2009:110),相差 925 万两。后来证明,户部银库现金积存的实际数目,自和珅 1780 年主管户部以来,60 多年从来没有被核实过。根据道光皇帝的一道谕旨,1780 年以后所有在户部任职过的官员及其后人,都要对这些亏空集体负责(周育民 2000:110)。

② 1736 年、1766 年、1790 年、1812 年、1840 年、1851 年中国人口数分别是 1.25 亿、2.081亿、3.0149 亿、3.637 亿、4.1281 亿、4.5 亿(姜涛 1990)。可耕地面积在 1736 年为 98 400 万亩,1840 年为 114 700 万亩,1851 年为 125 400 万亩(史志宏 1989 及 2011)。

两的价格几乎翻了一番,从 1790 年代中期每两兑铜钱 700 或 800 文上涨到 1816—1826 年的 1243 文,1827 年的 1234 文,1835 年的 1420 文,1840 年的 1643 文(邓绍辉 1998:38—39)。因此,田主不得不以往年价格的两倍向政府纳税(罗尔纲 1947:16)。

人口压力下粮食剩余减少和银两价格翻番叠加在一起,导致清政府的财政状况不断恶化。1790 年代之前,清廷每年几乎不用费劲便能征收到足额的田赋(3335 万两)。相比之下,1841 年仅征收到 3043 万两,比应征数少 8.75%,1842 年比应征数少11.27%,1845 年比应征数少 9.40%,1849 年比应征数少 21.07%(梁方仲 2008:573)。

尽管如此,总的来说,这种低水平均衡还是维持到了 1840 年代,传统的财政体制直到太平天国运动前夕仍然发挥着作用。1790 年代晚期和 19 世纪早期,依靠乾隆朝积攒起来的巨额银库盈余,清廷无须对财政体制大动干戈便挺过了白莲教起义。尚存的库银积存,加上东南省份的财政收入,也使清朝能够度过鸦片战争的危机,避免既有的财政体制的均衡遭到摧毁。

财权的非集中化

导致低水平财政均衡机制寿终正寝的是 1851—1864 年的太平天国起义。多种原因解释了这场起义为何能够横扫中国南部和东部,对清廷构成前所未有的威胁。汉人反满情绪挥之不去,常被起义者用来煽动民众;不断加重的税负,也威胁百姓生计,这些都是原因。然而,正如罗尔纲(1958)所论,这场波及众多省份的运动背后最重要原因，乃是不断膨胀的人口及其对资源的极大压力，导致经济剩余枯竭，乡村人口贫困化，以及大批流民不断涌现（另见 Ho 1959：183，274）。

由于这场运动声势浩大、旷日持久，加上它发生在清政府户部银库积存降至历史最低的时候（1850 年银库积存的官方数字是 896 万两，1851 年则为 763 万两。而 1850 年底银库的实际积存仅 187 万两，见邓绍辉 1998：45），清政府在筹措镇压起义所需军费方面遇到前所未有的挑战。战争费用远远超过它的支付能力。1850—1852 年，清朝在起义爆发的广西一省的军费便超过 1124 万两。在平乱的最初三年，在各波及省份，清政府用兵费用总计高达 2963 万两，平均每年近 1000 万两（彭泽益 1983：127）。结果，1853 年 6 月，户部银库积存降至可怜的 22 万两。同样地，受太平军影响的省份的库存被完全抽干（比如 1853 年 8 月的湖南省），或者仅剩下数千两（比如 1853 年晚期的湖北省和安徽省）（史志宏 2008：58—60）。在太平天国控制了作为最重要财源的长江下游地区后，清朝的财政状况恶化已达极点。1852 年户部银库积存的官方数字是 572 万两，太平军占领南京的 1853 年，户部银库积存的官方数字则降为 169 万两；太平军占据苏州的 1860 年，又降到 117 万两（见图表 1）。1853 年库存实际数仅 119 000 两，1860 年的实际数字则为 69 000 两（史志宏 2009：111）。清政府财源几乎枯竭，1850 年代以前财政体制所具有的低水平均衡不复存在。

那么，在太平天国起义和其他内乱期间，清廷如何满足其浩繁的军费开支？据保守而不完全估计，根据各省份军政要员报告，清廷为镇压太平天国直接花费 1.706 亿两（彭泽益 1983：127，136）。

实际上,镇压太平天国运动的 14 年间(1851—1864)的总开支超过 2.9 亿两,年均 2071 万两(周育民 2000:153)。此外,清政府为镇压捻军(1853—1868 年)花了 3173 万两,镇压西北的回民起义(1862—1873)花费 1.1889 亿两,镇压西南和东南的众多小规模叛乱(1851—1873)花费 1.0107 亿两。加起来,1851—1873 年的 23 年间,清政府用于平乱的花费超过 5.41 亿两,年均 2355 万两,这个数字大约是 19 世纪前半期清政府年均收入的 60%。此外,1875—1878 年镇压新疆回民花了 7000 万—8000 万两;中法战争花 3000 万两;1894 年前 20 年间,北洋舰队耗费约2300万两(同上:267—277)。因 1840 年、1894 年、1900 年战败的战争赔款以及其他形式的赔款,清政府开支不下 9 亿两(相瑞花 1999)。

面对户部连最低限度的现银库存都付之阙如的局面,清廷在筹措镇压太平天国的军事费用时,最初是靠传统的办法,而非从根本上改造税收体制。一是卖官鬻爵(捐厘或捐纳),始于 1851 年,原本打算为期一年,后来一直持续到 1879 年。最初两年收效明显,1850 年代早期每年能收入 100 万两到 300 万两。再则铸造大面额铜钱和印刷大面额的钞票。1851—1861 年,户部发行的大面额铜钱和纸钞共达 60 249 000 两,是同期户部总收入的 69.5%,在很大程度上弥补了太平天国期间清廷的财政赤字(彭泽益 1983:87—115,146—149;邓绍辉 1998:48—51;史志宏 2008:70—72)。

与上述两种传统方式相比,太平天国运动爆发后,清政府更重要的解决财政困境的办法,是允许财政权力由户部下移到地方督抚。遵照咸丰帝 1853 年 7 月的旨意,督抚们可以在辖区内采用任何可行的办法自筹经费(*QSL*,咸丰 97:3-6-乙丑)。正是这些新措施导致税收体制的根本改造和清政府财政体制的转变，从常规收入来源不变且相对稳定、常规支出亦相对稳定的旧体制，转变为一种开放的、有弹性的新体制。

财政分权的措施之一是征收田赋附加，由此打破了清朝统治者自1712年实行的"永不加赋"的戒律。各省用不同方式征收田赋附加。在素以薄赋闻名的四川省，从1854年起，所有田主都不得不按每赋银一两加征一两的标准交纳附加（所谓"田赋津贴"或"按两津贴"）；此外，每两田赋还需另交2到4两的"捐输"。土地赋税的负担因此增加了3到5倍。在其他省份，土地附加通常按田亩征收。例如在贵州，田主要交纳农作物产量的10%—20%作为田赋附加（"例谷"），实际上田赋附加可能占到总产量的40%—50%。在江苏和安徽，田赋附加（"亩捐"）按照每亩20—80文铜钱的标准征收，在某些地区甚至高达400文。在江苏和浙江，交纳漕粮的田主，每完成一石的漕粮，实际上需要交纳二石甚至更多的谷物（彭泽益1983：160—166）。

另一个更重要的措施是开征新税，即"厘金"，系一种货物税，不管货物在当地销售还是运往别处，均需缴纳。厘金最初行于1853年江苏扬州附近，1855年在全国开征。各省有不同的征收方式。典型的做法是，先在货物的来源地征收，然后货物每运至一处，都要再收一次。由于厘金收入理论上纳入地方金库，而非上解中央户部，地方督抚及军政部门就有强烈的冲动在其管辖范围的商路上尽可能设置厘卡，以最大限度地增加收入。例如湖北，就曾设置了480多个厘卡，直到1868年被裁减为86个（彭泽益1983：157）。厘金的税率相当于货物价值的5%—10%。这样，在某一地区,在流经若干个厘卡之后,当货物被最终卖给消费者时,厘金总额可能是货物最初价值的 20%—30%,甚至高达 40%—50%,而大部分厘金均被税吏和政府官员贪污(同上:159;史志宏 2008:123)。据官方报告,1870 和 1880 年代,征收的厘金总量介于 1400 万两到 1500万两之间(罗玉东 1970:469)。

举借内债和外债是用兵期间筹措经费的第三个重要渠道。国内的债权人均为富户或绅商,他们既向地方政府捐款,也放贷。每笔贷款的数额从数千两到数万两不等,取决于地方衙门的需要和债权者的承受能力。自 1853 年苏松太道台向上海一家洋行借款开始,1860 年代及后来,外债成为一种比内债更重要、更稳定的额外财源,以满足地方军政需要,靠地方海关的收入偿还。例如,1861—1865 年几年间,江苏、福建和广东几省当局就从英、美各洋行借了 12 笔贷款,总共 1 878 620 两,年利率为 8%—15%。再如,1867—1868 年,陕甘总督、钦差大臣左宗棠从上海的英资洋行总共借了 220 万两,用于镇压捻军和西北回民起义(邓绍辉 1998:57;彭泽益 1983:152—153)。显然,大多数借款都是短期性的,并非长期债务,而后者对于增强国家的财政能力、推动其转型为近代财政国家起到重要作用(W.He 2013)。

财政构造之转型

结果,太平天国之后 30 年中,清朝的财政状况稳步改善。与 19 世纪上半叶每年约 4000 万两的财政收入相比,其后 30 年清政府账面上的财政收入翻了一番。1889 年达 8076 万两,1891 年达

8968 万两,是为 1894 年中日战争前的最高水平(见表 6)。需要指出的是,各省很少向户部如实报告所掌握的实际收入。19 世纪前,未上报的部分往往占到实际收入的 20%—30%。太平天国之后的 30 年,被隐藏的收入可能高达实际收入的 40%。假如算入未上报的部分,1880 年代晚期和 1890 年代早期,清廷的岁入可能高达 1.4 亿两到 1.5 亿两(史志宏 2008:279;亦见表 6)。

表 6　清朝国家的岁入和岁出(1841—1911)(单位:千两)

年份[a]	田赋	厘金	盐税	海关税	其他收入	岁入		岁出	结余
						官方数据	实际数额[b]		
1841	29 432		4958	4208		38 598	55 000	37 340	
1842	29 576		4982	4130		38 688	55 000	37 140	
1845	30 214		5074	5511		40 799	58 000	38 816	1796
1846						39 223	56 000	36 287	2935
1847						39 387	56 000	35 584	3803
1848						37 940	54 000	35 890	2050
1849	32 813		4986	4705		42 504	61 000	36 444	556
1874						60 800	111 000		
1881						82 349	150 000		
1885	32 357	14 250	7394	13 528	9558	77 086	140 000	72 866	4221
1886	32 805	15 693	6735	14 366	11 669	81 270	148 000	78 552	2718
1887	32 790	16 747	6998	19 319	8360	84 217	153 000	81 281	2936
1888	33 224	15 565	7507	17 754	13 742	87 793	160 000	81 968	6423
1889	32 083	14 930	7716	16 767	9265	80 762	147 000	73 070	7682
1890	33 736	15 324	7428	16 710	13 609	86 808	158 000	79 411	7397

续表

年份[a]	田赋	厘金	盐税	海关税	其他收入	岁入		岁出	结余
						官方数据	实际数额[b]		
1891	33 587	16 326	7172	18 207	14 432	89 685	163 000	79 355	10 330
1892	33 281	15 315	7403	17 623	10 742	84 364	153 000	79 645	7719
1893	33 268	14 277	7680	16 801	11 083	83 110	151 000	73 433	9677
1894	32 669	14 216	6737	10 674	16 737	81 034	147 000	80 276	758
1899	33 934	12 160	13 050	22 052	27 132	108 328	181 000	101 566	6762
1903	35 460	16 000	12 500	31 500	9460	104 920	175 000	134 920	−30 000
1906	35 000	12 000	13 000	40 000	27 000	130 000	217 000		
1908		21 000				234 820	276 000	237 000	−2180
1909						263 219	310 000	269 876	−6657
1911	48 101	43 188	46 312	42 139	117 221	296 962	349 000	338 652	−41 690

资料来源:*QCXW*,66:8225,8227—8229;67:8231—8232;68:8245—8249;*SQYJ*:144—148;*HBS*,1. 1:172—173;*QSG*,125:3704—3709.

注释:(a)1911 年数据为预算而非政府实际收支额(*QCXW*,68:8245—8246)。

(b)清朝国家实际岁收的估计数系基于官方岁收额,并假定在太平天国之前官方岁收数额比实际岁收数额少 25%,在 1851—1907 年期间少 40%(史志宏、徐毅 2008:277,279,289),在 1908—1911 年期间少 15%(1908 年清廷的地方财政清查使上报的官方数额与实际收入之间的差额大大降低,见 *QCXW*,68:8249)。

晚清国家总收入的迅速增长主要靠两方面。一是上面提到的厘金,1880 年代和 1890 年代早期,每年征收厘金 1300 万两到 1400 万两,大约占政府账面收入的 15%—17%。另一项是海关收入,从 1840 年每年四五百万两增加到 1885 年的 1447 万两和 1891 年的 2351 万两(占政府总收入的 26%)(邓绍辉 1998:99)。结果,19 世纪下半叶清政府的财政构造发生了意义重大的变化。在 1850 年代之前,田赋是政府最重要的财源,占总收入的 73%—77%,而到 1890 年代晚期则降至约 40% 甚至更少。另一方面,来自贸易的收入大幅增加,从 1850 年代占政府岁入不到 30% 上升到 1894 年前的约 60%(表 6)。

这里需要进一步解释的是厘金和海关收入的分配和使用问题。如上所述,厘金由疆吏征收和控制,这项收入的相当大一部分被清廷以各种形式上解户部用于全国性开支(所谓"国用"),而各省自用的厘金收入很少超过 10%(罗玉东 1970:222—229)。海关收入也是这种情形。从 1870 年代到 1890 年代早期,海关收入中的"国用"份额约占 70%,而省用部分仅占 13%—19%(史志宏 2008:186—187)。然而这两种财源还是有着很大不同。不像厘金收入,其大部分(70%—80%,见史志宏 2008:123)未被上报户部,而上报的海关收入接近其实际数额。海关由西方人有效管理,少有清朝官僚机构常见的贪污腐败。海关收入的大部确实是"国用"的。由于本省财政收入短缺,或者为了举办省内的全国性项目,各省截留大部分的海关收入,因此 1870 年代最终上解户部的海关收入占总收入的 20%—37%,1880 年代和 1890 年代初仅占 7%—20%(史志宏 2008:182—183)。

无论如何,晚清的财政构造经历了一场转型,即由依靠传统的财源(主要是数额相对稳定的田赋)转向越来越依靠贸易和金融。与转型前的收入相比(比如1849年田赋占政府总收入的77%),到1885年,田赋仅贡献了整个财政收入的42%,其他则来自对货物征收的税项,主要是厘金、盐税和海关收入。到清末,田赋进一步降至政府总收入的16%,而来自厘金、盐税和海关的收入则为田赋的2.73倍。

因此,从1860年代到1890年代早期,清廷的财政状况大为改善。整个政府系统的岁入增加了两倍;户部的银库积存也明显增加,到1882年底已达806万两,1883年增至985万两,1891年更达1038万两(史志宏2008:276),与1850年代国库空空如也形成了强烈对比。单就财政状况而言,1885—1894年的10年确实是晚清的"黄金十年"。这十年,国内稳定,边境安宁,经济从战争的浩劫中复苏过来,并有所发展。政府收入稳步增长,并有不少盈余。这十年中的每一年,清政府的账面收入平均为8357万两,超过其平均7759万两的账面支出,收入超过支出7%以上,每年财政盈余598万两。如前文所述,晚清各级政府的实际收入,包括上报的和未上报的,每年可能高达1.4亿—1.5亿两,几乎是它每年支出的两倍!

督抚之财政自主及其有限性

然而,清政府的财源由土地向商业和借贷的转型,并非由贸易或非农产业发展所驱动,也没有伴随着一个能够有效征收和使用税收的中央集权的科层制政府之建立,一如早期近代欧洲那些成功的财政—军事国家之所为。相反地,这种转型是各省督抚应对内部和外部紧急需要的结果;导致这场转型的财政措施都是被动、零碎的,且一直处在调整之中,常常因办理地方急务而被地方官提出和执行。因而这种转型不可避免地导致财政体制的非集中化。不像 19 世纪中期,那时清廷中央能够把大部分收入置于自己的掌控之中,到了 19 世纪晚期,大部分财源已被地方督抚所控制,不再受中央政府的全面掌控。造成这种状况的原因是临时财政措施的正式化,这些措施原本是用来解决战争时期严重的财政赤字问题。其存在和发展导致地方督抚财政自主性的不断增长。

19 世纪中期以前,清政府税收体制的高度集中特征,主要体现在解饷制度上。在这种体制下,各省的税收在扣除了法定的留给省内的行政费用后,余款必须全部上解户部(因此被称作"京饷"),或者遵照户部指令解往其他省份(被称作"协饷")。18 世纪晚期,来自各省的京饷每年约 1000 万两,占清政府年收入的四分之一(史志宏 2008:11)。然而,在太平天国运动早期,受叛乱影响的省份纷纷请求推延或截留京饷以满足地方军需,甚至截留途经本省的邻省解往京城或其他所需省份的款项。解饷制度的混乱和瘫痪导致清廷无款可拨,不得不在 1853 年决定允许各省督抚自行筹措所需的军政费用,这在前文已述。然而,为了确保户部有最低限度的收入以维持中央政府和常备军,1856 年清廷要求各省每年总共上解 400 万两作为固定的京饷,这笔款项由各省分摊。这个"固定"的税额在 1860 年提高到 500 万两,1861 年提高到 700 万两,1867 年提高到 800 万两,从此不再变化,直至清亡(邓绍辉 1998:54—60;史志宏 2008:136)。

但是 19 世纪晚期,京饷并非各省督抚对中央政府应尽的唯一

义务。从1860年代到1880年代,清廷每年还摊派给各省和海关一系列特定款项,须上解户部,用于下列项目:

- 固本京饷(1863年起每年66万两)
- 内务府新增经费(1869年起每年60万两)
- 海防经费(1875年起每年从5个海关的收入和沿海省份的厘金收入中抽取400万两)
- 派驻外交官经费(1876年起每年100多万两)
- 满洲驻防经费(1880年起每年200万两)
- 荒年赈济经费(1883年起每年12万两)
- 京官津贴和加复俸饷(1883年起每年26万两)
- 加放俸饷(1885年起每年120万两)
- 京师旗营加饷(1885年起每年133万两)
- 铁路经费(1889年起每年80万两)
- 筹备饷需(1892年起每年200万两)(罗玉东1970:196—207;史志宏2008:137—138)

到1892年,每年由各省和海关承担的上解中央的强制性国库收入(京饷和其他摊派)加在一起,增加到2177万两。这样,晚清的财政体制便经历了一场转型,由1851年前中央集权型即中央财政部门全面控制的体制,转向19世纪后半期相对固定的由中央和各省共享的体制。那么,这种地方化转型对清政府及其财政能力到底意味着什么?

这种转型带来的一个显而易见的结果是,各省督抚自主权的增长,他们在各自辖区内能够控制财政收入中扣除上解中央各项摊派后的余额。因此,为了完成各省提出和资助的各种项目,督抚们有很强的动力,运用一切可能的手段增加本省的财政收入,其中,主要是最大限度征收厘金和田赋附加,以及向国内外借债,前文已述。各省设置了名目繁多的财税机构,以征收和管理各项非常例性收入,这些机构直接听命于督抚。与此同时,户部监管各省财务活动的权力遭到削弱。作为户部代理机构的各省布政使司,原本负责各省的税款征收,并独立于督抚,现在慢慢地变成督抚的下级。1864 年太平天国运动刚结束,清廷即试图审计各省督抚的军事开支,由于措施不切实际,加上督抚们的抵制,不久便予放弃。后来清廷重新对各省的财税征收和管理进行年度审计(奏销),结果也多是走过场,未能成为核查各省财务的有效手段;其根本原因在于督抚们上报的数字很少能反映各省通过非常规方式征收的各项收入的实际数额。

疆吏的财政自主权还体现在他们有能力与中央政府就本省被摊派的税额进行讨价还价方面。督抚们很少足额向户部上缴应解的税额,除非户部三令五申,否则百般延缓或减少上解。总体上看,1897 年各省仅完成税额的 44.4%,1898 年完成 45.8%,1899 年完成 60%(史志宏 2009:268—272;亦见史志宏 2008:140)。实际上,这种形势早在 1894 年前就存在。总的说来,他们更愿意承担直接关系到京师或满洲安危的财政责任,因为这么做有助于他们向清廷展示忠诚。他们不愿资助那些有助于增强某些督抚个人地位的建设项目,尤其是建设海防和海军的费用,因为这些项目在 1870 年代中期到 1890 年代中期常被视为李鸿章的个人事业(详见下文)。无论如何,太平天国之后各省督抚的财政自主权日益增长,是再清楚不过的趋势。

不过,对于晚清省级官员的这种自主性也不能过分夸大,以为清廷已经失去了对地方财政的控制。事实上,对于所有正式上报的各项收入,户部对其在中央与各省之间的再分配,都有最终决定权;中央所不能控制和支配的,是各省及地方州县所未上报的部分;总体而言,未上报的各项收入,在19世纪后半期可能达到其实际总收入的40%左右(见表6)。在所有税源中,各省隐瞒最多的是厘金;但中央始终能够通过京饷、协饷或各种摊派的形式,将大部分正式上报的厘金收入用于全国性的支出项目(所谓"国用"),前面对此已有详论;在第六章中,我们还会看到,在清朝最后三四年间,通过财政清查,中央能够进一步控制各省原先未上报的大部分厘金收入,使户部账面上的厘金收入在1911年达到4300多万两,为1890年代的三倍左右(每年在1200万至1600万两之间);各省未上报的各项隐形收入,进一步降低到占实际总收入的15%左右(见表6)。曼素恩通过对广东和江苏两省历年厘金收入划拨的分析也得出结论,中央政府在此项收入的使用上起到决定性的作用;尤其到20世纪初,省内自用的部分在广东下降到50%以下,在江苏更只有15%至20%(S.Mann 1987:105—110)。她因此质疑过去把19世纪的中国政局简约为"权力下移、四分五裂和中央失控"的分析,相反,她强调中央政权各方面能力均有所提升,并且为了扩大财源而对地方政治经济活动进行渗透;即使在此一过程中国家有所"退让"(尤其是在商业捐税的征收中听任"包收"行为),但这属于建造现代国家的道路上取得成功所要迈出的必要步骤,属于"有用的退让"(同上:6)。

有条件忠诚之滥觞

汉人疆吏之崛起

重塑晚清权力结构的关键性事件是发生于1850年代及1860年代早期的太平天国运动。此前，清朝从中央到地方各省的整个政府体制的特征，不仅在于其沿袭自明朝的高度集权的官僚体制，还在于让满人和八旗精英充任几乎所有的总督职位，以牢牢控制各省的军政大权。仅把半数的巡抚职位留给汉人，以管理地方民事。这在乾隆朝（1736—1795）尤为突出（孔令纪等1993：327）。[1]在嘉庆（1796—1820）和道光（1821—1850）两朝，这种情况有所改善，此时，汉人精英占据了半数总督的职位。例如，1850年，10个总督中的6个是汉人，15个巡抚中仅有1个是满人，其余全是汉人。然而，一旦遇到危机，皇帝总是委任满人充当特使（经略大臣或参赞大臣以及后来的钦差大臣）去监督镇压叛乱的军事行动，督抚们要听从钦差大臣的指令，在军事行动中处于辅助地位（所谓

---

① 梁启超在1901年也有如下观察："本朝以东北一部落，崛起龙飞，入主中原；以数十万之客族，而驭数万万之生民，其不能无彼我之见，势使然也。……故二百年来，惟满员有权臣，而汉员无权臣。若鳌拜，若和珅，若肃顺、端华之徒，差足与前代权门比迹者，皆满人也。计历次军兴，除定鼎之始不俟论外，若平三藩，平准噶尔，平青海，平回部，平哈萨克、布鲁特、敖罕、巴达克、爱乌罕，平西藏、廓尔喀，平大小金川，平苗，平白莲教、天理教，平喀什噶尔，出师十数，皆用旗营，以亲王贝勒或满大臣督军。若夫平时，内而枢府，外而封疆，汉人备员而已，于政事无有所问。如顺治、康熙间之洪承畴，雍正、乾隆间之张廷玉，虽位尊望重，然实一弄臣耳。自余百僚，更不足道。故自咸丰以前，将相要职，汉人从无居之者。"（*LQC*，2：393）

“承号令,备策应”)(*QSG*:3264)。在正常年月,督抚们则与另外两个中央派驻本省的重要机构,组成错综复杂的监督和制约关系;其中一为布政使司,监管本省的民政和税收,一为按察使司,掌管本省的诉讼和判决。

太平天国运动的爆发颠覆了此一传统。在最初两年,清廷依靠自己的正规军即绿营镇压太平军,却未能抑制其迅速蔓延。因缺乏训练,组织涣散,军官腐败,绿营早已失去战斗力。结果,太平军很快于1852年12月进逼到湖北武昌,即将沿江而下,攻占富庶的长江下游主要城市。此时,清廷不得不允许在籍官员就地招募成年男性,组建团练,保卫乡土和阻击太平军。这种做法在1790年代镇压白莲教叛乱时即曾施行过。湖南的曾国藩是1853年初被咸丰帝任命的分布于10个省份的43个团练大臣之一。1854年7月,曾国藩带领一支人数过万的军队夺回了武昌,显示了自己的军事能力。在随后几年里,他在长江中下游各地作战,最终成为两江总督,1859年升任钦差大臣,总管江南军务。1861年末,他进一步被授权统管江苏、江西、安徽和浙江四省文武官员。在他的举荐下,一大批来自湖南的下属被任命为长江中下游各省督抚。湘系的崛起因此成为晚清数十年省级政治中引人注目的现象。军机大臣文庆(1796—1856)很好地解释了为什么清廷不得不依靠汉人精英而非满人,授之以军政要职:“欲办天下大事,当重用汉人。彼皆从田间来,知民疾苦,熟谙情伪。岂若吾辈未出国门一步,懵然于大计者乎?”(薛福成1987:250)据估计,从1851年到1912年,满人仅占据34.6%的巡抚职位和22.2%的总督职位,而在整个清代,满人占据了57%的巡抚和48.4%的总督职位(Rhoads 2000:47—48)。

导致晚清政治中汉人督抚持续占支配地位的原因,首先是他们牢牢控制了取代正规军而成为镇压太平天国主力的私人化兵勇。湘军与正规军的主要区别,是其用私人纽带把不同层级的官兵联结在一起。组建团练时,每一个层级的指挥官都要负责招募下一级的军官,直到 10 人一队的头领。头领负责从家乡招募士兵,知道下属的住址、父母、性格和能力,士兵要签押保证遵守军队的规定(刘伟 2003:119;Kuhn 1970:122—148)。这种组织手段杜绝了绿营常见的士兵战场叛变和违法行为,也使团练沦为地方督抚的私人武装。

团练之所以为督抚们所把持,还因为它能自我维持,无须中央的支持。督抚们须"就地筹饷",动用所有可能的资源供养自己的团练,比如征收厘金,出售官衔,截留解饷和海关收入,征收田赋附加,等等,前文已述。为了确保筹集到足够的款项并有效地经营管理,各省都建立了由督抚直接控制的财政机构,即粮台或中粮台,可以不经省布政司的监管而分配资金和报销费用。

督抚们不仅控制各省的军务和财政,使它们很大程度上摆脱了中央政府的监督;他们还把亲信安置到本省的重要职位,从而控制了地方政府的人事。清朝有一个悠久的传统,即各省督抚可以向朝廷举荐任命本省府县的官员;不过,他们的举荐权是有限制的(总督每年推荐 3 名候选人,巡抚每年推荐 2 名)(刘子扬 1988:35)。在出任两江总督掌管长江下游四省军务之后,曾国藩突破了上述限制,连续举荐一系列职位,囊括从巡抚到布政使和按察使,直到更低层级的官职。只要认为合适,各省巡抚或总督便会设立名目不一的"局""台""所",以负责办理团练后勤以及与战后重建有关的各项具体事务。这些机构都处在正规的政府体制之外,仅向督抚负责。

概言之,在镇压太平天国运动和战后重建的过程中,汉人督抚日显强势,独揽所辖各省的军事、财政和人事权,这是19世纪中叶之前所未曾有过的。他们通过私人关系结成了官僚集团,与过去在清朝政治中一直处于支配地位的满洲贵族分庭抗礼。因此,这场运动的最终结果,乃是权力由清廷向督抚倾斜,汉人取代满洲和八旗贵族,渐成晚清政治的主角。

忠诚之再定义

清廷对汉人精英权力的迅速膨胀自然有所警觉。例如,1854年曾国藩夺回武昌的消息,曾让咸丰帝既兴奋又焦虑,因为某大学士提醒他,"曾国藩以侍郎在籍,犹匹夫耳。匹夫居闾里,一呼蹶起从之者万余人,恐非国家之福也"(薛福成 1987:252)。因此,咸丰取消了原先想委任曾国藩为湖北巡抚的决定,在随后的六年里对曾国藩始终持有戒心。曾国藩仅凭徒有其名的兵部侍郎之衔,转战邻近数省,在试图寻求地方军政当局提供后勤支援时,屡遭挫败。在指挥团练在长江中下游与太平军作战时,清廷把自己直接控制的正规军(即绿营),集结在太平天国首都南京附近,设江南、江北两座大营,用来围困南京,以待团练消灭了大部分叛军后对南京展开进攻。换句话说,由满人将领统率的两大营的主要目的,是阻止由汉人统率的团练在平乱中获取头功。难怪两大营于1860年被太平军彻底摧毁时,曾国藩在私下与下属交流时喜不自禁(范文澜 1949：144—145）。此后，清廷不得不完全依赖曾国藩和其他汉人精英统率的团练，授之以总督职位，统辖四省军务。

不过，接下来的数年里，清廷和汉人精英的关系依然紧张，某些时候还格外尖锐。例如在 1864 年 7 月，曾国荃（曾国藩之弟）率领湘军攻破南京，决定性地击败太平军。为了阻止曾氏兄弟居功自傲，予取予求，清廷威胁要调查湘兵抢劫太平天国囤积的大量财宝以及太平天国幼主的下落。曾国藩不得不做出让步，许诺解散湘军，削减军事开支，让其弟返归原籍。结果，清廷停止了调查。再如 1865 年镇压太平天国后不久，恭亲王因数次过错屡被弹劾，其中一个过错便是过于依赖像曾国藩这样的汉人。慈禧太后也对恭亲王怨恨已久，欲褫夺其所有职位。曾国藩为此"寒心惴栗之至"，在一条小船上与亲信商议应对之策时，两人"唏嘘久之"，与清廷的关系几近破裂（朱东安 2007：37）。幸运的是，恭亲王不久复出，曾国藩的危机得以解除。满人统治者与汉人精英之间的联手，实质上是有条件的：它建立在儒家的君臣伦常观念之上，即"君使臣以礼，臣事君以忠"。换言之，君臣关系是互惠的，君待臣以应有之道，乃是臣忠于君的前提条件。在双方关系遭受考验的关键时刻，如果其中一方不做出妥协，危机便会发展到不可收拾的地步。

幸运的是，对清廷而言，曾国藩毕竟是一位老谋深算的政治家，既熟谙儒家伦理传统，又具有治国才略，始终能够凭其机警和克制，驾驭一再出现的危机。在某种程度上，他对清廷的有条件的忠诚，可以被视为对清廷在过去两个世纪里尊崇儒学并且在任用官员方面缩小满汉差异的一个回报。正因如此，在 18 世纪和 19 世纪早期，大部分汉人精英都认同了源自满族的清王朝，接受其统治中国的合法性,并用儒家伦理观念来界定两者之间的关系。曾国藩忠于清廷的另一个原因,则是双方都面临着同样的敌人,即太平天国起义者。对于曾国藩和其他许多汉人精英来说,与太平天国作斗争不仅是为了保住大清,更是为了捍卫华夏文明。正如曾国藩在《讨粤匪檄》中所雄辩地宣称的那样,太平天国起义者所崇拜的洋教,与儒家纲常格格不入,几千年的中华文化传统已经遭受根本威胁(*ZGF*,诗文,232—233)。

概言之,1850 年代和 1860 年代汉人精英之所以在晚清政治中如此独特和强大,主要得益于他们拥有以前从未具备的优势,即控制了所在省份的军务、财政和人事大权;更重要的是,他们形成了抱团的派系,以集团的形式捍卫自身利益并与清廷打交道。湘系的核心当然是曾国藩。在 1872 年去世之前,其影响是如此之大,以至于在其职业生涯的顶峰,"当时七八省政权,皆在掌握。凡设官任职,国课军需,悉听调度,几若全国听命于一人"(容闳 1985:107)。在曾国藩周围,有众多的下属后来都升任地方要职。到 1872 年,其中 11 名先后被任命为巡抚或总督。曾国藩门徒中最有名的当然是李鸿章,此人后来组建了以其省籍命名的淮军。李鸿章及其兄同时出任总督达 4 年,他的四个重要下属则出任巡抚(龙盛运 1990:482)。相形之下,同一时期仅有一两名满人出任总督,其中有两年根本没有满人总督。同时,在此一时段,通常每年仅有一名满人巡抚,只有其中一年存在过 2 名满人巡抚,还有一年根本没有满人巡抚(同上)。

总之,太平天国运动期间和之后,清廷与汉人官僚的关系发生了实质性变化。在迁都北京后逾两个世纪的时间里,清朝的中枢曾经历了一个集权的过程,其集权程度超过了此前的中国历朝历代。征服中原后,满人统治者不仅从明朝继承了一整套高度集权的政府体制,还把中原的体制与其原先的猎牧部落政权的一些做法(即军事行动中的互相合作,部落联盟体制之下各部落首领的权力共享,以及大汗对所征服和奴役对象的绝对权力)结合在一起(Crossley 1992)。18 世纪的清朝皇帝一直对清初遗留下来的议政王大臣会议持抵制态度,重建了中枢决策机构,力图把权力集中于自己手中。同样地,在处理同汉人官僚的关系时,清朝皇帝拒绝建立一种互惠关系。儒家治国理念把这种互惠关系理想化,认为臣对君的忠诚端赖君待臣以应有之道。相反,满人统治者把自己同汉人的关系视为征服者和被征服者之间的关系,要求后者无条件地服从和效忠(郭成康 2000)。然而,这种单向关系在 19 世纪后半叶走向终结。汉人官僚在镇压叛乱和处理外交危机中变得不可或缺,他们在军事、财政和行政管理上权势渐重,在与清廷打交道的过程中越来越具自主性,对清廷的忠诚也越来越讲条件。

"十八国"

这里有待澄清的是,太平天国运动期间发生的分权化趋势,是否会在太平天国之后随着清政府试图恢复它已在 1850 年代和 1860 年代早期失去的军事和财政权而扭转过来。中央再度走向集权的一个重要迹象,是 1864 年清军占领太平天国首都南京之后,大部分湘军被遣散。的确,在数月之内,一支曾经在曾国藩之弟曾国荃指挥下攻陷南京的 5 万湘兵被彻底解散,曾国荃也辞去所有职务,回原籍"养病"。一年后,鼎盛时期一度超过 20 万人的湘军大部分被裁撤,只留下数营、约一万人用于维持地方治安和长江巡逻。

然而解散湘军只是故事的一面。另一面则是源于湘军的淮军的幸存和壮大。1862 年,李鸿章因指挥自己组建的淮军(士兵多来自其家乡安徽)抗击太平军,保住了上海,而被委任为江苏巡抚。在裁减老弱残兵后,淮军仍然保持超过 5 万人的规模。后来证明,在清廷剿杀捻军(1853—1868)的行动中,尤其在 1865 年捻军大败清朝最强悍的正规军并杀死其统帅蒙古将领僧格林沁之后,淮军是必不可缺的。李鸿章彻底而迅速地消灭了捻军,在处理棘手的对外事务中也展示了很强的能力,这些都导致清廷任命他为直隶总督和北洋大臣长达 25 年之久(1870—1895),使他成为 19 世纪晚期最有影响的汉人官僚。他的淮军也于 1875 年壮大到 95 个营,在随后的 20 年里扩张到 146 个营,在十多个省份都有淮军驻扎。实际上,淮军取代了过时而无能的八旗和绿营,成为清廷装备最精良、最重要的防卫力量,直到义和团之后的 10 年才被袁世凯的新军所取代(董丛林 1994:28;刘伟 2003:277—278)。李鸿章无可匹敌的影响力使他能举荐自己信得过的下属出任淮军、新建的北洋水师以及一些省级机构的重要职位。这些人凭借家族和亲属关系、同乡关系和庇护关系,编织成一个集团,从 1870 年代到 1890 年代,一直主宰着清朝军队。

清廷不仅未能重建其对军事的集权控制,就连抑制督抚们不断增长的行政管理自主权也困难重重。在同治、光绪两朝,清廷一再采取措施限制督抚的权力。例如,在任命省级或更低层级的官员时,清廷只允许巡抚推荐,而把最终任命权掌握在自己手中,从同治朝伊始,便一再重申这项政策。为了阻止督抚在荐举中任人唯亲,1894 年清廷公布了一项新政策,即只要其中一个被推荐者不合格,所有一同被推荐者均不能被录用。为了强化对督抚的监督,清廷鼓励各省布政使和按察使,就其所察觉到的任何过失,弹劾当地的督抚。清廷认识到,这些专员从 1860 年代以来,除了例行向朝廷报告自己的到任和退休事宜,从未向朝廷提交过任何有实质内容的奏折(刘伟 2003:362—363)。不过,这些措施对督抚们的影响微乎其微。中央控制不了由督抚组建和任命的非正规机构中大量非正式的职位(诸如总办、会办、提调、委员、司员等等);这些机构在 1870 年代至 1890 年代兴办洋务的过程中纷纷出现。

19 世纪晚期,清廷重新集权的最大失败,在于它未能控制地方财政。以厘金为例。据估计,各省向清廷上报的厘金收入,仅占其实际总收入的 30%—40%。1894 年,清朝各级政府的实际收入可能高达 1.46 亿两,而账面上的财政收入仅为 8100 万两(史志宏、徐毅 2008:133,275,279,289)。同样,清廷很难知晓到底有多少钱花在与自强运动有关的新项目上,这些费用从未被列入常例支出。当督抚们缺钱时,他们可以自由地向外国银行或者国内债权人借款而无须清廷批准。尽管清廷已经恢复了太平天国时期一度瘫痪的旨在监察各省财政活动的审计制度,由于这些隐形收入和不明就里的支出大量存在,这套审计制度也失去效力,变成敷衍了事。结果,晚清的督抚们在财政上日渐自主,这与 19 世纪前中央政府对地方财政的有效控制形成了鲜明对比。

鉴于各省督抚在管理地方政府的军务、人事和财政方面的自主权不断增长,时人把十八个行省称为“十八国”也就不足为奇了(*LQC*,6:614)。清廷在防卫和财政收入上依靠督抚的做法也使后者有能力影响中央政府的决策,不同于19世纪之前那些在朝廷面前束手束脚的各省督抚。以李鸿章为例,在出任直隶总督和北洋大臣期间,其权力如此之大,以至于时人这样评论:“(李)坐镇津门,朝廷大事,悉咨而后行。北洋奏章,所请无不予也。……安内攘外,声望极一时之盛。”(转引自王尔敏1987:397)李鸿章之外,声名显赫的督抚还包括:左宗棠(1812—1885),系李鸿章的长期对手,从1860年代到1880年代早期,一直担任东南、西北和长江下游诸省总督;刘坤一(1830—1902),在1870年代至1890年代多次出任长江下游和南方沿海诸省总督;以及张之洞(1837—1909),于1880至1890年代先后担任三个不同地区的总督,但时间最长的是在湖北和湖南。这些封疆大吏在为清廷建言或决策过程中均起到关键作用。

自强新政与原初型民族主义

督抚们在财政构造和行政管理上的相对自主,也使他们能够举办一系列后来名之曰“自强”或“洋务”的建设项目。在1860年代早期镇压太平天国的过程中,即曾出现过用西式方法训练、用西式武器装备自行招募的军队,可视之为自强运动的起点。自强运动的重心,是设立在上海、南京和天津的三大军工厂,设立在福州的一座近代造船厂,以及分布于其他各省的一些小规模兵工厂。这场近代化运动的高潮,是建立三大水师,以分别巡防华北、华东和华南近海；其中建成于1888年的北洋水师不仅是中国也是当时整个远东地区最大的舰队。为了配合国防建设，上述项目往往都还附设了把西书译成中文的译书局，以及招收学生学习外语和近代科学的学校。此外，这场运动在1870年代还延伸到民用领域，建设了轮船航运、铁路运输以及采矿、冶炼、电报、纺织等一系列民用项目，甚至将幼童送往美国留学。除了水师系由中央政府筹资建设，其他项目均由地方督抚发起和筹资建设。从1866年到1895年，兴办和运营这些军工厂和造船厂的费用，计达5000万两至6000万两。民用项目的集资方式各不相同。有的是官办，即由地方政府全额投资，有的则是地方政府投资一部分、向社会募集一部分，也有的全部由商人投资，但须接受政府的监督，即所谓官督商办。同一时期，地方政府花在这些民用项目上的费用，加在一起可能高达1500万两（周育民2000：303—304）。

各省督抚建设军工厂的直接原因，当然是要用先进的武器装备自己的军队，这样也抬高自己在官僚体制内的地位。但这个自私的动机并不能很好地解释为什么这场自强运动持续了三十多年，并发展成一场涉及国防、制造业、教育和基础设施建设的综合性近代化运动。在为新的建设项目辩护时，李鸿章和其他领导人总是把它与中国的"自强"联系起来。除了通过"自强"回应西方列强的挑战，还要应对日本的竞争，因为日本也在不遗余力地使其军队近代化，有可能成为中国的新威胁。值得注意的是，早在明治维新前四年的1864年，李鸿章就意识到日本对中国的潜在危险，在呈给清廷的一份奏折里说："夫今之日本即明之倭寇也，距西国远而距中国近。我有以自立，则将附丽于我，窥视西人之短长；我无以自强,则并效尤于彼,分西人之利薮。”他还写道:“中国欲自强则莫如学习外国利器。欲学习外国利器,则莫如觅制器之器,师其法而不必尽用其人。”(*LHZ*,29:313)

还需要注意的是,李鸿章在论及中外关系的奏章中每提到本国时,都使用“中国”二字而不是清朝官方文献和话语中更常见的“大清”“皇朝”“天朝”之类用词,这反映了19世纪中西冲突过程中汉人官僚意识上的微妙变化;他们更多地站在中国的国家利益角度,而非仅仅从清王朝的立场,来倡办近代化事业并重新定位自己的认同。这种意识反映了19世纪后期在西方列强的反复威胁刺激下,汉人精英的民族主义意识开始萌发。这种民族主义意识还很模糊,并与他们对清廷的忠诚纠缠在一起。不像20世纪民族主义弥漫全国,19世纪这种初始的民族主义还只限于汉人统治精英;他们在1894年中日战争爆发前即已经接触过西方和日本。此种意识根源于儒家治国思想中的理性实用精神,刘广京谓之“儒家爱国主义”(K.Liu 1970)。

各省精英的早期民族主义意识有其局限性,因为他们通常是把地区的和个人的利益而非全国性利益放在优先位置。疆吏们手中掌握大量的且不断增长的非常例和未上报的各项收入,根据个人的立场和利益来决定资金往哪里花、花多少。他们都热心于把一切可获得的经费,用于建设和强化自己的军工和民用产业。他们也愿意把资金以“协饷”的方式投放到亲朋同僚圈内的那些督抚们所举办的项目上,或者用于自己所提议或支持的用兵方案。然而,他们极不情愿把朝廷摊派的税额解往与其无关的目的地,总会百般延迟或者减少他们的解款。在自强运动存续的30年时间里,每个自强项目或者用兵行动能否成功,在很大程度上取决于督抚们的态度及其所贡献的资金数额,这在下一章所讨论的边疆和海疆的防卫中,将得到最好的证明。

地方化集中主义

19 世纪后半期中央与地方关系的上述种种变化,一言以蔽之,可谓“地方化集中主义”(localized centralism)。它对于晚清国家向近代主权国家的转型,同时具有正面和负面的双重影响。首先,在各省督抚的主导下,财政增收渠道走向多元化和地方化,导致清朝财政体制完成了由原来的低水平均衡向高度不均衡构造的过渡。各省不断高涨的财政需求,驱动了供给的增长,导致非农业性的财政收入(间接税、借款以及其他融资手段)取代田赋成为政府收入的最主要来源,且具有显著的扩张能力。发生在 1850 年代至 1870 年代的这场财政转型,在很大程度上解释了晚清国家政权为什么能够平息接二连三的内乱,从事国防近代化建设,从而在 1860 年代至 1890 年代出现所谓“中兴”局面。但是这场转型的代价,则是朝廷失去了对常规的和非常规的各项财政收入的集中控制,而省级精英却因之崛起,将本地区的财政、军事和行政资源掌握在自己手中。这些汉人疆吏与朝廷之间的关系也随之发生微妙而非同寻常的变化,这一变化既使晚清政权得以维持国运数十年,又导致其最终灭亡。

总的来说,在 1850 年代之前,上述关系的特征在于汉人官僚对清廷的无条件的、单向的效忠。这种效忠源自两个方面:一是清廷承袭了明代尊崇儒学的意识形态,并且在内地各省始终坚守儒家的治国理念,从而赢得汉人精英接受其合法性;再则是清廷延续了本身在入关前的游牧政权的世袭父权制(patrimonial)统治传统,视君臣关系为主仆关系,只讲奴仆对主人的绝对顺从,从而背离了儒家的君臣之道。按照儒家说教,大臣们肩负着天下众生的福祉,而非仅仅是君主的个人安危;他们对君主的忠诚也有赖君主对其尊重和信任。不过到19世纪后期,省级汉人官僚的崛起及其对地方财政、行政和军事权力的操控,导致君臣关系逐渐由单向顺从回归到双向的互惠形态。他们只有在受到朝廷的信赖并且坚守儒家修身理念的前提下,才会对朝廷保持忠诚,并愿意为之服务。清朝之所以在1850年代和1860年代能够在太平天国的大乱中幸存下来,很大程度上得益于此种君臣关系。

值得强调的是,在这种"有条件的忠诚"前提下,尽管地方督抚对辖区内的财政、军事资源和行政系统的控制权大大增强,但中央从未失去对督抚本人任免升迁的控制和对地方上各种资源的间接掌控,朝廷也始终握有对中央与地方之间财政收入的再分配的最终决定权(详见第五、六章);同时也没有任何督抚可以凭借自己所掌控的地方资源能够公开对抗中央。从这个意义上说,太平天国期间及此后的中央与地方关系的变化,并没有对旧有的中央集权体制造成根本的冲击;各省财政军事权力的地方化,是以集中主义为前提的,而集中主义也靠地方化作为其支撑。总体上,在整个同治和光绪时代,地方化的正面效应,特别是对地方近代化事业的推动和整体国力的提升,远远超过它对中央调控能力和整个国家生存能力的负面影响。晚清国家之所以显示出异乎寻常的韧性,关键即在有条件的忠诚之下的地方化。

然而,晚清国家也是脆弱的,因为它的合法性,端赖地方政治精英的认同,尤其是汉人疆吏的忠诚作为支撑。正如我们在第六章即将看到的,一旦遭到权力中心的排挤和不信任,忠诚的条件不复存在,汉人官僚和社会精英就会凭借此前数十年在地方上积蓄的实力,公开对抗朝廷;清朝国家的集中主义基础,最终将会被地方化所抽空,在体制外革命党人的反叛和体制内汉人精英的压力面前,变得不堪一击。

第五章　从内陆到沿海：晚清地缘战略的重新定向

清朝在 19 世纪所遭遇的地缘政治危机是双重的，一方面，它在西北边陲遭受亚洲内陆游牧部落的传统挑战；另一方面，它还面临海上强国对其沿海和内地的全新威胁。新的地缘政治环境迫使清廷调整自身战略，脚步迟缓却又坚持不懈地向西方学习。因此，尽管晚清在 1840 年代至 1860 年代遭受欧洲列强的反复凌辱，但它并非没有可能变成一个现代强国，重建其在东亚的支配地位。然而，有两大障碍在阻止晚清中国走向成功。一是其传统的地缘战略，它强调把中国西北边境地区的安全放在优先位置。支撑此战略的则是清朝精英对中国对外关系的认知，尤其是他们对清朝边疆危机及其稳定的高度重视。在中国被纳入世界范围的国家体系之前，这些统治精英很难从全球的视角观察中国的地缘政治问题，从而形成一个有全局观的外交战略，超越过去那种范围狭隘、支离破碎的边疆战略(参见 Mosca 2013)。从 1870 年代开始,东亚地区又出现了一个新的情势,为本地区的地缘政治现实增加了不确定性,亦即日本的崛起。日本把一个正在走向近代化的中国视作其主要的地缘竞争对手和阻止其成为本地区强权的最大障碍。因此,从 1870 年代早期开始,中日对抗便逐渐取代中西冲突,成为清朝对外关系中的主要议题,并对中国的国内政治产生了深远的影响。这两大邻国之间的区域竞争构成了东亚地缘政治的主轴;来自日本的威胁也反复干扰中国正在进行的近代化历程。中国正是在这样一种全新的地缘环境中,经历着一场从传统的疆域国家向近代主权国家的艰难转型。

传统地缘秩序之终结

18 世纪晚期的中国表面上看风平浪静,但无论其内部还是外部都在酝酿着严重危机。人口压力的剧增,预示着支撑清朝国力的以低水平均衡为特征的财政构造将不复存在,而在中国的周边,一场全新的地缘政治挑战也在悄然孕育着。英属东印度公司在南亚次大陆部分地区建立起殖民统治后,为了扩展对华贸易,试图推动英国同清廷建立正常的外交关系,这可从其资助马戛尔尼 1793 年出使北京一事窥见端倪。由于在乾隆皇帝接见使团的礼仪问题上发生冲突,这次行动宣告失败。但失败的更根本原因则在于中国的经济自给自足,国内市场广大,导致清朝统治者对外贸兴趣阙如,同时他们也担心主导中国与周边国家关系的现有体制可能会受到破坏。

英国商人力图扩张对华商品输出和鸦片走私,而清廷则坚持由广东公行垄断对外贸易,并从英国商人手中收缴鸦片,双方间的紧张关系不断升级,最终导致1840—1842年鸦片战争的爆发。出于相近的动机,英国和法国联手于1856—1860年发动第二次鸦片战争。对这些欧洲列强来说,除了在华商业利益,同样重要的是以《威斯特伐利亚条约》订立以来被西方国家广泛接受的国际关系准则为基础,按照所有主权国家法律上一律平等的原则,同中国建立外交关系。然而对于清朝来说,保持其既存的周边关系体制,捍卫其宗主地位,是维持国内政治秩序和统治合法性的关键。原因很简单,在中国传统的政治观念里,中国的皇帝作为天子,是普天之下唯一合法的统治者。由于满人统治者源自华夏本土之外,以征服者面目君临中国,其统治的合法性始终存疑,因此确保清廷在对外关系中的宗主地位,对维持其统治华夏的正统性尤其重要。接受他国与中国之间地位平等,让外国统治者与清朝皇帝平起平坐,就等于否认中国的政治想象中皇帝是"天下"至高无上的统治者,也就挑战了传统的政治秩序和皇权的合法性。

欧洲列强希望同中国建立平等的外交关系的要求很难被清廷接受,这并不足为奇。虽然1842年《南京条约》规定两国的下级政府或官员可以在完全平等的基础上开展交流,但中国和英国并没有明确声明两国对等交往。鸦片战争以后,清王朝支配下的朝贡体系连同所有的外交惯例依然如故。唯一的例外是广州的公行制度,已被条约正式终止。事实上,条约本身被清廷秘而不宣,从来不让中国公众知晓。直到被西方彻底击败之后,清朝才在军事占领的压力下向欧洲人屈服,承认在外交关系中西方和中国地位平等。1858 年 6 月中英两国签订的《天津条约》载明"照各大邦和好常规"，一方可以向另一方的首都派驻大使、公使和其他外交使节。更重要的是，它规定驻北京的外交人员"作为代国秉权大员，觐大清皇上时，遇有碍于国体之礼，是不可行"，同时，"惟大英君主每有派员前往泰西各与国拜国主之礼，亦拜大清皇上，以昭划一肃敬"。该条约进而要求"嗣后各式公文，无论京外，内叙大英国官民，自不得提书'夷'字"（Hertslet 1908：33）。

不用说，英方所提的这些要求，从国际法的角度看，没有一条是过分的和不公正的。互派大使，两国在平等基础上开展官方往来，确实是威斯特伐利亚体系内各主权国家的通行做法，无论如何不会损害中国的主权。置身 20 世纪的中国史家体认到主权对现代民族国家的重要性，因此往往对清政府的表现颇感困惑——它顽固而又徒劳地抗拒西方关于国家间一律平等的要求，与此同时又轻易地屈从英国关于割让领土（香港）和谋取特权（诸如治外法权和最惠国待遇）的要求，而这些要求才真正损害了中国主权完整（萧一山 1967，3：708）。事实上，领事裁判权作为清廷解决外国人在华纠纷的一个方便行事方案，其根源可以追溯到中国行政司法传统中的所谓"法律多元主义"（参见 Cassel 2012）。因此，《天津条约》既是平等的，又是不平等的。无论如何，《天津条约》的签订，标志着在东亚传统的地缘政治秩序中清朝自诩的宗主地位遭到根本挑战，清朝开始被迫卷入以欧洲为中心的国际体系。1861 年总理各国事务衙门成立，作为专门机构负责处理清廷外交事务以及与外交有关的国内事务。其任务之一，便是收集整理西方国家的外交协定，翻译出版国际法方面的读物。事实证明，1895 年以后，这些翻译过来的国际法书籍,在士大夫和官僚阶层中间十分流行,对于改变他们在国际问题上的看法起到关键的催化作用;过去的那种华夏中心观逐渐失去市场,“人们越来越清楚地把中国视作一个由国际法所界定的国家大家庭中的一个主权国家”(Svarverud 2011)。

事实上,要在完全平等的基础上与欧洲强国开展外交活动,其困难程度并不下于谈判和签订条约本身。1873 年,年仅 18 岁的同治帝开始亲政。这年,经过数月的谈判,清廷最终放弃了要求外国使节跪拜皇帝的做法,同治帝接见了英国、法国、俄国、美国、荷兰等国的公使以及日本的大使。作为妥协,公使和大使们摘掉帽子,向皇帝鞠躬五次,而非原先他们提出的三次。1868 年初,清廷派出第一位使节志刚前往美国和欧洲。1870 年,清廷派遣崇厚作为公使赴法国就任,他也是第一位被派往某一特定国家的公使。

塞防与海防

1864 年击败太平天国后,尤其 1860 年代末、1870 年代初平定了捻军和回民起义以后,清朝进入一个国内形势相对稳定的时期。与此同时,欧洲列强的威胁也在消退。两次鸦片战争之后,英法两国看起来对几个条约所带来的一切感到满足。到 1866 年,清政府也已经向这两个欧洲国家还清了战争赔款。西方列强施加于中国的屈辱似乎已成过去。然而,清朝很快遭遇邻国的新威胁。在新疆,1860 年代迅速蔓延的穆斯林叛乱招致阿古柏所领导的浩罕军队的入侵,他很快击败了其他竞争对手,于 1870 年占据了南疆以及北疆部分地区,这又招致沙俄于1871年侵占了伊犁,以扩张其在中亚的利益。另一麻烦来自日本,它于1874年派遣了一支超过2000人的舰队登陆台湾。最终双方签订了协议,清政府支付50万两白银,日本则同意罢兵。

这两次威胁的性质并不相同。浩罕的军事入侵以及在新疆建立独立政权,重复了清朝在17世纪晚期和18世纪曾经面临的地缘政治危机。为了征服中亚宿敌,清政府不得不动用巨额军费,确保后勤补给,因为新疆与内地省份相距遥远。不过,由于浩罕的军事装备水平并不比清军优良,所以清军也无须升级自己的武器装备。日军对台湾的入侵则是另一回事。日本对中国的威胁来自海上。海上威胁始于1840年的鸦片战争,直至19世纪晚期,始终对清朝构成挑战。它具有完全不同的性质。敌人在数量上从未超过清军,但它装备了现代化的武器。为应对海上来敌的挑战,清政府不得不推动防卫力量的现代化,这也就意味着要在制造业和基础设施建设上进行长期的巨额投入。因此,考察一下清政府如何运用不同的战略,应对这两种地缘政治挑战,以及刚刚转型的财政体制将如何有效地满足清政府克服危机的需要,是饶有兴趣的。

1870年代早期几乎同时发生的新疆和台湾事件,在疆吏中引发了"塞防"与"海防"两种战略孰为优先的争论。双方的支持者各自给出自己的理由。陕甘总督左宗棠身兼负责西北军务的钦差大臣一职,他虽未贬低海防的重要性,但对塞防倡导最力。左氏援引历史来说明塞防的优先地位:清朝的盛世之君反复用兵西北,是因为在其看来,新疆是蒙古安稳的关键,而蒙古又是京师安稳的关键。对于左宗棠来说,他所处的时代与康熙和乾隆朝唯一不同的地方,在于沙俄取代准噶尔,成为中国最为严重的长远威胁,因为俄国不仅与中国之间有自西北到东北的漫长边界,而且还占据了伊犁。如果清军放弃西北的防卫,“则我退寸而寇进尺……于海防未必有益,于边塞则大有所碍”(*ZZT*,6:191)。

左宗棠在主张塞防方面并不孤单。其他某些疆吏,诸如湖南、山东、江苏等省巡抚,也同样担忧沙俄的潜在威胁。山东巡抚丁宝桢便认为,“各国之患,四肢之病,患远而轻,俄人之患,心腹之疾,患近而重”(转引自贾熟村 2004:91)。左宗棠的最有力支持者是吏部尚书、军机大臣文祥(1818—1876),他与恭亲王奕䜣(1833—1898)同为同治朝中枢重臣。文祥的看法与左一致,指出本朝不同于疆土仅限于内地各省的前明,因此同样强调新疆之于蒙古、蒙古之于京师的战略重要性。事实证明,文祥的意见后来对于慈安、慈禧太后决定由左宗棠出征阿古柏起了关键作用。

文祥实际上也是最早主张海防的人。1874 年 11 月,有感于日本在台湾事件后向中国勒索赔偿,他与奕䜣一起上奏皇帝,提出了综合性海防建设的建议。文祥和奕䜣认为,海防所针对的并不是英国和法国,而是日本:“东洋一小国耳,新习西洋兵法,仅购铁甲船二只,竟敢借端发难”,因此,现在如果不采取措施加以应对,将来会后悔莫及(*CBYW*,同治朝,98:41)。朝廷要求各省督抚就二人所提的六条具体措施上折条陈意见。在各省的答复中,直隶总督、北洋大臣李鸿章对海防最为热心,而对塞防的重要性则轻描淡写。

李鸿章首先指出,近几十年来,中国地缘政治环境已经发生了重大变化。过去历朝历代均聚焦于西北内陆边防,目下的中国正面临“数千年来未有之变局”,“东南海疆万余里,各国通商传教,来往自如，聚集京师及各省腹地，阳托和好之名，阴怀吞噬之计，一国生事，诸国构煽"。同时，中国还遭遇"数千年来未有之强敌"："轮船电报之速，瞬息千里；军器机事之精，工力百倍；炮弹所到，无坚不摧，水陆关隘，不足限制。"（*LHZ*,24:825）一句话，中国进入了历史上从未见过的全新时代。

李鸿章进而点出了攸关中国战略利益的两个沿海地区：直隶的大沽、北塘和山海关地区，是京城的门户，"是为最要"；其次是从江苏吴淞到江阴一带，系长江门户，而长江口流域是中国最富庶之地。相形之下，李鸿章发现，乾隆时期即已归入版图的新疆，平时每年耗费国家300万两白银，"徒收数千里之旷地，而增千百年之漏卮，已为不值"。更有甚者，李还声称，西部边陲已经被俄国、土耳其、波斯和英属印度所包围，"即使一时收复新疆，将来也不会保全"。因此，他主张终止在西北的军事行动，从前线撤军，把经费由西北转用于海防。在他看来，解决西北边疆危机的最好办法，是允许那里的回部自治，并像越南、朝鲜和西南诸省的土著那样接受清朝的册封。"新疆不复，于肢体之元气无伤；海疆不防，则腹心之大患愈棘。"（*LHZ*,24:825）一句话，李鸿章的观点是让广袤的新疆回到1760年代前的初始状态。

大部分沿海各省的督抚以及一些满人大臣也都支持李鸿章的观点。但是在1874年末和1875年初的这场辩论中，最终胜出的还是塞防的倡导者。他们的获胜，有多方面的原因。首先，不管李鸿章如何洞悉中国进入了一个在地缘政治和敌手装备方面全然不同的时代，也不管李鸿章如何强调实现海防和海军现代化的重要性（事后发展证明，这的确是决定19世纪晚期中国命运的关键因素),用一笔数目不大的赔款就和平解决了日本入侵台湾问题,这远未让清朝的上层精英从中警醒,意识到海防的重要性和李鸿章所说到的中国正面临“数千年来未有之变局”的真正含义。对于大多数统治精英来说,麻烦已经结束,日本这样的“蕞尔小国”,远非真实而急迫的威胁;海防从长远来说对中国的生存确实十分重要,但远不像塞防问题那样迫在眉睫,因为此时新疆广大区域已陷入敌手。其次,清廷和大部分统治精英在理解中国的地缘政治利益和战略时,依然停留在历史的语境里,认为中国是内陆国家,新疆之所以重要,不仅因为它拱卫蒙古和京师,还因为它是祖辈留下的遗产,对维护当朝统治者的正当性至关重要。最后,清政府挺过了1850 年代和 1860 年代的内忧外患,各省恢复安定,与列强重新修好,财政状况也大为改善。所有这些因素加上一起,促成清廷决定以塞防为优先,因而有 1875—1878 年左宗棠传奇性的出兵西征和收复新疆。

不过,需要指出的是,清廷并未忽略海防的需要。事实上,1875 年 5 月,在决定西征的同月,清廷还决定在中国北方和南方各组建一支现代化的舰队,任命李鸿章和沈葆桢为钦差大臣,分别负责北方和南方的海防以及两支水师的建设。这个布局具有战略重要性。自鸦片战争结束后的 30 年里,清朝从未采取切实措施来加强海防。第二次鸦片战争曾经以英法军队占领北京收场,即便如此,清廷亦未下决心建设现代化海军。自 1840 年以来,从林则徐和道光皇帝开始,清朝统治精英普遍认为,远道而来的欧洲人并不想占据中国的疆土,只是想扩展在华商业利益,因此,与欧洲列强在海上打仗既无必要也不可行,对付他们的唯一办法是等他们上岸之后,聚而歼之。但是1874年日本入侵台湾情况就不同了,它预示着中国在未来将面临更大的麻烦。在李鸿章看来,日本“事事取法英美,后必为中国肘腋之患”(*LHZ*,30:439—440),比西方国家更狡诈,更具威胁性,因此,建立水师和强化海防之议,主要是为了对付日本,而非西洋各国(*LHZ*,9:261)。

1875年清廷决定组建两支现代化舰队,标志着它从过去强调亚洲腹地塞防优先的地缘战略,转向兼顾塞防和海防的新战略。晚清的塞防观念基本上沿袭了17世纪晚期以来一直为清统治者所采用的传统的亚洲腹地战略,唯一的变化是沙俄取代中亚部落政权而成为中国西北、华北和东北边境的最大威胁。相形之下,海防观念是全新的,反映了清统治者对日本威胁的警觉。19世纪晚期和20世纪前半期的历史证明,正是来自日本而非西方的威胁,重新界定了现代中国的地缘政治环境,并对中国的国内政治产生了复杂的影响。以下将考察在1870年代至甲午战争前,清朝是如何同时应对这两种不同的挑战的。

地方化集中主义的成与败

西征之财政支援

左宗棠西征获胜的决定性因素是朝廷提供的巨额财政支持,其中1875—1877年为2670万两白银,1887—1881年为2560万两白银,这样7年间共计5230万两白银(Fairbank and Liu 1980:239)。事实上,1875—1877年的西征实际花费可能高达4271万两,而西北塞防的总投入(自 1875 年西征开始至 1884 年新疆设省)则更多,介于 7000 万两至 8000 万两之间(周育民 2000:266—267)。那么,清廷是如何为塞防筹措巨资的?

西征最重要的财源是来自各省的协饷,总计 2049 万两,大约占左宗棠 1874—1877 年所收到的全部经费的 48%。每年清廷下派给各省的协饷数额不等,其中安徽省 240 000 两,江苏省 360 000 两,福建、江西、湖北各 480 000 两,广东 840 000 两,浙江1 440 000两,这些款项大部分来自各省征收的厘金。每年各省为左宗棠的西征所上解的协饷账面总数应超过 700 万两(*GXCD*,1:167)。但是各省鲜有如数上解者。例如,1874 年左宗棠实际上仅收到 469 万两(蒋致洁 1988)。根据左宗棠 1875 年 10 月的一份奏折,自其 1866 年负责西北军务以来,各省总共拖欠的协饷达 2740 万两,仅福建一省就拖欠逾 300 万两(*GXCD*,1:167;史志宏、徐毅 2008:141)。在接下来的数年,情况亦未见好转(蒋致洁 1988)。

为了弥补军费缺口,左宗棠不得不借助第二种来源,即向国内外借款。在新疆西征三年,靠商人胡光墉(1823—1885)作经纪人,左宗棠从外国银行获得三笔贷款,其中 1875 年两笔(分别为 100 万两和 200 万两),1877 年一笔(500 万两)。此外,左还向国内富商借款 560 万两。这些债务均由各省和海关偿付,以抵消他们向左宗棠拖欠的协饷。清廷要求各省和海关管理者在交易文书上盖章,保证及时还贷(马金华 2011:71)。因此,这些总计达 1360 万两的债务也可以被算作协饷的一部分。其他来源包括户部从银库积存中直接拨款(1874—1877 年总共拨给左宗棠 450 万两,占此间左宗棠收到的全部款项的 10.5%)、捐输以及其他各种来源。

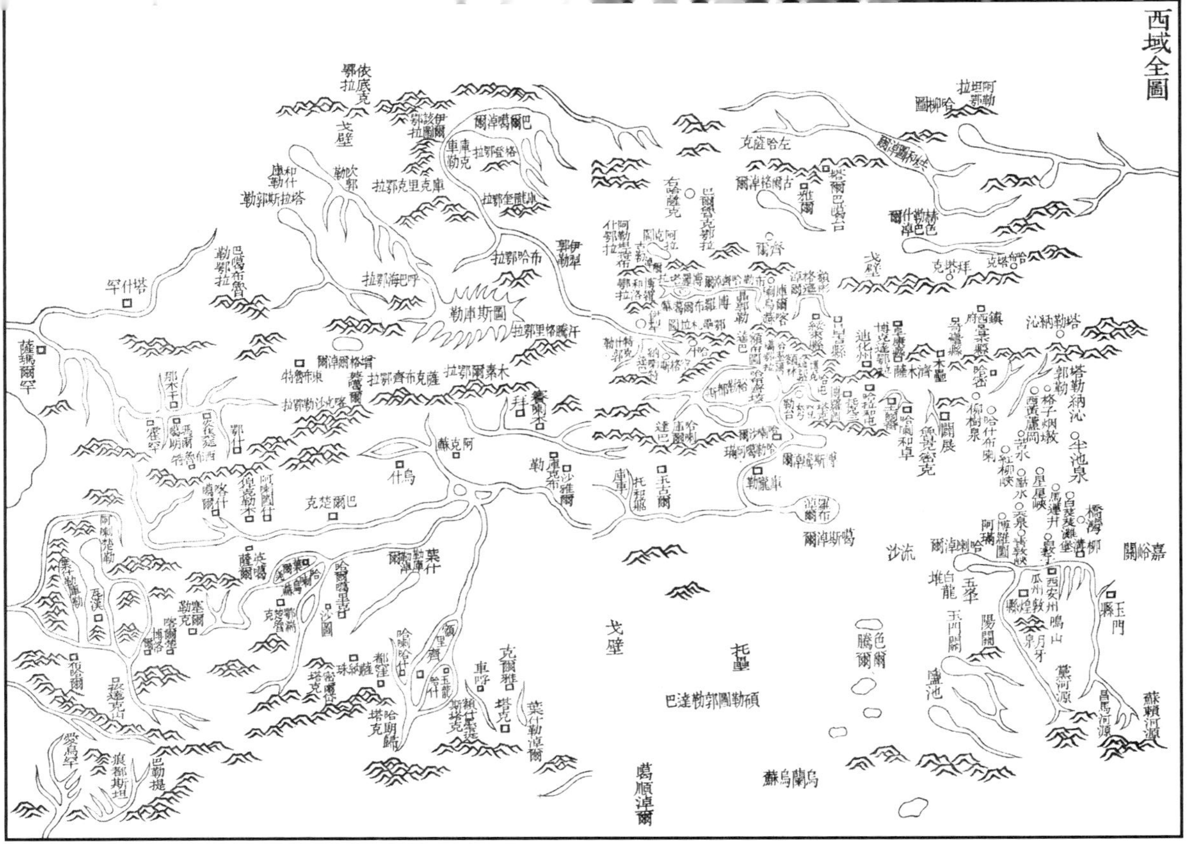

《西域全图》，见清刘统勋、傅恒等纂《钦定皇舆西域图志》

这样,尽管各省普遍拖欠为西征承担的协饷,左宗棠实际上收到的经费,包括三年军事行动中计收到4200万余两,十年(1875—1884)的塞防共收到7000万两以上,足够支撑他取得战场上的胜利。同时,左宗棠个人的果敢以及厚待士兵所激发出来的高昂士气,对新疆的克复也发挥了不可忽视的重要作用。收复新疆无疑是同光中兴的最大亮点。

西征的财政支撑,显示了上一章已经讨论的晚清"地方化集权主义"机制实际运作的理想状态。左宗棠军事经费中的近80%系来自各省,这些资金或者是协饷,或者是因拖欠协饷而偿还左宗棠所借的债款。各省经费的最主要来源是厘金,由各省征收和管理,不受中央的直接控制。各省督抚之中,有的想方设法拖延和减少他们承担的协饷,有的就协饷之数额与中央讨价还价,还有的则尽其所能去援助左宗棠;其态度取决于他们与左宗棠的私人关系,因此西征印证了早在太平天国运动时即已产生的地方主义的持续存在。然而,不像1850年代曾国藩和其他督抚那样——在镇压叛乱的艰难岁月里,由于传统的财政体制的崩坏,他们得不到中央政府的切实支持,只能靠自己筹饷去供养各自的军队,左宗棠却源源不断地得到了朝廷的大力支持。由于重建了解款制度,户部有能力从国库盈余中拨付巨额款项给左宗棠,这与1850年代的捉襟见肘不可同日而语;户部还能向各省(尤其是因征收厘金而有巨额收入的东南省份)摊派协饷,强制拖欠协饷的省份偿还左宗棠所借的国内外借款。一句话,造成西征财政支撑相对成功的,是赋税征收上的地方主义和收入再分配上的集权主义的结合。

西征的成功也使清朝中央强化了对新疆的管辖,最终将其纳入内地的行省体系。在1750年代末1760年代初平息准噶尔和维吾尔叛乱后的一个多世纪里,除了在汉人聚居的新疆东北部设立了若干府县,清廷在新疆其他地方所施行的是所谓军府制度。在这种制度下,伊犁将军地位最高,统帅驻守新疆各地的军队。各地的民事管理权则归当地的地方首领,在伊犁和新疆南部的维吾尔人聚居地实行伯克制,在新疆其他地方的蒙古人、哈萨克人、维吾尔人聚居地实行扎萨克制(马汝珩、马大正 1994:333—356;Perdue 2005:338—342;Cassel 2011:19)。而新疆各驻防单位的关键职位,从伊犁将军到各级下属,则几乎均由满人担任。

各地的军府后来大多被当地乱民和浩罕入侵势力所摧毁。左宗棠的西征及其随后对新疆的控制改变了当地的政治景观。新疆各地的关键军政职位均落入左宗棠属下汉人手中(所谓"湖湘弟子满天山")(王力 2010:15)。左宗棠进而提议把新疆变成一个普通的行省,用标准的官僚体制取代当地的军府制度。其冠冕堂皇的理由当然是为了强化清政府对新疆的控制,但更实际的考虑则是为其下属(多为汉人)继续掌控新疆民政职位铺平道路。因此,新疆的行省化实质上是太平天国期间及其后汉人官僚强势崛起这一趋势的延续。清廷对左宗棠的建议最初犹豫不决,便不足为奇。最终落实的则是一种折中方案,即1884年新疆正式变成行省,而伊犁将军也得以保留,但不再是全疆最高军政长官,而被降格为负责有限区域(伊犁和塔尔巴哈台)防务的八旗军统领,新疆的其余地区则设置府县,由新疆巡抚管辖。全疆的伯克和扎萨克制度均被取缔,一大批当地土著居民由原先充当本地贵族的农奴,变成土地所有者和纳税者(马汝珩、马大正 1994:359—360)。

后来的事实证明,1880年代新疆的内地化是其在民国期间进一步融入全国的关键一着。由于新疆建省后大部分政府职位掌握在汉人手里,因此辛亥易帜后,他们对新疆的控制得以延续;这些汉人官僚理所当然地视新疆为中国的一部分。与此形成鲜明对比的是,虽然清廷原本计划在外蒙古设置两个行省,但一直未能落实,因此汉人官僚对外蒙古行政系统的渗透有限,加上这一区域的汉人移民也很少,这些都导致清朝覆灭后外蒙古王公贵族对中国的国家认同迅速消失,最终在民国时期脱离中国。

海防之财政支援

前文提及,经过1875年的那场辩论,清政府也承诺投资于海防建设。但对于清廷来说,由于新疆已遭外敌入侵,塞防远比海防急迫和重要。在其传统地缘政治思维中,失去新疆意味着清朝亚洲腹地的稳定遭到严重威胁。因此,尽管李鸿章请求至少拨款1000万两用于海防三大项目,即"购船、练兵和简器",但清廷仅同意每年拨款400万两,平分给李鸿章和沈葆桢,由二人分别负责筹办北洋和南洋水师。这400万两的一半来自海关税,另一半则来自东南六省(江苏、浙江、福建、江西、湖北和广东)的厘金收入(张侠等1982:615—617)。

李鸿章从一开始便意识到,每年400万两的海防预算不过是画饼而已。他清楚海关税在完成被摊派的协饷任务后不会有多少剩余,而六省把大部分的厘金收入用于其他项目。因此,在最初三年(1875—1877),清廷对海防的实际投入总共仅200万两,年均约

670 000 两,便不足为奇。李鸿章曾在 1877 年抱怨,六省仅仅上解了它们所应承担的海防款项的一半,有的省份甚至分文未解,而海关税的一半要用来偿还西征的债务。沈葆桢深知,比起南洋水师来,北洋水师对于确保京师安全更为重要,因此主动将原本应分配给自己的头三年海防经费,拿出一半,支援李鸿章的北洋水师建设。在随后三年(1878—1880)里,由于经费要在两支水师之间平分,而六省上解的款项比从前更少,形势更加恶化。三个省份(江苏、广东和福建)未上解分文,而其他三省和海关每年总共上解区区 30 余万两,仅占李鸿章应收款项的 15%。按照李鸿章的说法,上述三省之所以未解交款项,是因为这些省份皆把厘金进项留作自用,或因为它们已被京饷和名目繁多的协饷榨干(*LHZ*,34:10)。这些省份面对名目繁多的开支而资金十分有限时,一般总是优先考虑其他支出,而把海防搁置一边。这样,本应用作海防经费的款项便被挪作他用,诸如偿还外债、补偿云南教案中受害的洋人、赈济北方受灾省份,以及其他名目繁多的建设项目。1880 年李鸿章悲叹,这些省份"视海防为无足轻重"(*YWYD*,2:424)。

李鸿章和沈葆桢在落实清廷所承诺的经费问题上所遭遇的异常困难,导致 1875 年到 1884 年 10 年间海防建设进展缓慢。李鸿章最初有雄心勃勃的海防建设规划。他本来期望,以组建北洋水师为开端,中国海军将建立三大舰队来守护中国北部、东部和南部的海洋。最初几年,尤其是在日本凭借其三艘铁甲舰吞并了历史上一直对清廷朝贡的琉球之后,李鸿章和沈葆桢都发现当初购得的几艘小型炮艇("蚊船")仅适用于沿海巡防,不足以对付日本,因此下决心从欧洲购买当时最为先进、吨位最大的铁甲舰,使中国的水师具备远洋作战的能力。在李鸿章看来,中国只需要四艘大型铁甲舰,其中两艘分布北洋,两艘分布南洋,便足以在与日本的竞争中压制对方。海防经费的改善使李鸿章能够将计划付诸行动,于 1880 年和 1881 年先后从德国船厂(Aktien-Gesellschaft Vulcan Stettin)订购两艘铁甲舰,各为 7000 多吨,但这两艘舰只迟至 1885 年才抵达中国并加入北洋水师。

因此,直至 1884 年中法战争前夕,中国海军仍然处于初级水平。北洋水师装备了 2 艘巡洋舰、6 艘铁甲炮艇、4 艘木制炮艇以及一些后勤和训练舰只,共 12 296 吨、10 655 马力(樊百川 2003:1017)。南洋水师要小得多,只有 14 艘低吨位舰船,主要由上海的江南造船厂和福州的福州船政局制造。此外,在福建和广东还创办了规模更小的水师,各有不到 10 艘大小不一的船只。中法战争爆发时,东南沿海防御薄弱,也就不足为奇了。1884 年 8 月,法军轻而易举地击毁了福州水师的 11 艘舰艇,完全摧毁了福州船政局。次年 2 月,法军在中越边界却大败于清军。

中法战争是海防建设的转折点。在与法国签订条约后不久,清廷于 1885 年 6 月决定要"大治水师"(*LHZ*,11:99)。这标志着清朝的地缘政治战略由 1875—1884 年间优先塞防而转向强调海防。作为最初步骤,清廷下令于 1885 年 10 月设立海军衙门,统一管理全国的海军。在海军衙门的请求下,清廷一再督促各省和海关要优先完成每年 400 万两的海防协饷。此后,虽然各省的拖欠行为并未绝迹,但拖欠变得越发困难。清政府通过为期三年(1885—1887)的出售官位项目("海防捐输")筹集到一笔 450 万两的收入,第二轮(1890—1894)又筹集了四五百万两。清廷还要求户部从对鸦片贸易征收的厘金收入中调拨 100 余万两用于海防（樊百川 2003：1139—1143）。1885 年到 1894 年的 10 年里，清政府用于海防的经费总计 4124.8 万两（同上：1171），年均 400 余万两，仅北洋舰队就收到 2318 万两，超过清政府海防总经费的 56%（同上：1228）。与此前十年（1875—1884）北洋水师年均不足 100 万两（同上：1103）相比，这十年它获得的资金翻了两番多。这要归功于清政府对海防的空前重视，更归功于这十年间清政府本身的财政状况的改善。

海防为何失败

尽管清政府在 1875 年到 1894 年的 20 年时间里倾注巨资于海防，总计投入约 6900 万两（1875—1884 年为 2800 万两，1885—1894 年为 4100 万两，见樊百川 2003：1173，1033—1034，1171），清政府还是未能实现最初的目标，即抵御日本的威胁，保卫中国疆土。因 1874 年日本入侵台湾而引起的对抗，最后以 1894 年中日战争中北洋水师覆灭和割让台湾给日本而告终。

为了弄清这个结局，让我们首先看看 1885—1894 年海防经费是如何使用的。很遗憾，对北洋水师的加倍投入并未带来其战斗力的显著提升。确有部分资金被用来购置新的战舰。1875—1884 年添置新战舰的资金共 444 万两，超出北洋水师总支出的 34%（包括购置两艘铁甲舰的费用，1894 年它们仍然是最重要的战舰），但是 1885—1894 年间，这项费用仅 280 万两，占这一时期北洋水师总支出的 12%（主要用于购置 4 艘巡洋舰和 1 艘鱼雷艇）。同样，这些资金还被用于进口武器。1875—1884年进口武器花费270万两,占同期北洋水师总支出的21%,但是在接下来的10年里,仅花费218万两,占同期总支出的9.4%。另一方面,1885—1894年,北洋舰队向中外雇员发放的薪水将近900万两,超过总支出的37%,而此前的10年,这项支出仅为200万两,占总支出的15%(樊百川2003:1227—1228)。相较于第一个10年的水师人事经费仅占船只和武器购置费的28%,第二个10年的前项经费是后项的1.78倍。很明显,这支水师本该把更多的钱用于提高战斗力而非人事方面。

应当指出的是,海军衙门对海防经费实行统一管理,因而也就有可能增加对北洋舰队的资金投入,然而此举也打击了东南沿海省份发展自己海军的积极性。这不仅因为海军衙门允许北洋水师以协同演练为由,使用甚至征用东南各省的船只,还因为它把对东南各省水师的资金投入降低到最小程度。例如,1885—1894年南洋水师拨款仅为650万两。后来事实证明,设立海军衙门的另一个动机,是便利清廷从各省上解的款项中抽取一部分用于自身项目,最臭名昭著的是清廷挪用海防经费重建颐和园。据估计,通过这种方式,清廷共获得了1400万—1600万两,这些钱本来足够建成南洋舰队(樊百川2003:1146—1157)。实际上,正是由于清廷挪用海防经费用于自身奢侈性消费,才导致南洋水师和福建、广东水师建设延缓甚至停滞下来。原先提出的组建三大正规水师来巡防黄海、东海和南海的宏大规划从未实现。

那么,北洋水师作为唯一建制完备的舰队,究竟在多大程度上能满足中国的海防需求呢?李鸿章和其他海防倡导者都很清楚,北洋水师的首要目标是应对日本的威胁。确实,自从日本1874年侵略台湾和1879年强占琉球时一再炫耀其铁甲舰之后,中日之间的军备竞争,几乎成了争相购买铁甲舰的比赛。对李鸿章和沈葆桢这两位分别负责组建北洋和南洋水师的钦差大臣来说,拥有吨位最大、最好装备的铁甲舰,是在竞赛中胜出、在中国近海扫除日本威胁的唯一出路。1880年和1881年购买的“定远”和“镇远”两艘巨舰(吨位均在7000吨以上),部分地实现了他们的目标,它们都是当时东亚最大和最先进的战舰。到1888年北洋海军全部建成时,它是远东最大、最先进的舰队,在吨位和战力方面远胜日本舰队(樊百川2003:1113。关于1875—1894年中日两国海军的完整比较,见前揭书:1175—1176)。因此,李鸿章有理由自信,“就渤海门户而论,已有深固不可摇之势”(*YWYD*,3:146)。1891年北洋水师访问日本几个城市,成为他期盼已久的炫耀中国海军实力的一次机会。

不幸的是,自1888年建成后,由于高昂的人事经费,也由于清廷挪用海防资金用于自身消遣,北洋水师便停止采购新的军舰和升级其武器系统。结果,一直到1894年,该舰队仅添购由福州船政局制造的三艘舰船(樊百川2003:1095—1096)。另一方面,受前来访问的中国舰队的刺激,日本政府决心在海军装备上超越中国,大力追加对海军的投资,从1880年晚期每年约500万日元,增加到1891年的1000万日元,此后数年为数更多,大约占每年日本支出的十分之一,由此迅速缩小了同中国舰队的差距。这样,到中日战争爆发时,从舰只数量、总吨位和战斗力来看,两国海军旗鼓相当。但总体来看,日本的军舰由于很多是1890年代早期新建的,其速度快于中国舰只。李鸿章意识到中国军舰慢于日本军舰的危险,在中日战争前夕曾说:“日本蕞尔小国,犹能节省经费,岁添巨舰,中国自十四年(1888)北洋海军开办以后,迄今未添一船,仅能就现有二十余艘勤加训练,窃虑后难为继。”(*LHZ*,15:335)战争爆发不久,李鸿章请求拨款200万两购买新的巡洋舰,但为时已晚。当战争结束时,李鸿章哀叹:“使海军经费按年如数拨给,不过十年,北洋海军船炮甲地球矣,何致大败?此次之败,我不任咎也。”(萧一山1969,3:942)

当然,清廷投入不足,并非甲午战败的唯一原因。正如朝廷所责备的,北洋水师失败的更重要原因是军官指挥不力、战场表现糟糕,以及战前缺乏充分而恰当的训练(樊百川2003:1114—1128)。然而,面对日本海军的迅速扩张,清廷未能持续提高海军预算,随之导致北洋水师战斗力陷于停滞,这些不能不影响到李鸿章的应敌策略,也影响到海战时指挥官的士气。李鸿章根本没有信心,在整场战争中一直要求自己的水师坚持防守战略,目标是避战和保存实力。政府投入不足,无疑是海防失败的直接原因。相较于1875—1877年清政府曾为塞防共投入4200万两,年均1400万两,1885—1894年10年间北洋水师的经费约2300万两,年均229万两,仅为塞防年度投入的六分之一。而中央投入不足,又是因为1850年代以后,各省督抚控制了地方上大部分的财政收入,尤其是其中隐性的部分;这种地方化的财政收入产生和管理机制,使得中央的财政增收能力受到严重限制,只能依靠固定数额的京饷和摊派(详见上一章)。因此,对于晚清政权来说,财政体制的地方化实际上是一柄双刃剑,既可以调动地方的积极性和紧急情况下的资源动员能力,从而能够克服重大危机,同时又制约了自身的财政能力,不利于国家长期战略目标的实现。

需要指出的是,海防支出实际上仅占清政府全部军事支出的一小部分。清政府年度预算(3600 万两!)的大部分被花在过时而无用的军事力量上(每年 1800 万两用于八旗和绿营,另有 1800 万用于勇营)(史志宏、徐毅 2008:227)。因此,清政府之所以在海防上如此吝啬,并非完全因为它缺乏财力,而是因为它缺乏加大北洋水师和其他舰队投入力度的决心,而这又可进一步归咎于清廷对地缘政治形势的认知,这才是甲午战败的最根本原因。对于 1880 年代和 1890 年代早期的清廷决策者来说,日本的威胁仅仅是潜在的,不像 1870 年代早期浩罕势力占据新疆那样紧迫,后者对清廷的地缘政治利益构成了真实而直接的威胁。这在 1888 年后的几年更为真切。那时"同光中兴"似乎已经修成正果:清政府成功镇压了国内叛乱,与列强保持了和好关系,财政收入大增,并享有大量盈余,对防务进行了现代化改造,北洋水师也已经建成,其规模远胜日本舰队。这些真实而令人印象深刻的进展,使清朝的精英们产生了幻觉,即数十年来被列强羞辱的历史结束了,中国重新成为支配东亚的现代化国家。中国仅需遵守它同西方列强签订的协议,今后就可以避免出现麻烦。而日本虽曾以其现代化的舰队在中国沿海制造麻烦,但它的舰队规模尚小,不足以构成眼前的威胁。梁启超在 1901 年写《中国积弱溯源论》时,一针见血地指出了中法战争之后清朝精英中一度流行的"虚骄之气":"自越南谅山之役,以主待客,小获胜仗,于是彼等铺张扬厉之,以为中国兵力,足挫欧洲强国而有余矣。坐是虚骄之气,日盛一日,朝野上下,莫不皆然,如井底蛙,如辽东豕,如夜郎之不知汉大,如匈奴之自谓天骄,遂复歌

舞湖山,粉饰藻火。”(*LQC*,2:275)

因此,尽管中国在两次鸦片战争中屡败于西方,统治精英们依然把中国定义为一个以自己为中心的独立的政治和文化体系。他们并未认清现实,即中国已经进入了一个全新时代,仅仅是列国中的普通一员,必须不断升级自己的军力,改良各方面的制度,才能在国际竞争中生存。他们对支撑清朝国家和整个社会的基本制度的有效性和正当性信心满满。因此,他们治国的理想目标是通过重建在动荡岁月里遭到侵蚀的体制,来维系现状,或者通过学习西方的先进技术来强化和保护那些历史悠久的体制。一旦他们在内政、外交方面达到了恢复和维系现状的目标,便失去了继续改善和优化现有制度的动力,更谈不上动员整个国家与他国展开竞争。清朝统治精英的这种精神状态,说明了为什么清廷在 1880 年代和 1890 年代早期,暂时达到国内稳定和地缘政治安全的目标后,便不再增加海防投入。直到 1894 年清政府在中日战争中惨败,丢失了台湾,支付了巨额战争赔款,清朝的统治精英才最终从“中兴”的幻觉中清醒过来。这次战败使清政府失去东亚宗主国的身份,开启了向近代主权国家蜕变的进程。

藩篱之失却

像之前的朝代一样,清朝迁都北京之后即与周边各国结成了朝贡关系。在这种体制中,清廷是各国的宗主。作为国内政治秩序的延伸,清廷和属国之间的关系被设计成一种君臣关系。属国遣使叩访清廷,向清朝皇帝行“三跪九叩”大礼,以彰显中国的天朝上国地位。朝贡制度的初衷和最重要意图是借此证明中国是世界的中心，中国的皇帝乃天下“共主”，这样反过来会确认和强化国内政治秩序，尤其确认皇帝统治中国的合法性。

朝贡体制的第二个意图，是把属国当作“藩篱”，以保障中国的安全。中国古老的地缘政治思维把安全界定为三个层次，最外层是“四夷”，然后是边疆，最后是内地（有所谓“天子有道，守在四夷”）。清朝周边地缘战略的具体表述是：“以琉球守东南，以高丽守东北，以蒙古守西北，以越南守西南。”（转引自孙宏年 2011：20）无论对清朝还是周围藩属来说，西方的主权观念都是模糊不清的。它们有习惯的边界来分割各自的疆域和治权。各藩属国视清廷为自己在国内统治正当性的最高源泉。如果属国表现得足够顺服和敬畏，清廷甚至会把双方有争议的领土赐给该国以示自己的慷慨（孙宏年 2006：24）。

不幸的是，当西方列强来到远东扩展其商业和殖民利益的时候，尤其是当日本迅速提升其军力并挑战东亚现存地缘政治之际，清朝的属国首当其冲地成为列强侵略和殖民的对象。因为负有保护藩属的义务，但主要出于自身安全的考虑，清廷不可避免地卷入同列强的冲突。而它的失败，则不仅导致朝贡体系的终结（清廷在与列强签订的条约中，多承认其属国的独立），还导致清王朝身陷前所未有的灾难之中。视各藩属战略重要性之不同，清廷保护它们的程度和方式也不同。琉球①是第一个丢失的属国。琉球于明初成为中国的藩属,但在17世纪早期由日本的萨摩藩实际控制。1879年日本明治政府正式把琉球群岛改为冲绳县。清廷对此进行干涉,试图恢复琉球与中国的传统关系,但很快便放弃,用李鸿章的话说:“琉球以黑子弹丸之地,孤悬海外,远于中国,而迩于日本。”(转引自王芸生1979,1:155)闽浙总督何憬、福建巡抚丁日昌也称:琉球“本非兵塞扼要之地,无捍御边陲之益,有邻邦酿衅之忧”(同上:151)。

越南对自己的属国地位则举棋不定。自19世纪早期以来,尤其在见证了中国屡败于欧洲列强之后,其统治者即不愿承认清朝的宗主地位,欲获得外交事务的完全自主,因此在1862年割让南方三省给法国时,根本就没有知会清廷,甚至想终止与中国的朝贡关系,转而寻求法国的保护。另一方面,只要法国对越南的蚕食未对中国的安全构成直接威胁,清廷也冷眼旁观。然而,当1880年代早期法国威胁入侵越南北方时,越南朝廷便以传统的朝贡关系为由寻求中国的保护。清朝统治精英们对此反应不一。直隶总督李鸿章坚持不干涉立场,因为中国没有必要为一个不忠诚的邻国去冒险与欧洲强国打仗,况且中国海军尚未为一场可能的海战做好准备。然而,由于刚刚赢得了西征,加上经历了20多年的军事近代化,主张“保藩固圉”的一派胜出,认为如果让法国完全控制了越

① 根据汉语发音,Liuqiu在19世纪晚期的英语文献中被拼写为Loo-choo或者Lew Chew,20世纪上半叶常被拼成Liuchiu。二战后的1950年12月,美国成立“琉球群岛管理局”,此后,它的英语拼写才根据日语发音变成Ryukyu。为尊重历史事实,凡涉及1950年以前的琉球,本书均用Liuchiu作为其英文名。

南，就有可能对中国南疆构成威胁（郑汕、郑友来 1993）。清朝赢得了边境战役的决定性胜利，但法国舰队对福建的舰队和船厂进行了致命袭击，前已述及。清政府虽不用向法国赔款，但这场战争使其耗费了 2000 万到 3000 万两。中国承认法国对安南和北圻的保护权，从此越南不再构成中国的一道屏障。

卷入朝鲜危机和随后的 1894 年中日战争更让中国耗费浩繁。清朝的决策者们一致认为，朝鲜对中国的安全极其重要：它紧邻满洲，靠近京师，与中国的关系有如唇齿相依。因此，清朝在允许朝鲜自主管理国内事务的同时，承诺保护这个最为忠顺的属国，该国比任何其他属国更频繁地向北京遣使。当 1882 年发生兵变以及 1894 年民乱横扫全境时，清政府均出兵干预，镇压叛乱，并在朝鲜制定国内外大政方针方面扮演了关键角色，从而在 1880 年代和 1890 年早期的危机年代，把自己由平日的宗主国变成朝鲜王朝的实际主宰，这样就不可避免地与觊觎朝鲜半岛已久的日本发生冲突。1894 的中日战争对清朝而言是灾难性的：它不仅失去了朝鲜这个最重要的属国，而且把台湾割让给日本，并赔款 2.5 亿两，这比清廷过去 20 年海防总投入的 3 倍还要多。

尽管如此，晚清政府还是大体保住了自 18 世纪中叶以来的疆域格局，这可部分归功于满人统治者同西藏、蒙古和其他边疆精英的历史的、文化的和宗教上的联系，部分归功于晚清军事和财政力量的恢复，使其西北塞防取得成功，并且在海防方面取得进展，尽管甲午战争的失败使海防计划遭到重大挫折。还值得一提的是，在其统治的最后十年，清政府采取一系列措施，力图将边疆地区行省化。新政的举措之一，便是鼓励汉人移民边疆，允许他们与非汉人通婚;1907年,满洲改制,三个将军辖区改建行省,此前已经分别于1884年和1885年在新疆和台湾设省。在清朝覆亡前夕,内蒙古设省的计划也接近成形,并最终在1914年得以落实。清政府还曾郑重考虑在西藏和外蒙古建省,使其完全纳入清王朝中央集权的行政体制(江丙明 1990:58—60;孙宏年 2009;李勇军 2011)。

综上所述,清朝国家在19世纪晚期经历了三大变化。其一是地缘政治战略的重新定向,即为因应欧洲列强和日本的威胁,将其战略优先目标,由传统的防卫西北边疆转变为兼顾东部和东南沿海防卫,甚至以海防为主。其二是财政—军事构造的转型,即从中央集权的旧体制转向各省督抚日益自主的新体制,进而重塑汉人官僚与清廷中枢的关系,使他们对朝廷的忠诚变得越来越具有条件性。这两大趋势加在一起,使清朝国家越来越"内地化"或"中国化",而原先的"亚洲内陆"特征则日渐模糊。其三是清朝国家从过去相对于周边藩属国的宗主国逐渐向近代主权国家转变。在甲午战争失败,从而失去了对朝鲜的宗主权之后,清朝的朝贡体系基本终结。清朝不得不按国际法准则与周边各国平等相处,也不得不接受与相邻国家之间的边界,而这些边界在很多情况下是由外国列强通过双边条约强加给中国的。

第六章　迈向现代民族国家：清末新政时期的国家重建

中国在1894年后遭遇了前所未有的地缘政治危机和财政危机。甲午战争中的惨败导致清廷割让台湾给日本，失去了最重要的属国朝鲜，并由此引发了外国列强在华抢占"势力范围"的狂潮；中国作为崛起中的东亚现代化国家的形象自此一去不复返。不过，对清政府而言，最沉重的负担莫过于对日本的战争赔偿，总额2.315亿两的赔款，居然是政府此前十年北洋水师总花费的十倍之巨。六年后，席卷华北的义和团运动进一步导致了八国联军侵占北京，以及清政府向列强赔款9.82亿两（包括本金和年息4厘的利息）。[①] 所有这些灾难均从财政上和政治上极大地削弱了晚清国家。在《辛丑条约》签订仅仅十年后的1911年，清朝寿终正寝；因此我们也不难理解，为什么涉及清末十年的著述总是倾向于将

① 事实上，中国在1902—1938年总共赔款6.52亿两（王年咏 1994：177）。

1900年后发生的事情解读为一系列的失败,认为正是这些失败最终导致了清朝的覆灭。

然而,事实证明,义和团之后的十年却是中国向现代国家转变的最关键时期。尽管背负着战争赔款的沉重负担,清政府依然启动了大胆的新政计划,展开涉及国家基本制度的全面变革,内容涵盖国防、治安、教育、司法、财政、经济规划等各方面,所有这些变革都需要中央和地方政府庞大的经费支持,以及私人机构大量的资金投入。正因如此,在此十年间,清政府的政治、经济、法律和教育制度的变革一直在稳步推进,为中国在整个20世纪的进一步发展奠定了基础。

更令人不可思议的是,尽管清王朝崩溃了,但中国的多族群疆域却基本保持完整,并一直延续到民国时期。在清朝覆灭前后,中国面临着三种可能的发展趋势。最糟糕的当然是外国列强瓜分中国,然后在四分五裂的土地上建立殖民政府以取代清廷,这种可能性在1900—1901年八国联军占领北京、华北以及东北部分地区时确实存在。比此一趋势危害略小的是满人、蒙古人、藏人、维吾尔人以及其他穆斯林聚居区从中国本土分离出去,中国由清朝统治下的多族群国家变回到由最初的内地十八省组成的汉人国家,这确实是辛亥易帜前夕一些反满革命者的目标。第三种可能的发展趋势是中国继续作为多族群国家存在下去。在大部分汉人精英看来,这似乎是破坏性最小,也最符合中国利益的一种选择。事实上,在清朝覆灭后,中国获得了最好的结局;它在帝国主义的侵略中存活下来,并保持住领土完整和多族群政治共同体的架构。1911年清朝的终结仅仅反映了清廷重建自身和更新上层架构的失败，不应由此掩盖它在此前十年间在改造基础性国家制度方面取得的实质性突破。

财政构造中的高度非均衡机制

新政之财政支援

1901 年，《辛丑条约》签订后不久，清廷便接二连三地颁布了一系列诏令和法规，以推广新政，包括：

（1）编练一支受中央控制的“新军”，以取代八旗、绿营等传统正规军和各种非正规的地方军队。新军计划编练 36 镇，每镇 12 500人；与编练新军相关的另一项任务是建立巡警，1902 年巡警首先在直隶核心城市进行试点，不久之后推广到全国各地；

（2）改革政府体制，包括 1909 年在各省设立谘议局，1910 年在中央设立资政院；调整中央政府部门，由传统六部变为十一部；更为重要的是，1908 年宣布“预备立宪”，以九年为期。所有这些均预示着清朝为了适应新形势的需要，从传统的王朝国家向近代国家转型；

（3）财政金融体系的现代化，此项改革始于 1904 年中央银行（即户部银行）的成立（1911 年更名为中国银行）。1910 年清政府致力于货币的标准化，次年引入政府财政预决算制度；

（4）颁布一系列法令，尤其是 1904 年的《公司律》，并在城镇普遍设立商会，借此鼓励和保护私人投资工商业和铁路建设；

（5）兴办各级新式学堂，讲授新知，取代只注重死记硬背儒家

经典的私塾教育。这项改革自1902年清政府颁布法令实施新学制开始,至1905年废除科举制度时达到顶点;

(6)改革法律体系,包括颁布民律、刑事及民事诉讼法,尤其是废除传统酷刑,在借鉴西方制度的基础上,以新的刑律取而代之。此外,改革还涉及陪审员、律师和监狱制度。

上述改革方案规模宏大而又详细全面,远远超出了1898年百日维新时期的变法范围,可谓实现整个国家现代化的一揽子计划。尽管清政府在宪政改革上犹豫不决,辛亥易帜更进一步打断了改革进程,但新政计划却在以下方面取得了成功:构建了现代司法制度的基本框架,确立了现代教育制度的雏形,设立了现代军事机构,以及在地方层面成立了立法和自治机关。所有这些举措均在清朝垮台后以不同形式继续推进,并对整个20世纪的中国现代化进程产生了深远影响。

在所有新政计划中,开销最大的当属编练新军,需由中央政府承担。按计划编练36镇新军以及附属部队,需要总额多达1.2亿两的年度预算,换言之,编练每镇新军大约需要300万两(邓绍辉1998:211)。与中央政府比较起来,地方政府实施新政的负担更加沉重。据估算,每省需花费200万—300万两用于维持地方警力,100万两用于建立新的司法制度,此外还得花费100万两建立学堂体系。九个省份有关预备立宪的具体方案显示,它们在1910—1916年间的教育、司法、警察、自治和工业发展方面的总预算将达到4.1867亿两(周育民2000:399—400);如果其他九省的预算也大致如此,那么全国在这几年的新政总花费将达到8.37亿两。

考虑到清政府在《辛丑条约》签订后所承受的沉重赔款负担,

新政计划看起来似乎是不可能实现的任务,因为其总开销将会是支付给八国战争赔款本金的数倍。尽管如此,上述各项新政措施在义和团之后十年间稳步推进。袁世凯于1901年继李鸿章之后担任直隶总督和北洋大臣,在其统帅下新军六镇于1904年率先练成,分别驻扎在京畿周边,是各省新军中人数最多(超过7万人)、装备最好的。到清政府垮台时,总共练成14镇新军和18混成协,共约168 100人(邓绍辉 1998:213)。教育改革也富有成果。新式学堂1903年时只有769所,1904年增长至4476所,1905年增长至8277所,1906年达到23 862所,1909年增长至59 117所;学堂入学人数1902年时只有6912人,1909年增长至160万人(桑兵 2007:147)。同样让人印象深刻的是,1904年《公司律》的颁布和商会的广泛建立,推动了工业发展。此前的九年间(1895—1903),平均每年成立的企业不足23家,年均投资总额仅为414万两,相形之下,在1904年至1911年的八年间,年均新增公司74家以上,投资总额年均达1600万银元。在1902至1911年的十年间,新投入中国工业企业中的资本总额超过1.38亿银元。此外,1905至1911年国内投资者还筹集8760万银元用于修建铁路(汪敬虞 2000:79)。总之,教育、司法、金融、警察和军事领域的进步均推动了国家基础性制度设施的重建,尽管它们对国家转型的影响力不及上层建筑尤其是最高层面的政府体制变革。

新政的全面展开导致政府的财政支出在义和团之后的十年间逐年飞涨。1894年中日战争前,其财政支出大约是每年8000万两,1903年增长到近1.35亿两,1908年为2.37亿两,1909年为2.70亿两。在其垮台的1911年,清政府的年度财政支出达到了3.38亿两,超过1894年支出的4倍(见表6)。1911年的政府预算显示,其开支主要用于军队和警察(27.16%)、战争赔款(16.79%)、交通运输(15.36%)和行政管理(8.48%);其他的预算开支则包括金融(5.82%)、司法(2.15%)、民政(1.43%)、教育(0.83%)、工业(0.52%)以及外交、海关、建筑、公债和边防等方面(*QCXW*:8245)。

紧随清政府财政支出急剧上涨而来的,是财政收入的增长:1894年其财政收入只有8100万两,1903年增至近1.05亿两,1908年达到2.35亿两,1911年更达2.97亿两。在政府财政收入的主要来源中,田赋1903年增长到3700多万两,1911年达4800万两,而在1894年前的十年间,每年仅征收3200万至3300万两。尽管如此,田赋在政府财政收入中的重要性却在下降,1849年时其收入占政府全部岁入的88%,1894年降至40%,1911年仅占16%(见表5)。尽管在战乱期间或战后恢复期,地方官员往往会强迫纳税人缴纳附加税,征税人员在将铜钱折算为银元时也会上下其手,但清政府始终坚持轻徭薄赋的古训,并未提高田赋本身的官方税率,来自田赋的官方财政收入在1900年前并无大幅增加(自18世纪晚期一直在3000万两上下浮动)。田赋在清末数年的增长,起因于地方财政收入的制度化(详见下文)。事实上,由于白银价格在晚清六十年间长期下跌,导致农作物价格上涨了两倍之多,所以,清政府从田赋中获得的实际收入,或者更确切地说,其田赋收入的实际购买力远不如前(许道夫1983:89—90;王玉茹2007:36,43—46)。换言之,尽管晚清时期的田赋有各种附加,土地所有者的实际赋税负担的增长并不像田赋征收银额所显示的那么多。

清政府主要是通过下面两种间接的办法增加财政收入,而不是直接对土地所有者提高税率。一是清查和整顿各省的税务征收和管理制度,将田赋和厘金征收中瞒报、少报的税收,变为国家正项税收,纳入国家统一的预算分配。正如第四章所述,省级及以下政府未上报的非正规税收,可能达到正式上报收入的40%。因此,1908年以后,政府财政收入中新增的收入大多属于清末最后四年清查地方财政的结果(*QCXW*:8249)。

清政府在增加财政收入方面,比整顿旧税更重要的是日益依赖非传统的商业税源。其中一大来源是外债和国债。中央和地方政府均频繁举债,以弥补缺额。例如,1900—1911年,清政府总共举借外债3.4亿两(这是战争赔款之外的债务),而这些外债主要是用于铁路建设(76.86%)(徐义生 1962:90)。不过,清末财政收入最重要的来源还是商业税,主要为盐税、厘金和海关税,这几项在1894年总共征收了3162多万两(占清政府岁入的39%),1911年达1.3164亿两(占岁入的44%)。在这三种商业税中,海关税数额最大且稳步增长,1871年征收1100万两,1890年增至1671万两,1903年增至3150万两,1911年达4200多万两。这些数据表明了国内进口商品市场的扩大以及国内经济整体规模的膨胀。其次是厘金,1908年以前年征收1300万至1700万两。排在第三位的是盐税,在19世纪的大部分时间里,年征600万至700万两,到1900年时,飙升1300万两,而到清政府覆亡前,已成为数额最高的商业税种,高达4600万两,这一结果得益于政府对食盐的产销进行统一管理。

因此,清政府的财政收入结构在其最后几十年间发生了革命性的转型,即从原先主要依赖于农业收入(田赋),并且很大程度上静态、固化的传统模式,转变为主要依赖商业税(工商税、外债和国债收入),富有弹性并不断扩张的新模式;就其财政结构而言,晚清中国已经跟1850年代以前的旧王朝有根本的不同,而更加接近世界其他地区的现代民族国家。

高度非均衡机制之滥觞

正如前几章所示,在光绪朝最初二十年里,清政府的财政收入快速增长,并且在其财政构造中重建了低度均衡机制,使财政收入略高于支出。1894年之后,尤其在清末十年,政府的财政收入继续以较快的速度增长;至1911年,其全部财政收入(2.97亿两)已经达到1894年财政收入(8100万两)的3倍,即每年增长7.94%。不过,清政府的财政支出却以更快的速度增长,1894年支出8000万两,1911年增至近3.39亿两,每年以12%以上的速度增长!财政收入与支出的不均衡导致缺额日益扩大,从1899年尚结余近676万两(占政府财政收入的6.24%),到1903年亏空达3000万两,1911年更达4100多万两(占政府财政收入的14%)(见表6)。

1894年之前与之后相比,政府财政状况最根本的不同,在于其财政结构变革背后的动力。光绪朝最初二十年间,政府财政收入的增加主要源于海关税的快速增长;由于没有战争赔款,国家能够将新增加的财政收入用于军事现代化的各项工程。换句话说,正是政府财政收入的增加,才使财政支出的增加成为可能。相形之下,1894年之后,情况恰恰相反,是政府财政支出的急剧增长,驱使政府扩大收入来源,而这时政府的开支主要用于战争赔款、编练新军和其他新政计划上；财政收入的扩大远远滞后于支出的增长，结果造成财政结构失衡。这种失衡状态，过去曾在战时发生，起初出现在1670年代，后在太平天国期间再度出现，不过在清朝自1680年代以来漫长的财政史上，这种失衡状态属于非正常现象。但是，1900年之后的十年间，它却成了清朝财政构造的常态。

非均衡机制的再现和常态化，是否如1911年清王朝覆灭看起来所暗示的那样，意味着政府的财政制度处于危机之中，并且威胁到了清廷的统治？清政府通过税收和其他创收手段从社会上抽取资源的做法是否过度，以至于损害到了其统治的合法性？为了对此做出判断，我们必须考虑两方面的因素。第一个因素是19世纪后半叶以及20世纪初，国际市场上银价长期下跌。因为普通民众在日常交易中使用铜钱，而赋税征收和缴纳却使用白银，所以伴随着银价下跌而来的是铜钱与白银兑换率的提高。在清末七年（1894—1911），由于银贱钱贵，国内白银的购买力下降了40.35%（指数从81.97降至48.90，见王玉茹2007：272—273）。清政府1894年的财政收入为8100万两白银。1911年的财政收入为2.97亿两白银，不过，1911年财政收入的实际价值不并不像表面数字所显示的那样，是1894年财政收入的3.66倍，而仅仅是2.18倍。同样在这一时间段里，清政府实际收入的年增长率不是7.94%，而仅仅是4.69%。

另外一个因素是与可征税资源相关的清政府财政增收潜力。例如，根据中国海关总税务司赫德1899年的判断，中国至少有40亿亩耕地，而这些耕地有缴纳至少4亿两田赋的潜力（*ZGHG*：49），这一数字相当于1899年实际征收田赋的十倍以上。毫无疑问,赫德的判断是个大胆假设,因为中国可耕地的官方最高数字仅为7.92亿亩,晚至1952年可耕地实际数为12.25亿亩,1980年代可耕地实际数约为20亿亩(史志宏2011)。不过,即使我们把12亿亩视作晚清可耕地的实际数量,政府也只会多征收2490万两田赋,约占1911年实际征收田赋的52%。

我们还可以通过研究中国经济的规模来判断财政收入的增长潜力。历史学家为我们提供了晚清时期各阶段国民生产总值的不同数据:1800年为20亿两(刘瑞中1987),1888年为33亿两(Fairbank and Liu 1980b:2),1894年为42亿两,1903年为58亿两,1908年为69亿两(周志初2002:259)。如果这些数据可信的话,那么,清政府公布的税收总额占中国经济产值的比重,1800年仅为1.5%,1894年为1.92%,1903为1.81%,1908年为3.4%。如果我们进一步以69亿两作为1911年中国经济产值的保守估算,那么清政府从中抽取的税收仅占4.3%。然而,官方的财政收入记录却远低于地方政府和官员的实际征收税额。比如,梁启超相信,政府官员抽取的税费是上报至中央政府的官方公布数据的三至四倍,中国百姓的全部税收负担超过4亿两(*LQC*,6:597)。尽管政府财政收入快速增长,尽管地方官员瞒报、侵吞大量税银,晚清时期的赋税负担却并不像传统观点认为的那样过于沉重。即使我们认可梁启超的观点(4亿两),当时的赋税负担也仅占中国全部经济产值的5.79%。

然而,这一负担对不同经济领域的人口而言却有着不同的意义。对田主而言,田赋一直相对较轻,在清末最后几年,约占农业产值的 2%—4%。[①] 不过，对城市居民尤其是以小买卖为生的百姓而言，1894 年之后尤其新政时期快速增长的新税费确实高得离谱。清政府 1911 年的预算表明，各项杂税已经取代海关税，成为政府财政收入的最重要来源。1894 年前，杂税仅占全部财政收入的 12%—14%，相形之下，到了 1911 年，杂税占到了全部财政收入的 40%（见表 6）。难怪新政时期，尤其清末最后几年，卷入各地骚乱的主要是缴纳各种杂税的非农业人口，而不是交纳田赋的农民（见 Roxxan 1999）。但是，这些骚乱的地理范围较小，且多局限于当地，对清王朝而言并非致命伤，地方当局也不难加以处理。因此，我们无法仅仅用税收负担加重这一条原因，去解释为什么清王朝在新政改革达到顶点时突然垮台了。为了搞清楚事实真相，我们需要进一步研究新政计划，以及随之而来的高度非均衡机制如何影响清政府与地方当局的关系。

地方化集中主义的陷阱

财权之再集中

清末新政的中心议程之一是立宪。但是，不同背景的人对宪

---

① 1887 年官方的田赋收入为 3279 万两，但地方征税人私吞的税款和附加费，以及上缴给地方官府但未上报朝廷的部分，可能远远高于官方公布的数据，而同一年的农业产量为 22.3 亿两。到清朝结束时，由于此前三年实施财政清理措施，官方公布的田赋增长到 4800 多万两。尽管此时的农业产量与 1908 年相比并无多大变化，但土地所有者实际缴纳的税费和附加费总额却始终保持在 6000 万两至 7000 万两。

政怀着不同的目的。对具有改革意识的知识分子和都市工商业者中的宪政支持者而言,让政府按宪法行事是使其更能承担责任的最好办法,也是增强他们在决策中的话语权的最好办法。对地方官僚,尤其汉人官僚而言,实行宪政似乎是限制满人皇室权力的不错选择;那些毫无阅历而又反复无常的皇室亲贵,自1908年慈禧太后去世后便控制了朝廷。部分满人精英也同样欢迎宪政提案,以期借此进一步巩固手中的权力。因此,军机大臣铁良(1863—1939)在1906年"预备仿行立宪"宣布后明确表示,"立宪非中央集权不可,实行中央集权非剥夺督抚兵权财权、收揽于中央政府则不可"(转引自侯宜杰1993:79)。

清政府集中财权的举措之一是1908年决议清理整顿财政。为此,中央向各省派出两名监理官,负责监督各省新成立的财政清理局的运行,编写各省财政收支详细报告,尤其是其中长期瞒报中央的内容(苏全有2010)。各省督抚负责在限定时间内向中央上报其预算,以免受到降职和减俸一年的处分。与此同时,各省设立的所有非正规的财政机构必须撤销,布政使司必须彻底改革,或由新成立的财政局或财政公所取代。地方督抚禁止擅自举借外债和发行纸币(刘增合2014;邓绍辉1998:264—269)。清政府集中财权的另一项重大举措,是改革食盐产销管理制度。1909年满人贵族领班的督办盐政处成立,清政府希望借此打击贩运私盐、侵蚀盐课以及接受盐商贿赂等猖獗行为;在这一方面,清廷采取的最重要措施,是剥夺各省当局人事任命权和收入管理权,将盐务管理权置于中央直接控制之下。

这些措施带来了明显效果。上报中央的厘金总额大幅增加,正如度支部1911年的预算所示，20世纪早期每年厘金总额为1200万两至1300万两，1908年增长到2100万两，1911年增长至4300万两。更令人吃惊的是盐税的增长。1900年前后盐税约在1300万两，1911年增至4600多万两，超过厘金和海关税，成为仅次于田赋的政府财政收入第二大来源（见表6）。地方督抚从一开始便抵制中央的财政清查和整顿，拒绝按要求和盘托出瞒报的税收，不愿交出盐税管理权，反对将地方公益支出纳入行政开支。各省督抚对1910年的试办财政预算案尤为不满，因为这一预算案将大部分行政开支划拨给了中央各个部门，大大缩减了地方政府的预算费用（刘伟2003：376）。因此，1911年财政预算计划确定和公布后，他们视而不见。监理官们多抱怨，各省"用款糜滥仍复如前，预算之案置之不顾，节省之款鲜有所闻"（*DQXFL*，11：8）。简言之，财政清理计划虽然暴露了地方当局瞒报的税收，却未能彻底地将公共资金的实际管理和支出权从地方收归中央。

军权之再集中

对清廷而言，更具挑战性的任务是建立新军，集中军权。义和团运动后，清王朝尽管背负着巨额的赔款负担，仍决定编练新军，理由是保障京师安全，防止周边出现骚乱，毕竟那里的乱象刚刚平息。同时，编练新军也是为了保护内地各省安宁，免受满洲一触即发的日俄战争的冲击。1903年10月，作为改革的第一步，练兵处成立。清政府拟在练兵处的统一指挥下，编练36镇新军，总共45万人。朝廷与地方督抚之间不可避免地产生冲突，因为后者（尤其是南方各省疆吏,诸如湖广总督张之洞、两江总督魏光焘)抵制中央增加税收以编练新军的要求,并公开反对各军事单位的统一化和标准化,因为这将威胁到他们对地方武力的控制。在与中央争夺军权的博弈中,地方大员们纷纷败下阵来。与他们形成鲜明对比的是直隶总督、北洋大臣袁世凯,在各省官员中脱颖而出,成为其中最大的赢家。袁世凯对慈禧太后忠心耿耿,曾在百日维新中扮演要角,导致光绪皇帝失败,所以慈禧太后对袁信任有加,任命他为练兵处会办大臣。外界普遍认为练兵处总理大臣庆亲王奕劻(1838—1917)对军务一无所知,所以袁世凯掌握了编练新军的实权。各省为编练新军上缴的大部分资金,均用在了袁世凯自己所编练的新军六镇上(计 7 万人)。新军六镇驻扎在直隶和山东要地,是清政府装备最先进、训练最好的一支部队。袁世凯从其下属中挑选、委派新军高级军官。因长期受惠于袁,这些军官对袁死心塌地,袁亦得以牢牢控制着新军六镇。

不过,袁世凯的影响力并不仅仅局限于军队;1906 年,他被委派到官制编制局,主导官制改革的规划。在所有的改革方案中,袁世凯对责任内阁的想法尤感兴趣,也支持正在进行中的立宪运动,以显示自己的开明形象。更为重要的是,立宪有助于保护自己在慈禧太后去世后免遭光绪皇帝的报复。但是,袁世凯在军队中无与伦比的影响力,以及他毫不掩饰的政治野心,也引起了慈禧太后的戒心。因此,1907 年 9 月袁世凯由直隶总督调任军机大臣,实际上是中央政府阳崇其位,阴夺其权。

1908 年 11 月慈禧太后去世,不管对袁世凯的政治生涯,还是对清廷本身而言,都是一个转折点。当慈禧太后还健在的时候,她还能起到纽带作用,把朝廷与资深的汉人官僚连结在一起;慈禧太后在听政的几十年间,将军国大事均交托给汉人官僚,靠他们做出重要决策,帮助清廷度过了一场场危机,而汉人官僚也因受到适当的对待和尊重而对清廷忠心耿耿。少数满人精英如荣禄、端方等人,也与汉人官僚保持着密切联系,并在满汉之间进行斡旋调停,这也有助于维持朝廷与汉人官僚之间的连结。不幸的是,在慈禧太后去世前后,那些有阅历、可信赖的汉人疆吏也先后谢世,其中最杰出的李鸿章死于 1901 年,刘坤一死于 1902 年,王文韶死于 1908 年,张之洞死于 1909 年。结果,1908 年之后,控制朝廷的新一代清朝皇室跟各省及中央的汉人官僚均乏私交,只好将自己孤立在了满人圈子里。他们在管理国家事务上缺乏经验,又不愿轻信汉人官僚。事实上,他们在同汉人官僚尤其是其中的强势人物相处时,始终缺乏安全感。新崛起的汉人官僚如袁世凯者,显得自信满满、积极进取,不像老一代汉员那样谨言慎行。因此,面对各种政治改革建议,皇室亲贵想当然地视之为限制满人特权、提升汉人权力的举措。满汉之间的隔阂,过去曾经是精英们的公共话语中的一大禁忌,现在却主导了皇族亲贵的自我意识。不出所料,皇室为了增强自身的权力,在 1909 年 1 月以袁世凯患“足疾”需要休养为由,免除了他的职务。不过,袁世凯并未丧失对新军六镇的实际控制,因为他在新军中的旧部依然忠心耿耿。慈禧太后的去世以及随之而来的对袁世凯的放逐,仅仅是让袁世凯不再有义务继续支持清廷;对袁世凯及其追随者而言,1850 年代以来汉人官僚对清廷有条件的忠诚最终消失殆尽了。1911 年 10 月武昌首义爆发后,清廷再次委派袁世凯担任政府和军队的最重要职务,只不过增加了袁的筹码,使其能够在胁迫清帝退位的同时,为自己在民国政府中的地位和权力,与革命党人讨价还价。各省督抚本来就不满于清廷一再采取措施,限制其权力并抽取地方财源,因此,当辛亥革命席卷其所在省份时,当地并未发生过多的流血事件,他们也失去了继续效忠清廷的理由。

绅士精英

在 20 世纪最初十年间,绅士精英的构成以及他们与清政府的关系同样经历了明显的世代交替。在 1900 年之前,作为清朝统治基础的绅士阶层,主要由通过各级科举考试的秀才、举人和进士组成,也包括部分捐得功名的人。这些绅士都受过儒家思想的熏陶,是政府官员的主要来源。那些没有入朝为官或退休居乡的绅士,也成为地方上非正式的领导者,在政府与乡村之间起到居间调停的作用。因此,绅士阶层的政治和社会地位,跟政府所举办的科举考试及其对功名士子特权的认可直接相关。另一方面,朝廷也依靠绅士精英统治汉人百姓,把自身规模缩至最小程度,而不必扩大正规的官僚机构并向整个社会彻底渗透。

所有这些特征在 1905 年清廷废除科举、施行新政之后,均不复存在。废科举有其正当理由:只要科举考试依然存在,父母们就不愿意送孩子进入新式学堂接受教育,而学堂传授的知识却是推行新政所急需的。不过,废除科举也意味着切断了传统绅士阶层的产生渠道及其与国家的纽带。在废除科举后,学生们不得不接受新式教育。他们要么进入城市中纷纷出现的法政学堂或讲武堂,要么留学日本或他国接受高等教育。作为新式学堂或留学归来的毕业生,他们的社会地位以及在各领域从事的职业不再依赖于政府的认可,当然也不必再全心全意地效忠朝廷。其中越来越多的人由原先追求仕途,转而投身工商业尤其是现代企业(如铁路、交通运输或纺织业)的经营,成为所谓绅商,并作为改革精英,逐渐主导都市社会(Esherick 1976:66—105;Bergere 1986:37—62)。那些从国内外军事学堂毕业的学生后来成为新军的支柱。总之,这些新式精英开始走上舞台,主导了清末和民初的政治变革。

清末新政的一揽子计划中还包括地方自治,使得各城镇的绅商们有机会组织或加入商会。其中最活跃的人物还被选入地方议事机构。各县成立的议事会和董事会,作为地方自治机关,须在管理公共事务方面(尤其在决定附加税的种类、税率及新政费用上),同县衙门通力合作。此外,他们还领导着新建的学堂或其他自治机构,如劝学所、巡警署或清理财政处。省级谘议局和中央的资政院分别于1909年和1910年成立。它们有权提出政策性建议以及通过或否决政府预算案。所有这些新成立的机构,均为绅士精英们提供了渠道,使其在社会中的领导地位以及对政府的影响力变得正式。这些机构也不可避免地会与各级政府官员(知县、督抚以及中央各部大臣)发生冲突,尤其在其质疑官员们的预算案或征税方案,或者在其提案被官员们驳回时,关系更为紧张;这些议事机关的代表往往攻讦政府官员保成守旧,抵制改革,而政府官员则谴责议会干犯政府,桀骜不驯,所议计划毫无必要,纯属浪费公帑(参见Rankin 1986:202—299;刘伟 2003:186—187;H.Li 2005:196—197)。

尽管经常发生此类分歧,有时甚至势不两立,但各级议事机构与政府官员大多能通力合作,共同对付朝廷。从各省的层面上看,情况尤为如此。各省督抚经常在辖区内主动推进自治计划,且大多同情“收回利权”运动,地方绅商力图通过这些运动筹集资金,从外国投资者手中赎回采矿权和筑路权。督抚们对铁路建设尤感兴趣,认为这是促进地方经济发展和增加政府收入的有效途径。所以,他们会利用政府的影响力,或者通过对土地和货物征收特别捐税,帮助绅商们筹集资金。每当因修筑铁路发生购地纠纷需要政府调停时,地方官员一般都会站在铁路公司一边;一旦修建铁路遇到地方阻力,他们均会为铁路公司提供保护。1903—1907 年,由于“官民合力”,16 家铁路公司次第成立。时人将此一关系描述为“官用绅力,绅借官威”(*ZJTL*,2:1012)。因此,1909 年 4 月,当清廷企图通过与西方签订借款合同,控制华南和西南部两条主要铁路的修筑权时,相关各省的官员联合绅商发起了抵制运动。1911 年 5 月,清政府铁路“收归国有”的决定,更使绅商们群情激愤,联手对抗中央。督抚们在向中央呼吁失败后,或者在其财权、军权被大幅削减后,多请求辞官。所以,在武昌起义爆发和湖北军政府宣布独立时,各省督抚们的反应就不难理解了。他们要么宣布独立,要么持观望态度,或者一走了之,只有少数人继续效忠清廷。

合法性的三重危机

前两章以及本章的论述已经揭示,晚清国家的地方化集中主义,有其成功的一面。它在 19 世纪晚期地方疆吏在对朝廷仍保持忠诚,同时中央对地方不失终极控制权的条件下,能够充分调动地方资源,满足国家应付国内外各种危机的财政、军事需求,并且在20世纪初中央财力不足的情况下,依靠地方督抚的推动和筹资,使各项新政事业得以从中央到地方全面展开。如有必要,中央也能削减地方督抚的财政、军事上的自主性,重新强化自身的集权能力。但是,地方化集权主义机制的有效运作,有赖一个最根本的前提条件,即中央依然维持其合法性,地方精英依然对朝廷保持认同。不幸的是,新政期间,清廷在三个层面背弃了自己的执政传统,使得支撑它的社会政治力量出现了认同危机,随之而来的便是其统治合法性的丧失以及1911年的最终覆灭。首先,清廷背弃了"仁政"理念,而仁政作为儒家治国之道的核心,曾是非汉人统治下的清朝在汉人中确立合法性的法宝。对清廷具有同等杀伤力的是1890年代康有为、梁启超等人所倡导的新话语的出现,他们质疑王朝国家在被征服的土地上对多元民众实施普世统治的神圣性,要求在人民主权的基础上打造新的民族认同(Zarrow 2012)。对清朝更致命的伤害来自士绅精英们的离心离德。自唐朝以来,士绅一直是中国历史上皇权国家最重要的社会基础,然而在清末最后十年间,他们与清政府之间的纽带被切断。不过,清廷所遭受的最根本挑战却是来自各省的汉人官僚。自1850年代以来,各省督抚,尤其是其中的汉人,均在各自辖区内控制了大部分的财源和兵力,从而有条件地为清政府效力。他们对朝廷的忠顺取决于两个前提条件:(1)朝廷尊重他们的利益,尤其是他们对地方财源的控制,从而使其辖区内各项新政事业得以存活并蓬勃发展,而这些事业对督抚们维持自己的地位和社会网络至关重要;(2)清廷按照儒家的君臣关系准则妥善地对待他们。然而清末十年所发生的一切正好与这些前提背道而驰:(1)清廷力图剥夺督抚们的财权和军权,以再次集权于中央,结果侵犯了他们的利益;(2)在清末最后数年,满人亲贵所控制的朝廷与汉人官员间不再相互信任,随之而来的便是满汉鸿沟在思想意识和政治行动上进一步扩大。

正是这场前所未有的三重合法性危机,导致清朝在新政高潮时期突然崩溃。曾经带来同治和光绪时代国家"中兴"的地方化集中主义,此时适成导致清朝覆亡的最大陷阱;掌握地方财政军事资源的汉人精英,可以轻而易举地反叛朝廷,宣告独立。不过,清朝的覆灭并不等于19世纪和20世纪初中国国家重建的失败。尽管清廷对其官僚制度及军事、财政体制的改革失败了,重组后的国家机构也无法正常运作,但晚清在财政、军事现代化以及政府重构上所取得的一系列突破,开启了20世纪中国国家政权建设的漫长过程。更不可思议的是,清初统治者通过军事征服和各项巩固措施所奠定的疆域,并未因为清朝的覆灭而分崩离析;1912年以后的中华民国依然是一个多族群的国家,其疆域在民初与清朝相差无几。为什么会出现这样的情形?

缔造新的民族

满汉一体化

对参加辛亥首义的革命党人来说,把满人驱逐出中国本土,建立一个全新的汉人国家,其重要性并不下于建立共和国本身。因此,在革命之前及革命过程中,“驱除鞑虏,恢复中华”成为最能打动人心的口号。然而,清朝的覆灭并未导致革命党人所希冀的汉人国家的建立,亦未带来边疆从内地的分离。因此,我们需要解答为什么民国能够全盘承袭清朝的疆域。

对于 1949 年以后的中国主流历史学家来说,清朝与民国之间的疆域和行政的连续性是自然而然的,因为清朝已经是一个“统一的多民族的”王朝;以中华人民共和国的疆域来回溯和界定历史上的“中国”的地理范围也无可厚非。而辛亥革命以及随后民国的肇建,只不过是形成中的中国资产阶级反对专制王朝的一场革命(参见胡绳 1981)。反满宣传以及革命党人与清朝非汉人精英之间的紧张关系,在 1949 年前的民族主义历史书写中,曾经是革命叙事的中心内容,而在 1949 年后反帝反封建斗争的主题下,则变得无足轻重,晦暗不明。而在西方的近代中国作品中,1950 年代及 1960 年代对现代化与文化传统主题的关注,也导致学者们视晚清的满汉冲突为无关紧要。例如芮玛丽根据 1865 年清廷的一道诏令,即允许满人脱离旗籍,自谋营生,遇有讼案则满汉一体对待,得出结论:从此以后,“将满人与汉人隔开的最后一些限制大多已经不复存在”(Wright 1962:53),“自十八世纪以来一直在发展的满汉一体,到十九世纪中叶已经达到完全成熟的状态”(Wright 1968:21)。的确,到清朝最后十年,满人的汉化已经到了如此地步,正如时人所说,“满人全体尽操汉语,无复一人能操满语者”;“满人全体苟识字者,必惟识汉字而不识满字”(杨度 2009,1:273)。梁启超也说,满人入关后,经过两百余年的演化,“卒由政治上之征服者,变为文化上之被征服者。及其末叶,满洲人已无复能操满语者,其他习俗思想皆与汉人无异。不待辛亥革命,而此族之消亡,盖已久矣”(*LQC*:11:395)。清朝早期统治者鼓励满人精英使用满语的努力失败了。

晚近的历史研究对这一看法提出质疑。克劳丝蕾认为,满人的种族意识的产生,部分原因在于他们对太平天国期间汉人仇恨的回应,还有部分原因在于“朝廷所提倡的满人认同的理念,使得种族思想不仅可以接受,而且有其必要”(Crossley 1990:228)。满人、蒙古人以及其他非汉人群体的族群意识的“尖锐化”,加上汉人民族主义的激发,导致20世纪早期在满洲、蒙古、新疆和西藏出现分离主义运动(Crossley 2002:343)。路康乐也质疑芮玛丽的观点,指出1865年诏令并无实效。直到清末新政开始实施时,满汉分离的制度和做法依然存在着,满汉不平等在各方面依然明显:满汉之间禁止通婚;满人做官享有配额;旗人完全依赖政府津贴过着寄生生活,并且与汉人社会隔绝;满汉同罪而对汉人处罚更严;八旗仍然驻防全国各大城市监视汉人,而在国防方面的作用却大不如前(Rhoads 2000:35—63)。[①] 欧立德对晚清中国的族群关系的解读更为复杂。他强调清廷在维护满人的所谓“族群主权”方面的成功,即通过八旗制度确保旗人作为一支征服力量在职业、法律和居住上的特别安排,使其特权一直延续至20世纪初。不过他也并不否认那些曾经把满人与汉人区别开来的文化和语言特征,到19世纪大多已经消失殆尽。更为重要的是,他提醒人们不要把“大清”与中国或历史上的华夏划上等号,因为清帝国和现代中国国家的

---

① 自18世纪初开始,清政府一直默许辽东及其他地方的汉军旗人与普通汉人间的通婚,但严禁满蒙旗人与汉人通婚(定宜庄等2004:272—273)。

缔造之间存在种种矛盾现象;尽管如此,欧立德还是指出,清廷将其疆域的“内”(指中国本土)与“外”(指内亚边疆)融为一体的种种努力,与20世纪现代中国国家的重新界定,这两者之间存在一种历史的连结,从而产生一种悖论,即满人的数世纪的统治,虽然曾经是“如此的非汉人的”,却产生了一个疆域的和族群的遗产,有助于解释当今“统一的中国”的神话(Elliott 2001)。

无论作何解释,有一点是确凿无疑的,即在20世纪初期,满汉间的族群上和制度上的鸿沟继续影响着彼此间的相互认知,隔阂依然如故;越来越多的革命党人借助“排满”口号,发动汉人民众,以壮大自身实力,使得这道鸿沟进一步加深。从西方和日本传入的有关民权和民族主义的新思想,在中国社会尤其汉人精英中间日渐流行,也使满汉精英们都意识到了满汉鸿沟带来的危害以及其对清朝国家合法性的威胁。所以,湖广总督张之洞1901年指出,“化除满汉畛域”是庚子后国家的诸多政治议题中的“上上最要之义”,也是其渡过难关和消弭革命骚乱的关键举措(*ZWXG*,典牍54,175:14)。署两江总督端方也将满汉畛域看作是“中国新政莫大之障碍,为我朝前途莫大之危险”(*XHGM*,4:39)。因此,两位总督建议满汉一视同仁,取消满人特权,以此作为解决政府危机的最基本方案,以及成功实施新政改革的前提条件。

清廷采取了相应的行动。从1901年开始,中央新成立的四个部门(外务部、商部、巡警部、学部)不再采用满汉复职制。此后在1906年的“官制改革”中,这一做法又推广到了其他政府部门。与此同时,朝廷允许汉人官僚就职于曾经由满人垄断的职位,如将军(边疆地区的最高军政长官)和都统(八旗中各旗的最高军政长官)。1907 年,中央进一步将满洲划分为三个省,并设立一位总督、三位巡抚取代原先的将军,不管是满人还是汉人均可就职。事实上,清末九个总督有四个是汉人,两个是有汉族血统的旗人,仅三个是满人;14 个巡抚当中只有两人是满人(*QMLX*,1:559—665)。

清廷在缩小满汉普通百姓之间的差异上也采取了措施。早在 1902 年,朝廷即已废除满汉通婚的禁令。1908 年,清政府规定满汉同罪同罚。1909 年,刑律进一步规定涉及满人或汉人的案件均由同一机构审判(即独立于州县衙门的地方法庭)。更为重要的是,1906 年,政府允许旗人自营生业以及以个人名义购买不动产;次年,朝廷进一步诏令旗人由地方当局管理,并裁撤八旗士兵,给予十年钱粮,此后须自谋生路(迟云飞 2001)。

但是,上述消除满汉隔阂的措施收效有限。由于风俗不同,普通满汉居民间的通婚在接下来的几年里依然鲜少。如果清廷能够多延续几年,从而使这些新政有时间发挥作用,那么,在审判和民政管理上满汉一视同仁的举措,无疑将有助于满人或整个旗人集团融入汉人社会。但是,行政改革的进程因为 1908 年后朝廷内部的政局变化而受到遏制,并且因为 1911 年辛亥革命的爆发而中断。清政府将财权和军权集中到少数满人亲贵手中的做法,更加激起了汉人官僚对满洲贵族的怨恨,让胸怀宪政理想的绅商阶层离心离德,并为反清革命者发动民众提供了的完美借口。

因此,晚清满汉关系出现两种平行走势,彼此在相互竞争:一是满人融入汉人社会,汉人官僚在省级和中央层面日渐崛起;一是清廷试图维护满人精英的各项特权。总体而言,头一种趋势占了上风,使得满人精英和普通旗人日益依赖汉人,并导致新政时期满人有系统地融入了汉人社会中;满人精英试图维护乃至扩大其特权的努力,只是对满汉融合趋势之暂时的也是最后的抵抗,其结果是让清朝的统治失去合法性,并加速其覆灭。归根结底,满人数世纪以来的汉化,满人精英对汉人官僚的依赖,满人与汉人社会的密不可分,以及满洲与内地省份的一体化,所有这些均共同促成了满汉族群所共享的民族特性(shared nationhood)的成长。

除了打造民族共识,晚清政权所施行的一系列行政措施,也有效促进了各边疆地区与内地省份融为一体,并有助于抑制边疆精英层的离心倾向。措施之一便是清政府在19世纪颁布允许汉人移民满洲、内蒙古和新疆的政策,导致边疆与内地的经济文化纽带的增强,也促进了边疆地区的贸易和生产活动逐渐融入内地更为广阔的市场和经济体,而那些非汉人土地所有者对内地市场的依赖,反过来又有助于他们对清廷产生忠顺(参见Kim 2016)。措施之二是把各边疆地区融入内地行政体系。这一举措始于1884年新疆建省,于1907年达到高潮,即在满洲分设三省。结果,这些新省最重要的行政乃至军事职位大多落入汉人官僚之手,这在很大程度上说明了为什么在清朝垮台后这些边疆省份对新生的民国依然表示效忠。措施之三是清廷对藏传佛教的两手政策,即一方面庇护西藏和蒙古各地的喇嘛们,以赢得他们的忠心,另一方面又保留朝廷对转世手续的认可权,并在后藏地区提高班禅喇嘛的地位,在内蒙古提高章嘉呼图克图的地位,以此防止西藏的达赖喇嘛和蒙古的哲布尊丹巴呼图克图影响力过大。民国政权之所以能够再生并维持其对这两个边疆地区的主权声索,主要是借助于它对喇嘛教领袖们的尊号册封权。而班禅喇嘛和章嘉呼图克图对民国政权的忠诚经久不断,也支撑并强化了民国政府的主权声索。因此,在汉人与非汉人族群尚未建立民族共识的条件下,清朝的行政和宗教制度遗产,比其他所有因素,都更有助于中国疆土在清朝与民国之间保持其完整性和连续性。

构想"中华民族"

欲理解为什么中华民国于 1912 年肇建之时,能够继承清朝的全部疆域,还有必要检视创建民国的革命党人及其对手在辛亥前以及革命过程中是如何重新界定他们所欲创立的新中国的。

首先,需要注意的是,清朝的统治精英,不管是满人还是汉人,越来越意识到中国作为一个国家,与清朝自身比较起来,范围更广,也更为重要。尽管在官方用语中,尤其在讨论清朝与中国历代王朝的关系或者朝廷与臣民间的事务时,一般还将清朝称为"大清""皇清"或者"皇朝",不过,清朝统治者和官僚精英在讨论涉及整个国家的问题时,常会使用"中国"一词。当然,在 17 和 18 世纪,清朝统治者和官僚们在讨论与周边属国和其他国家的关系时,也已经普遍使用"中国"一词。在晚清,尤其新政时期,人们在讨论受外部影响的国内问题时,则越来越多地使用"中国"二字,这是以前的官方话语中所不常见的。为了强调受外国影响所产生的国内变化,或者替那些抛却陈规旧矩、旨在追赶西方的新政举措辩护,人们往往将"中国"与"外国"两相对比。在自强运动、百日维新和新政时期有关改革和新计划的话语中,到处充斥着"中外"二分,并以此作为支撑改革的理由。换句话说,着手进行这些改革和洋务,不仅关系到清朝的存亡,也对整个中国的福祉至关重要。在 19 世纪下半叶和 20 世纪初期,满汉精英面对来自外部世界的严重挑战,共同致力于调整、改革各项军政制度,以使整个国家渡过难关时,因此他们之间的那种同属于一个国家的意识也得到强化;这一共识逐渐冲淡乃至取代了陈旧的满汉之分,在重新定义其自我认同和政治意识的过程中,起到最具有决定意义的作用,使他们(不管是汉人还是满人)在事关中国存亡和进步的主要问题上达成一致意见,超越狭隘的满汉畛域观念。

因此毫不奇怪,19 世纪末最热衷于自强运动的人或 20 世纪初对立宪运动最富热忱的人,并不仅仅局限于具有改革思想的汉人官僚;开明的满人精英在推进现代化项目上同样积极,甚至发挥了更重要的作用。这方面最显著的代表是湖广总督瑞澂(1863—1915)。他在 1910 年 10 月联合东三省(奉天、吉林、黑龙江)总督锡良(1853—1917),发起第三次速开国会请愿运动,有十九位督抚参与。这场请愿迫使清廷承诺于 1913 年召开国会。时人因此评论道,"满人非尽恶也,有革命思想谋社会进步者,固不乏,不可因其满人而一网打尽",另一方面,"汉人非尽良也,助纣为虐,为桀作犬者,今日之当道皆是也,不可因其汉人而置之不问"(*SLXJ*,2:1005—1006)。仅仅凭满汉之别,并不能判断一个人的政治态度。

在 20 世纪初,受西方政治学说影响、关心现代化改革的新一代知识分子,清楚地论述了汉人与其他族群之间构建民族认同的必要性。例如,梁启超认为中国未来的变法必自平满汉之界始。梁氏深受伯伦知理(1808—1881)著作的影响,曾在 1903 年提出了"大民族主义"的说法,即"合汉、合满、合回、合苗、合藏组成一大民族”,以此取代过时的“小民族主义”,即汉人的种族中心观。梁启超的大民族主义以古罗马帝国和美利坚合众国为仿照对象,即“谋联合国内多数之民族而陶铸之,始成一新民族”(*LQC*,4:213—215)。对梁启超而言,汉族或“中华民族”“自始本非一族,实由多数民族混合而成”(*LQC*,5:78)。另一位年轻活动家杨度(1875—1931)详细讲解了“中华民族”这一新概念,并将其范围扩展至汉人以外的其他族群,认为满人很久以前即已融入“中华民族”,而蒙、回(即维吾尔人和其他非汉人穆斯林)、藏尚未完全融入。因此,“国民统一”的关键,“首曰满汉平等;次曰蒙、回、藏同化”;这样的话,过去数千年中已经“混杂数千人种”的“中华民族”就不再存在族群差异。杨度进一步阐述了中国之作为地域的和民族的实体这一概念,他写道:“中国之在今日世界,汉、满、蒙、回、藏之土地,不可失其一部,汉、满、蒙、回、藏之人民,不可失其一种。”他建议“合五为一”应成为中国未来最重要的政策(*YDJ*,1:303)。在20世纪头10年留学日本的满蒙年轻人中,也有类似的想法。他们认为,满汉以及整个“中国之人民”皆“同民族异宗族之国民也”,“准之历史之实例,则为同一之民族;准之列强之大势,则受同一之迫害”(转引自黄兴涛2011b:77)。不过,这些满蒙年轻人也承认,尽管满汉已融合至很难将其分开的程度,但是蒙、回、藏充分必要的同化尚需时日,否则中国很快会有丧失国土的危险(同上:78)。

无论如何,在20世纪早期,汉人与非汉人精英中的年轻一代日益达成了以下共识:构建新民族与建立新国家同等重要;只有当重建后的国家充分代表各族群的利益并弥合了族群畛域时,基于对历史的共同记忆和对家园存亡的共同关注,建立起新的民族才变得可行，中国也因此才能够从一个"没有民族的国家"（Fitzgerald 1995）转变为现代民族国家。

从十八星旗到五色旗

这里有必要进一步考察一下那些致力于推翻清朝的革命党人是如何看待中国的族群分裂与融合问题的。孙中山在投身革命之初，即把革命视作"驱除鞑虏，恢复中华"的"排满"斗争。据其解释，排满（亦即他所说的"民族主义"）系指推翻清廷和建立汉人政府，而不是"完全消灭满人"；他提醒其追随者："假如我们在实行革命的时候，那满洲人不来阻害我们，决无寻仇之理。"（*SZS*，1：325）不过，并非所有革命党人都赞同这一观点。其中最激进的党人信奉狭义的民族主义，或更确切地说是一种独特的种族主义，其目标是将非汉人族群排除在"中华"之外，以建立单一的汉人国家，而这里的中华仅指内地十八省。来自四川的年轻革命宣传家邹容（1885—1905）便宣称，要"诛绝五百万有奇之满洲种，洗尽二百六十年残惨虐酷之大耻辱"，以建立"中华共和国"（*ZRWJ*：55）。深受汉人中心传统熏陶的国学大师章太炎，在 20 世纪初撰写影响力广泛的反满文章时，也瞄准所有满人；对他而言，"汉族之仇满洲，则当仇其全部"（*ZTY*，1：197）。

但是，激进的革命党人很快觉察到了他们所提倡的排他性民族主义存在问题，承认"排满"仅仅是动员民众的手段，而不是革命的终极目标。因此，另一位革命宣传家陈天华（1875—1905）在自杀前写道，反满革命本质上是政治问题而非民族问题，认为革命成功后,应给予满人同等地位,“以现世之文明,断无有仇杀之事”(*SLXJ*,1:155)。章太炎后来在辛亥革命前夕也澄清道,“所谓民族革命者,本欲复我主权,勿令他人攘夺,非欲屠夷满族,使无孑遗,效昔日扬州十日之为也;亦非欲奴视满人,不与齐民齿序也”(*ZTY*,1:519)。[①] 清末流亡日本的革命党人在其出版物中一般都承诺,推翻清廷后,当给予中国境内所有族群以同等待遇。他们还明确指出,革命是以满洲朝廷而非所有满人为攻击目标的。因此,尽管反清革命者和立宪派有着不同的目标,但他们却有以下共识:整合汉人和其他族群,组成一个新的民族;在他们各自努力创建的政府中,尊重各族群的政治平等。

不过,我们不应低估种族主义反满动员的威力。毕竟,有关民族整合和族群平等的话语,很大程度上只局限于政治精英们。强调满人入关之初对汉人的屠戮以及满汉不平等的现实,以此动员那些大多不识字、也从未接触过西方政治思想的普通民众,是非常便捷和有力的做法。事实上,革命党人也不得不从长期活跃于华南的秘密反清组织中招募成员,而这些秘密会党一直以“反清复明”相号召。因此,当1911年10月10日武昌首义爆发时,革命党人宣布其目标为“兴复汉族,驱除满奴”,便不足为奇。他们的口号是“杀光鞑子”,“光复汉室,驱逐满人”。起义者使用自己发明的十八星旗,所代表的即是内地十八省,并不包括非汉人居住的疆土。在辛亥易帜期间,其他许多省份的革命者也使用了十八星旗。武昌革命军指挥黎元洪的公告上,亦将满、蒙、回、藏视作潜在敌人,

① 关于章太炎和梁启超对族群关系的不同态度的讨论,见 Crossley 1999:345—361。不过克劳丝蕾未能指出这里所揭示的章太炎在族群关系问题上看法的前后变化。

区别于汉人(王锡恩 2011:23)。

辛亥革命期间,这种以汉人为中心的民族主义的极端表达方式,曾在不少地方导致针对满人或旗人的暴行(Rhoads 2000:187—205)。尽管如此,在内地各省,并没有发生大规模屠戮满人的事件(金冲及 2001:17)。与此同时,那些经验丰富的革命党领袖也对这种以汉人为中心的宣传动员感到担忧,他们看到满洲以及蒙古人、维吾尔人、藏人地区脱离中国的危险。孙中山回国后,即与其伙伴反复讨论,重新设计了旗帜。新设计的五色旗由红、黄、蓝、白、黑五色横长方条组成,代表着汉满蒙回藏"五族共和",江苏、浙江和其他地区的革命党人随即使用了五色旗。孙中山在 1912 年元旦发布的《临时大总统宣言书》中,宣布"国家之本,在于人民,合汉满蒙回藏诸族为一人,是曰民族之统一"(*SZS*,2:2)。

然而,新成立的中华民国能否在法律上和事实上对清朝的整个疆域确立统治,不仅取决于革命党人自己的意愿和公告,更取决于清廷和边疆精英们的态度;毕竟,革命党人组织松散,在武昌首义后的几个月里,仅仅控制着华南、华中以及华北个别省份。华北大部分省份和各边疆地区依然效忠清廷。因此,为了结束南北对抗,清廷和革命党人举行了旷日持久的谈判,就退位条款与南方代表讨价还价。结果,孙中山同意,只要清帝退位,即放弃临时大总统一职。1912 年 1 月 17 至 23 日,清廷召开御前会议,皇室重要成员、蒙古王公代表以及袁世凯领班的内阁参加了会议,一致通过了退位条款。1912 年 2 月 12 日,隆裕太后正式颁布《逊位诏书》,宣称总期"合满、汉、蒙、回、藏五族完全领土为一大中华民国"(*MGDA*,1:217)。1912 年 3 月 11 日颁布的《中华民国临时约法》

详细阐述了“五族共和”概念,规定“中华民国领土为二十二行省、内外蒙古、西藏、青海”,允许各行省以及内蒙古、外蒙古、西藏各派五人,青海派一人参加国会。《临时约法》第二章第五条进一步规定,“中华民国人民一律平等,无种族、阶级、宗教之区别”(*MGDA*,2:123)。

清帝逊位诏书对于中华民国合法地继承清朝的所有疆域并行使其主权,以及对前清的边疆继续留在中华民国内,均至关重要。在武昌起义爆发前夕,梁启超预见到清廷危在旦夕。目睹反满鼓动的四处蔓延,他深深担忧,在清廷即将垮台之后,各地边疆有可能从中国分离出去;在梁氏看来,这些边疆地区之所以内附,只是因为“本朝之声威”(*LQC*,8:346)。在武昌起义后的南北议和期间,蒙古王公对南方革命党人表现出了强烈的质疑和厌恶,因为这些党人通过宣传“驱逐鞑虏”(不仅针对满人,还针对蒙古人)的种族主义口号,以获得民众支持。因此,1911 年 11 月 26 日,24 位蒙古王公集体上书袁世凯,宣称只效忠清帝,他们“亦惟是率其土地人民以受统一于大皇帝,不知其他也”(*XHGM*,7:298—299)。在上述御前会议上,少数几位蒙古王公甚至威胁道:“蒙古自有历史以来臣服中国,惟与清廷有血统之关系,故二百数十年来列为藩属,相亲相爱。今一旦撤销清廷,是蒙古与中国已断绝关系。”(渤海寿臣 1969:899)不过,他们很快又称,他们的态度取决于会议的结果,“今惟全听御前会议如何解决,如决定共和,我蒙古自无不加入大共和国家”。因此,清帝《逊位诏书》的发布,使得蒙古王公失去了脱离中国的法律依据,因为隆裕太后和清朝皇帝在诏书中非常明确地将统治全国的权力转交给了中华民国:“特率皇帝将统治权公诸全国，定为共和立宪国体”；“合满、汉、蒙、回、藏五族完全领土为一大中华民国。”（*MGDA*，1：217）对效忠清政府的蒙古王公尤其是内蒙古王公而言，拒不加入中华民国的理由再也站不住脚了；而对外蒙古的那些久已不满于清末新政的王公贵族而言，脱离中国的合法理由也同样不复存在。

清末民初的汉人及非汉人知识分子和政治精英，是否已经在其思想意识以及话语中，开始把中国视作民族国家这样一个“想象的共同体”，很难加以判断。毕竟，在不同族群背景或不同政治倾向的人士的笔端，可以发现相互矛盾的大量例证。例如在汉人知识分子当中，既有章炳麟那样的极端民族主义者，极力鼓动驱逐满人，创建一个纯粹汉人的国家，但同时也有梁启超这样的具有世界眼光的自由派，提倡把中国的所有族群融为单一的中华民族（Crossley 2001：344—361）；而在非汉人精英当中，同样既有企图把边疆从中国分离出去的人士，也有赞同“五族共和”主张的人士（黄兴涛 2010）。尽管他们对未来的国家建构有不同的理念，但清末民初中国政治的一个基本事实是，一个基于所有族群对中国疆域的认同的统一、集权的民族国家，尚远未成为现实。不过，另一个同样重要的基本事实是，清朝的覆灭并未导致各地边疆从中国分离，从清朝到民国的过渡只卷入有限的暴力，而更为耀眼的是这两个政权之间在疆域上的连续性。

第七章 集中化地方主义：民国前期财政军事政权之勃兴

清朝国家财政、军事和行政权力的下移和私人化，持续至民国初年，导致国内政治的严重分裂，并且在1916年大总统袁世凯去世后演化为各军阀派系之间的混战。哪支军阀或地方势力能在竞争中存活下来并最终占据优势，从根本上来说，取决于他们怎样组织财政和军事机构，尤其是怎样创造财政收入。那些将财政和军事机构集权化和科层化，并对城市经济有效地征税，且善于利用现代财政手段的势力，最终将会战胜那些依赖私人关系和乡村资源的对手。由此看来，过去那种为人们所熟知的关于民国初年军阀统治时期的黑暗画面，即极度的政治分裂和频仍、持久的混战，仅仅是当时的历史实际的其中一面。同样重要且真正令人兴奋的另外一面，则是在同一时期国家建设过程中省级层面的种种努力和重大突破。①

因此,本章所关心的,并非军阀的起源,此一问题前人已有所述及(McCord 1993,1994),亦非派系组织如何支配军阀们的行为(Ch'i 1976;Nathan 1976;Ch'en 1979)。至于军阀们的政治倾向,亦非这里的考察重点。其实,不管他们是保守、反动抑或开明、进步(Sheridan 1975),其政治立场对于我们理解军阀主义在现代中国形成过程中的作用并无多大意义。本章的主旨,是欲识别军阀中的"赢家"(即在混战中得以幸存并最终主导中央政权的少数军阀)与"输家"(在竞争中败北、最终被赢家消灭或吞并的大多数军阀),并探究赢家取得成功的原因,以及他们在缔造现代国家过程中所扮演的角色。

① 民国初年的军阀主义常被视作政治统一的对立面。过去中西方学者的研究也多认为,各省或各地区势力对当地武力和财源的控制和拉帮结派,导致彼此兵刃相向,竞相争夺地盘,控制中央政府,因而带来政治混乱,经济凋敝,以及民众的税费负担加重。对外关系上,国民党和共产党的官方史书均把军阀描绘为帝国主义在中国的代理人,以牺牲民族利益为代价,为帝国主义列强的在华利益奔走效力。这并不排除其中有些军阀在对外关系上采用了实用的、多面的做法。例如奉系首领张作霖,其实是纵横捭阖的谋略高手,既借助日本人的支持打败对手,又拒绝做日本的傀儡(McCormack 1977)。而直系首领吴佩孚,为了与其他军阀竞争,既寻求外国的贷款和军事装备,因而被贴上帝国主义帮凶的标签,但同时其言行又表现得像一个爱国者,从不涉足租界,公开场合也从未放弃其抗日立场(Wou 1978;另见 Ch'en 1979)。军阀统治下的国内政治,也并非一团漆黑。例如白鲁恂即认为,北洋时期的公开竞争性政治的引入,是中国走向现代化的积极步骤,跟北洋时期之前和之后的封闭刻板的政治体系形成了鲜明对比(Pye 1971)。林蔚也批驳了过去把北洋时期视作混乱一团的负面看法,强调此一时期的经济成长,舆论自由,文化事业繁荣,国会制度的引入(尽管乱象丛生),以及高素质的内阁成员(Waldron 1995)。尽管这些著述修正了以往的看法,但中外史学家总体上仍把1910 年代晚期至 1920 年代的军阀时期视作暴力横行、政治无能、财政紊乱、经济增长迟缓的岁月(参见 Sheridan 1975;Lary 1980)。

我们将看到,各省的军阀或军阀派系不仅仅关注军事建设和制造战争,其中最成功者还采取了强有力的措施来强化自身实力,包括对其辖区内的行政体制加以集权化,对其财政和金融体系加以统一和标准化,从事公路、铁路和其他基础设施的建设,促进公共教育和卫生,鼓励工商业发展,提倡基层自治,允许省级或县级议事机构的存在,以期在精英中达成共识。总之,这些努力使得那些最具野心的竞争者能够将所辖省份变成区域性的“财政军事政权”(fiscal-military states);此一发展可与早期近代欧洲历史上的国家建设(state-making)相提并论。到1920年代中期,在所有区域性政权中,出现了最成功和最强大的两股势力,即满洲张作霖治下的奉系和广东孙中山及后来蒋介石治下的国民党势力。最终,国民党政权战胜了其所有对手,至1930年代中期,在建造现代国家的道路上走得最远。因此,现代中国的国家建设,并非遵循欧洲先驱者们所经历的自上而下的路径(如法国和英国,其国家权力的集中化和科层化均系从中央向地方拓展);相反,在清末“新政”时期自上而下的类似实验失败后,中国所走的是自下而上的路径,一如德国、意大利和日本等国家建设的后起者,即由强大的区域政权在统一国家和建立全国政权的过程中起带头作用。

军阀竞争中的赢家与输家

中央与各省

民国初年军阀派系的崛起和混战毫不意外。正如前面各章所示,自1850年代末太平天国进入高潮以来,财政和军事权力的下移已成为一种长期趋势,重塑了清廷与地方势力之间的关系。过去中央政府用来集中控制各省税收的京饷和协饷制度停摆之后,产生了一种新的做法,即省级政府在完成以下两项基本义务后,即可保留其所征收和控制的剩余款项:(1)专项经费,即每年上交中央的用于具体军政项目的固定款项;(2)摊派,即强制性地分摊外债和战争赔款,始于1895年中日战争后,1901年后急剧增长。在19世纪末和20世纪初,清廷的确不断尝试着将各省所征收和管理的田赋、海关税和各种捐费加以规范化和集中化。清末数年调查各省财政状况的一系列动作,更导致正式上报的地方财政收入急剧增长。盐税在集中管理之后,也很快超过了田赋和海关税,成为财政收入的最大来源。此外中央还力图建立一个近代预算体制。然而,辛亥革命的爆发中断了通往财政集权化的所有这些进展。

因此,在1912和1913年间,北京的民国政府每年只有区区几百万元可供支配,且大多来自邻近省份的盐税和内地关税,然而其行政和军事开销却高达每月四五百万元(*MGDA*,3.1:87;贾士毅1934:45—46,170)。满足政府财政需求的唯一办法是举借外债和发行国债,其中最大宗便是1913年4月由五个外国银团向袁世凯政府提供的2500万英镑(相当于2.483亿元)“善后大借款”。接下来的几年中,在加强了对各省的控制之后,袁世凯重新建立起财政摊派系统,各省政府必须向北京提交固定数额的地方税款。“中央借款”从1913的560万元增至1914年的1400万元,1915年更达1902万元(见表7),此时袁的影响力也如日中天。此外,袁政府还从各省获得被指定为中央政府的专属税款(即“中央专款”),包括契税、印花税、盐税和烟草销售执照税及销售佣金,其数额也在逐渐增加,至1915年超过1870万元,1916年增至2440万元(表7)。上述各种税源加在一起,使得袁世凯政府从各省获得的收入,在1915年达到近3800万元,1916年超过4300万元(约3000万两),远远超过19世纪末各省上缴清廷的专款(2200万两,见周育民2000:371)。毫无疑问,在致力于财政和军事的重新集权的袁政府来说,这是相当大的一项成就。在镇压了南方各省国民党势力之后,已经不再存在严重挑战,袁世凯似已成为最有能力在中国重建政治秩序的领袖。

但是,1916年袁世凯复辟帝制的失败及其死去,为接下来十年间各派系之间的权力竞争打开了大门,导致政治混乱和军事对抗的反复出现。虽然中央政府依然存在,但其财政十分脆弱,因为1922年以后各省供款(借款和中央专款)不复存在,这曾经是袁统治时期政府常规财政收入的主要来源;而且1921年以后,来自“关余”(大部分海关税被海关税务司截留作为偿还外债和战争赔款)的财政收入也告终止。“盐余”(1913年以后大部分盐税也被留作偿还外债)在1910年代曾是国内财政收入的最大来源,到1920年代也在减少,至1926年已不足900万元。因此,北京政府这些常规来源的实际税收,从1917年1.37亿元左右缩减到1922年大约1.26亿元,到1926年只有约2900万元(表7)。

表 7　民国中央政府的岁入（1912—1945）（单位：千元）

年份[a]	海关税[b]	常关税/统税[c]	盐税[b]	中央解款	中央专款	印花税/直接税[d]	烟酒税	外国借款[e]	公债	国库券	银行贷款	实际岁入
1912								111 700	6200	0		
1913				5600				331 900	6800	2200		
1914				14 000				33 500	25 000	10 100		
1915		6000	31 389	19 018	18 748			1600	25 800	400	1 160	130 678
1916		6000		18 875	24 400			35 100	8800	1800	0	
1917	10 800	5000		15 472	10 360	2 000	6000	68 800	10 500	200	8000	137 000
1918	2700	4200	52 800	6043	5755	2000	4000	126 200	139 400	7000	0	350 000
1919	21 700	4800	43 300	5553	4245	2000	2673	34 000	28 400	5 300	669	153 000
1920	17 800	3500	36 100	4917	4245	1500	2230	36 200	122 000	24 700	2736	256 000
1921	0	3600	29 500	2 959	4245	800	1 784	27 400	115 400	29 000	45 163	260 000
1922	0	690	21 000	0	0	750	1450	9700	83 200	2200	6885	126 000
1923	0	718	20 000	0	0	720	1400	31 000	5000	3500	5858	68 000
1924	0	668	15 000	0	0	720	1400	16 200	5200	100	185	39 000
1925	0	668	12 000	0	0	720	1400	125 900	23 000	0		16 000
1926	0	668	8900			720	1400			1900	15 400	29 000

续表

年份[a]	海关税[b]	常关税/统税[c]	盐税[b]	中央解款	中央专款	印花税/直接税[d]	烟酒税	外国借款[e]	公债	国库券	银行贷款	实际岁入
1927	12 500	600	20 800						70 000			148 256
1928	179 142	27 691	29 542	14 544		3034	3549		44 506	24 048	28 078	434 440
1929	275 545	36 567	122 146	11 385		5427	6831		90 511			539 005
1930	312 987	53 330	150 484	3548		6111	8617		192 816		185 458	714 468
1931	369 742	88 681	144 223	175		4799	7 626		125 456		108 111	682 991
1932	325 500	79 600	158 100									673 300
1933	352 400	105 000	177 400						124 000			801 600
1934	71 200	115 300	206 700						124 000			1 207 000
1935	24 200	152 400	184 700						560 000			1 328 500
1936	635 900	131 300	247 400						455 000			1 972 600
1937	239 000	30 000	141 000						256 000			2 010 000
1938	78 041	9755	29 265					$ 100 000	10 975			712 739
1939	98 173	6188	17 159					$ 175 668	7033			858 246
1940	2975	5715	6264			5950		$ 45 000	626			403 949
1941	0	6898				6059		$ 70 000	4635			392 557

续表

年份[a]	海关税[b]	常关税/统税[c]	盐税[b]	中央解款	中央专款	印花税/直接税[d]	烟酒税	外国借款[e]	公债	国库券	银行贷款	实际岁入
1942	0	12 864	15 104			11 046		$ 500 000	1996			329 126
1943	0	12 779	14 217			17 860			18 193			287 926
1944	0	11 898	24 697			11 014		$ 200 000	2799			303 103
1945	0	12 094	26 753			7205						628 070

资料来源：杨荫溥 1985：7—8，10，12，15—16，22，45，47，64，104，107，109，112，150；贾士毅 1932：55—63，158—159；贾士毅 1933：160—170，199—206，296—299，409—410，556—559；贾士毅 1934：60—61；*MGDA* 3.1：197—200，212—216，*MGDA* 5.1.1：547—549；551—553，565—567，572—581，599—600；Young 1971：38，52，56 及 73。

注释：(a)1912 至 1926 年数据为银元。1938 至 1945 年统计数据以 1937 年法币的不变价折算（见杨荫溥 1985：159）；

(b)1928 年前的海关税和盐税为关余和盐余；

(c)1928 年前为常关税，1928 年起为统税；

(d)1940 年前为印花税，1940 年起为各项直接税（包括印花税、所得税、营业税等等）（见杨荫溥 1985：112）；

(e)1938—1942 年以及 1944 年的外国贷款为美元（杨荫溥 1985：153）。

与北京政府的匮乏和虚弱形成鲜明对比的是,1910年代和1920年代各省军阀的财政和军事力量稳步增长。1919年以后,军阀派系主要有:(1)皖系,控制八省(山西、陕西、山东、安徽、浙江、福建、甘肃和新疆),以及热河和察哈尔两个特别行政区;(2)直系,占据五省(直隶、江苏、河南、湖北和江西)以及绥远、宁夏;(3)奉系,统治东三省(奉天、吉林和黑龙江)(来新夏等2000:618—619)。此外,一些势力较小的派系包括占据广西和广东的桂系,以及控制云南和贵州的滇系。

奉系之崛起

就财政力量而言,前两个派系不相上下:皖系八省两区的税收总额约5400万元,而直系五省两区的总额近5100万元(贾士毅1932:138—139)。皖系和直系的财政收入如此接近,在某种程度上可以解释为什么它们各自的军力在1920年6月战争前夕旗鼓相当:皖系55 000人,直系56 000人(来新夏等2000:618—619)。相形之下,奉系似乎稍显弱势,财政收入只有2600万元。但是皖系和直系也有自身的弱点。两个派系的各自领导者,段祺瑞和冯国璋,曾是袁世凯最能干和最受信任的下属,但段和冯自袁在世时便已相互竞争。袁死后,段作为国务院总理控制了中央政府,并依靠督军们对他的效忠控制了华北大部分地区;冯则在华南占据优势,是最富庶的江苏省督军,并与长江流域各省督军结成联盟,同时担任北京政府的副总统和代理总统直至1918年10月。但是,各省督军在段或冯(1919年冯死后的曹锟)领导下所形成的派系,只是基于他们各自与两个派系领导者的私人关系。换句话说,段或冯(曹)之所以能够建立各自的派系,只是借助他们在北京政府的职位,来任命或推荐自己所信任的下属或友人作为其势力范围内的各省督军;一旦他们在任命督军时起了冲突,段和冯不得不进行协商,来实现各自引荐人选的总体平衡。当两个派系发生战争时,这种私人网络和对派系领导者的忠诚确实起到了作用;对于督军们来说,加入战争是保护其自身位置和军事力量的最好方式。然而,无论是段或冯(以及其他直系领导者们),都没能成功地将各自派系的省份转变成一个自成一体的财政军事实体。每个督军完全控制着各自的军队,并负责筹集足够款项来供养自己的士兵;他们也完全控制了所辖省内的财政税收,不愿意进贡中央政府,把对身居中央高位的派系领袖的私人忠诚置诸脑后。简而言之,皖系和直系从根本上说是军阀之间的松散联合体,它们借助对派系领袖的私人忠诚聚在一起;其中并没有高度集权的行政或军事机制把各省督军结合在一起,使其作为一个政治军事实体的成员,保持高度的团体凝聚力。后来在1926和1927年,直系之所以失去了对长江流域的控制,正是因为这个派系的核心成员(湖北的吴佩孚和江苏的孙传芳)未能一致行动并相互帮衬来对抗其共有的敌人,即来自南方的国民党势力,结果被后者轻而易举地各个击破。

皖系和直系内部之缺乏团结,与奉系的集权式行政、军事组织形成鲜明对比。事实上,阻碍皖系或直系建立起自己的集权式财政军事整体的原因之一,是这些派系所属各省在地理上分布于不同区域,与敌对派系的各省交织在一起。这种分散性,不仅将各省暴露在敌人的军事攻击下,而且妨碍了同一派系内部各省调动自身资源,来建立一个集中化的政治和军事实体。

奉系的情况截然不同。其领袖张作霖(1875—1928)自辛亥革命后便控制了驻守奉天省的新军27师,并以此为根基,进一步占据了奉天督军和省长职位,1916年后新建第29师,吞并第28师。在完全控制了奉天之后,张又通过举荐姻亲鲍贵卿成为该省督军,于1917年将其势力范围伸展至邻近的黑龙江省。张自己也接受了北京政府的任命,于1918年担任东三省巡阅使,正式成为满洲的军政统治者。通过任命亲信担任督军以控制邻近的两省,就此而言,张与皖系和直系领袖建立各自派系的做法并无区别。张本人也谈不上有什么政治理念或原则,但他重用那些对他忠心不二的下属,因此倒能吸引不少人才(McCormack 1977:243)。不过张氏之所以能在北洋时期各军阀派系的角逐中最终胜出,主要还是因为他充分利用满洲相对孤立的地理位置,将东北三省变成了一个独立的且在行政、财政和军事上高度集权的实体。

为实现这一目标,张作霖于1922年4月直奉战争失利、未能将其影响力扩张到关内之后,宣告独立于北京政府,从而切断了东三省与直系控制的中央政府的政治联系。1922年9月,张引进公务员考试制度,依据个人能力招纳不同层次的政府官员,力图使满洲的行政体制正规化。张还改组了自己的军队,用在日本或保定军校的毕业生替换了大部分山林出身的中低级军官;他还扩大了东北讲武堂的规模,以培训自己的军官,并召集高中毕业生进行集训,为服役做好准备。为根除军队中的私人网络(在高级军官中大部分是以结拜兄弟形式存在),张把原有的三个师(第27、28、29

师）和新成立的一个师重组为27个步兵旅及其他单位，任命自己的亲信为其领导。满洲的行政和军事统一，对奉系意义重大：它避免了三省之间的内部冲突，确保了政治稳定和社会秩序，让满洲免于困扰关内各省的频仍战乱，还能让张调动三省资源，实现其战略目标。

为了扩大和维持军力，张通过几个渠道来创造财政收入。除征收田赋和工商税外，奉系还从事大规模政府投资，范围包括矿业、木料、纺织、电力、制糖和军火工业，最重要的是铁路网建设。它还使用金融工具，以创造额外税收，比如发行公债，印制“奉票”，且在1917年至1924年初一直保持币值稳定，因而在满洲地区广为流通。

简言之，奉系的强项，在于其有能力将东三省整合成一个强人集中领导下单一的行政、财政和军事实体。这个实体中的三个省，分开来看，没有一个算得上是中国的富省。例如，1925年，江苏省预算收入1660万元，远高于奉天省（东北三省中的首富）；另外两个内地省份（四川和广东）的岁入高于或接近奉天（见表8）。但是对于关内各军阀派系来说，问题在于同一个派系内部各省的财政资源均落入控制该省的督军手里，因此没有任何一个派系领袖能够一手控制该派系所辖各省的全部资源。相形之下，在控制了整个满洲之后，张作霖能够从所有三省中抽取财政资源以供其军备建设；三省的年收入总额达2730万元（表8），这还未包括他通过发行公债和纸币创造的额外收入。这样，他的财力超过关内任何一个督军。

表8　1925年各省岁入岁出预算(单位:银元)

省份	田赋	货物税	地方税	地方杂费	官营企业收入	杂项收入	岁入总额	军费	岁出总额
直隶	5 809 139	926 790	1 592 809	270 384	460 436	282 605	9 342 163	6 692 844	10 961 692
奉天	4 086 999	5 049 778	1 359 044		300 644	1 597 089	12 393 554	6 918 538	10 131 248
吉林	2 157 052	3 770 359	2 041 420	117		255 876	8 224 824	8 686 404	11 930 995
黑龙江	1 483 047	3 270 218	1 153 793	43 606	656 815	60 253	6 667 732	5 641 262	7 818 573
山东	8 135 171	797 364	1 281 933	3500	2860	185 441	10 406 269	13 800 000	17 306 301
河南	5 471 148	846 000	1 186 134	680 000	10 203	133 788	9 327 273	16 817 253	19 824 134
山西	5 929 289	743 980	622 423			40 000	7 335 692	5 636 044	8 021 263
陕西	3 643 281	1 010 000	195 943				4 849 224	2 468 226	4 328 662
甘肃	1 467 451	997 067	349 561	129 800	3776	10 850	2 958 505	3 051 569	5 258 741
新疆	1 590 412	472 401	377 129		34 551	86 062	2 560 555	3 331 116	4 882 701
江苏	8 496 046	6 428 507	1 620 000		64 612	168 150	16 777 315	6 122 374	14 892 393
安徽	3 822 137	1 538 700	1 370 800			30 380	6 762 017	3 800 305	6 472 491
江西	4 355 234	2 572 511	889 407	20 000		376 964	8 214 116	9 528 914	12 156 409
湖北	2 659 757	3 223 227	1 605 265	568 465		31 250	8 087 964	8 130 415	10 974 811

续表

省份	田赋	货物税	地方税	地方杂费	官营企业收入	杂项收入	岁入总额	军费	岁出总额
湖南	2 801 952	2 352 456	702 990			60 000	5 917 398	3 564 014	6 989 338
四川	6 861 394	819 402	4 466 484		132 287	265 000	12 544 567	26 296 358	30 061 790
浙江	5 928 980	1 819 822	869 000	2 240 475		319 591	11 177 868	9 876 625	14 371 463
福建	3 235 290	1 430 000	1 167 054			240 974	6 073 318	10 624 000	13 204 829
广东	3 889 585	4 562 179	3 302 274	447 285		135 860	12 337 183	15 959 398	19 662 056
广西	2 324 800	1 435 441	283 100	10 800		50 000	4 104 141	5 673 435	7 469 452
云南	1 153 377	642 015	263 169		145 815	13 692	2 218 068	2 131 416	4 260 138
贵州	739 313	461 289	295 481				1 496 102	2 814 300	4 489 078
热河	157 204	364 148	295 986	18 000	52 000	71 761	959 099	997 208	1 575 683
察哈尔	445 572	72 140	47 734			64 103	629 549	1 245 538	1 796 439
绥远	94 338	66 290	58 921	262 386	4284	44 865	531 084	709 864	1 072 115
总计	87 515 719	45 428 798	28 942 549	4 768 718	1 873 283	4 561 630	173 333 992	182 418 613	253 797 479

资料来源：贾士毅 1932：146—152。

满洲与中国其他部分的地理隔绝,也有助于张氏在与关内各派系的争斗中取胜。在控制东三省之后,张便介入与华北、华东地区军阀的对抗,借此来扩展其军事和政治影响力。他会趁各派系互斗之际,冒险出兵关内。一旦失着,可轻易地从关内抽身而退,使其在满洲的基地毫发无损。然后他再集中全力,在满洲积蓄足够的财力和军力,等待下一个入关时机的到来。而在关内各支军阀连年混战、耗尽资源之后,他确实成功了。这种地缘优势,加上奉系与关内各派系(皖系和后来的直系)在财政构造方面的差异,比其他任何因素(政治的或军事的)都更为重要,使得奉系最终在中国北方各支军阀中最终胜出,并控制住北京政府。

小省强人

事实上,利用地理隔绝的优势,建立一个高度集权的财政和军事实体,并在与其他军阀派系的竞争中胜出,奉系并非其中唯一的例子。另一个例子是山西省,面积虽小,但在整个民国时期的国家政治中却具有战略重要性。山西地处黄土高原地带,东有太行山、西有黄河作为屏障,北枕戈壁草原,西部地区则为重峦叠嶂。历史上,晋地以“易守难攻”著称。在整个民国时期,它一直处于军阀阎锡山(1883—1960)的控制之下。阎作为督军统治山西始于辛亥革命后,在1917年控制了省内的所有武装力量。像所有其他军阀一样,阎通过大力扩张军队来建立其权力基础,从1916年前不过7000人,增长到1917年约20 000人,到1930年已超过200 000人;他也因此成为华北地区具有全国性影响的少数几个地方强人之一

(Gillin 1967:19—29,103—124)。

阎锡山之所以能长期据守山西,固然得益于阎本人在各方势力的角逐中善于骑墙、随机应变,加上该省经济落后,对省外的军事强人也没有多大吸引力。不过最根本的原因,还在于他充分利用山西地理位置封闭的有利条件,在全省范围内建设和维持一个高效且高度集权的政治军事体系,使其在日本入侵之前,基本上免于社会动荡和战火蔓延。他将自己的亲信安插在关键的军事职位上,这些人多来自其故乡五台,或者至少来自省内。但是,他也注重政治和军事官员们的才能,因而也任用一些符合条件的应征人员,而不论其地域来源;其中许多人因此从普通百姓晋升高级职位,并对阎终身感戴。时人因此这样描述道,"山西省的军事和行政圈子,就像一个大家庭,阎先生是元老,所有士兵都是其弟子"(转引自王续添 2000:61)。为了把乡村地区纳入其有效控制,阎推动了所谓的"村本政治",乡村社区借此进行"编村",每村包含约300户,分成若干闾,每闾再分成五邻,每邻为五户。这些组织的首领承担起保护本地居民、征税和帮助政府征兵的责任。村本政治的目标,是所谓"兵农合一",即为了备战而将乡村社会军事化。

为了把山西建立成一个独立的行政和军事体系,阎锡山还投入相当大的精力,促进当地经济的持续发展和自给自足。他在山西乡村倡办"六政"(即水利、植树、蚕桑、禁烟、天足和剪辫)和"三事"(种棉、造林和畜牧),旨在增进乡村社区的文明和繁荣(贺渊1998:243)。其政府还在现代工业和交通方面进行大规模投资,并以这些投资为基础,于1930年代初成立西北实业公司,经营范围囊括采矿、冶炼、发电,以及机械、化学、建筑材料、纺织和皮革制品、消费品制造等各行业。但最重要和最成功的项目则是著名的太原兵工厂,为1920和1930年代中国三大兵工厂中最大、最先进的一所(其他两所位于湖北汉阳和奉天沈阳),生产各种枪炮和弹药。到1920年代末,通过动员乡村人口和发挥兵工厂的能量,阎锡山已使其军队上升为华北三大势力之一(另两支则为张作霖和冯玉祥所部)。

我们还可以广西省为例,看出地缘的安全屏障和地盘的集权控制,对于军阀们生存和做强的重要性。广西位于西南边陲,境内群山绵绵,从来不是各地军阀的争夺目标,但是其位置偏远和相对孤立,也为胸怀大志的地方强人们提供了必要条件,使其得以建立自己的独立王国,并以此为基地,在变得足够强大之后,开始觊觎全国。民国时期广西的军事强人最初是陆荣廷(1859—1928),自1911年起,便以督军身份统治该省长达十年,后来因其成功剿匪和维持地方安宁,而被当地人感念。陆于1917年打败广东的竞争对手,统治这一邻省长达三年,其影响力也达到鼎盛时期。然而,广西作为其根据地毕竟资源有限,制约了他的军事扩张,很大程度上导致他无力面对广东新兴势力的竞争(其核心指挥官的倒戈对他更是致命一击)。相比之下,1924年以后取代他统治广西的新军阀们显得更加成功。

不像其他各省军阀为了独自控制某块地盘而相互争夺,广西的几位新强人,即李宗仁(1891—1969)、白崇禧(1893—1966)和黄绍竑(1895—1966),却能非同寻常地联手合作,共同打造一支统一的政治军事力量——事实上,广西的有限地盘和资源,使得他们中的任何一位都无法经得起内耗;因此,对于他们来说,最好的生存策略就是合为一体。[1] 新桂系非常清楚，这个贫穷省份的有限收入极大地削弱了他们的军事潜力，所以他们采取了与阎锡山在山西截然不同的办法，来积蓄其财政和军事实力。这个办法被总结为“三自政策”：一是“自卫”，即军事建设。由于缺乏足够的财政收入来支撑一支相当规模的常备军，他们选取社会军事化路径，推行所谓“三寓政策”，即“寓兵于团”“寓将于学”“寓征于募”。因此，在标志着全面抗日开始的1937年卢沟桥事变爆发后，广西成为全国动员最快的省份，两个月内即招满足够的士兵，组建4个军和40个团，便不出人意料（*LZR*：505）。二是“自治”，旨在通过清除腐败官员、培养合格干部，更重要的是，在保甲制度下重建乡村社会，其中乡长或村长兼任学校校长和民团头领，力图建立一个廉洁高效的政府。三是“自给”，即致力于投资制造业、采矿业和交通项目，推动义务教育和高等教育，发展林业和农业（*LZR*：196—198；谭肇毅2009，2010）。有研究者提出，桂系的这套做法，不宜简单等同于区域主义（regionalism），因为其目标是使广西成为“一场民族主义运动的一部分”；这些桂系领导人既是区域主义者，又是民族主义者，相信“有层次的民族主义”理念，即以当时的区域主义作为手段，以达到未来的民族主义目标（Lary 1975：211—213）。

---

① 在某种程度上，这三个强人能够通力合作，也因为他们各自性格的完美互补。据说李仁慈、宽容、慷慨，使他成为一位很受欢迎的政治领袖；白口才流利、足智多谋、坚决果断，使其成为一名出众的军事指挥官；黄注重细节、讲求实际，使其成为一个很好的执行者（王玉贵1996：76）。

赢家与输家

因此,奉系、晋系和桂系的成功,主要在其长期经营固定地盘和由此所产生的财政实力;它们均用尽一切办法,尽可能多地创造税收。除了征收田赋和货物税等传统办法,它们均致力于投资现代工业和交通运输,皆利用了现代金融工具来额外创收。但是奉系与晋、桂两系在地理面积和经济规模上的差异巨大,也意味着它们各自的政权建设和军事扩张道路大相径庭。在广袤的满洲地区,现代工业和交通的快速发展,以及大量的工业产出,使得奉系有可能主要依靠货物税和营业税,而不是田赋,来支撑其财政收入。1925 年,来源于货物和其他非农业部门的税收达到 1660 万元,是田赋的整整两倍。相形之下,山西和广西尽管也有工业化的努力,但其经济仍然以农业为主。因此,在广西,来自货物和非农业部门的税收,只相当于其田赋收入的约 73%;在山西,更低至 23%(表 8)。更令人惊讶的是奉系与晋、桂两系在全年税收绝对值上的对比。1925 年,奉系三省的财政收入总计为 2730 万元,而晋系只有约 730 万元,桂系不足 410 万元(表 8)。所有这些,当然只是预算的数字,可能低于各自的实际收入,但却显示了它们之间的差距。因此,奉系能够在军事方面花费更多,1925 年的军费预算超过2100万元,大约是晋系和桂系军费的三倍,便不足为奇。对这两个较小的派系来说,由于缺乏足够的军费,军事建设不得不借助社会军事化这样一种更省钱的办法,即整编乡村人口,广泛建立民团,使其随时可供动员和招募。

与赢家们形成鲜明对比的,是那些因缺乏前者所拥有的上述各种优势而失利的军阀派系或省份。其中之一是吴佩孚(1874—1939)。吴在清末从保定陆军速成学堂毕业后,由低级军官做起,跟随北洋将领曹锟,最终上升为直系首领,到1920年代中期势力最强时曾拥兵数十万,纵横中原各省。但是,吴始终没有一个属于自己的稳定地盘。尽管他在自己所控制的辖区内不择手段地征税,但其"财政状况一直十分吃紧"(Wou 1978:55—80),最终在各路势力的角逐中败北。更典型的例子是冯玉祥(1882—1948)。他在1920年代末达到事业顶峰时,曾拥有一支四十多万人的军队,控制了华北和西北的大部分地区。然而,冯的最大弱点,同样在于缺乏一个牢固可靠的基地来支撑其军队。其军队从未在任何一块地方连续驻守超过三年或四年,因此无法认真经营地盘,改变当地的经济社会状态(Sheridan 1966)。尽管他曾尝试过各种办法,比如截留盐税、提高铁路运输费、在占领区强制出售公债(刘敬忠 2004:79—82,104—105,275,316,356—357),但一直未能有效解决士兵给养问题。冯玉祥之所以能够扩张军力并纵横十余年,直至1930年其军队才最终瓦解,部分原因在于他的策略具有高度投机性,在与其他派系交手的过程中频繁地倒戈、结盟、分裂、重组,但最重要的是1925年后获得苏联的慷慨援助。① 在苏联切断其供应之后,冯的竞争力迅速衰退。除财政破产这一因素外,同样致命的是其所控制的区域支离破碎,因而冯从未能够认真整编所属各军、师、旅,加以集中控制(同上:342,397—400)。

---

① 到1926年8月止,苏联给冯玉祥的军队提供了31 500支步枪,5100万发子弹,272支机关枪,60架大炮,58 000发炮弹,还有10架飞机(刘敬忠 2004:369)。

与那些成功的派系形成鲜明对比的第三个例子,是四川的各支军阀。事实上,四川有着产生一个具全国竞争力的强势军阀的理想条件。该省地处西南边陲,有群山包围,与其他省份相对隔绝,而其内部大面积的盆地是中国最肥沃的地区之一,有着高度发达的农业和高度密集的人口。因此,在全国各省中,四川的耕地面积最大(1.51 亿亩),人口最多(4700 万)(*TJTY*,1946:2,14)。该省的政府年度预算一直位居全国第二,在 1910 年代末和 1920 年代约为 1250 万两,仅次于江苏省(贾士毅 1932:139;见表 8)。然而,正因为其面积如此之大,又是如此重要的税源和士兵来源,省内省外的各路军阀都想各分一杯羹,结果没有任何一路军阀可以独占全省。经过辛亥革命后的常年竞争和混乱之后,到 1918 和 1919 年,出现所谓"防区制",使该省变得支离破碎。在这个制度下,全省被分成十五个(或更多)的防区,每个防区有若干个县(少则 9 或 10 个县,最多的达 33 县)。各防区的部队给养均靠区内的税收。四川南部和成都市周围的大多数防区,落入来自邻省云南和贵州的军阀之手;其余防区则归四川本地势力。尽管有一个省政府存在,但各防区的军阀都把所占地盘变成自己的独立王国,自行委任区内的政府官员、征税并截留那些本应解送省政府或中央的税款。为保卫或扩大所在的防区,各路军阀年复一年地你争我夺;因此,四川的军事开销也是全国最高的,在 1925 年超过 2600 万元,是当年全省财政预算的两倍。四川的分裂和混乱一直持续到 1935 年,才归国民党政府统一控制。[①] 在此之前,行政和军事的分裂,使得

① 事实上,此后中央的控制力仍然有限。至 1938 年刘湘死时,军阀主义依然在四川盛行(Kapp 1973:136—141)。

任何一个四川军阀都无力在国内政治中发挥与该省的财富和人口相匹配的影响力。

最后，让我们来看看在帝制和民国时期富甲全国的江苏省。在1910年代末和1920年代初，该省预算收入超过1600万元，远远高于其他各省，而其实际财政收入也与预算相差无几，每年约在1500万元，这还不包括从该省拨出的海关税和盐税（总额超过2000万元）（沈嘉荣1993：292）。但是有两个因素阻碍该省成为全国范围内强大的军事竞争者。第一是地缘格局。江苏地处长江下游，平原遍布，与邻近各省之间没有任何地理障碍可以用来隔绝和保护自己。作为中国最富饶的省份，它是外来军阀们争相控制的目标，但是由于各派系对该省竞相争夺，因此没有任何一个军阀能够长期独霸江苏。令军阀们无法以集权的方式控制江苏的第二个因素，是该省存在一个强有力的绅商阶层，对军阀们试图从该省榨取过多税收进行了有效抵制。从民初至1927年，为了维持其合法性，统治江苏的军阀们一直很注意地方精英的舆论，偶尔会向后者让步。当地士绅们提出所谓"军民分治""苏人治苏"的诉求，试图阻止督军干涉省内行政事务，尤其是省政府的关键职位（包括省长和财政厅长）的任命，坚持认为应由江苏本省人而不是由军阀强人来充任。江苏绅商的顽强抵抗极大地限制了军阀们榨取地方资源和扩张势力的空间；也正因为这一事实，尽管该省的财政收入高于其他各省，但它在1919年的军费开支预算却只有390万元，占财政收入的23%；1925年为610万元，占财政收入的36%，仅相当于同年四川省军费开支的23%。相比之下，1919年和1925年全国的军事开支分别占政府收入的46%和105%（贾士毅1932：140；另见表8）。

为何国民党势力胜出?

最后,让我们来看看广东的情况,这个南部省份的经济繁荣和政府税收仅次于江苏。孙中山于1917年8月起任广州军政府大元帅,1921年4月后任民国“非常大总统”,影响力仅及广东和广西。他努力要建立一支强大的军队,以消除军阀和统一中国,但在1925年3月去世前,这种努力屡次失败。不过,仅仅在他去世一年后,国民革命军便开始北伐,并且出人意料地,仅用十个月不到的时间,即打败了长江中下游的军阀,进一步北上清除了关内的奉系势力,于1928年6月推翻北京政府。1928年12月,东北军阀张学良(1901—2001)宣告易帜,服从新成立的南京国民政府,孙中山统一中国的梦想,终于变成现实。

国民革命军不同于军阀武装的地方,在其受苏俄的影响,用政党加强军队的凝聚力,以党代表制消除军阀式的自行其是,避免军权分裂,同时注重以反帝、反军阀的意识形态灌输士兵,力图克服下级对上级的私人忠诚,使部队成为所谓“党军”(McCord 1993:313—315)。但国民革命军能够在北伐中一路取胜,最主要的原因还是其无可匹敌的财政实力。其财力的发展分三个重要步骤。第一步,当然是在广东建立一个牢固的财政—军事政权,使国民党势力得以发动北伐,并在数月内占领华南的大部分和长江中下游流域。第二步,是在占领上海后与江浙财阀结盟,使国民党有可能通过不断出售公债来迅速增加财政收入,为国民党持续北伐提供补给。第三步,是在1928年12月统一全国后,恢复中国的关税自主,并很快使关税成为中央政府最重要的财源(1920年代末和1930年代初约占其全部岁入的60%)。

广东与北伐

孙中山在广东屡遭失败,部分原因在其过于依赖军阀势力,而没有自己的军队。他先是寻求广西军阀的支持,然而后者在控制了军政府之后,反而把他架空;后来他又转向军阀陈炯明(1878—1933),结果陈坚决反对他的北伐主张,只想在当地经营地盘。孙还曾于1922年末试图联合奉系来打击直系,后来又在冯玉祥于1924年10月打败军阀吴佩孚并结束直系对北京政府的控制之后,试图与冯联盟。正是在接受冯玉祥和其他强人的邀请、为了完成统一中国的使命而赶赴北京的途中,孙中山过世了,给自己的追随者留下"革命尚未成功,同志仍需努力"的遗嘱。

然而,导致孙失败的一个更根本的原因,是1925年前其政府没有能力创造足够的财政收入,而这又与1920年代初广东支离破碎的政治地图有关。1923年2月,孙在广西和云南军队的帮助下打败陈炯明,回到广州,发现自己的命令只在广州一地有效;广东的其他部分要么在陈的余部控制之下,要么在云南、广西、湖南甚至远至河南的军队手中。结果,他的政府在1924年上半年只征收到460万元的税款,多半是通过商人包税获得的,而财政部长们也因为在增加税收上的巨大困难,一个接一个地辞职。孙的军事建设的转折点之一,是1923年5月后获得来自苏俄的财政援助和军事供应,包括1924年200万卢布的贷款,1925年价值280万卢布和

1926年至少284万卢布的各种援助(朱洪2007)。苏俄的援助，使孙有能力在1924年5月创立黄埔军校，部署新组建的部队，包括军校学生，于1925年2月和10月先后展开两次"东征"，最终击败了陈炯明和其他军阀势力，将全省置于国民党政权的控制之下。

统一广东之后，国民党政权的财政收入逐年激增。例如，在1925年，随着国民党迅速扩大对该省的控制，其税收从上半年的大约400万元增至下半年的1220万元，全年税收超过1600万元，是1924年水平(860万元)的近两倍。在接下来的两年，国民党在广东的财政收入，增长更为显著，1926年为6900万元，1927年达9650万元，是1924年的十倍多，也是清末数年广东省岁入(3740万两)的2.4倍(秦庆钧1982)。[①] 不过，全省的统一，并非国民党财政收入暴涨的唯一原因。另一个更为重要的因素，是宋子文(1894—1971)所采取的一系列财政措施。宋是哥伦比亚大学的经济学博士，1925年9月担任国民党政权的财政部长和广东省财政厅长。他所实行的措施可以分成以下几类(*MGDA*,4:1400—1404;秦庆钧1982):

(1)政府财政收支的集中化，例如:

- 从驻守各地的部队手中接管征税权;
- 终止商人包税;
- 禁止各军政机构截留税款;
- 向新占领区域派员建立地方财政机构，直接对省政府负责。

(2)征税机构的科层化，例如:

① 一两白银在1910年相当于1.09银元。

• 将现有的各自为政的印花税、赌博税、禁烟税征收机关,归财政部统一管理;

• 在财政部内建立统计部,以增强会计和审计能力;

• 建立一个全省范围内的武装来稽查商品走私;

• 最重要的是,通过公开考试的方式招聘财政部公务员,并惩罚官员的腐败行为。

(3)税收主要来源的整顿,例如:

• 调整印花销售渠道,对酒精和鞭炮征收印花税,并对所有商品的印花使用加以标准化(1926 年的印花税年度收入,因此从原来的 60 万元增加到 304 万元);

• 对煤油征收特别税(在 1926 年下半年创造了 200 万元收入);

• 调查沿海的沙地并征税(结果年度增额超过 100 万元);

• 通过禁止走私,垄断鸦片销售(结果该项来源的半年收入从 1925 年的 200 万元增至次年的 900 万余元);

• 调查并审计对所有国内货物的厘金征收,1926 年 1 月增加税率 20%,次月再增加 30%(该项来源的年度收入因此在 1926 年增加了两倍,达到近 1600 万元);

• 对所有货物征收"国内税",普通商品税率为 2.5%,奢侈品税率为 5%(始于 1926 年底,每年约征收 500 万元);

• 发售公债(到 1926 年 9 月总额达 2428 万元),以取代过去靠中央银行发行大额纸币,从而保障了银行信用,也避免了通货膨胀。

这是一个令人印象深刻的清单。这些措施汇聚在一起,创造了一个集权的、有效率的行政管理体系,能够充分调动全省的财政资源(该省的经济繁荣程度仅次于江苏,而在国内和对外贸易上甚至比后者更发达)。这些措施所产生的结果令人惊讶。自从宋担任财政部长,仅仅两年时间,广东省的年度税收增加了十多倍,到1927年已超过9000万元。相较于参与武力竞争的国内其他各派势力,国民党的财力是最雄厚的。

多年以来,奉系曾独占鳌头,1920年代中期满洲三省的年度财政收入超过2700万元,使其在所有军阀势力中最具竞争力,在1924年打败直系并控制北京政府以后,在华北已无任何对手。但是国民党势力在广东的崛起改变了这一局势,而支撑国民党势力迅速崛起的,则是宋子文所推动和建立的一个高度集中且富有效率的财政机器,调动了该省的财政资源,并使其发挥到极致。

宋在广东的财政手段是强硬的。厘金和杂税,作为该省的最大财源,覆盖了几乎所有种类的商品和服务,且税率之高前所未见。1925年以后统治广西、后来加入北伐的李宗仁,因此如实地把宋在广东的措施描绘为“竭泽而渔”“横征暴敛”(李宗仁 1995:251)。然而,宋的政策的确奏效。这些措施所产生的充足收入,为国民党军队在1926年北伐并在战场上迅速成功,提供了不可或缺的财政支撑。根据宋子文的一份财政状况报告,1925年10月至1926年9月,广东国民政府的财政收入总额达8020万元,其开支也增至7830万元,其中6130万元(占78.3%)用于军事。直到1926年11月,当国民党势力完全占据湖南、江西、福建和湖北省,并准备挺进河南和长江下游区域时,广东省依然是国民党势力财政收入的唯一来源。在北伐进入河南、浙江和江苏之后,每月的军事和战争开支增加了 730 万元（*MGDA*，1.1：518）。宋因此得意地声称，"惟历来革命根据地惟有广东一省，以一省而供给中国全国革命之需用。最近纵横中原，北伐经费，全赖广东"（吴景平 1992：43）。无疑，北伐的成功与各种因素有关，包括国民党军队高涨的士气和严格的纪律以及民众的支持，还有来自广西的军队和来自西北的冯玉祥部队的合作，另一方面，也由于长江中下游的军阀们之间缺乏协调。但是国民党军队之所以能够在战场上保持战力并获得胜利，关键在于其兵力的迅速扩充（从北伐开始时的 13 万人迅速发展到 1927 年初的 55 万人），武器和弹药的充足供应，以及对士兵们的慷慨津贴（曾宪林等 1991：73，197）；如果没有来自广东省的无可匹敌的财政收入，至 1927 年初一直在支撑着国民党军队，所有这些均不可能发生。

武汉国民政府之困境

国民党军队在 1926 年末对湖北的控制，更重要的是 1927 年 3 月对上海的占领，改变了供应北伐的路径。1927 年 1 月国民政府从广州迁到武汉后不久，湖北便取代广东成为其财政收入的主要来源。在财政部长宋子文看来，在支撑了一年的北伐之后，广东已是"孔需亟矣，罗掘俱穷"；因此，让国民政府控制下的其他各省与广东一起共同分担财政负担，势在必行（吴景平 1992：43，61）。由于广东不再是其财政收入的重要来源，而在占领区实现财政统一之前，其他省又不愿意贡献其财政收入，所以武汉国民政府只能靠湖北一省作为其税收的主要来源。为了扩大政府收入，宋在湖北尝试了许多曾在广东成功的措施。不幸的是,湖北的情况相当不同。在经受了不同军阀派系之间十余年的连年混战之后,该省的经济已经凋敝不堪,有待恢复;因此,尽管在湖北施行了与广东相近的措施,武汉国民政府在 1926 年 9 月到 1927 年 9 月间,只能从各种税收中获得约 1900 万元的财政收入(贾士毅 1932:114—116),仅相当于广东政府在 1926 年 9 月以前通过征税所获岁入的 34%(同上:112)。结果,武汉政府不得不依靠发行公债、向银行借款、印刷纸币作为其财政收入的主要来源(占同期财政收入总额的 84.5%)。

然而,在牢固控制该省之前,武汉国民政府很难获得当地商业和金融精英的合作。由于跟南京的国民党势力关系趋于紧张,并遭到后者的贸易禁运,其财政更加吃紧。武汉政府因此不得不采取极端措施,禁止现金流出武汉,市面上只许使用武汉政府印制的纸币。但这些举措只会疏离本地商业精英,引发通货膨胀,使经济状况进一步恶化(*MGDA*,4:1485—1486;杨天石 1996:420—427)。在丧失了财政信用之后,武汉政府要通过发行公债或印刷纸币来筹集资金,则越发困难;它很快便放弃了与华北军阀和长江下游国民党势力的竞争。

北伐之推进

国民党内部左右两派之间的裂痕,早在北伐之前便已显现。大体来说,左派聚集在汪精卫(1883—1944)周围。汪在 1925 年 7 月出任广东国民政府首脑,1927 年 4 月旅法归来后成为武汉国民政府主席，坚持在其政府和军队中跟共产党合作。而以国民革命军总司令蒋介石为首的右派，则反对共产党的激进主义和国共统一战线。两派之间的紧张关系在北伐期间逐渐加剧，并在 1927 年 3 月占领上海之后，发展成为武汉国民政府与蒋于 1927 年 4 月 18 日在南京成立的国民政府之间的公开对抗。蒋对自己所控制的城市中的共产党人进行了清洗。1927 年底，经过几个月的努力，蒋在国民党内巩固了自己的权力，最终战胜了国民党左派，于 1928 年 1 月恢复了总司令的职位，并在三个月之后重新开始北伐。

蒋之所以能够崛起为国民党的新领袖，并在随后的北伐中战胜华北军阀，最重要的原因是他控制了上海以及全国最富庶的长江下游地区，因而能够充分利用这一区域丰富的财政资源。

蒋出生于浙江，曾于 1920—1921 年在上海证券物品交易所做过经纪人，该交易所由曾做过上海总商会会长的虞洽卿（1867—1945）经营；这些背景对他与那些多来自浙江的上海财阀们建立联系非常关键。为了与蒋合作，虞很快于 1927 年 3 月创立了上海商业联合会，以取代曾经支持过军阀孙传芳的组织紊乱的上海总商会，并表示他对蒋的国民党军队的公开支持。蒋抵达上海后，便采取行动清除共产党，逮捕和杀害了上百人。在 1927 年 4 月南京国民政府成立两天之后，蒋正式成立苏沪财政委员会，其中 15 名成员中有 10 位系来自上海和江苏的商业和金融领袖，并由上海银行联合会主席陈光甫（1881—1976）任主任委员，其主要职责便是为国民政府筹集资金。作为交换，蒋允许该委员会在任命和管理国民政府的所有财政机构上有完全的自主权（吴景平 1992：58—59）。委员会的第一个举措，是在 1927 年 4 月向蒋介石提供两笔短期贷款,均为300万元贷款(SSL:57—59)。更大的一项举措,是支持国民政府在1927年5月发行3000万元的公债,由政府今后通过提高海关税率2.5%所获得的额外收入作为担保;并为此设立了一个由14人组成的委员会,成员多为来自江浙的商业领袖,来管理通过发行国债募集的资金(*SSL*:74—75)。1927年10月,国民政府又发行了2400万元国债,仍以海关税新增收入作为担保(*MGDA*,5.1.1:521—522)。

然而,销售如此巨额的国债,对蒋和购买者都是一项巨大挑战。对蒋来说,出售公债,及时募集足够的资金,“军政党务之命脉全在于此”;要维持新成立的南京政府,巩固对江浙的军事控制,都急需大量资金。为此,蒋在1927年5月写信求助于陈光甫:“党国存亡,民族荣辱,全在此举(指出售政府公债)。”(*SSL*:110)而银行家和企业主们则试图以各种借口减少或拖延购买被分摊的公债。因此,蒋不断采取强制性措施。例如,面对公债出售进展缓慢的局势,他强迫中国银行上海分行预付1000万元以满足军事开销的紧急需求;对曾为武汉国民政府提供资金的该分行经理,以“阻碍革命”和“有意附逆”的罪名相威胁(王正华2002:105)。对于那些未按要求购买足够公债的企业主,他下令逮捕企业主本人或其家人,还以其曾资助军阀的反革命活动为借口将其财产充公(Coble 1986:32—35)。这些胁迫手段对于他榨取想要的资金只能一时有效,不能成为其筹措资金的常规办法。因此,当1927年10月销售另一笔4000万元公债时,因购买系自愿行为,进展极为缓慢。身陷与武汉国民政府旷日持久的对抗,加上北伐部队出师不利,在徐州被北方军阀击败,不得不撤退到长江南部,蒋只好在1927年8月暂时辞去总司令职位,让武汉和南京之间有时间进行和解,也使自己有时间重新建立起与上海财阀之间的私人联系(同上:32—35)。

不出众人所料,蒋在1928年1月重新上台,此时的局面已大为改观:武汉国民政府成员已前往南京,加入那里的国民政府,蒋本人也于1927年12月与宋美龄完婚,成为宋子文的妹夫,最重要的是,宋子文在蒋恢复总司令职位之前,便已接受了南京政府的财政部长职位。有了宋的帮助,南京政府的财政状况在1928年迅速改善。自出任财政部长六个月之后,通过银行贷款、出售公债以及征税,宋子文为国民政府筹集资金计达1.9亿元!(*MGDA*,5.1.1:520—521)这笔巨额资金使得蒋可以再度北伐,并于1928年4月在北方各省对奉系发动全面攻势。在战争高潮期间,宋被要求每5天提供160万元。事实上,他做到了,而且所筹集的资金远多于规定数额(贾士毅1932:216)。

国民革命军于6月占领北京,北伐至此达到顶峰。南京国民政府因此于1928年6月15日正式宣告全国统一。然而,这更多地是反映了国民党的政治决心,而非国家的现实,因为奉系虽从北京撤退,却仍控制着东北三省。要挺进满洲的广大地区,击败奉系军队,这将是国民党人最具挑战性的任务。幸运的是,曾抵制日本迫切要求控制满洲的张作霖,于1928年6月4日死于日本关东军所策划的爆炸中,其子张学良成为奉系的新领袖,于1928年12月29日正式接受南京政府的领导,全国各省由此正式统一于蒋介石麾下。

走向国家统一

军事统一

接下来数年国内政局的发展,很快证明1928年只是在名义上完成了国家统一。北伐期间,为了实现统一中国的目标,国民党军队确实清除了其直接的敌人,即长江中下游的直系军阀势力,也击败了华北的奉系势力。为了做到这些,国民党也不得不与其他军阀做出妥协,只要他们跟国民党合作,承认南京政府,并接受蒋介石的领袖地位,便可保留其原有的地盘、军队和财政资源。因此,1928年以后的中国仍然是分裂的。占据各省的军事力量分为以下四个集团:

(1)第一军,即"中央军",约50万人,受总司令蒋介石的直接控制,占据江苏、安徽、江西、浙江和福建等省;

(2)第二军,即"西北军",42万人,由冯玉祥指挥,控制陕西、甘肃、宁夏、河南和山东等省;

(3)第三军,超过20万人,在晋系阎锡山控制之下,驻守山西、河北、察哈尔和绥远等省以及北京市和天津市;

(4)第四军,超过20万人,由桂系李宗仁领导,驻守广西、湖南和湖北。

然而,蒋介石的中央军与其他三股地方势力之间,不久即因蒋在1929年初提出的"国军编遣"计划产生了分歧。他们之间的公开对抗很快演化为战争。对蒋来说,军事的统一和集权,对于在中国建立一个现代国家，是必不可少的。① 蒋介石用日本的先例，即各地大名在联手推翻德川幕府后，将版籍和军队奉还明治政府，劝说那些曾一同推翻北京政府的地方军事领袖，再次合作以执行编遣计划。不幸的是，南京政府既没有明治政府那样的权威，也没有那样的资源。对冯、阎、李来说，蒋只不过在诸多平辈中排第一位而已，并非凌驾于他们之上。因此，谁也不愿意牺牲自己的军队，来参与只对蒋有利的整编。真正的统一，只有在这些地方势力被武力征服之后才有可能。

战争首先于 1929 年 3 月在蒋的中央军与李宗仁的桂军之间爆发，起因是李宗仁未经蒋允许，便撤换了湖南省长，以加强对该省的控制。战事很快于次月结束，李遭挫败并撤回广西。冯玉祥一直不满于蒋限制其向河北和山东扩张，因此在 1929 年 10 月发动另一场反蒋战争，但于次月迅速失败。打败李、冯之后，蒋将其控制区域扩展到湖南、广东，以及河南和安徽部分地区。第三场也是最大的一场战争爆发于 1930 年 5 月，一方是蒋介石超过 90 万人的军队，另一方则是阎、冯、李的军事联盟。由于张学良站在蒋的一边，并在 9 月将东北军派往关内，决定性地改变了交战双方的军事平衡，蒋再次赢得了战争。战争的结果，冯的西北军遭完全解散，桂系和晋系残余力量撤退到各自原籍省份，再也没有能力挑战中央政府。

各路地方军事领袖屡遭失败，一个很明显的原因在于彼此之间缺乏协调，在与蒋的中央军对抗时内部频繁发生倒戈，而这又跟

---

① 在 1929 年 1 月 1 日国军编遣委员会的第一次大会上，蒋作了以下发言："要造成现代式国家的条件是什么？即是一、统一；二、集中。"（*GMWX*，24：4—6）

这些地方势力之间的利益和目标不一致、以及各地方势力本身的成分复杂、组织散乱有关。但是,导致蒋在战场上取得成功最重要的原因,是南京政府与其对手之间在财力和兵力上相差悬殊。在地方军中间,冯玉祥人多势众,却立足于最贫穷的西北省份;因此,他参加反蒋战争的主要目标,是要把地盘扩展到更富有的河北和山东省,并占据华北的主要城市(北京和天津)。可是,由于没有多少资源可以支撑其大规模的军队,他只好让士兵和军官们的津贴及生活标准都处于很低的水平,这反过来影响到西北军的整个士气。阎锡山的军队是地方派系中装备最精良的,但是1930年的反蒋战争规模太大,来自省内的有限财政资源不足以支撑其参战;阎试图通过发行600万元的"战时通用票"来筹集更多经费用于战争,然而,相较于战争的巨大开销,这不过是杯水车薪。李宗仁的军队在1929年蒋桂战争失败后,退踞贫穷偏远的广西,在三支地方势力中规模最小,参加1930年反蒋战争时只有5万士兵。

南京政府之实力所在

不同于反蒋各方之财枯力竭,南京国民政府的强项,恰恰在于它控制了中国最富庶的省份(包括1929年前的江苏、浙江和江西,以及此后的广东和湖南),尤其是财阀聚集的上海,从而掌握了国内最大的税源和公债发行渠道。而对国民政府的财政起着更为重要的支撑作用的,则是海关税和盐税收入的巨额增长。使之成为可能的,首在中国关税自主权的恢复。1858年签订《天津条约》后的七十年间,晚清和民国初年政府所征收的进口商品关税税率,原则上一直限定为货物价值的 5%，而实际征收时只有约 3%。1910 年末和 1920 年初，北京政府力图恢复中国关税自主，在 1925 年的北京国际关税会议上几乎取得成功，十三个与会国同意允许中国自 1929 年起关税自主。国民党政权同样以关税自主作为国民革命的目标之一。因此，南京政府在 1928 年与十二个西方国家（1930 年再与日本）签订新约，宣布原有关税协定无效，确认中国完全关税自主。1929 年 2 月 1 日，新的关税规定生效，进口商品的海关税上升为 7.5% 至 27.5% 不等，后于 1931 年调整到 5%—50%，1933 年后某些商品的税率则高达 80%（吴景平 1992：106—107）。结果，海关税收入急剧上升，从 1928 年的 1.34 亿元增至 1929 年的 2.45 亿元，1930 年的 2.92 亿元，1931 年更达 3.87 亿元（1931 年日本占领满洲，导致随后数年降至每年 3 亿元左右）（*MGDA*，5.1.1：547—548）。

对南京政府保持财政实力同样重要的是整顿盐税征收。袁世凯政府在 1913 年向外国银行团举借"善后大借款"，条件便是以中国的盐税作为担保，并为此重新组织盐税征收机构，每一级均由一外国人和一华人共同管理，所有的盐税收入均存入指定的外国银行，首先用来偿还借款，剩下的款项（"盐余"）才可汇解中国政府。为重申中国对盐税征收的主权，国民政府曾废除这种华洋共管制度，1927 年后建立了一套新的制度，总部设在上海，但新制导致行政效率低下和盐税收入减少。为纠正此一问题，财政部长宋子文只好重新任用大部分原来的华洋管理者，因为他们的专业水准有目共睹；但不再把盐税征收与偿还外债挂钩，而是由财政部来履行偿还外债职责。所有的盐税收入均存入中国银行，完全由国民政府控制。与此同时,宋的财政部还做出了一系列努力,使各地盐税税率合理化,并整顿盐税征收的管理和审计机构,在全国范围内重建税警,稽查私盐。1931 年,推行只在盐产地征税的新政,取消了过去凭盐引在指定地区垄断销售的做法;到 1937 年,这项新政已推广到全国 60% 的城镇。结果,政府的盐税收入直线上升,从 1928 年的约 2950 万元增长到 1929 年的 1.221 亿元,1930 年的 1.505 亿元,以及 1936 年的 2.474 亿元(表 10;另见 Young 1971:56)。[①]

1928 年以后南京政府财政收入的迅速增长,导致其与地方势力之间在财政实力上差距日渐拉大。这在很大程度上解释了蒋在战场上的成功。军事预算占了 1929—1931 年政府开支的约 44% 到 45%(杨荫溥 1985:70),使蒋能够从德国进口大量先进武器;因此,中央军之装备精良,远胜于地方上各支军队。1929 年初蒋桂战争期间,为了拉拢冯玉祥,蒋答应向冯提供财政援助和军事装备。他给李宗仁部队的高级军官提供的丰厚现洋奖励,也加速了他们的倒戈以及李在战争中的失败。后来,在 1929 年末准备与冯玉祥开战时,蒋成功收买了韩复榘和石友三,导致这两位冯方最为得力的将领率领十万余兵力离开冯,从根本上破坏了西北军的战力。最后,在 1930 年中原大战中,蒋在兵力和财力上都胜过了对手。而且,在持续六个月的战争中,阎、冯和李的三方联盟每月只花费约 1000万元,而蒋方的军队每月耗费大约 3000 万元(张皓 2008:116)。因此,蒋能给自己的将士们提供高额的奖赏,有效地鼓舞了他们在战场上的士气(比如他 1930 年 8 月 24 日允诺,最先攻下洛

① 关于国民政府盐税收入的另一组数据如下:1928 年 5400 万元,1929 年 8500 万元,1930 年 1.3 亿元,1936 年 2.18 亿元(*GMDA*,5.1.1:551)。

阳和郑州的部队可获得一百万元的奖赏；最先攻下附近巩县的部队，可获得二十万元的奖赏。见李静之 1984：226）。然而，导致蒋在 1930 年大战中取胜最重要的一步，是张学良决定站在他这一边。这之所以成为可能，也是因为蒋答应给张提供 500 万元作为东北军的开销，还答应让宋子文为其筹集 1000 万元公债（陈进金 2000：12）。

因此，蒋的雄厚财力，对他制服地方势力和统一全国，起了关键作用。蒋自己的观察最为清楚地说明了他在挫败三次反蒋战争前后中国政治局势的鲜明对比。1929 年 3 月，在蒋桂战争前夕，蒋写道："中国已真正统一了么？我们只要看一看实际政治状况，就可以断定中国实际上还没有统一……"（*SSJY*，1929，1—4 月：727）而在中原大战结束后，蒋于 1930 年 11 月 12 日得意地说："深信本党统一中国之局势已经形成，叛党乱国之徒，今后决无能再起。"（转引自郭绪印 1992：193）说中国到 1930 年末已变成一个政治和军事上统一的国家，远非事实；从广西、云南、四川到山西和东北三省，所有这些边陲省份，均尚未完全纳入中央政府控制下的行政和军事体系，更不用说共产党所控制的为数众多的根据地，已趁蒋桂、蒋冯、中原大战之机获得迅速扩张。然而，1930 年后，蒋确实牢固建立了凌驾于各省之上的最高政治和军事地位；再也没有任何一支地方派系或省级领导敢公开挑战中央政府的权威。自 1850 年代以来政治分裂和军权下移的长期趋势，到 1930 年终于被止住，并且在此之后被颠倒过来；在蒋介石的领导下，中国正朝着建立一个中央集权的现代国家的目标，义无反顾地向前迈进。

财政统一

就现代国家的建立而言,财政资源的统一与军事权力的集中同样重要。回溯过去在广东的日子,宋子文在一省范围内集中财政资源方面所取得的惊人成功,对国民党势力在北伐期间快速崛起十分关键。然而,在完全制服各支地方势力之前,南京国民政府要在全国建立一个统一的财政体系仍面临巨大障碍。南京政府成立后的最初几年,只有三省(江苏、浙江和安徽)在其直接控制之下,可从这些省份获得每月大约 400 万元的常规税款。在全国其他地区,征税权仍掌握在各省或更低一级的地方政府手里;它们截留了自己所征得的所有税款,对于中央政府与财政事务相关的各项任命和政策,只要不符合其利益,便加以拒绝。

1930 年以后,南京政府为统一财政所采取的最大胆和最成功的步骤,是废除厘金,代之以"统税"。厘金长期被视为国内工商业发展的一个重大阻碍(另一障碍当然是 19 世纪清政府与列强条约中所确定的固定关税,税率之低,使得进口商品价格比国内商品更具竞争力),因为货物在运往目的地的途中,每经过一道厘卡,都需要缴纳一次厘金。沉重的厘金负担因此一直被列强作为理由,坚持因循条约中所规定的固定关税条款,拒不同意中国的关税自主。自 1850 年代创设以来,厘金还构成了地方军政当局的重要税源,不受中央的直接控制;清末民初的地方自治也得益于厘金的挹注。在 1910 和 1920 年代的内陆省份,由于资本市场的融资渠道有限或根本不存在,厘金的征收成了当地军阀们最重要的财源。因此,废除厘金不仅对国内工商业的健康发展很有必要，而且对恢复中国关税自主、削弱地方军阀势力的财政基础至关紧要。

南京政府成立后不久，便于1927年7月宣布，将在当年9月1日在长江下游和西南地区的六省废除厘金，但由于各地的战争和局势动荡，三番五次地推迟了这一计划。不过，作为预备步骤，南京政府于1928年2月首先废除了烟草的厘金，并代之以在出厂时征收一次性的27.5%的“统税”（对国内烟草）或海关税（对进口烟草），此后则不再征税，实现自由贸易（吴景平1992：116）；同样的征税政策也于当年施行于面粉贸易。直到1930年底，中央军取得中原大战的决定性胜利，南京政府才宣布于1931年1月1日起在全国范围内废除厘金。曾经依靠厘金维持正常运作的地方政府，转而以销售税和中央政府的补贴作为其财政收入的新来源。为抵消废除厘金后的税收损失，1931年统税的征收扩展到棉纱、火柴和水泥。征收统税的地域，从1928年的5省，增加到1933年15省，1936年20省。来自统税的政府收入，也从1928年的近2769万元，增加到1931年的8868万元，1933年的1.05亿元和1935年的1.52亿元（表7）。因此，统税和海关税、盐税一起，成为1930年代至1937年日本全面侵华之前中央财政收入的三大来源。

比较分析：从区域到全国的建国路径

世界历史上中央集权的统一民族国家的崛起，大体上可分两种不同的路径。一是先行者如英国、法国及其他一些西欧和西北欧国家。这些国家早在10至13世纪便通过征服实现了扩张和巩固其领土的目标,进而形成范围涵盖全国的中央集权的君主制;在接下来的几个世纪,它们通过消除各种中间势力(诸如教士、土地贵族、城市寡头或封建骑士)的自主权,建立常备军以取代雇佣兵,并扩大政府官僚机器,以增强其征税和军备能力,从而将君主对国家的间接统治变成了直接统治,由此巩固了国家权力。另一路径流行于较晚才出现的那些现代民族国家,诸如德国、意大利以及19世纪幸免于欧洲殖民统治的亚洲国家。这些国家在现代国家建设过程中最大的挑战,是其国土四分五裂,多个区域性政权并存,或者由列强间接支配乃至直接统治其部分土地。所以,后进国的国家建设,首先意味着统一国土,扫除外来支配势力。因此,不同于先行者的建国轨迹(即国家权力自上而下地向地方渗透),后进国的国家建设往往是从区域向全国铺展,始于地方财政—军事政权之间的相互竞争,每个地方政权为求生存都致力于行政体系的集中化和军事的现代化,其中最强大的一方,在打败所有竞争对手或者驱逐外国势力之后,最终崛起,建立了全国统治。德国和意大利均沿着此一路径,在1871年次第完成统一;同一年,日本的大名也在推翻幕府后,将各自的领地纷纷奉还新成立的中央政府。对于这些后进国来说,地方势力(德国的普鲁士、意大利的皮德蒙特、日本的萨摩藩)在现代国家建设中起了最具决定性的作用。

作为现代国家建设的后来者,中国走的是第二条道路,即"集中化地方主义"(centralized localism)。它源自晚清的地方化集中主义;人们很容易在太平天国以后军事、财政和用人权力的下移,与民国初年省级军事强人和军阀派系的崛起之间,找到各种直接或间接的联系。但是,它与晚清的地方化集中主义又有着根本的不同。首先，民初的地方势力拥有自己的完全独立于中央的军队、财政乃至行政体系，且这种独立性是公开的、不加掩饰的，甚至是合法的；那些独霸一方的军事强人，都用自己所创设的一套冠冕堂皇的说辞或纲领，为辖区内自成一体的建设项目加以合法化。而19世纪后半期各省督抚的自主性通常都是以一种临时的权宜措施或者掩蔽的、不合法的手法出现的。其次，更为重要的是，它们与中央政权的关系完全不同。晚清的中央政权虽然不能完全掌握地方的财源及那些作为权宜之计而设置的临时机构的用人权，后来也无法控制“新军”内部中下层军官的任免，但是，清廷始终控制了那些封疆大吏以及清末新设置的军政机构关键职位的任免权；对于中央与地方之间的财政收入的再分配以及军队的调配和使用，也有最终的决定权。地方疆吏只能在中央许可或容忍的范围内，在自己的辖区内便宜行事，但绝不能公开对抗中央。归根到底，晚清的中央与地方关系，仍具有“集中主义”的根本特征；地方的自主性是在中央集权的前提下存在和运作的。而民初的地方强人和派系首领，则拥有对辖区内的军事、财政资源和行政体系的完全控制权，可以不听命于中央，甚至公开与中央叫板，以武力推翻当政者，具有“地方主义”的本质特征。最后，也是最为重要的，晚清地方化集中主义，虽然对于整个王朝在内乱和外患中存续下来，甚至一度走向“中兴”至关重要，但是也导致中央对地方的控制变得日益脆弱；一旦掌控地方资源的汉人精英失去对朝廷的认同，这种控制便不再有任何效力，这正是清末最后几年出现的局面。辛亥易帜期间，那些拥兵一方的督抚们纷纷宣告独立，便不足为奇。相比之下，民国早期的地方强人和派系首领虽然不听命于中央，但并不寻求独立,相反,他们均以民族主义为号召,以全国的统一为职志,并往往把阻扰统一、破坏和平当作攻击对方的借口。事实上,实现全国统一,不光光是军阀们为掩饰自己滥用武力的说辞;通过战争手段打败所有对手,也是在分裂和混乱中赖以自存和壮大实力的最佳途径。

因此,满洲、广东和其他省份多个地方政权的崛起,从更为宽广的国家转型视角来看,是中国长达一个世纪之久的国家重建过程中最为重要的突破,开启了中国走上国家权力重新集中和国土重新统一的道路。这些地方势力的国家建设的努力,可以跟世界其他地区的国家建设过程中最令人激动的时刻相提并论。例如,奉系控制下的满洲,如果其发展进程不是受到日本的阻碍并在1930年代初最终被打断,很有可能在统一中国过程中扮演着类似普鲁士在德国的角色。国民党在财政部长宋子文领导下,努力在广东打造一个强大、健全的财政体系,对于国民党崛起于华南起到关键作用,这在很多方面与皮埃蒙特-撒丁王国的财政大臣(后来的首相)加富尔(1810—1861)遥相呼应,后者曾使意大利北方的这个王国在统一整个半岛的过程中起到主导作用。

但是中国至少在以下四个方面不同于其他后进国。第一,它地域辽阔,这意味着必定比其他小规模的国家,有更多的国内竞争对手,在争夺国家统治权;打败所有对手,实现国家统一和权力集中,对于中国的国家建设者来说,是更为艰难的目标。第二,中国的地缘政治环境比其他后进国家更严峻,因为它所面临的威胁来自比中国更强大更富有的列强,尤其是其中的日本,作为极具侵略性的邻居,始终构成中国追求统一的最大障碍。第三,不像德国或意大利，在从事领土扩张和国家统一之前，便已建立了一个强大的集权的地方政权，民国初期的各个地方政权，尽管已在省内的军事建设、经济重建和权力整合方面做出诸多努力，仍只停留在国家建设的最初阶段；它们中的每一个，距离建设一个发达的经济、高效的行政体系和强大的军事机器的目标，都还有很长的路要走。对于从1920年代后期开始统治全国的国民党政权来说，怎样巩固其统治，并将中国变成一个真正统一、集权的民族国家，仍然是接下来几十年最具挑战性的任务。

第四，最为重要的是，在北京政府和南京政府时期国内各支地方势力相互竞争和绞杀的背后，我们还应该看到它们在中国政治统一问题上所结成的共识，其重要性在过去的各种历史叙事中被低估。各支军阀势力在军事上的自主及其对各省的实际控制，本来为它们各自建立独立的主权国家提供了肥沃的土壤，这在现代世界的其他许多地方已经司空见惯。的确，边陲省份的军阀们，尤其是东北三省的张作霖，广西省的陆荣廷和后来的李宗仁、白崇禧，云南省的唐继尧和后来的龙云，以及山西省的阎锡山等，都已经把自己的省份变成了实际上独立的政权，不受中央政府的行政控制。尽管如此，其中却没有任何一个军阀公开挑战中国作为一个领土完整的单一国家的观念。恰恰相反，每当某个军阀或军阀派系对其敌手发起进攻之时，事先总要发表一则通电，攻击对方破坏国家统一，声称自己出兵，正是为了捍卫中国的政治统一和国家利益（*MGDA*，3.2：4，6，63，65，74，79，180，276），或者为了全国的和平和秩序（同上：6，74，181，276），或者为了保卫约法，反对当政派系的独裁和滥权（同上：12，13，15，74，277，383）。在多数时候，这些通电只不过是冠冕堂皇的借口而已,他们的真正意图主要是在扩大地盘,或者阻止对方吞并自己的现有的地盘。不过,各路军阀之间在中国的政治和领土统一上的共识又是真实的;这一共识阻止了其中任何一方公然分裂国家,或将自己掌控的地盘出卖给外国列强,以换取后者的军事援助。事实上,为了使自己的统治正当化,控制中央和地方各省的军阀们都不遗余力地或者至少是摆出姿态捍卫中国的边疆。个别时候,那些控制南方或西南部分省份的地方势力也建立起自己的权力中心,挑战北京的中央政府的合法性,但没有哪一支军阀试图脱离中国,另建一个独立国家。这种致力于中国的政治和领土统一的共识反映了一个事实,即民国时代所有的汉人政治精英,包括那些大大小小的军阀,都继承了帝制时代所遗留下来的关于族群和政治认同的传统价值观,以及晚清以来日渐流行的民族主义观念。因此,尽管民国早期出现旷日持久的政治紊乱和军事竞争,尽管中央政府软弱无力,而国土又如此广袤,其族群和政治构成又如此多样,中国依然能够作为一个单一的政治实体幸存下来,避免了分裂为多个各自独立的国家,避免了把自己的领土割让给外国列强。这不能不说是中国现代历史上的一个奇迹。

第八章　半集中主义的宿命：国民党国家的成长与顿挫

从1920年代到1940年代，中国在国家重建的道路上经历了最严重的挑战和挫折，同时也取得了最重要的突破。除国内地方军事势力的竞争，使得国家统一的进程受阻之外，国外的威胁主要来自日本，其力图在商业和军事上主导东亚的野心，驱使它于1931年占领东北，并在1937年发动全面侵华战争。如果国民党未能在此之前建立一个全国政权，或者在对日战争中最终败北，那么，第二次世界大战在远东的结局以及现代中国的历史轨迹都将改写。然而，事实上，国民党国家不仅经受住了日本的侵略，而且在1945年经过八年全面抗战之后以胜者的姿态出现。更令人讶异的是，中国还恢复了所有自1894年甲午战争以来割让给日本的国土，并且与美国、苏联、英国和法国一道，作为"五强"之一，共同创建了联合国。在国内，国民党领袖蒋介石的个人影响力和威望也在日本投降后达到顶峰,并就民主联合政府的组建展开国共谈判。此时的中国,不仅已经成功地维护了自己的领土完整,成为一个独立的主权国家,而且似乎也快要建立一个基于政治自由和代议制民主的政府,成为受世人尊重的大国。国家重建的这一关键步骤在 1946 年戛然而止,国共之间开始了新一轮内战,共产党最终在 1949 年获胜。原先建立一个拥抱资本主义和民主制度的新国家的梦景,最终破灭。因此,这里的问题是,为什么国民党能够成功抵御日本的侵略,却最终输给了共产党?

要理解南京国民党政府的强项和软肋,我们首先须观察一下导致其于 1927 年建立政权的北伐战争;正是在这场历时两年的战争中,国民党势力从一个区域竞争者,在制服了各地区的其他军阀之后,一跃而成为全国政权。过去人们在解读国民党的崛起时,多注重导致北伐成功的各种因素,诸如国民党的民族主义意识形态和民众的支持(Isaacs 1951;Ch'i 1976),或者仿效苏俄模式所建立的"党军",使其军队具有高度的组织凝聚力(McCord 1993:313—314)。当然也有人质疑民众动员的重要性,转而强调蒋介石对各个军阀的妥协收买(例如 Jordan 1976)。尽管对国民党起家的解读各不相同,几乎所有史家都同意,蒋介石收编军阀的做法,对其一手创建的党国危害甚大;把一大批保守、自私的军阀或军阀政府的旧官僚吸纳进来,随即导致国民党组织和政府内部贪污、裙带主义和办事效率低下等各种问题的横行。人们还认为,由于中央政府无力向各省渗透,蒋介石不得不在南京政府的十年统治时期(1927—1937),通过在党内、军内精英中培养对他的私人忠诚,并借助种种形式的政治迫害,来巩固自己的领袖地位(Tien 1972;

Eastman 1974)。史家们还注意到,在 1937 年全面抗战爆发之初,以及后来 1944 年日军再次大举进攻之时,蒋介石不仅失去了自己直接控制的装备最为精良的部队,且对地方实力派的抗命和国民党政府内部的贪腐成风无能为力,党国机器几度濒临瘫痪(Ch'i 1982;Eastman 1984)。

晚近的研究让我们看到国民党国家的不同形象。其中有的侧重国民党政权在制度建设上的成就,尤其是中央各机关的组织和运作,据称从中可以看出国民党继承了清末民初以来"自上而下、中央集权的国家建设"之端绪(Strauss 1998:25)。也有人发现民国时期中国在各方面的国际合作上所取得的突破,以及为改善其国际地位所取得的可观成效(Kirby 1984,1997;另见 Taylor 2009:589—590),并把南京时期的国民党政权描述为一个"发展型国家",其特征是利用训练有素的官僚和技术专家制订国家工业化计划,并致力于经济和工业的协调发展,而 1949 年后的共产党国家则进一步继承了这套战略(Kirby 2000)。还有人沿着这个思路,研究 1930 年代和 1940 年代中国的军火工业及相关的重工业,为应对日本的入侵所进行的制度合理化趋势(Bian 2005a,2005b)。对战时武汉的研究也把该城市在 1938 年面对日军进攻而展开的为期四个月的防守,描绘为一个传奇般的时刻,当时无论国民党中央政权还是非黄埔嫡系的军事首领,包括共产党力量,都共赴国难,相互合作,使中国得以在抗战中幸存下来;尤其是井然有序地从武汉撤退,与沪宁失陷时的溃败形成鲜明对比(MacKinnon 2009)。

无论国民党国家是又一个腐败无能、迫害异己的军阀政权,还是一支致力于现代化的力量,有两个跟它相关的基本事实是无法否认的:一是它有能力经受住日本的进攻,并在八年全面抗战中生存下来。正如盟军中国战区参谋长魏德迈所说的,国民党军队“在抵抗日本方面表现出令人惊讶的顽强和韧性”,这跟二战时期的法国在跟纳粹德国交战六周之后便彻底崩溃形成鲜明对比(Wedemeyer 1958:277—278)。因此,即使是对国民党政权最不以为然的易劳逸,也把国民党中国的抵抗行动,赞许为“决心和自力更生的奇迹”,通过缠住“亚洲大陆的约一百万日军——这些军队要不然会派往太平洋,与西方盟国跳岛部队作战”,“为盟国对轴心国的全面作战做出了巨大贡献”(Eastman 1984:130—131)。另一个基本事实,当然是国民党政权在内战中迅速崩溃,从而证实了其与生俱来的脆弱性。

为了对国民党的建国努力做一个公允的评估,本章将讨论,到底是什么原因导致它能在抗战之前和抗战期间呈现其能力和韧劲,却又在国共内战的关键数年里变得不堪一击。第七章在考察1920年代国民党国家的起源时,曾把国民党在全国各地方势力的竞争中所取得的成功,归之于三个因素,即(1)苏俄的支援,促使国共合作和军队的重新组建;(2)国民党之注重意识形态的灌输,在不同社会政治背景的势力之间打造政治认同,从而提高了国民党军队的士气,在北伐战场上所向披靡;以及(3)最为重要的是国民党对其财政能力的打造。这里将把关注的焦点放在1927年建立全国统治之后,南京国民党政权是如何重新打造其意识形态、政治认同和党国机器的。这对认识国民政府在此后二十多年(直至1949年)的成败至关紧要。

制造新的正统

民国初期，政治舞台风云诡谲。从民国肇建之初的政党政治和代议制民主，到数年后帝制一再复辟，不同形式的政府形式此消彼长，并在1920年代中期演变为独裁。尽管北京的权力角逐变幻莫测，但最终决定对抗结果的仍是各竞争对手的军事实力。总的来说，在民国最初十五年，南北军阀持续混战，其中北方军阀多是在袁世凯的提携下发展起来的，因此基本上支持袁世凯的独裁或帝制，以及此后段祺瑞和张作霖的专政；南方和西南各省的军队则倾向于抵制袁世凯及其继任者们的武力统一。随后，南北方的对抗因北方军阀之间矛盾加剧而暂时消退，北方军阀分裂成皖系、直系和奉系三大派系，由胜出的一派轮流执掌北京政府。在这一过程中，华北的军事强人，从袁世凯到张勋、曹锟、段祺瑞和张作霖，无一不对代议制民主的标志物——即临时约法和首届国会——构成威胁。而南方和西南各省的军阀则在维护和恢复宪法及国会方面发挥了重要作用，因为维持一个具有某些制衡机制的中央政府有利于他们的生存。在此期间，孙中山的作用是有限的。孙中山曾经满腔热忱地维护临时约法和恢复国会，但后来放弃了在中国建立代议制民主的理想，转而接受苏联模式的高度集权党治国家；此前，他在1920年代早期依赖南方和西南各省军阀的行动均以失败告终（*SZS*，8：437，11：145）。

因此，在民国时期，中国试验了不同的政府制度，从代议制民主的初始形态、帝制复辟，到名为共和实则独裁的强人政治，以及最后对列宁式党治国家的借鉴。由于政局动荡,这一时期没有一种思想被主流精英的政治话语所接受。政治精英和知识精英坚持的理念是多样而矛盾的:如共和主义、开明专制、国家主义,以及某种程度的马列主义;然而,其中确有一种理念真正盛行。在没有意识形态霸权的情况下,军阀和其他政治精英达成的唯一共识是捍卫中国领土和政治统一的承诺,至少口头上达成了一致。这在第七章已经论及。

宣扬三民主义

国民政府(1927—1949)不同于之前中国历史上任何政权,它有一套独特的意识形态,即三民主义(民族主义、民权主义和民生主义),在国民党官方政治话语中居于正统地位。三民主义最初是作为1905年成立的同盟会的指导方针提出来的,1923年以后经孙中山大力宣传,成为国民党及其支持者打造政治认同的工具。在经历了多次失败之后——包括1913的二次革命,1917—1918年的护法运动,特别是1922年第一轮北伐也由于其最信任的追随者、广东省长陈炯明(1878—1933)的叛变而中断,孙中山认为,革命之所以失败,根本原因是国民党"武力的奋斗太多,宣传的奋斗太少"(*SZS*,8:568);换言之,"全国大多数人民,还不十分明白革命的道理;人民不明白革命道理的原因,便是在没有普及的宣传"(同上:322)。因此,孙中山在1923年12月提出,国民党此后的另一个任务是宣传三民主义并赢得人民的支持,即"以主义征服"(同上:432),"主义胜过武力",从而实现国民党的国家建设目标(*SZS*,9:

107）。

1925 年 3 月 12 日孙中山去世后，国民党领导层更是热情地宣传三民主义。1925 年底以及 1926 年初恢复北伐之前，汪精卫和其他国民党高层常在各种场合举办关于三民主义的公开讲座。1925 年 7 月 1 日成立于广州的国民政府，在公立学校大力促进“党化教育”，要求“一切教育措施皆依三民主义之精神，对于各级教育尽量灌输以党义”（转引自陈进金 1997：116）。随后，国民党控制区的学校课程中加入每周至少 50 分钟的三民主义必修课，并对教材进行审核和修订，以确保党的说教和政策在教学中的中心地位。每周在学校定期召开孙中山纪念会，学生被编入国民党组织的童子军，接受系统和程式化的思想灌输。①

在 1927 年 4 月迁都南京，并于 1928 年 6 月初步统一全国后，国民党进一步采取措施，建立其意识形态在政治话语中的正统地位，使其在中国的统治合法化。孙中山被尊崇为“国父”，并通过各种纪念仪式和典礼而在某种程度上被神化了。他的画像须挂在所有官方建筑的中心位置，并在画像两边配有楹联，上书孙中山的两句名言：“革命尚未成功，同志仍需努力。”1928 年 3 月开始，政府官

---

① 历史学家何兆武的回忆最好地说明了国民党与此前民国政府的区别：“国民党有意识形态的灌输，开口三民主义、闭口三民主义，但在这之前完全不是这样。北洋军阀没有意识形态的统治，这是和国民党时期最大的一点不同。记得我很小的时候，各系的军阀纷纷争着占领北京，今天这个军队来，明天那个军队来，也不知道他们是哪一系的，什么奉系、直系的、皖系的，我都不了解。过军队的时候，他们也是排队唱着军歌，唱些什么呢？说起来非常可笑，他们唱：‘三国战将勇，首推赵子龙，长阪坡前逞英雄！’……20 年代末，国民党北伐，国旗和国歌都改了，五色旗变成青天白日满地旗，国歌里唱：‘三民主义，吾党所宗，以建民国，以进大同。’这是我们小时候唱的第二首国歌。”（何兆武、文靖 2008：10）

员,及至后来所有公务员和学校男性教师,都得穿以孙中山名字命名的制服。这种制服与纪律、刻苦和服从的革命精神有关,而且其设计也包含孙中山的思想象征。[①] 民国本身的历史也进行了重构,以使孙中山在其中占据中心地位。根据国民党的党史叙事,国民革命始于1894年孙中山成立兴中会,1905年创办同盟会,至1911年辛亥革命达到高潮,而孙中山则是辛亥革命的精神领袖,虽然他并未亲身参与。革命因偏离了孙中山的正确路径而失败,但在1920年代初孙中山完全掌握党和军队的领导权后再次进入高潮(欧阳军喜2011)。相形之下,北京政府刻意淡化辛亥革命,而且在1910年代和1920年代初,未受国民党影响的媒体和公共话语中,孙中山的形象基本上是负面的。

由于三民主义在国民党治下被奉为正统思想,在1920年代后期及1930年代,各地军阀被南京政府接纳以实现政治统一的一个前提,便是要接受三民主义,实即认可国民政府的正当性。例如,在1926年9月宣誓效忠国民党并率部加入蒋介石领导的国民革命军时,冯玉祥正式宣布他接受三民主义。早前,为了将冯玉祥转变为亲国民党派,孙中山曾在1925年初访问北京时,送给他六千份三民主义小册子,以及一千份自己的作品(冯理达、罗元铮2009:6)。阎锡山也在1927年6月被蒋介石任命为“北方国民革命军总司令”时,宣布接受三民主义(*SSJY*,1928,1—6月:4)。张作霖的奉系军阀曾在1926年和1927年主导“讨赤”,即与国民党北伐军交战,据称是因为他仇视当时国民党受到中共和苏联顾问“激进”学说的

① 例如,前襟的五个纽扣分别代表孙中山的“五权分立”思想,左右袖口的三个纽扣代表三民主义,而四个口袋表示礼、义、廉、耻“四维”(陈蕴茜2007:140)。

影响。因此,张作霖从未正式接受三民主义。不过,在1927年4月蒋介石"清党"后,张作霖开始寻求与国民党妥协、合作,表示"本人将继续孙中山先生之志,不背三民主义之原则,并与孙中山之信仰者一致对抗共党",并指责"过激分子误解中山先生主义"。张作霖死后,其子张学良表示有意倾向国民党并接受三民主义,在与南京政府就易帜问题进行谈判时,便解除了对亲国民党杂志、报纸和书籍的禁令。1928年12月29日,他最终宣布归附国民政府,并悬挂青天白日旗,"服从三民主义"(*BYJF* 1990,5:895)。总之,在1927年后,接受三民主义成了异己势力归顺南京政府的基本条件和政治象征。

三民主义之紊乱

尽管国民党成功地将其意识形态塑造成新的正统思想,但三民主义未能成为南京政府打造政治认同的有效工具,反而使得国民党统治的合法性不断遭到国民党内部不同派系及党外力量的侵蚀。自由派文人胡适(1891—1962)直言不讳地批评说:"三民主义算不上是什么主义,只是一个'大杂烩'罢了。孙先生思想不细密,又在忙于革命,只是为了给革命作号召,东抄一点西抄一点而已,哪里谈得是什么主义?……国民党内有思想的人,一定承认我的话——三民主义是杂乱无章的东西!"(*LZA*:384)

三民主义的最大弱点,在于它当初只不过是一个无所不包的政治行动方案,用来解决革命者所面临的各种现实挑战,而不是一种逻辑一贯、理论复杂和有说服力的成熟思想体系。例如,在1905

年一篇介绍三民主义的文章中,孙中山便称,构成其"主义"的三大支柱,即民族主义、民主主义和民生主义,反映了从罗马帝国的崩溃到20世纪的欧洲历史上接连发生的三大趋势,他将这三大主义运用于中国,并将其确定为同盟会的三项具体任务,即推翻清朝、建立共和国和改善民生,以避免在政治革命完成后再发生社会革命(*SZS*,1:288—283)。因此,在清朝覆灭、民国肇建后,孙中山曾称,三民主义的三项任务已完成了两项(即民族主义和民主主义),只有民生主义尚未实现。此后十年,即从1913年的二次革命到1923年,孙中山专心于讨伐袁世凯和其他军阀,很少关注新意识形态的建设和传播。他在1917年到1920年间撰写的《建国方略》(*SZS*,6:157—493),只是关于未来中国经济建设的方案以及关于知识与实践关系的哲学论著,与三民主义的理论阐发几无关联。在决定寻求苏俄的帮助后,孙中山才体认到意识形态的重要性,开始在俄罗斯顾问鲍罗廷(1884—1951)的协助下,认真重建其思想框架。结果,在鲍罗廷起草的《中国国民党第一次代表大会宣言》中,孙中山重新界定了三民主义。宣言称,民族主义主要指中华民族反对帝国主义的斗争,民主主义则是要建立一个"五权分立"(即立法、司法、行政、考试、监察权)的政府,并给予"真正反对帝国主义的个人和团体"一切自由及权利;而民生主义旨在平均地权和节制资本(*SZS*,9:114—125)。对中国社会和中国革命性质的斯大林式分析,明显影响了这份宣言和经过重新定义的三民主义。主导国民党宣传部的中共党员进一步把"联俄、联共、扶助农工"的"三大政策"确定为国民党的优先目标(参见王奇生 2003:21—22)。因此,国民党的意识形态在孙中山去世前两年,呈现出明显的激进化趋势，这有助于克服三民主义的弱点，因为早在1924年的国民党代表大会之前，三民主义已经失去了与国民党当下议程的关联。

毫不奇怪，在1925年3月孙中山逝世后，特别是1927年4月蒋介石对共产党人进行清洗后，三民主义又经过了重大修改，以适应各派政治势力的不同需求。蒋介石所信赖的理论家戴季陶（1891—1949），力图去掉三民主义的激进色彩。他首先将孙中山的思想界定为始自尧舜，但在孔孟之后失传的中国传统道德正统的复兴。戴氏断言，孙中山三民主义的核心是“仁爱思想”，亦即“不同阶级的联盟”，而不是阶级斗争；马克思主义的历史唯物主义和阶级斗争观并不适合中国国情。因此，国民革命不应该是“两个阶级对打的革命”（*JJSY*，1925，1—6月：801），因为这两个阶级之间并没有矛盾；各阶层的人们都应该抛弃他们的“阶级性”，并恢复他们的“民族性”和“人性”（同上：803）。当然，戴氏的真正目的，是为蒋介石把主张阶级斗争的共产党和同情共产党人的国民党左翼分子驱逐出“统一战线”的做法辩护。随后，蒋介石延续了戴季陶的修正，声称三民主义的道德和政治基础只能是所谓“八德”（忠、孝、仁、爱、信、义、和、平）；践行三民主义，首先要推广“四维”（礼、义、廉、耻）。这里，蒋介石实际上违背了孙中山所倡的民主主义的核心——自由、平等的价值观，声称这些价值观不适合中国国情；相反，他后来认为法西斯主义是解决中国的混乱和腐败问题最有效的路径，并要求国民党成员“对最高领袖绝对信任”，并“将其所有托付给他们的领袖”，即放弃个人权利（*JGSX*：566—567）。

对三民主义的另一种解释来自汪精卫（1883—1944）。汪是蒋介石的长期对手，自称孙文学说的传人，后来成为南京亲日伪政府的领袖(1940—1944)。如戴季陶和蒋介石一样,汪精卫强调“阶级合作”和以渐进和平的改革来解决民生问题,也重视“一个党”和“一个主义”在团结所有政治力量中的核心作用,以实现“全体自由”而不是“个人的自由”。他与蒋介石的根本区别,在于对民族主义的重新定义。汪精卫以几乎毫不掩饰的亲日立场,认为民族主义即是与日本一道,把西方帝国主义驱逐出亚洲,实现孙中山的“大亚洲主义”理想;对他来说,三民主义的“根本精神”在于中日两国“善邻友好,共同防共,经济提携”(*WWZQ*,1:104,217—218)。

全面抗战时期(1937—1945),在国共“统一战线”政策下,为了替自己的存在辩护,中国共产党也将三民主义纳入其意识形态,但进行了修改,以适应其不断变化的政治合法性需求。自从两党第二次合作之初,中共就有别于国民党,在其1936年8月致国民党的信中,呼吁“恢复孙中山先生革命的三民主义精神,重振孙中山先生联俄、联共与扶助农工三大政策”。一年后,中共宣告接受蒋介石的领导,践行统一战线政策,承认“孙中山先生的三民主义为中国今日之必需,本党愿为其彻底的实现而奋斗”。在统一战线的最初几年,由于其力量仍很脆弱并仰赖国民党政府的物资供应,中共看起来是忠实于三民主义的,例如毛泽东在1938年10月声称:抗战后将要组建的中国政府,应是“一个三民主义共和国”。毛泽东在此对三民主义的定义基本上与孙中山本人的解释一致。对毛泽东来说,民族主义意味着中国完全独立并与其他国家平等;民主主义则指所有十八岁以上公民享有一切政治权利;而民生主义的目标是确保耕者有其田,但不否认财产私有权(*ZGZY*,11:633—

434）。然而，随着中共力量的迅速壮大，与国民党军队的摩擦升级，他们与国民党精英之间关于三民主义不同解释的论战也愈演愈烈。毛泽东明确区分了旧的与新的或真的与假的三民主义。他认为，真的新三民主义是在国民党第一次代表大会宣言中所提出的，三大政策是其最好体现，而所有其他版本，不管是戴季陶和蒋介石还是汪精卫所提出的，都是过时或错误的三民主义。原本包含在孙中山民生主义思想中的“一次革命论”，对中国共产党自己理论的正当性是致命的。为了反驳国民党喉舌所宣传的“一次革命论”，毛泽东在其《新民主主义论》（写于 1940 年 1 月）中区分了中国革命的两个阶段。在反帝反封建的“旧民主主义革命”时期，中共的任务与国民党的目标有共同之处，因此才有统一战线；而在“新民主主义革命”中，中共将领导中国从资本主义过渡到社会主义（*MXJ*，2：662—711，671—672）。通过公开主张从未见于孙中山思想的新民主主义，中国共产党实际上放弃了其在统一战线下赖以生存的三民主义，转而为日本投降后与国民党全面对抗做好了准备。

因此，尽管占据着意识形态的正统地位，并且在维护国民政府合法性方面起着核心作用，但三民主义并未成为国民党塑造政治认同的思想基础。相反，由于缺乏理论连贯性且只是一个无所不包的框架，三民主义被赋予不同的解释，因此实际上助长了政治分裂和对立。汪精卫的亲日势力和毛泽东领导的共产党武装，都能够对同一套意识形态做出不同解释，以使各自的存在合法化，增强各自与蒋介石的国民党的竞争力。在国民党内部，由于三民主义缺乏足够的说服力，蒋介石也未能借助这一说教，在党内打造组织凝聚力以及对他个人的忠诚。[①] 每个星期一由军事、教育、政府部门所有公务员出席的“总理纪念周”沦为纯粹的仪式,除了朗诵孙中山的遗嘱,并无实质性的教化和认同建构。在意识形态和政治认同缺失的情况下,能够将国民党精英维系在一起的,只是他们共同的利益和权力,而这将不可避免地导致他们之间的冲突和腐败。预见到国民党这一根本性弱点及在认同建构方面的失败,国民党元老胡汉民(1879—1936)在1927年南京国民政府就职后曾做出如下评论:“归根结底还是因为对于主义没有彻底的了解。故没有坚决的信仰,所以也生不出一种力量来抵抗引诱和威迫。……这如何能做忠实的党员?这样的党员如何能够团结起来?这样的党如何能不坍台?”(*SSJY*,1927,1—6月:883)胡汉民的话不幸而言中。二十年后,在1948年夏国民党濒临全面崩溃之际,国民党高层内部自称“最肯也是最敢说话”的张治中,也给蒋介石上书,痛陈国民党执政二十年来“两种最严重之错误”:

> 第一,为本党不革命——本党之所以获得群众拥护,由于本党之革命号召,在两次东征、统一两广以至北伐成功,凡本党势力所至,人民咸响应本党之号召,与本党凝为一体,当时扫除反动军阀,若摧枯拉朽。但北伐将告完成,即形成所谓“军事北伐、政治南伐”之趋势,本党革命政权,渐次丧失革命之意志。盖革命之目的,在乎除旧布新,而社会之封建残余及

① 国民党中央监察委员会秘书长王子壮在1930年代后期写道:“自北伐迄今已达十余载,而党义著作之贫乏,不特未能表现于社会科学各方面,甚且解释主义之著作亦寥寥可数。”(*WZZ*,5:102)

腐旧势力,凡足为实行三民主义之障碍者,均在根本铲除之列。然本党取得政权以后,不特对此种落伍势力未予排除,反而与之妥协,使政治成为官僚政治,经济成为官僚资本。本党在二十年来被此种势力毒化,遂形成今日之内溃局面。

第二,为本党不实行三民主义——本党为奉行三民主义之革命政党,党之一切政策,自应以总理所创造之三民主义为最高准则。但本党取得政权之后,并未实行三民主义。虽本党之政纲悉以三民主义为内容,然一切未付实施,如同废纸。……标榜革命而实不革命,标榜三民主义而不实行三民主义之政策,实无任何理由可以自解。此之谓数典忘祖,根本失其立场,已无以取信于人民,更无以对流血牺牲之先烈。今日本党之地位,由革命集团变为革命对象,夫岂无因而致者?(*ZZZ*:251—252)

党国之政治认同

以党领政

国民党政府有别于中国以往政权的地方,不仅在于它重视党的意识形态在政治生活中的作用,还在于它确立了党在整个国家机器中的领导地位。建立党治国家的想法,可追溯到孙中山关于中华革命党在革命后政府中独特作用的论述。他在1914年的设想是,在整个革命期间,中华革命党将“肩负管理国家所有军政事务的全部责任”。革命将始于“军政”,即用暴力清除所有障碍,以实现真正的共和,继而是“训政”,即推动基层自治,最后是“宪政”(*SZS*,3:97)。然而,在革命时期,只有党员有选举和被选举的权利,而且其权利的多少,取决于他们的入党时间,而非党员不得进入政府工作,并且在宪法颁布之前,不享有公民权利(同上:98,104)。此外,所有党员必须放弃个人自由,无条件地服从党的领袖(即孙中山本人)的意志,这对克服内部分歧、加强组织团结是必要的(同上:92,105,184)。

孙中山建立党治国家的思想早在1920年代就已成形,当时他正努力借鉴苏俄的经验改造国民党。他认为,苏俄的一党制比欧美的议会民主更加优越。正如他所说,“法、美共和国皆旧式的,今日唯俄国为新式的;吾人今日当造成一最新式的共和国”(*SZS*,6:56)。他表示,“吾等欲革命成功,要学俄国的方法、组织及训练,方有成功的希望”(*SZS*,8:437)。在他看来,俄国的方法,无非是高度集权的组织和严明的纪律措施,其中最重要的则是党对军队的严密掌控(“以党领军”),以及向官兵灌输党的思想(“主义建军”)。1925年7月,国民政府在广州成立,受国民党中央执行委员会和政治委员会的监督,成为孙中山所设想的党治国家的原型。政治委员会以汪精卫为主席,为党、政、军所有机构的最高决策部门;政治委员会成员担任政府各部门领导,这些部门只执行由政治委员会做出的决定(陈福霖、余炎光 1991:337—338,347)。

南京政府统一全国后,革命进入“训政”阶段,在“以党治国”的口号下,国民党的党治国家终于在1920年代后期成形。根据国民党中央1928年10月宣布的《训政纲领》,训政时期由国民党代表大会代表国民大会行使政府权力;大会闭会期间,则将政权托付给党的政治委员会。国民大会最终在 1931 年 5 月召开，但它所通过的《训政时期约法》只是重申了《训政纲领》所述的原则，甚至扩大了国民政府主席的权力，由其任命五院院长和各部部长，兼陆海空军总司令。蒋介石再次当选为国民政府主席，并自任行政院院长，从而正式成为党、政、军最高领导人。国民党国家的制度建设，因此一直带有军事化的倾向，不仅中央政府被控制在武人手里，具有军人干政的特色，而且中央政权也依靠军事手段控制各省（Tien 1972）。

蒋介石领导权的巩固

但是，从 1920 年代到 1930 年代，蒋介石统揽国民党大权的努力远非一帆风顺。对于蒋介石这位浙江籍军事领袖来说，在国民党内升迁的最大挑战在于，国民党从一开始即为广东人所主导，他们以国民革命的正宗力量和党的正统领导自居，而这种感觉又因为他们皆属于一个排他的粤语族群而变得更加强烈。事实上，国民党的前身即同盟会曾是比较开放的，它 1905 年由几个反清团体在东京联合组成，包括以海外广东人为主的兴中会，湖南籍革命党人的华兴会，以及浙江籍留学生的光复会。然而，在 1914 年成立中华革命党之后，以及后来从事护法运动和北伐期间，孙中山转而主要在广东人中间招募党员（1919 年改名为中国国民党），其军事活动也主要是以广州为基地，这不可避免地导致了粤籍党员在党内领导层占主导地位（金以林 2005：116）。因此，在国民党的头两次全国代表大会上，粤语成了官方语言，讲官话的代表们的发言和提案须译成粤语。孙中山去世后,随着北伐战争的推进,国民革命从广东扩展到华中和华东,不过,粤籍国民党精英们仍将广东视为革命基地,不仅因为他们在党内占据重要位置,更因为广东仍然是最重要的财政来源,如第七章所述,在蒋介石转向江浙财阀寻求帮助前,广东一直负担着国民党的军事费用。毫不奇怪,国民党的粤籍高级领导人傲慢地自诩为代表党的正统;他们可以接受蒋介石担任国民革命军总司令,但始终抵御蒋介石试图接替已故的传奇式领袖孙中山成为国民党最高政治领导人。

蒋介石不得不转向浙江籍的同乡寻求帮助,使自己上升到国民党最高领导地位。蒋介石的浙江籍支持者主要有:张静江(1876—1950),他既是孙中山的老友兼赞助人,也是蒋介石的忠实庇护者,是他向孙中山举荐蒋介石并任蒋为国民革命军总司令的;戴季陶(1891—1949),曾担任孙中山的秘书,也曾是一名马克思主义信徒,在孙中山死后,成为支持蒋反共策略的主要右翼宣传者;虞洽卿(1867—1945),上海证券物品交易所联合创始人,在1920年代初担任上海总商会会长,为蒋介石获得江浙财阀的支持发挥了关键作用。[①] 在1920年代到1930年代,蒋介石通往国民党权力巅峰的最大障碍,主要是广东籍人士,其中最突出的是胡汉民(1879—1936)和汪精卫(1883—1944),两人自同盟会成立起便是孙中山的忠实追随者,在孙去世后,均为国民党资深领导人;此外,

① 此后,蒋介石继续依靠浙江同乡来维持他对国民政府的控制,其中有负责国民党组织系统的陈立夫(1900—2001)和陈果夫(1892—1951)兄弟,蒋最信任的军队将领陈诚(1898—1965)、汤恩伯(1898—1954)和胡宗南(1896—1962),军统局局长戴笠(1897—1946),中统局局长徐恩曾(1896—1985)以及蒋介石的文胆陈布雷(1890—1948)。

还有孙中山之子孙科（1891—1973），为国民党中央执行委员会委员。

蒋介石与国民党粤籍精英的对抗，始于他参与调查廖仲恺案。廖（1877—1925）是国民党高级领导人中最著名的左派，也是广州新成立的国民政府财政部长，于1925年8月20日被暗杀。胡汉民作为著名的右派和最有可能的嫌疑人，遭到拘捕，随后被送往苏联“旅游”。另一位右派主要人物许崇智（1886—1965），广州本地人，任国民政府军事部长兼广东省政府主席，也因为保护有谋反嫌疑的下属而被迫下台，从而为蒋介石控制军队扫清了障碍。1926年3月又发生中山舰事件。中山舰舰长是一名中共党员，被指控反抗国民党政府。此一事件导致所有共产党员退出国民党军队。事件发生后，汪精卫也因其明显的亲共倾向而辞去国民政府主席兼国民党军事委员会主席职务，远走法国。两个月后，在国民党第二次代表大会第二次会议上，蒋介石不但提出了一项议案，限制中共党员在国民党的地位，还任命他的庇护人张静江为中央执行委员会常务委员会主席，以提高自己的影响力。

但是，在1927年国民党第二代表大会第三次会议上，蒋介石遭受了第一次挫败。此次会议在武汉召开，由国民党左翼和共产党成员主导，推选当时缺席的汪精卫为国民党中央执行委员会常务委员会主席兼国民党中央组织部部长，同时废除了此前由蒋介石担任的国民党中央军事委员会主席一职，但仍保留蒋介石的国民革命军总司令职位。蒋介石的反应是在南京另组国民政府，以对抗武汉政府，此举导致国民党中央在孙科的提议下决定开除蒋介石的党籍。为了在武汉和南京之间达成和解，蒋介石于1927年8

月辞去了国民革命军总司令之职,当时蒋的部队在江苏北部遭遇了重大失败,此外,李宗仁的桂系与汪精卫的武汉政府合作并清除共产党,也对南京构成致命威胁(黄道炫 1999)。在 1928 年恢复国民革命军总司令之职后,蒋介石不得不允许粤籍国民党精英在南京政府中担任要职,以此来加强他作为国民政府新领导人的合法性,但他与粤籍人士的对抗远未结束;后者虽然接受蒋介石作为军事统帅,却拒绝承认他为政治领袖(董显光 1952:108)。

蒋介石与粤籍高层的第二轮对抗发生在 1931 年 2 月,当时蒋介石借口胡汉民反对颁布《训政时期约法》而将其羁押,实际上却是因为胡汉民蔑视蒋介石的领导;至此,蒋介石已制服了那些最强劲的对手,包括曾在 1930 年联合反蒋的李宗仁、冯玉祥和阎锡山,确立了无可争议的全国领袖地位。为了反对蒋介石扣押胡汉民,几乎所有的粤籍高层都离开南京回到广州,于 1931 年 5 月 27 日在广州建立了国民党中央执行委员会特别委员会,并于次日成立了独立的国民政府。蒋介石随后经历了噩梦般的几个月,不得不同时对抗三股力量:在中南诸省迅速壮大的共产党部队;广州的国民党反对势力;更为致命的,是乘中国国内混乱之机占领了东北的日本军队。蒋介石备受挫折,他指责广东方面的要求太过分,在与南京谈判时,“粤方所推出改组政府之代表,尽为粤人,是广东俨然成一粤国,将与倭国攻守同盟,而来围攻我中国乎?”(*SLGB*,12:196)在他看来,广东方面联合反对南京政府,只因为他们是广东人,“以粤籍少数同志与全国对抗,不啻自示其褊狭也”(转引自金以林 2005:123—124)。在广州和南京政府的压力下,蒋介石于 1931 年 12 月 15 日再次下野。

为了防止党内独裁,12 月下旬在南京召开的国民党第四次代表大会第一次会议通过了一项决议,宣布行政院取代国民政府主席,行使政府权力。在此次会议上,蒋介石、胡汉民和汪精卫当选为国民党中央政治委员会三名常务委员,并轮流担任委员会主席。随后,新内阁在 1932 年元旦诞生。在十四名内阁成员(包括行政院院长及各部长)中,有九名来自广东,其中包括行政院院长孙科。如此看来,粤派似乎在与蒋介石的对抗中获胜了。然而,由于缺乏必要的经验和政治资源,孙科很快在执掌政府方面遇到了巨大困难,尽管得到了胡汉民道义上的支持,但就任不到一个月便被迫辞职。胡汉民拒绝去南京,在 1936 年去世前一直留在广州,并在广州正式负责国民党和国民政府在西南的行政事务,实际上保持半独立于南京政府的状态。孙科辞职后,汪精卫和蒋介石达成了妥协,二人分别掌管政务和军务。汪精卫于 1932 年 1 月 28 日成为行政院院长,而蒋介石则在 3 月 6 日当选为国民党中央军事委员会主席。七个月后,汪精卫辞职再次远赴法国,因为他意识到,自己作为政府首脑的权力已大部分被蒋介石架空了,而且他所接管的行政院只能处理琐碎的行政事务。随后,蒋介石重新确立了他对党国的控制。直到 1949 垮台之前,国民党权力中心不会再出现对蒋介石的领导权更具实质性的挑战。

派系倾轧

至 1932 年,蒋介石终于建立了自己在国民党高层无可争议的领导地位,但这并非意味着他已建立起对政府系统和全国军队的有效控制。可以肯定的是,自1928年完成北伐并宣布中国统一以来,南京国民政府已确立了其作为唯一合法的中央政府的地位,得到各省当局的一致认可。在1930年中原大战后,蒋介石直接领导的国民革命军,即中央军,成为全国一家独大的军事力量,已没有其他地方势力可与之匹敌。不过,地方实权人物虽然宣称服从南京政府,接受蒋介石的最高领导,但在很大程度上仍然是半独立的,并且抵制南京政府插手他们的军政事务。在1930年代早期至中期,这些半独立的势力主要包括:

(1)广东的陈济棠;

(2)广西的李宗仁、白崇禧;

(3)云南的龙云;

(4)贵州的王家烈;

(5)四川的刘湘;

(6)1934年前据四川,此后据川边(西康)的刘文辉;

(7)青海的马步芳;

(8)山西的阎锡山;

(9)拥有北平、天津、河北、察哈尔的宋哲元;

(10)山东的韩复榘。

然而,对南京政府而言,其国内统治的最大威胁来自两个方面,1930年代早期在中南各省壮大起来的共产党根据地,以及从1931年起占领东北的日本侵略势力。对于这两个对手,蒋介石认为前者是"心腹之患"(*MGSL*,1.3:35),并因此提出了优先镇压共产党的策略,即"攘外必先安内"(参见杨树标、杨菁 2008:171)。至于地方军事派系将如何应对蒋介石的"剿共"和抗日行动,则取决于他们与中央政府之间的实际关系。

虽然南京方面和地方上半自主的势力都将共产党视为敌人，但他们与红军作战的策略却有所不同。蒋介石的策略通常是尽可能地让地方派系出头打击红军；不管结果如何，这种战略都对他有利，因为无论是共产党势力还是地方部队受损或两败俱伤，都会增强他自己军队的地位，并帮助其扩大对地方势力的控制。在追击时，蒋介石有时会故意让红军进入地方势力控制的地区，这样他便有理由派部队到该地区，从而在此建立他的控制。而对地方势力来说，打击共产党军队，只是为了防止共产党以及蒋介石的中央军进入其势力范围。对于他们来说，一个强大的共产党军队的存在，可以使蒋介石专心对付共产党，从而改善他们自己的生存际遇。因此，他们会尽可能避免与红军直接冲突，以保存实力。在第五次反"围剿"失败并从江西根据地撤离后，红军得以在 1934 年 10 月和 12 月躲过国民党军队，在广东和江西交界地区的第一和第二封锁线幸存下来，部分原因也与地方派系的战略考量有关（*ZHWS*, 3：303）。[①] 同样，1934 年 11 月下旬红军经过广西北部的时候，李宗仁和白崇禧故意让行，并未执行蒋介石命令进行阻拦，只是在共产党队伍已大半离开其辖地时作势追赶。李宗仁后来在回忆录中为此辩解：蒋介石"屯兵湘北，任红军西行，然后中央军缓缓南行，迫使共军入桂。……其期待我和共军互斗而两败俱伤之后，中央军

① 陈济棠（1890—1954），孙中山的忠实追随者，广东实力派，1920 年代后期与广西军阀李宗仁经常发生战争，在胡汉民被蒋介石扣押后联合李宗仁和两广的其他军阀公然挑战蒋介石。1931 年以后，成为国民党西南执行部和国民政府西南政务委员会常委，仍然是广东的法定统治者，使广东省很大程度上独立于南京政府，直到 1936 年他与李宗仁联手反蒋失败。

可有借口入广西,居心极为险恶”(*LZR*,2:488)。龙云也命令他的军队让红军和平经过云南省,然后假装追赶而不是真正打击,同时努力防止蒋介石的中央军进入云南的首府昆明;事后,龙云不过罢免了几个“剿共不力”的县长,向蒋介石交差(*WSZL*,62:14,130)。而红军在1935年5月成功地渡过大渡河,也有国民党地方派系的因素。国民党地方实力派中唯一的例外是王家烈,一心想取悦蒋介石,因而很卖力地打击红军,结果一败再败,使中央军得以在1935年1月进入并占领了贵州省;王家烈后来丢掉了军长和贵州省长之职(*WSZL*,93:51—59)。

民族危机与政治团结

日本侵略是对中华民国的另一个致命威胁。如第五章所述,自1870年代以来,日本已取代欧洲列强成为中国最主要和直接的威胁。日本1879年吞并琉球以及1895年侵占台湾,只是其长期扩张计划的第一步。1905年打败俄国并将满洲南部划入其势力范围,标志着日本开始了对中国东北地区的侵略。在1910年吞并朝鲜后,中国东北自然成为其下一个征服目标。在随后几年中,日本不仅在满洲南部获得了其独有的特权,而且还多次试图将其势力范围扩大到内蒙古东部,但遭到了袁世凯政权的坚决抵抗。到1920年代末和1930年代初,日本侵略真正成为国民党中国的致命威胁,当时南京政府初步终结了中国将近一个世纪的混乱和分裂趋势。对于日本来说,一个统一强大的中国必然意味着它在亚洲的领土扩张野心受阻;因此,它必须尽一切可能阻止国民政府控制东北、统一全国。日本为此采取的一个重要步骤，就是在1931年完全占领东北，并在这一地区建立傀儡政权。这对蒋介石的统一大业是一个沉重打击。但日本的野心并没有就此打住；在接下来的几年里，日本不断将其军事占领推进到邻近东北的华北各省，这不可避免地导致了1937年的卢沟桥事变以及日本对中国关内省份的全面入侵，并在随后的八年（1937—1945）里，占领中国东部和中部大部分地区。这是中国现代史上最严重的民族生存危机，也是国家重建的百年历程中所遭遇的最大挫折。

在对日问题上，蒋介石与半自主的地方势力之间再次出现巨大分歧。作为一个雄心勃勃的政治和军事领导人，蒋介石的民族主义情绪和争取国家独立、民族平等的愿望是强烈的，但在制定政府的外交政策时，蒋介石则格外谨慎，实际上他对中国抵抗日本侵略的能力相当悲观。在1931年九一八事变的前后几年，他坚持对日本的军事进攻实行不抵抗政策，声称“不仅十天之内，三天之内他们（日本）就可以把我们中国所有沿海地区都占领起来，无论哪一个地方”（*GMWX*，72：361）。这一政策导致日本仅花了约四个月时间就于1932年2月占领了东北。1933年5月，国民党政府代表与日本军事当局签署了《塘沽停战协定》，使日本得以进一步占领长城以北地区。不过，地方军事领导人的想法与蒋介石不同。那些控制着北方省份的势力直接面对着日本的威胁，因此在抵抗日本的入侵问题上态度积极；宋哲元的第二十九军和张学良的东北军都是1933年初长城以北地区抵抗日军入侵的第一批力量。然而，在此后的三年，与日本的冲突暂时平息，北方各省的地方领导人,包括宋哲元、阎锡山和韩复榘,转而在日本和南京政府之间周旋;他们一方面谋求与日本妥协,一方面与南京政府讨价还价,以获得在各自地盘上更大的行政、财政和军事控制权。例如,宋哲元在1935年12月被南京政府任命为冀察政务委员会主席,使其对华北广大地区的控制得以合法化。对于他与南京政府的半自主关系,宋哲元对其下属说:"咱们对中央,绝不说脱离的话,但也绝对不做蒋介石个人玩弄的工具。"(转引自程舒伟、常家树1997:204)

不同于华北的地方实力派为了保卫自己的地盘而对日军既抵抗又妥协,华南和西南各省势力似乎一致明确主张抗日,这部分是因为他们的民族主义,部分是希望通过作为爱国民主力量在与蒋介石的对抗中加强自己的合法性。由于不赞同蒋介石的不抵抗政策和独裁统治,他们曾两次公开挑战蒋介石。第一次是第十九路军军官及其支持者于1933年11月在福州建立人民革命政府,十九路军因1932年上海"一·二八"事变中英勇抗击日军而闻名。第二次是广东陈济棠以及广西李宗仁和白崇禧于1936年6月联合举兵对抗蒋介石的中央军,以此抗拒南京政府希望在胡汉民死后统一这两省的企图。然而,在国家生死存亡的关头,这些反政府的行为很少得到公众的同情。蒋介石利用军事上的优势和舆论的支持,镇压了福建的人民革命政府。陈济棠、李宗仁和白崇禧的联盟也因为粤军内部的倒戈而瓦解;陈济棠离开广州并完全失去了影响力,不过桂系基本完好无损。蒋介石面临的最大挑战,无疑来自东北军的张学良和第十七军的杨虎城。因为不愿进攻红军,张、杨于1936年12月12日在西安扣留了蒋介石(史称西安事变),经过为期两周的谈判才予释放,蒋介石在谈判中口头答应停止反对红军的内战。蒋的意外被拘,使国家濒于分裂和内战,而当时日本全面侵华的威胁已迫在眉睫,因此蒋介石赢得了公众的同情和支持。

1937 年 7 月 7 日卢沟桥事变爆发,日本全面侵华战争开始后,蒋介石表示决心领导全民抗战,最终确立了自己无可争议的国家领袖地位,所有半自主地区的军事力量,包括共产党人,都一致同意团结起来,在国民政府的领导下共同抗日。1938 年 4 月在汉口召开的国民党临时代表大会上,蒋介石当选为党的总裁,标志着作为国家领袖的蒋介石在国民党内获得了前所未有的影响力。总裁这个新设立的职位,使蒋介石得以牢固控制国民党,并拥有了比之前孙中山的总理身份更大的权力。1940 年 7 月,国民党的第五次代表大会第七次会议进一步确定 7 月 7 日为国民党所有党员宣誓效忠总裁的日子。蒋介石不无得意地说:“余为党国奋斗三十年,至今方得全党之认识。本党动摇已十有五年,至今方得稳定。”(*GMDD*,2:647)不过,正如张治中所说,“总裁制确立以后,党之民主空气,益见消沉,一切唯总裁是赖。而总裁又集万机于一身,对党之最高权力会议——中央常会,恒不能亲临主持,致失以党治国之领导权威……”(*ZZZ*:252)

全面抗战初期,中国形成了近代以来第一次非同一般的政治和军事统一。地方势力积极参加了战争。事实上,淞沪战役后,他们在对日军的主要作战行动中起到了关键作用。在淞沪战役中,蒋介石投入了七十万装备良好的军队,其中大约一半在 1937 年 8

月 13 日到 11 月 12 日的三个月里牺牲了。地方势力中,四川省有超过六十多万士兵在八年全面抗战中丧生、受伤或失踪,约占全国伤亡总人数的五分之一(马宣伟、温贤美 1986:276);在广西,超过八十万人被动员参战,约十二万人伤亡(高晓林 1999);龙云从云南派出约二十万士兵奔赴前线,其中一半以上伤亡(谢本书、牛鸿宾 1990:199)。由于他们在战场上损失严重,加上蒋介石对军队进行了重组,到抗战结束时,以前半自主地区的部队大部分被消灭或大大削弱了。张学良的东北军在西安事变后被分派到全国不同地区,张本人则被长期软禁;宋哲元的第二十九军在华北战场遭受重创并被蒋介石重组,他本人于 1940 年去世;韩复榘因为违抗蒋介石的命令导致山东沦陷而被枪决;刘湘则在 1938 年神秘死亡,其地盘四川省也在 1937 年 12 月国民政府迁到重庆后落入蒋介石的控制之下;龙云则在 1945 年意外失去了对云南的控制,他的部队被派遣到越南接受日军投降。主要的例外是李宗仁和白崇禧的广西军队、阎锡山和傅作义的山西、绥远军队,他们在日本投降后的内战期间成为令蒋介石头痛的力量。

国民党国家的半集中主义

在全面抗战前和全面抗战期间(1937—1945),国民党在构建一个统一的中央集权国家方面取得了进展。它恢复了中国的领土主权和完整,在控制并消除国内分裂状态方面迈出了坚实步伐。在 1937 年 7 月日本全面侵华战争爆发时,蒋介石已击败党内的对手；中央政权的有效控制范围，也从华东数省扩张到其他地区，特别是华南和西南各省。在所有这些省份，一个中央集权的架构已经在行政、军事、财政、教育等领域建立起来。在财政上，国民党国家通过有力的集中化和标准化措施，控制了全国的间接税，大大拓宽了税收基础，从而推动国民政府努力寻求整个国家的军事和行政集权。这些突破使蒋介石及其政府得以调动全国的财政、军事和政治资源抵抗日本侵略，得以在 1937 年 11 月淞沪战役后将其政治中心和军队从华东迁至西南地区，得以在盟国对日作战中构成最重要的力量，直至 1941 年 12 月太平洋战争爆发。此后，为数约四百万的国民党军队"牵制了约五十万或更多的日本军队，否则这些日军会被派遣到其他地方"（Mitter 2013：379）。假如日本的全面侵华战争爆发于国民党统一全国、蒋介石巩固其国家领袖地位之前的话，中华民国的生存机会将会很渺茫。

事实上，国民党国家不仅存活了下来，而且最终在二战结束时战胜了日本，更奇迹般地和美国、苏联和英国一起，成为 1943 年开罗会议的四巨头之一，决定战后远东国际秩序的形成，后来在 1945 年还成为联合国安理会的五个常任理事国之一。[①] 尽管盟军的进攻直接迫使日本无条件投降，但中国能够经受住历时八年的日本全面侵略战争，且在二战的最后几年对盟军打败日军做出巨大贡献，这在很大程度上应归功于抗战前后国民党的建国努力。

当然，值得一提的还有地方势力在抗日战争中所扮演了重要角色，尤其是那些来自广西、云南和四川的军队，他们接受蒋介石

---

① 关于国民政府重建中国国际关系的成就，见 Kirby 1997。

的领导并不是因为已被完全纳入蒋的党国体系;与此相反,他们一直遭到蒋的怀疑并被部署到抗战前线,往往比蒋的嫡系部队承受更多伤亡。尽管如此,这些地方领导人还是主动从遥远的南部或西南省份派遣了自己最优良的部队到华东和华中地区,积极参加徐州、武汉和长沙等最重要的战役(例见 *LZR*:504—505)。他们愿意做出巨大的牺牲,更多的是出于全民族救亡图存的动机,这远远超过了他们对个人或地方利益的盘算。换句话说,民族主义成为共同的基础,使多年来冲突不断的中央和地方力量走到一起,为了抗日这一共同目标而团结起来。一定程度而言,一个凝聚所有抗日力量的统一战线的形成,是国民党多年来的建国努力和地方领导人致力民族生存的共同结果;而他们能够做到共赴国难,也是基于各自的合法性需求,因为在 20 世纪的中国,民族主义毕竟已经在政治话语中占据绝对优势。

然而,同样清楚的是,国民党的国家建设远没有取得切实的成功。而制约国民党建国成败的关键,则在体现于其财政构造、国家组织机构和政治认同上的"半集中主义"特征。这种半集中主义,是此前曾构成广东国民党区域性政权之最大优势的"集中化地方主义"在全国的放大、稀释和扭曲。就财政构造和收支总量而言,在 1928 年以前,宋子文在广东打造的高度集中统一的财政体系,曾经为国民党政权每年产生 8000 万至 9000 万银元的年收入,如果加上公债,在 1927 年更达到近 1.5 亿银元,使国民党政权的财力在全国各支地方势力中首屈一指,为其军事上统一全国提供了有力支撑。但是在 1928 年名义上统一全国之后,南京政权既没有能力把广东模式移植到已经被中央控制的邻近各省,更谈不上建立一个全国范围的从中央到地方高度统一集中的财政体系。因此，南京政府的财政增收，不得不靠海关税、统税、盐税等间接税和发行公债等相对简便的途径，财政收入的增长幅度远远跟不上一个全国性政权的开支需求，特别是事业性机构和公务员队伍的急剧扩大所带来的非军事性开支的膨胀（详见下一章），结果反过来制约了军事开支的增长。直至 1935 年，南京政府的军务费仅为 3.6 亿银元，相当于 1927 年的 2.76 倍（杨荫溥 1985：70）。军费的不足使得蒋介石无法实现真正意义上的军事统一，从而将中央对各级地方政权的直接控制推广至全国。

在组织结构和政治认同方面，1927 年以前，国民党内部的相对团结，国共两党之间的和衷共济，以及反帝反军阀的政治宣传，曾经使国民革命军成为一支士气旺盛、所向披靡的部队。但是 1928 年定都南京之后，蒋介石政权在追求党内政治统一方面困难重重，更无力建立一个全国范围的高度统一集中的行政管理体系。整个 1920 年代和 1930 年代，蒋介石一直面临着来自粤籍国民党高层的持续挑战和抗拒；在权力中心之外，蒋介石还要应对地方势力。这些地方势力虽然宣称忠诚于国民政府，承认蒋介石的国家领导地位，但不管是在抗战前还是抗战后，依然与南京政府离心离德。在思想层面上，国民党虽然成功建立了三民主义的正统地位，取代了民初的共和主义，但三民主义本身缺乏严密的理论建构，容易被挑战国民党国家的各种势力进行不同解读和操纵。蒋介石因此不得不转向国家主义，要求将国家目标和国家权力凌驾于个人权利之上，甚至引入法西斯主义，以聚集人气支持其独裁，同时依靠特务机构（军统和中统）以及法西斯组织（最出名的是蓝衣社）来增强自己的力量(Eastman 1974:31—84)。由于缺乏基于共同理念和使命的政治认同,蒋介石不得不依靠传统的人际关系和小团体的忠诚来进行统治,以暴力和恐怖手段对付持不同政见者。正如张治中所陈,执政后的国民党,“以派系意识代替党之组织关系,使以主义为中心、以革命为任务之党,变为以派系甚至以个人为中心之党。党员不为革命入党,而以私人权力入党,使有志气有革命性之人士,咸望望焉去之”(*ZZZ*:252—253)。

国民党国家对基层社会的渗透也是浅尝辄止。1930 年前后,国民党曾在所控制的地区展开乡镇自治运动。自治的核心是重新组织基层政权,以区和乡取代北洋时期的警区和自然村,乡进一步分为闾(平均 25 户)和邻(平均 5 户);乡长由村民选举产生。与清朝和民国初期相比,国民党政权的行政触角的确更深地进入到乡村基层。以“黑地”调查为例,依靠乡、闾、邻组织的发动和基层行政人员举报,国民党地方政权得以掌握大量曾被长期隐瞒的土地,数量之多,远远超过北洋时期的历次清查黑地举措。国民党的民族主义宣传也成功地渗透到乡村地区,确立了其在地方精英中的话语霸权(H.Li 2005)。然而,由于没有触动乡村的经济基础特别是土地所有制和相应的社会结构,国民党的地方行政重组往往流于形式。基于血缘、邻里关系的社区传统纽带,或基于自卫、治水、宗教仪式等集体活动的跨村社会网络,继续支配着农民的社会空间和村庄社区的自治机制。大多数村民仍主要以其家族、村落或邻近区域,而非以整个民族或国家,来界定自己的认同。国民党政权依然无力动员农村人口参与国家建设,更无意实现孙中山“耕者有其田”的政纲。张治中在检讨国民党执政后的乡村政策时,即曾抱怨,“对全国人口百分之八十五以上之农民问题,亦即土地问题,在此二十年间,理应加以解决,但非不能为而根本忽略而不为,致坐失最大多数之群众基础”(*ZZZ*:253)。从 1920 年代末到 1930 年代初,国民党一直专注于击败地方军阀和共产党军队,没有时间也没有精力认真进行乡村重组,展开土地改革,从而有效地控制农村社会和财政资源。结果,田赋的征收和使用只好归省级和地方当局手中,而这本可能成为中央政府最大的收入来源。1946 年国共内战爆发后,国民党政权的财政体制走向崩溃从而导致战场上败北,与此不无关联。

概而言之,国民党在全面抗战前十余年的建国努力,使南京国民政府比晚清和民初国家政权都更具财政军事实力,更有条件终结 19 世纪后期以来的国家权力非集中化趋势。不过,国民党国家只是在其上层的正式结构方面实现了相当程度的集中化;这种集中主义是不完全的,蒋介石未能在意识形态和组织控制方面建立一个强有力的党治国家,也无法在其追随者和支持者中打造高度的政治认同,更没有动员社会底层资源的能力。八年全面抗战期间,蒋介石之所以能够维持其全国领袖地位,国民党政权之所以显示出非同寻常的韧性,更多地有赖各党各派在民族危急关头所自发形成的共同御敌的使命感,而非国家政权本身的统一和集权。当时各支政治力量之间所展示的团结,更多的是一种表象或暂时现象,而非可以持久的实际状况。事实上,在 1940 年代初,国民党内部蒋介石和汪精卫之间已存在严重的分歧,导致汪精卫于 1940 年在南京成立另一个亲日的伪国民政府。国民党与共产党之间的分歧也日益严重,抗战后期更是摩擦不断。1945 年日本投降后,民族危机一旦解除,地方势力与中央合作的基础也随之消失,蒋介石的全国领袖地位将遭到来自各方异己力量特别是共产党的挑战,国民党国家的生存也将成问题。

第九章　国家建造的全面集中主义路径：一系列历史性突破之交汇

要了解共产党革命的兴起和最终胜利，重要的是要区分其相互关联但实质上不同的三个阶段。第一阶段(1927—1935)从国共合作破裂、蒋介石清党开始，到共产党反"围剿"失利后从华南撤退为止。在此期间，共产党曾利用国民党专心对付地方军阀之机，在华南和华中建立并扩大其根据地，使其势力迅速壮大，但随后遭到国民党的反复"围剿"，在辗转至陕北途中，丧失了大部分兵力。第二阶段(1937—1945)是八年全面抗战时期，共产党军队华北敌后根据地蓬勃发展。1935 年 11 月中央红军抵达陕北时，只剩约 1 万人，而到抗战结束时，共产党正规部队已扩大到超过 91 万人，拥有十九个根据地，总人口近 1 亿(逄先知、金冲及 2011，1：372；2：714—713)，构成了国民党政权的最大挑战。

毫不奇怪，过去对共产党革命的研究，也主要集中在这两个阶段,尤其是其中第二阶段。由于这些研究的资料来源不同,考察的根据地不一,因此对共产党革命的动力和过程也做出了各不相同的解释。研究的路径之一,是视乡村民众之纷纷加入或拥护共产党革命为外来刺激或压迫的结果,是一种被动的反应。例如,有人利用日本机构关于共产党敌后活动的相关资料,发现抗战期间共产党力量在华北迅速壮大,得益于乡村民众对日军扫荡暴行的反抗,认为正是农民的民族主义意识的觉醒,为共产党渗透当地农村、开辟敌后根据地铺平了道路(Johnson 1962)。再如,有学者研究1930年代和1940年代冀鲁豫边区的农民,强调农民对军阀、地主及国民党政权的不满和反抗所起的核心作用,认为正是因为地主的租佃条件苛刻和地方政权在食盐产销上的垄断政策,威胁了当地农民的生计,才导致共产党趁势而为,以乡村民众的道德规范和生存需求为诉求,推动当地的革命进程;共产党在农民动员过程中所起的作用只是间接的(Thaxton 1983,1997)。

与这些将共产党革命解释为一种以农民为主体的被动反应的观点相反,另一种研究路径则强调共产党的首创精神和组织能力,认为革命是"制造"出来的。例如,研究陕甘宁边区的学者发现,共产党成功的原因,是其在西北贫困地区所展开的大胆、灵活的社会、经济、政治变革,重点是发动群众、合作生产、自力更生和纯洁党的队伍,亦即"延安道路"(Selden 1971)。不过,也有人对中共在延安周边地区所实行的灵活渐进措施,能否适用于其他地区持怀疑态度,因为这些地区具有不同的自然环境和社会经济状况;在这些地方,针对来自根深蒂固的地方权力关系的反抗,共产党不得不用由上至下的强制手段和威权主义的方式来推动革命(Keating

1997)。而在苏皖根据地，研究发现，在日军占领该地区和国民党政权撤退之后，中共之所以在那里获得成功，原因在于发展出一套复杂的策略，即对上层精英晓以民族大义，以赢得其支持，同时进行温和的改革和选举，以重建基层的经济和政治关系(Chen 1986)。对皖豫革命活动的研究，也强调中共通过各种措施使农民得到切实利益来积极动员民众(Wou 1994)。总之，这些研究表明，共产党的乡村动员效果卓著；1945 年日本投降后，国民党重返华北和华中地区时，发现共产党已在农村地区牢固扎根。

尽管共产党军队在抗战时期快速壮大，但不可否认的是，到 1945 年抗战结束时，共产党的实力还不足以决定后来在 1949 年形成的革命结局。此前近二十年里，共产党相对于国民党一直处于劣势。就地缘而言，尽管其根据地在抗战期间发展迅速，但都限于边远、贫困的乡村地区。而共产党力量的装备落后，进一步发展受到牵制。政治上，共产党受困于领导层内部的宗派主义，留洋派与本土派矛盾甚深，而散布各地的根据地也难以协调，山头主义严重。从 1945 年 9 月日本投降到 1946 年新一轮内战爆发，在此过渡时期，共产党似乎各方面均输国民党一筹。当时，抗战刚刚取得胜利，国民政府及其领导人蒋介石的威望如日中天。在美国的军事和财力支持下，国民党军队无论在装备还是规模上都远远超过了共产党。因此，毛泽东尽管对共产党军队的战斗力充满自信，也不得不勉为其难地于 1945 年 8 月飞赴重庆，就组建联合政府事宜进行谈判。很显然，即使谈判顺利，重组后的政府仍将受国民党控制。对中共来说，最好的结果，无非是和其他政党一道，在中央领导层占据几个席位，但其保留下来的军队会比国民党的少得多。

事实上,在1946年1月国共双方谈判完成并签订协议时,中共领导人认真考虑了停止军事斗争,迎接"和平民主建设的新阶段"(*ZGZY*,16:62),将其总部从延安迁往邻近南京的苏北清江,准备"用选票而代替子弹",就近与国民党展开竞争(胡绳 2001:13)。后来,当国共两方军队在华北和东北的军事对峙升级,内战变得迫在眉睫,时人多排除了共产党取胜的可能性,例如民盟秘书长梁漱溟即认为,国民党"兵多装备好,掌握着全国政权,又有美国支持"。在其看来,只要"蒋介石不死,不倒,最多是南北朝的局面,不可能出现旁的局面"。(梁漱溟 2006:318)

所有这些都显示,共产党力量在抗战时期的壮大无论多么迅速,都远不足以决定1949年的革命结局。真正决定共产党命运的是其在内战时期(1946—1949)的发展,即共产党革命的第三阶段。关于内战的传统观点,通常将共产党在1946年之后数年的成功,归因于其通过土地改革动员农村人口,招募大量农民士兵并得到村民提供的后勤服务(如 Pepper 1978),同时把国民党失败归咎于政府官僚在接收沿海城市后上上下下贪腐盛行,失去斗志;蒋介石坚持发动内战,不得人心;城市物价飞涨,百姓怨声载道;而最致命的则是国民党各部队间缺乏协作(Eastman 1974,1984;Pepper 1978)。晚近的解读越来越重视军事因素,尤其是东北的战事在整个内战中的关键作用,同时也不贬低土地改革对共产党增强实力的意义(Levine 1987;Tanner 2013,2015)。也有研究强调毛泽东的高超领导和战略思维,以及其手下将领的战场经历(Cheng 2005;Lew 2009);或只关注国民党在东北及华东战事中的战略、战术上的失误,而忽视土地改革对中共的重要性以及国民党政权的经济和金融政策失败对其合法性的破坏(Westad 2003)。

本章不像以往的研究那样只侧重某个特定阶段的某一方面，而是以一种综合的视角，强调三种关键因素的交互作用，即(1)形塑双方战略目标的地缘政治环境，(2)决定各自军事实力强弱的财政构造体系，以及(3)决定资源的有效抽取和利用能力以实现战略目标的认同构建。以下的讨论揭示，中共在上述每一个阶段，都取得了某些突破，但只是到第三阶段，这些突破才汇聚到一起，使其得以在1949年取得成功。

中共的最初突破是在1935年以前向乡村渗透，依赖以农业经济为基础的财政体制而存活下来；此后至1943年，中共进一步取得了认同构建的成功，建立了毛泽东领导下的高度组织团结，使分散在不同根据地的政治和军事力量得以统一协调。然而，最重要的突破发生在1945年之后，当时，中国的地缘政治环境发生了有利于共产党的根本改变。在控制了国共内战中最具战略意义，且农业可抽取资源最为丰富、军火工业和现代交通运输最为发达的东北地区之后，共产党势力的财政构造也从原先资源贫乏分散、主要依赖贫困偏远的农村地区的状态，转变为各种新旧资源的集中控制与乡村草根层面的分散动员合二为一的新模式。总之，只有把1945年之前已经积蓄的实力(即整个共产党力量从上到下的高度政治认同，及其渗透到乡村最底层的民众动员能力)与1945年后的新发展(即地缘环境的改变和财政军事力量的重新构造)结合到一起之后，共产党力量才能够与国民党军队展开对等的较量，并转变其军事战略，从1945年之前以防守的游击战为主，转变为1947年后越来越具进攻性的正规战。

共产党革命的地缘政治

关于中共历史的一个基本事实是,在其最初的20年中,它属于共产国际的一个支部;在决策、政治合法性甚至资金方面,都在一定程度上依赖于共产国际。而对于当时的苏联来说,决定它与中共关系的关键因素,始终是苏联自身的国家利益和地缘政治安全。在第二次世界大战结束前,苏联在远东的主要威胁来自日本。因此,一个强大到足以抵抗日本侵略、牵制日本的扩张并阻止其北上进攻苏联的友好、统一的中国,最符合莫斯科的利益,反之,一个敌对或分裂的中国,会鼓励日本在征服中国、建立亲日政权后,进一步觊觎苏联对其构成直接的麻烦。1945年日本投降后,苏联依然认为,中国的统一、和平,最符合其在远东的利益;一旦中国发生内战,将会破坏二战结束时由三巨头(英国、苏联、美国)在雅尔塔会议确立的世界格局,且美苏两国将可能卷入其中,从而引发新一轮世界大战。这些地缘政治的现实意味着,中共发现自己往往在一些紧要关头受到苏联人的牵制,尤其当国共冲突危及国内的团结和稳定,进而威胁苏联的战略安全时。如何摆脱苏联的桎梏,成为一个真正自主的政治军事力量,最大程度地追求并实现自身利益,对中共在与国民党的竞争中取胜至关紧要。

中共与莫斯科的关系

共产国际在塑造中共早期历史的过程中扮演了重要角色。对列宁和苏俄共产党其他领导人来说，国际政治不过是无产阶级国家与资本主义国家之间的"阶级斗争"；苏维埃俄国（1923 年后的苏联）是第一次世界大战后世界上第一个也是唯一的社会主义国家，代表着各国无产阶级的根本利益；作为创始国以及反对资本主义和帝国主义的世界无产阶级革命中心，它有义务在世界其他国家倡导革命。同时，世界上所有的共产党也都有义务共同维护俄国的苏维埃政权，这是世界性革命成功的关键，也是维护所有共产党利益的关键。共产国际因此于 1919 年 3 月在莫斯科成立，将各国共产党转变为其分支以协调各自的活动。

毫不奇怪，在中共筹建阶段，共产国际在中国的代表马林即曾试图说服筹备者，让中共成为共产国际的一个支部，并在 1921 年 7 月的中共成立大会上正式提议。中共第一任总书记陈独秀拒绝了这个提议，只同意与共产国际保持常规的"接触"，并在会议通过的第一项决议中予以声明（*ZGZY*，1：8）。然而，从 1922 年 7 月"二大"开始，中共正式接受共产国际的支部身份，部分是出于自外于国际共产主义运动的担忧，但更重要的是因为迫切需要莫斯科的资金支持。可以肯定的是，中共并不完全依赖共产国际的资助；它也在国内寻求援助渠道。陈独秀承认，在 1923 年汉口大罢工期间，一直与直系军阀吴佩孚对抗的奉系军阀张作霖曾慷慨捐赠 1 万元（*GCGJ*，1：262）。不过，在 1920 年代，共产国际的资助是中共唯一稳定的也是最重要的外部财源。在其诞生后约十年的时间里，中共每月从共产国际收到津贴以及不同数量、不同外币的不定期汇款，1927 年之前这些汇款数额为每月数千美元，1928 年增加到两万多美元，在接下来的几年约为每月 15 000 美元（杨奎松 2004）。此外在 1927 年 8 月,中共还收到一笔 30 万美元的资助(Taylor 2009:72)。共产国际的资助在某种程度上影响到中共党员数量和活动范围的扩张;当莫斯科的资助增加时,中共的规模便扩大并变得活跃,反之亦然。

由于其支部地位和对共产国际一定程度的依赖,共产党早期领导层受莫斯科的影响很大。例如,1923 年中共在共产国际的指导下开始与国民党"合作",允许中共党员单独加入国民党的组织,尽管陈独秀最初反对;共产国际促进国共合作的原因,是为了推翻华北和东北的军阀,把中国变成苏联的友好邻邦,同时也因为当时俄国在十月革命后被西方列强和日本孤立,苏俄迫切需要一个革命的中国作为其在远东的盟友。共产国际认为,国共统一战线的建立,以及国民党所领导的国民革命的成功,对苏联的安全异常重要,因此始终坚持中共对国民党右翼领导和蒋介石让步,并在 1927 年 4 月 12 日蒋介石发动清党后,又指示中共对武汉的汪精卫国民政府让步,直到 1927 年 7 月 15 日汪精卫反目。苏联的经济和军事援助是广东国民党部队崛起及其早期北伐成功的关键。然而,由于共产国际代表鲍罗廷着重培养蒋介石领导下的国民党军事力量,并限制中共在政治工作中的作用,中共对蒋介石和汪精卫的清洗均准备不足。

1927 年以后,中共高层领导如博古和王明等人,多在莫斯科受训过或为莫斯科所指派,以维护苏联的利益为优先目标。一个颇具代表性的事件便是 1929 年的"中东铁路事件"。当时张学良奉南京国民政府的命令,在 7 月 10 日通过武力从苏联手中接管沙俄于 1897—1903 年在满洲修建的中东铁路,并逮捕和驱逐苏联人,导致两国武装冲突和外交关系暂时中止。共产国际将此次事件理解为帝国主义列强利用中国的民族主义对抗苏联,并指示中共"变帝国主义进攻苏联的战争为拥护苏联的革命战争"(*JDYL*,6:337)。中共高层对此积极响应,把此次事件看作"对苏联进攻的开始",并于7月12在其宣言中呼吁"武装保卫苏联"(同上)。共产国际显然夸大了此次事件的可能后果,因为介入此次事件的南京政府在整个事件中并未得到任何外国势力的支持,而且很快与苏联签署协议,将中东铁路的管理恢复到事件发生前的状态。然而,在全国民族主义高涨的当口,中共高层所面临的舆论压力可想而知。

两年后,即在1931年,九一八事变爆发,日本关东军进攻张学良的军队,随后占领了中国东北。对共产国际来说,这一事件是日本"进攻苏联的前奏";因此再次呼吁"保卫所有劳动人民的祖国——苏联"(*GJWX*,2:167—169)。作为回应,中共高层通过了一项决议,认为事变是"反苏联战争的序幕",并指出"现在全国无产阶级及劳苦群众身上放着伟大的历史的任务:这一任务便是武装保卫苏联"(*ZGZY*,7:419,420)。这一说法令大部分中国民众感到惊讶和困惑,因为他们认为这一事件构成中华民族的严重危机,爱国军民正奋起抗击日本侵略、保卫中国领土。不用说,当时的中共个别领导人之所以把苏联利益凌驾于民族利益之上,是因为他们认为自己与莫斯科是一体的。他们不仅在莫斯科接受了多年培训并认可它的意识形态,而且他们在中共的职位和权力也来自共产国际的任命;因此,忠诚于莫斯科是他们维持自己在党内地位的前提。事实上,这些领导人对共产国际的忠诚,不仅导致他们优先考虑苏联利益从而在国内不受欢迎,也伤害了中共本身。根据共产国际的指示,他们在蒋介石"四一二"政变后即坚持共产党革命以"城市为中心"的方法,并在1933年至1934年任命共产国际指派的李德(Otto Braun)为红军总指挥。上述做法造成了中共反"围剿"战争中多次失败,导致红军撤出根据地。

毛泽东的对苏策略

毛泽东升至党内最高领导地位,是中共在1930年代后期和1940年代前期寻求摆脱苏联影响、走向自主的关键。首先,要区分共产国际与中共内部亲共产国际的个别领导对待毛泽东的不同态度。自1930年开始,毛泽东在党内高层屡遭排挤,并最终在1932年的宁都会议丢失红军总政委之职位,送其前往苏联的提议也在1934年4月被否决。在这期间,共产国际更多的是充当中共最高领导与毛泽东之间的调解人,警告中共高层在批评毛泽东时要明智且有节制。后来,毛泽东在1935年1月的遵义会议上恢复了对红军的实际指挥权,共产国际转而支持毛泽东在中共领导层的主导地位。但遵义会议之后中共的官方领导人是张闻天,他与毛泽东交往过程中始终保持低姿态,这就为1937年11月从莫斯科回到延安的王明提供了机会,对毛泽东的领导地位构成威胁,此时的王明是共产国际代表并担任中共武汉长江局书记(*HQM*:67)。因此,毛泽东并未牢固树立他在党内的领导地位,这种情况直至1938年9月长江局被撤销、共产国际表示明确支持毛泽东之后,才有所改变(中共中央文献研究室2004:372;*LWH*,1:416)。

而在此之前,中共在做出最重要的决定时,依然要考虑共产国际的指示，如 1935 年 12 月瓦窑堡会议的政策调整，中共便接受了共产国际关于建立“抗日反蒋”统一战线的指示，决定停止没收富农的财产，并将共产党政权的性质从“苏维埃工农共和国”重新定义为“苏维埃人民共和国”，以吸纳小资产阶级和资产阶级（*ZGZY*，10：609—610）。莫斯科还影响了中共对 1936 年 12 月 12 日发生的西安事变的处理。

不过，通过对西安事变的处理，毛泽东向莫斯科和党内的同志发出了一个信号，虽然共产国际的支持对中共决策的合法性仍很重要，但他并不会像其前任那样听从莫斯科的指示。

共产国际于 1943 年 5 月 22 日正式解散，这是因为斯大林需要与英美结成强大的联盟，以对抗纳粹德国。这一事件无疑使中共有了更大的决策自主权，尽管当时国民党政府施压要求中共也随共产国际一同解散。不过，中共对苏联支持的需求仍在持续。这在 1945 年和 1946 年时尤为明显，当时抗战刚刚结束，而中共面临着与国民党的另一轮内战；共产党人迫切需要从占领东北地区的苏军那里获得军事援助。东北的战略意义十分重要，共产党和国民党都不惜一切代价争夺其控制权。到第二次世界大战结束时，中共已拥有近 1 亿人口、100 万正规军和 200 多万非正规部队，毛泽东对即将到来的内战充满信心，而国民党在 1944 年抵抗日军在中国中南部的进攻时已表现出战斗力的整体缺乏。然而，让毛泽东感到惊讶和受挫的是，他在 1945 年 8 月收到了斯大林的一份电报，要求他接受蒋介石的邀请，前往重庆进行组建联合政府的谈判。在斯大林看来，内战的爆发和升级将会把美国卷入进来，并使苏联不可避免地参与其中，可能引发第三次世界大战。因此，防止内战并建立一个由蒋介石领导的联合政府,最符合苏联的利益。毛泽东清楚地知道,蒋介石不会真心组建一个基于政党政治的联合政府;他也知道,苏联的援助将对共产党占领东北起关键作用,这反过来又将决定共产党在内战中的成败。因此,最终使得毛泽东与其前任领导人不同的是,后者总是将苏联的利益凌驾于中国利益之上,而毛泽东总是经过深思熟虑,才决定是接受还是抵制莫斯科的意见;他的目标是努力捍卫党和国家的自身利益。

打造政治认同

掌控军事和政治权力

在1930年代后期,蒋介石和毛泽东分别成为国民党和共产党的最高领袖,但他们追求政治支配地位的道路却不同。蒋介石总是以对军队的控制支撑他的领导;是国民党军队无可匹配的财政和军事实力,使他得以在1930年代早期制服各路军阀。也正是因为有军事力量的支持,蒋介石才能战胜他在国民党内的对手。

然而,蒋介石的领导是脆弱且不完整的。蒋介石统治地位的建立,主要是通过对党内外对手的妥协或收编地方异己势力,而不是完全消除他们,这种方法使他的国家建设代价最小,但也导致其地位不稳和领导乏力。尽管在抗战期间和日本投降后不久,蒋介石暂时获得了作为一个国家领袖的声誉,但蒋介石主要是作为一个军事强人行使其权力,而不是一个在国民党内部拥有绝对合法性和影响力的魅力型领袖。在思想上,蒋介石顶多是孙中山三民主义的一个蹩脚的解释者；他从未发展过自己的一套思想，更不用说让国民党内部对他思想的正统产生共识。总之，蒋介石缺乏软实力；他的统治主要是基于军事力量，而不是思想说服和精神召唤。

毛泽东对共产党的领导也是从他对党内军事力量的控制开始的。作为红军的主要缔造者，毛泽东在 1932 年 10 月的宁都会议中失去了总政委职位，不再指挥红军，并在随后被逐出中共领导层（逄先知、金冲及，1：297—300）。直到红军屡遭失败、从江西根据地撤出后，由于数月之内其兵力即从 87 000 人骤减至约 3 万人，毛泽东才得以在 1934 年底以中共政治局委员的身份，建议改变红军的长征路线。在 1935 年 1 月 15 日至 17 日召开的著名的遵义会议上，毛泽东当选为中共政治局常委，成为红军最高指挥官周恩来的副手。遵义会议后，周恩来、毛泽东和王稼祥很快组成三人团，以周恩来为首，指挥军队，毛泽东主导用兵决策（同上：353）。随后在 1935 年 8 月党的政治局会议上，毛泽东正式接掌军事事务（同上：364）。在 1936 年 12 月红军到达陕西后，毛泽东被任命为党的革命军事委员会主席，进一步巩固了他的军事领导权。然而，党的正式领导人仍然是张闻天，他在遵义会议后不久即 1935 年 2 月，便开始担任总书记（程中原 2006：140）。

毛泽东上升到中共最高领导地位的最大挑战来自王明。王明自 1931 年即已在莫斯科为共产国际工作，在 1937 年 12 月被派回延安；当时国共已形成抗日统一战线（*HQM*：44）。他很快便被任命为中共武汉长江局书记，周恩来为副书记，代表中共与已从南京迁至武汉的国民党政府沟通。毛泽东继续掌控党的军事工作。然而,与毛泽东坚持党的自主性相反,王明坚持执行共产国际的指示,强调统一战线的极端重要性及中共毫无保留地接受蒋介石的领导,包括蒋在对日军正规“运动战”中调用共产党部队。王明的立场背后是共产国际担忧蒋介石可能会与日本妥协,以及日本会在控制中国后进攻苏联。因此,毛泽东后来有理由指责王明“对(中国)自己的事考虑得太少了,对别人的事却操心得太多了”(师哲 1991:263)。因为有共产国际的支持,王明自认为要比所有其他中共领导高人一等,并因此独断专行。这一情况一直持续到1938年9月,当时王稼祥从莫斯科带回共产国际的新消息:中共的领导应该“以毛泽东为首”,并且应该营造一个“亲密团结的空气”(逄先知、金冲及 2011,2:519)。王明因此失去了在党内的共产国际代表地位及与之相关的影响力。张闻天还提出要把总书记的位置让给毛,但毛并未接受(程中原 2006:140)。在共产国际的支持下,毛在1938年9月29日到11月6日召开的第六次代表大会第六次会议上,最终确立了中共的最高领导地位。他在会上批驳了王明的“一切为了统一战线”的口号,强调共产党在统一战线中保持独立的重要性;他进一步阐明“马克思主义中国化”亦即“马克思主义与中国的具体特点相结合”的必要性,使之成为中共思想建设的方法,从而再次挑战王明和其他在莫斯科受过训练的中共领导层“正宗”马列派地位(逄先知、金冲及 2011,2:522—523)。至此,毛泽东不仅确立了自己作为中共最高军事统帅的地位,也成为了中共事实上的政治领袖。

确立意识形态之主导地位

然而,毛泽东领导地位的确立并未就此结束。为了使其权力合法化并赋之以坚实的意识形态基础,他进一步创建了一套新的思想,后来被称为"毛泽东思想"。这正是毛泽东与蒋介石不同的地方,也是他的高超之处。毛泽东将其政治思想变成中共意识形态的能力,加上他巩固组织的不懈努力,使党内形成了高度认同和团结,这对中共在随后几年打败国民党尤为关键。

在把自己打造为中共最高的意识形态权威之前,毛泽东只是被公认为一个军事人才;虽然他在1938年9月后也被接受为党的实际领导人,但他的演讲和著作并未得到中共领导层的充分尊重和接受。当时中共内部的意识形态权威仍是那些在莫斯科接受过"正宗"马列主义训练的人,主要是王明和张闻天。1940年3月王明在延安将自己在1931年写的《为中共更加布尔什维克化而斗争》第三次重印,并在党员中广泛流传(逄先知、金冲及2011,2:634)。作为中共总书记,张闻天则在1937年编写了一本教科书,《中国现代革命运动史》,是中共从马克思主义的视角对中国近代史最权威的叙述(H.Li 2013:95—102)。作为理论权威的标志,张闻天还担任马克思列宁学院(后改名为中央研究院)院长,该机构成立于1938年5月,专为中共干部们培训马列主义理论(程中原2006:275—285)。相形之下,毛泽东在意识形态领域的影响并不大。例如,在1941年初,毛泽东想出版自己在1930到1933年间写的《乡村调查》一书,该书强调实地调查的重要性,但难以实现这一愿望。1941 年 5 月,毛泽东在延安干部会议上做了演讲《改造我们的学习》,强调"实事求是"的原则,但他后来抱怨说,这个报告"毫无影响"(逄先知、金冲及 2011,2:641)。由于缺乏足够的理论影响力,毛泽东发现甚至很难在中共党校做演讲(*HQM*:287;逄先知、金冲及 2011,2:645)。

为了建立自己在思想领域的影响力,毛泽东在 1939 年底和 1940 年初撰写了一系列文章。他的著述有两个抨击目标。一个是王明。王明认为,中国革命由三个阶段组成,反对帝国主义的斗争是正在进行的第一阶段的唯一任务,应当区别于未来第二、第三阶段的任务,即分别为反对封建主义和过渡到社会主义的斗争,并因此强调统一战线以及中共接受国民党领导以完成抗日任务的重要性(*HQM*:198)。另一个目标是国民党理论家们,他们倡导"一个政党""一个主义",质疑中国共产党及其马克思主义意识形态的正当性。为了驳斥党内外这两个对手,毛泽东创建自己的"新民主主义"理论,认为中国革命分"新民主主义革命"和社会主义革命两步。毛写道,新民主主义革命既是反对帝国主义压迫的国民革命,也是反对国内封建压迫的民主革命,其中,反对帝国主义的斗争是首要任务。然而,要完成新民主主义革命,中国无产阶级(亦即被界定为无产阶级先锋队的中国共产党)应该发挥领导作用并与农民、小资产阶级以及民族资产阶级形成统一战线;中国资产阶级已被证明容易向这两个敌人妥协,因此没有资格成为革命的领导者。毛泽东进一步阐释,革命后建立的国家,既不应该是一个资产阶级共和国也不应该是无产阶级专政的国家;相反,它应该是一个由无产阶级亦即共产党领导的致力于反对帝国主义和封建主义的所有阶级联盟及其专政。而且,政府本身应采取“民主集中制”的形式。这个国家将允许私人所有制,不禁止资本主义的生产,但国有的社会主义企业应该是国民经济的主导部门。在农村地区,封建地主的财产将被没收并重新分配给无地或缺地的农民,同时允许富农经济存在,并鼓励各种合作经济。总之,新民主主义革命将为资本主义发展扫清道路,同时酝酿社会主义因素;在未来,中国革命的最终目标是向社会主义过渡(*MXJ*,2:602—614,621—656,662—711)。

毛泽东的新民主主义理论定义明确且结构连贯,与三民主义截然不同。如前所述,三民主义无所不包,且易受到高度主观和随意的解读,以服务于不同目的。新民主主义理论也不同于经典的马克思主义理论,后者呼吁通过资产阶级和无产阶级之间的阶级斗争直接从资本主义过渡到社会主义。作为其追求中共思想自主性的关键一步,毛泽东的新民主主义理论为中共存在的合法化提供了一个有效的工具;当时中共正准备与国民党及其意识形态决裂,并争夺国内政治的主导权。

然而,在把自己的理论转变为全党的意识形态之前,毛泽东首先要推翻党内既有的意识形态权威。为此,毛泽东和他的助手们把之前十三年中共的所有相关文件汇编成卷,题为《六大以来》,出版了两个版本(全本和节选),分发给所有高级干部阅读。这部书被誉为“党书”,首次系统地说明了党内不同路线之间的斗争,即王明及其追随者所奉行的导致中共屡遭挫折的“左倾”路线,与毛泽东所确立的曾让红军获得早期成功的“正确路线”。这本书产生了立竿见影的效果。正如毛泽东所描述的,“党书一出许多同志解除武器”(逄先知、金冲及 2011,2:641)。那些曾支持或同情王明的人改变了态度,转而支持毛泽东。正是在这样的背景下,中共中央政治局于 1941 年 9 月召开了“扩大会议”(即“九月会议”),会上,中共领导层对毛泽东的意识形态权威达成了共识。会议开始,毛泽东攻击王明和博古错误路线的“主观主义”和“宗派主义”特性。他赢得了高级干部压倒性的支持,包括那些曾经追随或支持王明的人,如博古、张闻天和王稼祥等,都对他们的错误进行了“自我批评”(HQM:194—195;逄先知、金冲及 2011,2:641—643)。毛泽东因此不仅最终确立了他作为最高军事指挥官和政治领袖的地位,也成为中共唯一的思想权威(*HQM*:48)。

形塑政治认同

然而,毛泽东并没有满足于仅在领导层范围内对其政治领导地位和意识形态上的权威地位达成共识,这在九月会议上已明显实现。为了确保全党从上到下对毛泽东毫无保留的忠诚,把共产党打造成一个高度认同和团结的组织,并使共产党摆脱宗派之争、作风腐败和缺乏纪律的状态,毛泽东面临两个任务:即在所有党员中宣传他的思想;更重要的是,要纯洁党员干部队伍,清除那些支持党内政敌或可能对党不忠的人。基于这两个目的,毛泽东在 1942 年 2 月发起了“整风运动”。

此次运动的起源,可追溯到共产国际 1940 年 3 月 11 日的决议。决议敦促中共采取措施净化党的干部队伍。毛泽东对该决议以及斯大林早些时候谈及的各国共产党的布尔什维克化表示欢迎

（张喜德 2009），并以此为理由发动整风运动，以实现自己的政治目的。整风运动首先针对延安的一万余名党员干部和左翼知识分子，要求他们学习毛泽东的著作和党的文件，并检查自己的“非无产阶级思想”。经过几个月密集的学习和自我反省，毛泽东认为存在于“大批青年干部（老干部亦然）及文化人”的那种“极庞杂的思想”已不复存在，他们的思想已经得到“统一”（逄先知、金冲及 2011，2：657）。因此，整风运动在 1942 年 6 月进一步扩大至全国各根据地，主要针对地方党组织的中高级干部，重点是让党员干部检查自己的“自由主义”问题（即不遵守党的纪律和指令）和“对党闹独立性问题”。为了确保对党的“一元化领导”，毛泽东在 1943 年 3 月担任中共中央政治局和书记处主席，取代张闻天，正式成为中共领袖（同上，2：659）。

1943 年 4 月后，整风运动进入第二阶段，任务是调查每个干部的政治背景，将“不纯”成分从党的干部队伍中加以清除，以此应对国民党军队的渗透和破坏。但这种清查很快发展成不受控制的情况。仅延安一地，在约两个星期内就有 1,400 多人被认定为国民党特务（同上，2：663）。毛泽东后来意识到这种状况的严重后果，下令禁止对任何被迫害者执行死刑，并在 1944 年初为大部分被迫害者平反。彼时，毛泽东确已通过整风运动实现了他的目的：基于党内各级领导干部和普通党员对毛泽东领袖地位的认可而形成的高度政治认同和组织团结。

似乎这些还嫌不够，毛泽东又采取了两个行动来巩固他无可争议的领导地位。一是在 1943 年 9 月 7 日至 10 月 6 日主持召开中共政治局的会议。在会上，毛泽东严厉批评两种“宗派主义”，即

“教条主义”和“经验主义”。自王明和博古失势后,教条主义派已不再对党构成威胁,因此毛泽东的真正目标是“经验主义”派(石仲泉 2012:17;*HQM*:295)。

毛泽东为确定自己在党内最高领导地位所采取的最后一步,是在 1945 年 4 月 20 日中共第六次代表大会第七次会议上一致通过了《关于若干历史问题的决议》。该决议的核心是重新解读党的历史,强调了以毛泽东为代表的正确路线与教条主义者所坚持的错误路线之间的反复斗争。尽管如此,这项决议不应该仅仅被解释为毛泽东为了个人权力操纵党的领导的结果,也不应该把整风运动简单地看作是毛泽东与党内政敌的另一轮权力斗争。事实上,如前所述,在 1938 年 9 月获得共产国际的支持后,已没有人能够挑战毛泽东在中共内部的领导地位。可以肯定的是,毛泽东开展整风运动的部分原因,可能是针对他的老对手和竞争者(包括王明等党内教条主义者及经验主义者)。不过,对毛泽东来说,整风运动以及决议的起草和通过是必要的,不仅是因为这些做法能使自己在各方面成为全党的领袖,给他的领导地位增添一层魅力,更重要的是因为它们对中共实现高度的政治认同和组织团结是不可或缺的,而团结的基础则在全党对毛路线正确和思想权威的共识。同样,中共领导层接受毛泽东的领导,不能简单地解释为是因为他们与毛斗争失败或屈服于毛在党内的权威;而是多少折射了他们对毛泽东领导红军和全党的卓越才能的认可,以及对毛泽东中国革命理论独创性的信服。因此,决议开篇中对毛的描述并没有那么多的奉承,而是体现了中共上层精英对毛泽东领导才能的共同认知:

> 中国共产党自一九二一年产生以来，就以马克思列宁主义的普遍真理和中国革命的具体实践相结合为自己一切工作的指针，毛泽东同志关于中国革命的理论和实践便是此种结合的代表。我们党一成立，就展开了中国革命的新阶段——毛泽东同志所指出的新民主主义革命的阶段。在为实现新民主主义而进行的二十四年（一九二一年至一九四五年）的奋斗中，在第一次大革命、土地革命和抗日战争的三个历史时期中，我们党始终一贯地领导了广大的中国人民，向中国人民的敌人——帝国主义和封建主义，进行了艰苦卓绝的革命斗争，取得了伟大的成绩和丰富的经验。党在奋斗的过程中产生了自己的领袖毛泽东同志。毛泽东同志代表中国无产阶级和中国人民，将人类最高智慧——马克思列宁主义的科学理论，创造地应用于中国这样的以农民为主要群众、以反帝反封建为直接任务而又地广人众、情况极复杂、斗争极困难的半封建半殖民地的大国，光辉地发展了列宁斯大林关于殖民地半殖民地问题的学说和斯大林关于中国革命问题的学说。由于坚持了正确的马克思列宁主义的路线，并向一切与之相反的错误思想作了胜利的斗争，党才在三个时期中取得了伟大的成绩……（*MXJ*，3：952—953）

通过整风运动，毛泽东不仅有效地、全面地控制了军队，而且在思想统一的坚实基础上进一步巩固了自己的领导权，消灭了各种“宗派主义”和“山头主义”。到抗日战争结束时，中国共产党及其军队的确已经取得了毛所说的“在思想上、政治上、组织上的空前的巩固和统一”(*MXJ*,3:953),从而为他们赢得1946年后即将到来的内战铺平了道路。

东北地区与国共内战

为什么东北如此重要?

1937年抗战全面爆发后,红军的地缘政治环境一度有所改善,在统一战线建立之初曾获得国民政府的津贴和补给;1939年以后,国共关系渐趋紧张,摩擦加剧,但毕竟没有遭到国民党军队的大规模进攻。共产党军队和敌后根据地由此迅速扩张。然而,共产党部队遭受了日本军队的反复扫荡,以及后来国民党军队的封锁和局部攻击。因此,通常情况下,共产党在战场上仍处于守势。对陕北和华北其他地区共产党部队来说,最为不利的条件是,这些地区均是中国最贫穷的地方,他们很难获得足够的粮食和其他物资,以支撑快速扩张的部队。正是因为陕北土地贫瘠、人口稀少,难以招募士兵,才迫使红军于1936年1月发起“东征”,进入山西(逄先知、金冲及2011,1:383)。出于同样原因,红军在1936年5月筹划西征,进入宁夏,以便接收从苏联获得的物资(同上:383,389,402)。后来,1946年内战爆发,中共控制的陕甘宁地区粮食供应严重短缺,导致其他地区的共产党部队无法进入,打击国民党军队;当时国民党军队在该地区的兵力为共产党的八倍以上(国民党25万人,共产党还不到3万人),一度使得毛泽东和共产党总部陷入险境（同上，2：803）。正因如此，在抗战接近尾声时，随着国共之间的紧张关系升级，中共领导人曾试图调整其军队和根据地扩张策略，优先考虑在相对繁荣的南方省份发展；1944 年底和 1945 年初，毛泽东和党中央接连发出指令，要求派遣共产党军队南下，在湖南、广东、福建、浙江、江苏等省新建或扩大根据地（*TDGG*，15：32—36，145—147，181—187）。

但是，1945 年 8 月发生的几起意外事件——8 月 6 日广岛原子弹爆炸，8 月 8 日苏联对日宣战，及其随后在 9 月 2 日进入并完全占领中国东北——使共产党战后发展战略发生了根本变化。东北地区的战略优势和极端重要性对中共而言是显而易见的。首先，东北北邻苏联，西接蒙古，东接朝鲜——这些都是共产党国家或地区且对中共友好；一旦占领东北，中共部队将拥有一个安全而稳定的根据地，而且，它从那里可以采取进攻性战略，对关内的国民党军队发动大规模作战。其次，与中共已有的小而分散的根据地不同，东北地域辽阔，面积达约 130 万平方公里。当时面临两种可能，即既可能让国民党军队在日本投降后随即占领整个东北地区，同时也可以为中共提供足够的空间来建立自己的根据地；一旦遭到该地区国民党军队的进攻，也能够后退，并在规划大规模攻势以最终从该地区驱逐和消灭国民党部队方面，拥有高度的机动性。第三，东北很富裕。该地区广袤而肥沃的土壤带来了农业高产，加上人口密度相对较低，产生了比其他地区多得多的富余粮食，使东北成为粮食净出口地区。更重要的是，东北有发达的工业，尤其是重工业和能源生产，占 1940 年代末全国重工业总产量的 90% 左右；

这里的兵工厂在中国首屈一指。[1] 此外,东北还有高度发达的交通网络,铁路里程达到 14 000 公里,约占全国铁路总里程的一半(朱建华 1987a:140)。一旦占据东北,这里将成为共产党部队向全国其他地区进攻的坚实后方。

对共产党而言,东北的战略重要性不言而喻。如果不能控制东北,他们只好把作为国民党政治经济中心的华东地区作为争夺目标,但这样做胜算不大,因为这里驻扎有国民政府装备最精良的部队,依靠美国的慷慨支持,他们可以轻易地包围并击溃装备落后的共产党力量。事实的确如此,国民党仅将约三分之一的部队集中在江苏和山东,便在 1947 下半年轻松地摧毁了共产党在江苏中部和北部的根据地,并将共产党军队逼退到山东南部,又在 1947 年 5 月进一步将其逼至山东中部。如果共产党军队以华北为优先进攻目标,他们将面临国民党从东北和华东的夹击。因此,最好的选择是先控制东北,利用该地区被苏方占领的优势,"封死"刚刚进入该地区的国民党军队并彻底消灭他们。只有在完全控制东北后,共产党的部队才能依赖东北充裕的军事和后勤供应,集中兵力在华东地区歼灭国民党主力部队(叶剑英 1982)。

由于指望从相邻的共产党国家(特别是从直至 1946 年 4 月仍然占领东北的苏联)获得实质性支持,毛泽东和中共领导层很快放弃了原定的向南扩张战略,转而在 1945 年 9 月制定了新的"向北发展,向南防御"战略(*LSQ*,1:371—372)。毛泽东在调整这一战略时曾说:"东北是一个极其重要的区域,将来有可能在我们的领

① 据估计,东北在 1943 年分别生产了中国 88% 的生铁、93% 的钢材、66% 的水泥、78% 的电力和 50% 的煤炭(朱建华 1987a:11)。

导下。如果东北能在我们领导之下，那对中国革命有什么意义呢？我看可以这样说，我们的胜利就有了基础，也就是说确定了我们的胜利……如果我们有了东北，大城市和根据地打成一片，那末，我们在全国的胜利，就有了巩固的基础了。”“从我们党，从中国革命的最近将来的前途考虑，东北是特别重要的。如果我们把现有的一切根据地都丢了，只要我们有了东北，那么中国革命就有了巩固的基础。当然，其他根据地没有丢，我们又有了东北，中国革命的基础就更巩固了。”（*MWJ*，3：410—411，426）七大后党内地位仅次于毛泽东的刘少奇，在毛泽东赴重庆谈判期间代理中共中央主席的时候，第一个提出“向北发展”的战略。他也表达了类似的观点：“只要我能够控制东北及热、察两省，并有全国各解放区及全国人民配合斗争，即能保障中国人民的胜利。”（*LSQ*，1：372）

苏联的支援

尽管苏联有义务遵守其与国民政府之间的协议，使中共不得不放弃其原有的“独占东北”计划，转而实施“让开大路，占领两厢”的策略，不过，与苏联占领军的合作仍然是中共在那里立足并成功控制整个东北的关键（*TDGG*，15：433—436；金冲及 2006：14—15）。1945 年初，苏联军队欢迎共产党部队到达山海关，并允许他们接管当地政府的权力。后来，苏方允许东北各地的共产党军队自由行动，只要后者不使用中共部队的正式番号；在其进入东北的最初两个月，情形尤为如此（李运昌 1988）。苏方慷慨提供的武器使共产党在东北被称为“抗联”的原有部队，能够在一个月内组建一支48 500人的"自卫武装"。苏军还向曾克林麾下的共产党部队移交了原日本关东军离沈阳不远的一座军火库,使曾的部队能够从4000人扩大到6万人。10月初,苏方又通知中共东北当局,准备交给后者原关东军在东北的所有军事设备,这些武器足以装备数十万士兵。然而,因为数量过于庞大,最初共产党军队实际上只能接收1万支步枪、3400挺机枪、100门大炮和2000万发子弹。10月下旬,苏军将在东北南部的所有武器和弹药库以及一些重型武器甚至飞机都交给了共产党军队。在1946年4月从东北撤军前,苏军进一步将在东北北部的日本武器移交给共产党军队,其中包括1万多挺机枪和100门大炮。据未经证实的资料统计,共产党从苏军手中接收的日本武器,总计约有70万支步枪、13 000挺机枪、4000门炮、600辆坦克、2000辆军车、679个弹药库、800架飞机和一些炮艇(杨奎松1999:262;另有不同估计,见刘统2000)。因此,不管是武器装备还是人力方面,共产党军队均在东北拥有绝对优势。1946年初,为了确保共产党军队在苏军撤离东北后有足够的时间来准备迅速占领小城市和农村地区,苏方以各种借口故意拖延撤军,并阻止国民党军队按计划进驻大连,接管城市(杜聿明1985:519—520,536—545)。

东北的实力

东北地区因此成为国共内战期间三大战役的首役(辽沈战役)战场,共产党军队在此经过七个多星期的战斗,彻底打败了国民党军队,并在1948年11月初占领了该地区。正如毛泽东所预料的那样，东北成为中共最大和最重要的根据地。由于拥有高度发达的现代工业和交通运输以及高产的农业，这一地区很快便成为巨大供应基地，为中共提供人力、武器和后勤支持，使其得以赢得接下来的两大战役，即华东的淮海战役（1948 年 11 月 6 日至 1949 年 1 月 10 日）和华北的平津战役（1948 年 11 月 29 日至 1949 年 1 月 31 日）。

东北首先是中共在内战期间最重要的兵源地。由于其积极招募且武器供应充足，当地的共产党部队迅速扩大，从 1945 年底的约 20 万人增加到一年后的 38 万人，到 1947 年底几乎翻番，达到 70 多万多人（朱建华 1987b：602，604），占中共在全国新增兵力的一半；共产党部队在西北、华北、华东和中部省份的兵力，到 1947 年总共才增加 30 万人。[①] 到 1948 年 8 月辽沈战役打响前，中共在东北的兵力进一步增加到 103 万，远远超过只有约 50 万人的国民党军（王淼生 1997：94）。它们不仅是共产党控制地区力量最大的一支，占整个中共军队的近 37%，而且是装备最好的。从 1945 年到 1948 年 7 月，中共招募了 120 万名来自东北的士兵，占整个共军同期新增士兵的 60% 以上（朱建华 1987a：286）。在辽沈战役获胜后，东北地区派出一支 80 多万人的部队，加上 15 万名提供后勤的民工到关内，构成了平津战役中击败国民党军队的主力（朱建华 1987b：69）。

同样重要的是东北的军火生产及其对关内作战所起的支持作用。1945 年之前，在与国民党和日本军队打游击战时，共产党部队很少或没有使用重武器；相形之下，中共部队在内战期间的三大战

---

① 另据李宗仁回忆，日本投降后，国民党政府参谋总长陈诚秉承蒋介石的意旨，下令解散东北 40 万伪军，“林彪乃乘机延揽，伪军的精华遂悉为中共所吸收”（*LZR*：659）。

役,采取了大规模的运动战和阵地战形式,每场战役涉及大量兵力部署,密集使用炮火,消耗大量弹药。苏联移交的原日本关东军武器只能部分满足中共部队在东北战场的需求。因此,共产党军队在进入和占领东北后,利用现有设备和仍在服务的日本技术人员,迅速恢复并扩大武器生产。到1948年夏,已拥有55个不同规模的军工厂,每年生产约1700万颗子弹、150万枚手榴弹、50万枚炮弹和2000门60毫米大炮(黄瑶等1993:436)。1949年,其能力进一步提高到每年生产230万发炮弹,2170万发子弹以及各种火炮,并雇用了43 000多名工人(朱建华1987b:70)。东北兵工厂生产的弹药对共产党军队在关内打败国民党起到不可或缺的作用。

最后,东北通过提供大量的后勤物资,为中共在关内的作战做出了贡献。在1948和1949年,东北的农业产量介于每垧(约一公顷)900到1000公斤之间,每年合计生产1200万到1300万吨粮食(朱建华1987b:141—143),共产党在这一地区年征农业税共计230万至240万吨(1947年税率为21%,1948和1949年为18%)(同上:446)。在1946年至1949年整个内战时期,从东北征收的公粮达686万吨;此外,还从农民手中征购了180万吨粮食和7488吨棉花以及其他各种农产品(*DBCJ*:210)。中共向苏联大量出口这些产品,以购买苏方的工业、医疗和军事物资。来自农业税和其他渠道的财政收入使得东北共产党政权在1949年可以支出相当于380万吨粮食的军费,其中45%用于关内各省的部队。此外,东北当局为关内提供了超过300万吨的货物,包括80万吨粮食、20万吨钢铁及150万立方的木材(朱建华1987a:384;1987b:71)。

共产党根据地的财政构造

从分权到集权:1945 年前的经历

这里有必要考察一下中共是如何获得财政收入以支撑其作战行动和军事建设的。总的来说,从 1920 年代末至 1949 年,共产党军队经历了三个扩张和收缩周期,每一个周期皆以分散的筹款方式开始,继而逐步建立一个集中的财政体系。第一个周期是在江西苏维埃时期,当时新组建的红军除通过收缴被击溃的国民党部队和土匪的财物来保障自己的供给之外,更为重要的方式是"打土豪",即没收地主豪绅的土地和房产,以及珠宝、家具、家畜和工具等动产,或迫使他们支付巨额罚金或赎金,以取回被查封的财产;此外,还要求富农和店铺按其财力提供不同数额的"捐款",以免财产被没收(许毅 1982:414—417,458—466)。这些经费筹集活动并无高层的通盘安排。没收财产或要求捐款的对象由各支红军部队自行确定,开支也谈不上有什么预算,典型的方式是"来一点用一点"(王礼琦、李炳俊 1981:29)。虽然有共产党的阶级斗争意识形态作为支撑,而且在红军成立之初,由于缺乏足以维持其生存的稳固地盘,上述活动确实必要,但这些活动并不能产生稳定和充裕的财政收入。

后来"打土豪"的对象越来越少,加上根据地规模扩大,红军逐步转向以更规范和集中的方式产生财政收入。例如,到 1931 年 1 月中华苏维埃共和国临时中央政府在江西瑞金成立时,中央革命根据地(中南部地区最大的共产党根据地)的面积已扩大到5万平方公里,覆盖21个县和250万人口(杨菁2002:49)。中共当局以累进税制向所有土地所有者征收田赋,其中富农承担的税率最高。他们还向店铺征收营业税,对经过中央根据地24个关卡的货物征收过境税。因此,1932年7月以后,红军部队不再担负筹款任务,而由根据地的中央政府财政部门为其提供给养(许毅1982:434—438,467—486)。

虽然随着在江西及周边省份的根据地面积惊人的发展,红军的收入稳定增长,但其财政状况与国民党早期在广东的状况相比,仍不可同日而语。如第七章所述,广州国民政府地处华南商业中心,因此在财政部长宋子文的领导下,能够把自己打造成一个真正的财政军事机器,通过各种现代税收和融资手段,获取足够的收入,以维持快速壮大的军队并支撑其北伐。相形之下,共产党控制的根据地多为偏僻的山区,商业和现代工业均不发达,耕地也远不如国民党政府所控制的珠江下游和长江下游肥沃。而到1933年底,中央根据地的红军已超过10万人(仅1933年9月到1934年9月即增加10万多新兵,见杨菁2002:53),由于没有足够的田赋或工商税收入来支持红军,中共只能通过强制措施来增加其收入,包括强迫人们用粮食或现金购买政府债券,派出"突击队"到各地以实物形式征收田赋,并要求农户"捐"或"借"粮给红军(许毅1982:486—497;*ZGZY*,9:263—268,10:82—86,323—326,351—354)。1934年初,中央根据地的中共政府在创收上遇到了瓶颈。到1934年1月底,在将近三个月中,只征收了不到计划数额十分之一的田赋,且主要是现金而非实物支付;在为期五个多月的活动中,仅出售了不到一半的政府债券。因此,粮食短缺成为一个严重的问题,红军连生存都难以为继,更不用说扩张了(*ZGZY*,10:82)。"扩红"任务即便在那些工作做得最好的地方也往往只能完成计划的20%(黄道炫 2011:254,332)。由于新兵缺乏应有的训练,加上伙食供应严重短缺,枪械、弹药质量差,数量少,士兵士气低落,官兵开小差现象时有发生(同上:328—339)。正是财政软肋以及因此带来的军事颓势,而不是其他因素,构成红军在 1934 年 10 月第五次反"围剿"失败的主要原因;此次"围剿",国民政府共动用了 100 万名士兵、200 架飞机及各种火炮。

抗日战争时期,中共的财政状况并无改善。"打土豪"已不可能,因为在国共统一战线下,中共不得不吸收"开明绅士"(即同情共产党和支持抗日的地主和官僚精英)进入根据地的政权机构。中共转而依靠没收汉奸财产,富人和平民的捐献("有钱出钱,有粮出粮"),以及国民政府在统一战线建立后最初几年的物资划拨(*ZGZY*,11:327—330)。指导各根据地共产党创收的总原则是"自筹自用"(卢世川 1987:235)或"谁筹谁支",没有预算(魏宏运等 1984,4:53)。后来,中共军队逐步转向以累进制征收田赋、发行"救国公债"、向富户征收"救国捐"、向共产党控制的村公所征收军粮,或在村公所不受共产党控制的地方直接向农户"借"粮草(*ZGZY*,11:615,842)。共产党控制下的村公所在收到根据地政权发行的"军用粮票"后,须向共产党军队提供"救国公粮"(魏宏运等 1984,4:180—182,188—189)。无论是被共产党部队还是其他军队征收,成倍增加的军事课征和杂项费用,使得根据地的村庄到 1940 年代初时已经筋疲力尽。后来,因为国共关系日益紧张,国民政府切断了对中共军队的供给并封锁了根据地,中共的食物和军用物资严重短缺。为了生存,共产党采取了两项措施,即精兵简政(*WXJ*,3:880—883)以及大生产运动,以求自给自足。这些措施有助于共产党部队解决生存问题。但是,农村人口的极度贫困,加上根据地生产武器的能力不足,限制了共产党的作战能力。他们想要生存和发展,最佳的选择就是避免与日本占领军大规模作战,并避免与国民党的冲突升级,同时利用日本和国民党在华北广大农村地区力量薄弱的机会,广泛建立党的基层组织以向“敌后”渗透,尽可能多地招募村民加入共产党及其游击队,同时让他们自力更生、自给自足。这一策略行之有效。在八年全面抗战期间,共产党根据地如雨后春笋般在各地建立,到 1945 年,覆盖面积约 88 万平方公里,人口超过 1 亿;党员人数从 1937 年的约 4 万猛增至 120 万人(*MXJ*,3:1108);其武装力量同样剧增 28 倍,从抗战开始时的大约 4.5 万人增加到 1945 年日本投降时的 127 万人(逄先知、金冲及 2011,2:713—715)。

走向财政统一

1946 年 7 月内战全面爆发后,仅有 130 万部队且装备落后的共产党,面临着严峻的挑战。首先,其对手国民党军队拥有 430 万人,规模是共产党军队的 3.3 倍(张宪文 2005,4:199)。而且,在从日军手里接收了可装备超过 100 万人的武器并获得美国的军事支援后,国民党军队装备更具优势,其中 22 个师完全或部分配备美国武器。双方可用来支撑战争的资源也不相称:国民党政府控制着中国四分之三的领土、三分之二的人口以及主要的工业城市和交通网络,还获得了美国大量的经济和军事援助。其次,中共部队虽在迅速扩大,到1947年底,兵员人数已经达到200万,1948年底300万,1949年年中,达到400万,但供养这些士兵的耗费是巨大的。根据1947年4月有中共各根据地代表参加的华北财经会议估计,供养一个士兵需要相当于每年16石小米(包括每天1.5至2斤粮食,每月1到2斤肉,如此等等),按每个农民平均每年可以生产2.5石(合400斤)小米,并将其中15%至20%用以缴纳赋税来计算,相当于60到80个农民所缴纳的赋税总额。也就是说,共产党军队总规模应限制在其所控制人口的1%到1.5%以内;当时"解放区"的1.3亿人口只能维持最多200万人的军队(*FDS*:589)。发动一场战争的成本也是高昂的。内战期间,一场战役往往部署数十万士兵,消耗数万枚炮弹和数百万颗子弹,而仅一枚炮弹就要花费一个中等收入的农民一两年的收入(李炜光2000:248—249;冯田夫、李炜光2006:193)。后勤服务的人力投入也是巨大的;通常一个民工在战时需要负责一名士兵,在和平时期则负责三名士兵(*HBJ*:296)。华北共产党部队的名将刘伯承(1892—1986)因此说:"供应一个大兵团相当于供应一座流动的城市。"(李炜光2000:249)

为了保障数百万部队的给养并负担巨大的战争开支,中共实施了三个解决方案:建立一个集中化的财政体制以统一各解放区的资源;发动土地改革以扩大纳税人基础;建立村级动员机制。

与前两个周期一样,共产党军队在内战之初仍依靠分散的后勤给养方法,特别是在进入新解放区或在根据地以外作战时。例如,在东北地区,“分散自给”在 1946 年是其后勤供给的指导原则。中共政权在这一地区的全年收入有 36.7% 来自没收日本人和伪满洲国的财产(朱建华 1987b:427)。进入新解放区后,面对粮食和其他物品的供应短缺,共产党部队总是先向地主和富农借,有时也向中农甚至贫农少量借些(冯田夫、李炜光 2006:197)。毛泽东在 1947 年 12 月制定的十个军事原则之一,便是部队必须“以俘获敌人的全部武器和大部分人员,补充自己。我军人力物力的来源,主要在前线”(*MXJ*,4:1248)。到了 1948 年 10 月,毛泽东还下令,“大军进入国民党区域执行无后方的或半有后方的作战,一切军事需要必须完全地或大部地自己解决”(同上:1348)。

各根据地之间的相互协调,始于前文提到的 1947 年 4 月华北财经会议。会上,各根据地达成协议,拆除彼此之间的贸易壁垒,使相互援助成为可能。例如,晋冀鲁豫边区政府 1947 年 9 月承诺为华东野战军在华北各省的活动提供给养,而中共华东局则负责为边区提供物质补偿(田夫、李炜光 2006:176)。迈向财政统一的更重要一步,是在 1948 年 7 月成立中共中央财经部,由董必武任部长。在该部领导下,设立了华北财经委员会,负责统一华北、西北和山东三大解放区的货币及贸易、金融政策。从 1949 年 1 月起,这三个地区合并了银行和贸易机构,使用标准的新货币,即人民币,并统一了财政收入和预算系统。同时,中共中央军事委员会于 1948 年 4 月成立了总后勤部,确保在不同地区建立多层次的后勤系统,并且在淮海战役爆发后,协调华北、中原和华东三大区及五省(江苏、安徽、山东、河南、河北)的后勤(同上:197)。

在进行全国范围的财政集中之前,各解放区内部也在着手其财政体系的巩固和统一。陈云（1905—1995）领导下的东北在这方面尤为成功。陈云自1945年底即为这一地区的主要中共领导，并在1948年任东北财经委员会主席。该解放区的财政制度的巩固和统一始于1947年，包括以下步骤：建立预算制度，每月须做经常性开支预算并报告实际支出；建立审计制度，安排审计人员入驻各机关，负责按月检查；建立统一的多层次国库制度，严格按规定调拨资金；将中央收入来源（包括所有的农业税和国企利润以及大部分商业税）与省级收入来源（省属企业收入和特定税收）分开；将中央的支出（主要用于中共主力部队）与省级支出（主要用于地方治安、建设、教育等）分开；规范财政管理制度，包括人事管理和会计手续；对各种商品和服务统一征税；等等。在1948年11月全面控制整个东北地区后，为了最大限度地增加政府收入，中共当局进一步提高农业税税率，实行烟酒专卖，发行政府债券，促进对外贸易，以及稳定物价（朱建华1987b：432—438，487—496）。

所有这些措施都令人联想到1920年代后期宋子文在广东采取的类似举措。凭靠高度工业化的经济和陈云管理财政的非凡能力，东北成为所有解放区中财政状况最健康、财源最充裕的地区；就其收入构成而言，东北解放区也比所有其他地区更接近欧洲近代史上的“财政军事政权”。不同于其他解放区以传统农业税为主（公粮占财政收入70%到80%）（*FDS*：585），在东北，公粮（计134万吨）在1948年仅占全年财政收入的37.04%，而对外贸易和纺织制造业贡献了当年收入的23.32%，商业税则贡献了17.15%。在1949年，来自公粮的收入进一步下降至23.32%（248万吨），而工业利润占收入的最大部分（30.41%），商业税占第三位（17.33%）（朱建华 1987b:440;另有不同的数据,见 *FDS*:795)。作为经济最发达地区和最重要的解放区,东北对中共在 1940 年代末打败国民党并拿下全国的重要性,可媲美广东在国民党军队于 1920 年代后期击败军阀并统一全国过程中所扮演的角色。

动员与渗透:土地改革的双重意图

总的来说,华北村庄在土地所有权和财富分配上处于相对较低的分化水平。零星的调查表明,在被调查地区,占农户总数 10% 到 30% 的地主和富农,拥有约 30% 至 50% 的耕地(李里峰 2008:69)。抗战期间,华北各根据地的贫农受益于中共的"减租减息"政策(即地主减租 25%,债主减息至 15%)和累进税政策(地主富农税率较高,贫农税率较低)。在很多地方,中农数量在迅速增加,而无地少地的贫农以及地主和富农都在减少(罗平汉 2005:49)。在一些地区,到 1940 年代中期,地主和富农已经很少甚至完全消失(参见 Hinton 1966:209;Crook and Crook 1979:62;Friedman 等 1991:42—43;张佩国 2000:70,152)。那么,中共为什么要在 1946 年发动土改,并在 1947 年推行更为激进的土地分配政策?

土地改革始于 1946 年 5 月 4 日中共中央发布"五四指示",宣布以"耕者有其田"为目标,鼓励农民群众"从反奸、清算、减租、减息、退租、退息等斗争中,从地主手中获得土地"。指示同时警告,不要试图伤害富农或曾在抗日斗争与中共积极合作的有地乡绅;还敦促地方政权"对于中小地主的生活应给以相当照顾",将他们区别于"大地主、豪绅、恶霸"(*ZGDS*,6:128)。指示的温和性是不难理解的。由于尚未与国民党政府完全决裂，且须依赖“开明绅士”的支持，以保持其在根据地的合法性，更重要的是为了赢得在国共之间保持中立的社会群体的同情，共产党领导必须坚持其原有的统一战线政策，避免对所有地主阶层不加区别地采取行动而被孤立。这对总部仍在陕甘宁边区的中共来说尤为重要，因为他们已跟当地“开明绅士”建立了良好关系，并吸收了一些人进入根据地政权。

然而，毛泽东预见到与国民党的全面冲突即将到来，认为土地改革是赢得农民支持并动员其加入共产党部队的最有效手段。因此，在指示发布两周后，毛即命令共产党地方政权，在土地集中、无地少地农民占绝大多数的地区，将此次运动的焦点从没收日军、日伪政权和汉奸的财产，转变为利用各种方式，“使地主土地大量转移到农民手里”，以应对国共冲突的升级（*ZGZY*，16：164）。1946年7月内战全面爆发后，毛泽东公开敦促中共地方政权实施土改，作为动员农民的根本途径，正如他在1946年10月所说：“三个月经验证明：凡坚决和迅速地执行了中央五月四日的指示，深入和彻底地解决了土地问题的地方，农民即和我党我军站在一道反对蒋军进攻。凡对《五四指示》执行得不坚决，或布置太晚，或机械地分为几个阶段，或借口战争忙而忽视土地改革的地方，农民即站在观望地位。”（*MXJ*，4：1208）

因此，中共放弃了温和的土改政策，在1947年7月呼吁以激进方式进行土地再分配，当时共产党军队正在东北及关内各战线上与占压倒性优势的国民党军队艰苦作战，并把没收地主财产的政策一直延续到1949年夏，此时中共武装已增加到195万，从而在规模上超过了国民党,开始对国民党进行战略反攻。随着动员农民参军压力的大大减轻,1947 年 7 月以后,中共在所有“新解放区”重新采用温和的减租减息政策。正如毛泽东在 1948 年 5 月所坦陈的,这种转变是为了确保“社会财富不分散,社会秩序较稳定,利于集中一切力量消灭国民党反动派”(*MXJ*,4:1326)。这一做法一直持续到第二年,毛泽东强调“尽可能地维持农业生产的现有水平不使降低”,以此作为中共在华南乡村的政策目标(*MXJ*,4:1429)。

渗透到村落

然而,动员农民支持共产党的战争努力,并不是中共实施土改的唯一动机。更为重要的是,土改是将其组织深入到村落的一种方式。共产党到来之前,各根据地的乡村跟其他地方一样,居支配地位的主要是宗族组织,或其他形式的内生组织,以及为防匪、防洪、节庆和宗教目的而结成的非正式社会网络;在其中扮演领导角色的是当地的精英人物,包括族长、士绅、退休官僚、地主或才能、人品卓著的普通村民。抗战时期,中共在各地建立自己的根据地时,不少地方精英支持中共抗战,因而继续占据着乡村政权的位置。然而,在 1945 年日本投降后,由于他们中的许多人是地主或富农,这些地方精英很快就成了共产党动员民众的障碍。因此,为了有效地进行农村土地改革,中共派“工作队”到各村进行宣传动员,并直接跟当地的贫农联系,建立以“贫农团”为核心的“农会”(后改名为“农民代表大会”)。在“一切权力归农会”的口号下,农会取代了原有的党支部书记和村干部,成为每个村的管理机构,由农会领导人担任地方要职（*TDGG*：89；Hinton 1966：306—311）。

除内战爆发之初曾把征召年轻村民入伍作为头等大事外，在内战的最后两年，解放区的村政权越来越把精力集中于另外两件任务：征收公粮和为部队提供后勤。土改明显增强了共产党人的征税能力。在土改之前，解放区的土地税税率是累进式的，地主和富农的税率为收入的40%至50%，贫农的税率要低很多。总体上，在1946年，解放区每个农户所交纳的农业税相当于其农业收入的9%到20%（*FDS*：601）。在1947年底全面推行土地改革后，比例税制取代了累进税制，所有农户均按固定的普遍税率缴纳农业税，不管其有无减免（但在"新解放区"，征税仍使用累进税制，对地主和富裕农民仍执行减租减息政策）。农村人口的整体纳税负担也加重了，在山东，从1946年占农户收入的16%增加到1947年的20%；在东北，从20%增加到24%；在陕甘宁边区，从9%增加到27%（同上：601—602）。而在晋察冀边区和晋冀鲁豫边区，1947年的纳税负担分别增加了28%和38%，1948年分别增加了24%和9%（同上：639）。纳税负担的增加反映了两个基本事实：一是纳税人基础从土改前以地主和富农为主，发展到所有农户均按逐年增加的普遍税率纳税；另一个更为重要的事实是，中共政权在乡村建立了基层组织之后，其控制农村人口和汲取农业资源的能力增强了。

共产党对解放区乡村的成功渗透，使其得以充分动员农民，为战时后勤提供保障。例如在东北地区历时三年的内战期间，据估计，当地共动员313万农民，为部队提供超过30万副担架和同样数量的手推车，以及90多万头驮畜（*FDS*：800—801）。同一时期，冀鲁豫地区也动员了290多万名农民、10万副担架以及近40万辆手推车为战争服务(同上:651)。在三大战役中规模最大的淮海战役中,计征用540多万名农民,他们从前线救出超过11万名伤员。在战役后期,每个士兵平均有九个民工提供后勤支持(冯田夫、李炜光2006:194)。总体而言,在上述地区,每个成年农民一年平均花9到10天提供后勤;而在交战区或交通沿线,每个民工要花20至28天执行后勤任务(*FDS*:603,801)。

一个比较分析

地缘政治与军事战略

1927至1949年间,共产党革命的地缘政治中心发生了两次重大转移,先从南方转至西北,再从西北转至东北,导致其军事战略发生相应的变化,并给国共双方的竞争带来不同结局。当其活跃范围主要局限于中南部各省和西北地区时,共产党军队具有鲜明的乡村特色,不仅因为其士兵几乎全部是农民,而且其给养也主要依靠农村根据地,这又进一步导致其军队建设以动员民众为主,武器装备低劣,以及在对敌作战时以防御为主。只有在1946年将其地缘政治中心移至东北后,中共军队在规模和质量方面才迅速改观。东北的农业生产率人均水平远高于全国,现代工业和交通运输业也比其他地区更为发达;正是在东北战场上,共产党军队第一次能与国民党平起平坐,军事战略也由防御转变为进攻,并最终在大规模决战中打败对手。不用说,苏联在二战结束时占领东北以及从这一地区撤出的过程中所提供的援助,对中共成功控制东北,并在军事战略和敌我力量对比上发生根本转变，起到不可或缺的作用。

公平地说，蒋介石对东北的战略重要性并非不明白；他甚至愿意放弃中国对外蒙古的主权，以换取苏联承诺及时撤出东北，并把该地区移交给他的部队。但是，国民党政权的经济和政治中心在长江下游地区，这意味着他必须优先考虑周边地区的防守；他对防守东北一直举棋不定，这不仅是因为它与其经济和政治中心相距遥远，运输足够的士兵前往该地区，从苏军手中正式接管东北三省，对国民党军队是一个巨大的挑战，还因为共产党军队无视中苏协议进入了该地区，其速度之快大大出乎他的预料。内战爆发后，蒋介石在江苏北部、华北和东北的各条战线对共产党军队发动了全面进攻，以为只要“八个月到十个月”就可以消灭共产党的武力（*ZMGX*，1：258）。然而，由于缺乏一个清晰而周密的战略，蒋介石和他的高级指挥官们也不知道他们是应该优先考虑东北还是关内的军事行动，或是应该将战略重点从南方转移到北方抑或相反（汪朝光 2005：100）。相形之下，共产党的策略是清晰且明智的：他们优先考虑控制东北；一旦实现了这一目标，他们很快就把战略重点改为消灭华东的国民党军队，然后回师北方，消灭平津地区以及华北和西北各省的敌军残部。因此，蒋介石对共产党军队在华东部署重大战役毫无准备，而且他在这场战役中对国民党军队的指挥大体上是一场灾难。

美国对中国内战的态度变化，也加剧了蒋介石的军事失败。正如苏军的占领和援助，曾对共产党在东北取胜起过关键作用一样，美国也为国民党提供了实质性的支持。例如，仅在1946年上半年,美国就提供给国民党政府 13.3 亿美元的援助(Department of State 1972:48)。1948 年 4 月,美国还批准了一个法案,为国民政府提供 4.63 亿美元的经济援助(Department of State 1967:389)。但是美国的援助是有条件的。例如,在 1946 年初,美国军队运送国民党军队到东北,条件是蒋介石接受马歇尔将军的调解,与共产党妥协,并威胁蒋介石,如果拒不接受调解的话,将停止运送军队或出售武器(*JJSR*:4/22/1946,8/30/1946)。后来,由于国民党在内战中接连失利,加上政府腐败严重,令美国观察家感到失望,美国政府拒绝了南京的多次援助请求,甚至暂停实施上面提到的 1948 年法案,导致 1949 上半年运往中国的物资急剧减少,加速了国统区通货膨胀和国民党政权的崩溃。

认同与士气

然而,比国共双方各自所处地缘政治环境的优劣更具决定意义的,是这两支力量在其自身建设上的反差。如前一章所述,在 1920 年代末、1930 年代初,蒋介石将各路地方势力纳入其政府,但从未成功地将他的影响力真正扩大到这些地方实力派控制的省份。对于非黄埔毕业的将领或非嫡系的地方部队,蒋一直视为异己的杂牌力量,只可加以利用并在对敌作战中消耗掉,却从来不予信任(*LZR*:608—609,660,665—666)。1937 年后,日本全面侵华所引发的民族危机,曾使蒋介石得以在整个抗战时期动员这些地方势力,并因此巩固自己的领导权,其影响力也在抗战结束日本投降时达到顶峰。但蒋介石与地方竞争对手的分歧,在内战期间很快重新浮出水面，并随着蒋介石屡遭败绩、嫡系部队大大削弱而进一步恶化。和抗战之前一样，在抗战结束后，国民党势力内部对蒋介石领导权的最大挑战，仍来自桂系的李宗仁和白崇禧。因此，蒋介石一面在1948年6月任命白崇禧为华中军政长官，以阻止刘伯承和邓小平指挥的共产党军队南下，一面借刘邓之手，削弱白崇禧的部队。因为预料到蒋介石的嫡系部队会被共产党消灭，而桂系集团将取代蒋介石重新崛起，白崇禧后来拒绝了蒋介石在1948年12月要求他出兵华东参加淮海战役的命令。果不其然，在国民党淮海战役惨败后，拥有30多万士兵的李宗仁、白崇禧等人，呼吁与共产党进行和平谈判，迫使蒋介石在1949年1月下台，李宗仁随后出任代总统。不过，蒋介石从来没有放弃他对政府和军队的实际控制，而他自己的部队与白崇禧指挥的部队间缺乏协调，在很大程度上导致了国民党在长江沿线的防守失败及共产党快速占领华南。

同样致命的是国民党军队的士气低落，在1948年底和1949年初国民党在东北和华东的战事中失利后，更是如此。1949年1月，已赢得三大战役的中共领导人预计，在占领南京、武汉和西安等主要城市前，还会打几场大仗，并计划到当年冬天，将其控制范围扩大到华中、华东和西北的九个省份。然而，令他们吃惊的是，到当年年底，共产党军队没费太大力气，便占领了这些城市，且以秋风扫落叶之势，占领了除西藏外几乎所有大陆省份。国民党在这一过程中未能组织有效的抵抗。到处都在发生叛变。整个内战期间，国民党军队中发生了近500起有组织的叛变，涉及153个整编师、1000多名高级指挥官和177万名士兵（蔡惠霖、孙维吼1987，1：

1)。长春和北平几乎未发生重大战斗即落入共产党手中。在与共产党军队作战或撤离战场时,国民党军各师只关心自己的生存,彼此之间没有什么协调。蒋介石对部下在1947年5月孟良崮战役中的表现大为失望,抱怨道:"高级军官已成了军阀,腐败堕落,自保实力,不能缓急相救。"(转引自汪朝光2005:103)他在1949年底回顾国民党内战失败时承认:"我们这次失败,是本身而不是敌人打倒的。"(*JGSX*,23:133)他在1949年最后一天的日记中,很好地总结了国民党失败的原因:"军队为作战而消灭者十之二,为投机而降服者十之二,为避战图逃而灭亡者十之五,其他运来台湾及各岛整训存留者不过十之一而已。"(JJSR:12/31/1949)

相较于国民党军政系统的整合失败,军队上下人心涣散,中共的最大优势正是其"全面集中主义"(total centralism),即通过组织清理和意识形态的重建,不仅使整个党政军机构达到高度的统一集中,建立了毛泽东的最高权威地位,而且通过土改和对乡村民众的动员,也使其组织力量渗透到社会底层,进而随着根据地的扩大,建立了一个统一集中的财政收支管理体制和后勤供应系统。

具体而言,共产党超越国民党之处,首在其于1940年代初便已实现了高度政治统一。毛泽东通过多种手段,巩固了他在党内的领导地位,进而在1942年9月实行了党对军队的"一元化领导",即把分散在全国各根据地的党组织和军事单位,透过中央机关和各分局,置于党的最高层控制之下(*ZGZY*,13:426—436)。1945年6月,中共决定在部队中重建各级委员会。内战爆发后,中共所有部队分编为若干"野战军",由中共中央军事委员会直接指挥;每次作战时,每个野战军都要建立一个"前线委员会",在两个或多个军队联合作战时须建立一个"总前委"。这两类委员会都要服从中央委员会的指示(张驭涛等 1991:4)。自 1948 年 1 月始,中共进一步实行"报告和请示"制度,以遏制战争期间加剧的"无组织无政府"倾向;中共各地方局书记须按例每两个月向中共中央和主席报告该区的军事和所有其他事务;各野战军总指挥须每月向军事委员会报告战争结果、伤亡情况和部队实力,并每两个月报告一次军队的整体状况(*MXJ*,4:1264—1266,1332—1333)。上述措施确保了中共领导对野战军的指挥及协调作战,同时也未妨碍野战军指挥官的主动权。事实上,毛泽东一再鼓励这些指挥官在紧急情况下自己做出有利的决定,而不必事事都向上请示。

不仅野战军的指挥官们一致服从党中央的领导,士兵们的士气也很高。内战之初,中共在提高士气方面面临着双重挑战。一方面,大部分战士是在抗战时期出于爱国热忱而参军的。因此,在抗战结束后,特别是国共两党和谈持续了几个月后,战士中退役回家过和平生活的想法越来越普遍。果然,内战爆发时,很多人都不愿意认真地打这场仗,坚持"中国人不打中国人"的观念,从战场上逃走的也不在少数。另一方面,越来越多的战士是从被俘的国民党军队转变来的,他们在加入共产党军队后仍有纪律松散、斗殴、抢劫等恶习。① 为了解决这些问题,中共采取了两项措施。一是从 1947 年冬到 1948 年夏,在战士中广泛进行"诉苦"活动,以培养他们的政治忠诚。在会上发言的人都经过精心挑选,控诉他们在参军前的艰辛生活,特别是地主恶霸的压榨和欺凌。这些诉苦往往

① 在三年内战期间,有 280 万名国民党战俘加入了共产党军队,占 1949 年解放军人数的 65% 至 70%(张永 2010:72)。

还辅以同一主题的戏剧演出。据称,这些发言和表演如此感人,以至会议经常以全场战士放声大哭而结束,战士们纷纷发誓要顽强战斗,结束万恶的"旧社会",把人民救出"苦海"(张永 2010:76)。这些"诉苦"会议被认为是提高战士对共产党的认同并激发其对国民党仇恨的最有效方式。另一个措施是所谓"三查",即调查士兵的阶级地位、活动和士气。这样做有几个目的:通过观察这些士兵对土改和地主的态度,来检验他们对党是否忠诚;通过搜查奸细,特别是伪装成普通战俘加入解放军的前国民党军官,以防止叛变和阴谋破坏;同时抑制各级军官的腐败现象,并促进官兵平等。所有这些措施据称使得士兵们遵守军纪且士气高昂(汪朝光 2005:104)。

财政制度

国民党和共产党如何在财政上供养各自的公职人员和维持自己的军队,对决定内战结局所起的作用,跟地缘格局和政治认同一样重要。国民党政府有两项主要的财务负担:供养不断扩大的公务员队伍,以及满足快速增加的军费需求。关于 1945 年之前国民政府的公务员规模,并无可靠的数据留存。不过,1931 年的一项调查显示,南京中央政府及其附属机构的工作人员多达 46 266 人。据估计,全国省级政府的公职人员规模可能会是十倍以上,即大约 50 万人(李里峰 2004:103)。如果以每个县平均 300 名公务员计算,全国 1800 多个县(谭其骧 1991:70—71)可能有 54 万名公务员。那么,在抗战前,国民政府的公务员总数可达 100 万人左右。

虽然在抗战期间,国民党政府所控制的地盘大为减少,公务员规模也因此萎缩,但在日本投降之前,可能至少有50万人。但在抗战结束后,国民党政府接收了被日伪军占领的各省市,其公务员规模迅速扩大。至1947年,中央、省、市级公务员总数已达678 472人(包括政府官员、职员、军官、警察和其他行政、司法、执法、国防各部门的所有职员)(何家伟 2009:146)。如果算上县级及以下的公薪人员,其总规模可能高达120万至130万人。如果公务员的范围扩大到包括各级公立学校的教师和职员以及靠政府工资生活的所有雇员,其总人数将大大超过1100万人(何家伟、骆军 2011:42)。

在1945年后的几年间,供养规模不断扩大的公务员队伍对国民政府来说是一个巨大的负担。行政费用从1944年占政府总支出的18.10%(何家伟 2009:147)增加到1946年的28.5%和1947年的29.7%(张公权、杨志信 1986:127),其中很大部分用于支付薪水。国民政府开支的大头当然是军费,1946年占总开支近60%,1947年占55%,而1948年的前七个月占69%(杨荫溥 1985:173)。这两项开支推动国民政府收支差额迅速上升,导致了严重的财政赤字,1945年赤字占总支出的47%,1946年占62%,1947年占68%(张公权、杨志信 1986:244)。滥发纸币成为国民政府抵消赤字最方便的手段,但这反过来又引发了通货膨胀;从1946年1月到1948年7月,物价上涨了157万倍,而从1948年8月到1949年4月,物价又上涨了112 490倍(同上:243)。

这种融资方式的社会成本是巨大的。例如,在抗战前,作为社会上最受尊重的群体,大学教师的薪金(每月200—600元)通常是普通工人(每月10—20元)的二十倍以上,使他们可以过上非常舒适的生活。但由于通货膨胀,到抗战结束时,他们的生活水平已不断恶化,不及抗战前的十分之一。内战爆发后,物价飞涨很快导致学校教师和公务员以及所有工薪阶层陷入困境,只能勉强糊口。他们中很多人负债累累,忍饥挨饿,有些甚至自杀(慈鸿飞 1994;王印焕 2005)。公务员腐败猖獗,这是他们在物资奇缺时代维持生存的必然选择;军官克扣兵饷,中饱私囊,挫伤了部队士气。所有这些都加剧了公众的反政府情绪。蒋介石 1948 年 11 月在其日记中承认,"一般知识人士,尤以左派教授及报章评论,对政府诋毁污蔑,无所不至。盖人心之动摇怨恨,从来未有如今日之甚者"。他很苦恼,因为这样的"造谣中伤""不意今竟深入党政军干部之中",其破坏力之大,"实较任何武器尤厉"(*JJSR*:11/5/1948)。

共产党的财政制度在几个方面不同于国民党政权。首先,其干部队伍相对较少,在内战前夕只有约 20 万到 30 万人,仅为国民党政府公务员规模的五分之一到四分之一。[①] 更重要的是,所有的干部都没有工资;他们靠所谓的"供给制"供养,按级别为干部及家属免费提供不同数量和种类的食物、住房和其他生活必需品,从而使他们可以免受国统区通货膨胀所造成的生存危机。供给制并未给共产党中央政权造成财政负担,因为它是分散的;中共控制下的各根据地负责供养自己的干部,且给养标准根据当地财政状况随时调整,往往在供应物资匮乏时更具平均主义色彩,而在供应相对充足时则有上下有别。这种分散供给制在大多数时候搞平均主义,有效地保障了共产党军队的生存,保持干部队伍的士气高昂,

① 这一估计是基于这样的假设,即干部占党员的四分之一或更少。1945 年党员人数为 121 万人,到 1949 年增加至将近 449 万人,而党员干部的规模也达到了近 100 万。

并最大限度地减少了他们中的腐败问题。朱德因此在1948年底共产党革命即将成功时,做了这样评价:"我们是在供给制条件下过来的,打仗不要钱,伙夫不要钱,什么都不要钱,革命成功就靠这个制度,将来建设新的国家也要靠这个制度。"(转引自杨奎松2007:116)

共产党为战争提供财政支持的方式也不同。国民党军队完全依赖中央政府的财政预算,而其预算已因通货膨胀和腐败猖獗而难以执行。与之不同的是,共产党军队采取的是将其各地部队分散筹资与中央政府统一协调相结合的方法。分散筹资是地方部队在根据地之外打仗或建立新根据地,或在没有中央资金供给的地方维持自己的主要方法。在这些情况下,军队供养自己并补充战斗力,主要是通过从战败的敌人手中缴获武器和给养,没收富裕家庭的财产,或者向普通居民征税。随着根据地的稳定和扩大,特别是在共产党发起了部署数十万军队并涉及数省的大规模决定性战役时,集中规划成了为作战部队提供大量人力、武器和给养的必要手段。为了达到这个目标,共产党再次采用了两方面的措施。一是自下而上的传统方法,即动员数百万农民提供人力和给养,通过农民参军入伍、参与后勤服务并提供军队所需的粮食,大大减少了中央政权的支出。另一个措施是中共政权从农村转移到城市后新获得的集中规划能力,通过统筹管理工业生产、利用金融杠杆以及从市场采购资源,以确保军队在战时获得及时和充分的武器和物资供应。淮海战役中,中共军队的主要指挥官粟裕(1907—1984)便曾这样说:"华东的解放,特别是淮海战役的胜利,离不开华东民工的小推车和大连制造的大炮弹。"(*LSJZ*:587)

综上所述,共产党之所以在内战中取胜,是其在地缘环境、财政构造和政治认同三方面共同突破、交相作用的结果。地缘上,不仅日本作为近代以来中国最大的建国障碍已经被彻底扫除,而且苏联的介入也使国共双方的实力对比发生根本变化。苏方对中共的援助使后者能够迅速渗透并最终占领东北,从而在内战中形成了最为有利的战略态势。中共的财政体系也因此发生根本变化,从原来主要依靠贫困、偏远的乡村根据地,过渡到依托中国的工农业生产率最高、军火供应最充足的地区。中共武装因此第一次成为令人生畏的战争机器,可以跟国民党部队一决高下。对中共来说,更具决定意义的是其持续不断地向乡村渗透之后所产生的惊人的动员能力,从而能够透过其农村基层组织提供大规模的人力和后勤支援。共产党力量的特征,因此是其新获得的对城市产业和财政资源的集中化控制,与其传统的乡村人力、物力动员机制两者之间奇特的互补性结合。中共对城乡两类不同资源的控制和调配,产生了一种全新的财政构造,不仅能自我持续,而且可以不断扩张。最后,最为重要的是,共产党在1940年代早期克服了高层内部的宗派主义以及各根据地的离心倾向,并确立了毛泽东的政治和意识形态最高地位之后,达成高度的政治认同和组织团结。这些突破,加上内战之初中共在部队规模和装备上的劣势所产生的危机感,使各根据地和地方武装能够在中央的统一领导下,彼此协调,共同对敌作战。与此同时,中共强调部队基层的思想工作和政治宣传,加上"土改"所带来的实实在在的物质利益,使部队保持着旺盛的士气。整个中共组织及其武装力量,从上到下,都产生了求胜的强烈动机;所有这些,都跟国民党部队指挥官互不协调、缺乏信心，士兵纪律松懈，形成了鲜明对比。中共在国家重建的道路上取得成功的原因，一言以蔽之，是它在1940年代内战之前和内战期间所经历的一场蜕变，使其从听命于共产国际，到立足本土、为自身目标而奋斗；从困顿于穷乡僻壤、为生存而挣扎的政权，变成一个把现代工业都市与传统乡村资源巧妙结合的强大财政军事力量，从长期被宗派主义所困扰到变成一个高度整合和协调的组织。

第十章 比较视野下的现代国家转型

前面各章已经揭示，中国从早期近代疆域国家到现代主权国家的转型，是一个包含了三个关键环节的连贯过程，即（1）17 世纪下半叶和 18 世纪上半叶清朝的边陲用兵和疆域整合，（2）19 世纪下半叶清朝在纳入全球国家体系过程中所进行的调适，以及（3）20 世纪上半叶统一集权的现代主权国家的巩固成型。本章进一步从比较的视角阐明此一过程。有关清朝国家与早期近代欧洲的比较，第三和第七章已经涵盖。下面再把中国与三个穆斯林帝国加以比较，即奥斯曼（以安纳托利亚和巴尔干地区为主，不断向外扩张，到 17 世纪顶峰阶段，其版图已涵盖从北非到俄国南部，从匈牙利到红海南端的辽阔地带）、萨法维（控制了今天的伊朗和阿富汗）和莫卧儿（在南亚次大陆）。重点放在与奥斯曼（土耳其）的比较。我们将会发现，奥斯曼帝国向近代土耳其民族国家的过渡，在很多方面与中国的国家转型既有可比之处，但又有根本的不同。这些可比和反差之处，可以进一步彰显出现代国家形成的中国路径。

疆域的扩张与整合

因为有着共同的中亚草原的突厥游牧文化源头，上述三个穆斯林帝国都是作为征服王朝而崛起的，其领土不断扩张，囊括了不同种群和宗教背景的民众。它们在战场上取胜主要是依靠军队的机动性，最为重要的是使用火炮以攻取石筑堡垒；因此，历史学家将由此建成的这些穆斯林帝国称作"火药帝国"（Hodgson 1974；Streusand 2010）。[①] 满人也以类似的方式建立了清朝。他们起初只是一个边陲游猎部落，对明朝保持名义上的藩属地位，经过一个半世纪的征战，逐步占据了整个满洲，进而击败明朝，并有效控制了蒙古、新疆以及西藏，最终使清朝在18世纪中期成为亚洲最大的帝国。火器的运用也在清朝的军事扩张中扮演了关键角色（Di Cosmo 2004），当然，这在很大程度上要归功于军中负责铸造和使用火炮的汉人（李洵、薛虹 1991：306）。

在管理各自境内的多元族群方面，清朝与上述三个穆斯林帝国也颇多相似之处。所有这些王朝都体现出韦伯所谓的"世袭君主官僚制"（patrimonial bureaucracy）的某些特征，亦即两种截然不同的理想型政体的混合物：一方面是世袭父权制和封建制下的君主个人专制，另一方面则是职业官僚制度下非私人的、常规化的权

① 当然，火器的使用在这三个穆斯林帝国并不均衡。火药和火炮在奥斯曼进攻欧洲的过程中曾起到关键作用，但在萨法维和莫卧儿帝国的扩张过程中，作用并不那么重要。有史家用"火药帝国"这一术语，所指的是"火药时代的帝国"而非"靠火药武器创建的帝国"（Streusand 2010：3）。

力运作体系(Weber 1978:956—1069)。尽管国家权力的世袭父权因素多少可以追溯至这些征服王朝的游牧传统——传统游牧部落首领的个人魅力和领导能力对王朝的崛起起到关键作用,但是在版图扩张的过程中,统治机构的职业官僚制度也在逐渐形成,最终产生了一种更为复杂、集权和持久的方法,来管理庞大且种族多元的人口(Streusand 2010:291—298)。因此,尽管这三个穆斯林帝国在国家权力官僚化和集权化的程度上有很大不同(这种不同影响了每个帝国的寿命),但是研究者仍将它们归入"世袭君主官僚制"类型,其中奥斯曼帝国的职业官僚化程度最高,而萨法维最低,莫卧儿则居两者之间(Dale 2010:5;Streusand 2010:293—294)。同样值得关注的是这三个帝国对内部不同族群和宗教的宽容及和睦相处。奥斯曼和莫卧儿所征服的部分地区以基督徒或印度教信徒为主,但是这两个王朝却能对非穆斯林社群成功地实施包容和融入政策。而萨法维王朝更具宗教狂热,但是也能容纳那些亚美尼亚人并在贸易方面给他们以特权(Dale 2010:77—105)。

与这三个穆斯林帝国相比,清朝更接近奥斯曼帝国,但在官僚系统的集权化以及控制整个社会方面,则走得更远。清朝通过不同等级的行政体系,将汉人置于其直接统治之下,这种行政体系理论上能使政令达及每家每户,并能向民众直接征税,而无须依靠中间商;省级和州县衙门在财政方面没有自主权。因此,清朝国家的治理特征,乃是君主的个人专断与职业官僚依据常规履行政府职能的矛盾结合(Kuhn 1990:187—222;Huang 1996:229—234),同时也是满人统治者沿袭自早期游牧时代的统治传统,与糅杂儒家和法家说教的汉人传统治国之道,这两者之间的结合(Crossly 1992)。

清廷还施行了满汉共治的政策，通过继承前明的科举考试和诸多政府机构，来吸纳汉人精英进入统治层；同时，清廷对于边疆地区的宗教组织也予以庇护，因此能够与蒙古和西藏的精神领袖维持稳定的关系。

然而，清朝与三个穆斯林帝国在王朝的创建和统治方面，也有根本的区别。首先，清朝和这些穆斯林帝国开疆扩土的原因不尽相同。穆斯林军事贵族持续不断对外扩张和进攻，主要是出于他们对于传播伊斯兰教的狂热；通过发动圣战来传播他们的信仰，比其他任何考量更能打动这些突厥骑兵。当然也有经济和社会方面的动力。一种典型的做法是把新征服的土地划成小块，分给统治精英以及军队士兵，成为世袭的或非世袭的授地，作为其收入来源（即奥斯曼帝国的 timars，莫卧儿王朝的 Jagirs），这种做法构成了对外扩张的强大动力（Streusand 2011：81，208）；对土地的不断需求，迫使统治者持续地发动征服战争。因此，这些穆斯林帝国的整个国家机器，包括其军事组织、内政机构、土地所有制和税收系统，都是为了满足军事扩张以及对异教徒领土进行殖民的需求而形成的。对奥斯曼而言，战争对于整个国家的运行来说至关重要；持续不断发动战争，以保护和传播其宗教信仰的观念，成为他们世界观不可或缺的一部分。除非其征服行动受到气候、地理或是现有运输条件的限制，否则他们的扩张将永不停息。然而，一旦扩张受阻，无法获取更多资源，那么为战争而设并依赖于战争的臃肿的官僚体系和军事机器便会萎缩并衰弱（Guilmartin 1988；另见 Lewis 1958）。

相比之下，宗教因素并未在满人入关作战以及整合边疆的过程中起驱动作用;1640 年代以后,尤其在 17 世纪末和 18 世纪前期,清廷发动一系列征战,亦非出于经济原因。迁都北京之后,满人的主要目标是取代明朝,成为统治中国的合法王朝。因此,其征讨行动在 1690 年代之前,一直限于前明曾经统治的区域;一旦达到此一目标,清廷便失去了继续征伐的动力。为了将清朝从一个征服王朝变成一个合法的华夏王朝,满人统治者不得不强调他们是从前明承袭天命,并且弘扬儒家说教,也接受内地长期以来所形成的社会、经济、政治制度。不同于前述三个穆斯林王朝之受宗教和经济目的驱动而持续不停地对外征伐,清朝主要关心的是确保自己在内地各省的统治及其合法性;清朝并不寻求去征服前明的那些属国。迁都北京之后的几十年间,清廷一直满足于其对周边属国的宗主国地位,并将它们置于从前明继承下来的朝贡制度之下,其中包括外蒙古、西藏以及一些中亚国家。这些地方后来被清廷纳入有效治理范围,整合为清朝的边疆地区,是 1690 年代至 1750 年代一系列讨伐准噶尔部落战役的结果,而这些战役在很大程度上是被动和防御性的;只是在准噶尔不断地入侵外蒙、内蒙以及西藏地区,对清朝的地缘政治安全构成了持续性的威胁之后,清廷才发动了这些战役,其中并无穆斯林帝国那样的宗教或经济动机;因此不能简单地把清朝与其他征服帝国划上等号。对于那些穆斯林帝国来说,对外征战是其生存的基本形式;而对于迁都北京后的清朝来说,在华夏本土之外进行疆域整合,是应对其地缘安全危机的结果,在危机发生之前的近半个世纪,以及危机解决之后,都不存在以扩张版图为目的的军事行动。

是否依靠武力扩张来维持王朝的生存,是理解奥斯曼与清朝不同结局的关键所在。早在 1915 年,对于时人常把中国与土耳其相提并论一直感到“羞愤”的梁启超,即指出了两国之间的根本差异,并预言阿士曼(奥斯曼)帝国必将“瓦解”,而中国“决非土耳其之比”:“阿士曼纯以武力创造此国、维系此国,及其武力既衰,则此国遂渐瓦解,理固然也。……且立国各有其本,恃武力以立国者,武力尽而国亡。故亚历山以武力建大帝国,亚历山死而彼帝国亡;拿破仑亦以武力建大帝国,拿破仑死而彼帝国亡。……我国民之结合以成为一国,自有大本大原,而绝无所赖于一姓一家之武力,与土耳其恰为反比例”,因此“中国现时虽极屯蹇,而决不至与土同其命运,可断言也”(*LQC*,9:201—203)。

不仅武力扩张对两个王朝所起的作用有根本不同,在内部治理方式上,清朝与奥斯曼帝国之间也存在实质性的区别。和清朝一样,奥斯曼帝国地域辽阔,人口来源多样,具有不同的族群和宗教背景。它允许境内的埃及、北非以及阿拉伯世界的绝大部分地区拥有高度的行政和财政自主,满足于收取这些地方所提供的年贡或当地包税人上交的固定数量的税额(Streusand 2011:102;Shaw 1976:121—122),而在帝国的核心地带,亦即所属的欧洲和安纳托利亚各省,中央政府则通过建立于 15 世纪后期和 16 世纪的高度集权的授地制度实现对地方的财政和军事控制。在此制度下,约 80%的田地归农户耕作(即所谓 miri 地),并由中央政府收税。其中一半左右的土地(也是最肥沃的部分)归政府直接控制,耕种这些土地的农户直接向政府纳税,或由包税人经手。另外一半则授给帝国的骑士,由骑士向其封地(timars)上的农户收税,税金即作为其服役的报酬,包括养马的费用在内。如果骑士连续七年未能履行服役义务,政府则有权没收其授地。但是到了 17 和 18 世纪,这种高度集权的税收制度日渐衰退,即使中央一再力图整顿、重建,也无法挽回其颓势。衰退的原因部分在于授地上的农户因无法忍受高额税款而弃地逃亡,还有部分原因在于授地拥有者无力提供军事服务。地方豪强遂趁机而起,通过各种手段将授地占为己有,从事包税活动,将三分之二的税款净额纳入私囊(Karaman and Pamuk 2010:609)。

所有这些,皆跟清朝形成了鲜明的对比。不同于奥斯曼腹地(包括首都伊斯坦布尔以及巴尔干和安纳托利亚诸省)之人口庞杂,使得中央只能根据其宗教的不同而分为大小不同的所谓 millets 加以统治,清朝的腹地(内地十八省)以汉人为主,人口高度同质,因而中央有能力建立一套高度统一的官僚制度,使政府的权力能够从最高层透过行省和州县衙门到达每个村落,地方衙门进一步依靠半官半民的保甲制或其名目不一的地方变种跟每家每户打交道(Hsiao 1960;Ch'u 1962;H.Li 2005)。更为不同的是,尽管中国人口庞大,为奥斯曼 17 世纪初期人口的 5 倍,18 世纪后期人口的 13 倍,但是清朝在建立中央集权的财政体系方面,比奥斯曼走得更远。朝廷通过规范田赋的征收和解运,控制了全国各省的税款;1720 年代进一步通过火耗归公等措施杜绝或限制其中的舞弊行为(Zelin 1984:130)。奥斯曼帝国对地方征税主要靠包收,而清代则明令禁止于国于民皆为不利的包收行为(Wang 1973;Bernhardt 1992)。

但是清代国家的高度集权,并未给王朝带来比奥斯曼帝国更长的寿命。它的最大弱项是其财政体系中的低度均衡陷阱。在 18

世纪和19世纪前半期,清朝财政制度的基本特征是日常收支款项的相对稳定,收稍大于支,且收入主要来自税率很低的田赋;但这一制度本身的存在依赖两个前提条件:一是清朝相对于周边各国的军事优势和地缘安全,使得朝廷可以维持军事开支固定不变;二是人口与耕地的比率适度,使中央可以把田赋负担限制在一个较低的水平,同时纳税人也有能力交税。但是这两个条件到18世纪晚期和19世纪前期次第消失:人口的剧增,白银的外流,使经济资源中可供国家抽取的部分越来越少,田主的纳税能力也受到影响;而欧洲列强的到来则从根本上改变了清朝原有的地缘格局。

奥斯曼帝国的财政体系则显示出完全不同的驱动机制。它的整部帝国历史,自始至终充满了跟周边对手(哈布斯堡、俄罗斯、萨法维等)争夺领土和宗主权的战争,不存在像清朝18世纪中叶以后所呈现的长期和平。由于可供分配给骑兵部队的授地日渐减少,帝国不得不一直进行领土的扩张;而新征服的土地所带来的财源,总落后于支撑其军队所需的开支,所以统治者在其行政机器无力渗透地方村社的情况下,不得不把土地的征税权发放给地方上的包税人,以求国库收入的最大化。清代国家财政体制在18世纪所特有的供需均衡状态,在奥斯曼帝国极少出现过。不过,另一方面,不同于清代中国之人口剧增,至1800年前后已达清初的三倍,导致土地资源紧张和大规模造反(包括1796年开始的川楚白莲教起事和1851年开始的太平天国运动),在奥斯曼帝国,如此规模的社会动荡并不存在,这不仅因为其人口规模相对较小(在1800年前后,还不到清代中国的十分之一),而且在整个17和18世纪,其规模并无多大变化。帝国统治者无疑也受到其腹地安纳托利亚农民抗争的困扰,因为经过长时期的人口增长,到 16 世纪晚期,那里也有不少农户失去了土地(Shaw 1976:156,174)。但在此之后,其人口与土地的比率一直保持稳定,大规模骚乱很少出现;国内的不稳定因素主要来自士兵因为政府无力发放津贴而产生的骚乱(Shaw 1976:193,196,206,211)。

王朝的衰落与调适

与近代早期欧洲各民族国家的崛起同时发生的,是欧亚大陆各穆斯林帝国的衰落。这些帝国走向衰亡的原因各不相同,但它们都面临这样一些问题,如统治精英的内斗和无能,资源耗尽以致无力支撑其行政和军事机器,且都自以为在文化上优越于他国,因而缺少学习欧洲军事技术的动力(Dale 2010:247—288)。萨法维帝国在 1720 年代阿富汗部落入侵之后即发生解体,南亚的莫卧儿帝国也在 18 世纪遭遇内乱和外族入侵而四分五裂,最终在 18 世纪晚期和 19 世纪初被英国征服。奥斯曼帝国的寿命要长得多。它在经历了 17 世纪的财政和军事衰落之后,于 18 世纪一度振作,经济上也有所扩张,加上中央政权竭力应付变局和整合内部各支势力,因而在整个 19 世纪一直生存下来(Pamuk 2004)。但奥斯曼帝国的长期衰落趋势也是明显的:它屡被周边强国打败,内乱此起彼伏,疆土不断萎缩,因而在国际上被讥为“欧洲病夫”。清朝也在 1800 年后经历了长期衰落。其财政状况和军事能力早在 18 世纪晚期和 19 世纪初即已出现疲惫症状,一旦在 19 世纪中后期遭遇大规模内乱和外患之后,只能穷于应付,在与欧洲列强和日本的较量中屡遭失败，丧失了部分领土和主权，因而有“东亚病夫”之称。

清朝与奥斯曼帝国的最大不同，在于其维护各自疆域的能力。直至1911年覆灭为止，晚清政权均能保持对几乎所有的边疆地区（包括满洲、内外蒙古、新疆和西藏）的控制，迥异于奥斯曼帝国之在18和19世纪先后失去其在巴尔干和北非的属地。更令人惊讶的是，在清朝覆灭之后，它的所有边疆依然在中国的控制之下，或者至少接受了后者在名义上的宗主地位。除了外蒙古，边疆各地区均未寻求公开独立于中华民国。这跟土耳其共和国之领土仅仅限于先前的奥斯曼帝国的腹地形成了鲜明对比。要理解为什么清朝和奥斯曼帝国向近代国家过渡的结局如此不同，这里有必要从19世纪它们各自的财政体制和地缘政治入手。

在19世纪之前，清朝和奥斯曼国家的财政收入均以田赋为主，岁入增长十分缓慢。清朝的税收至1800年前后达到4000万两（相当于1500吨）左右的白银，而奥斯曼政府的税收也达到150吨，如果算上骑士从各自封地上所收到的自用的税款，总额达到250吨白银。从16至18世纪，奥斯曼帝国的岁入一直在200吨至300吨白银之间徘徊，并无明显的上升趋势（Karaman and Pamuk 2010：604）。但是到19世纪，尤其在1850年代之后，两个王朝均经历了国库收入的快速增长；其中，奥斯曼政府的岁入至1910年代已经达到3000吨，增长了15倍（同上：594，619—621），而清政府的岁入至1911年则达到11 000吨，增长了4倍左右。之所以会出现这样的增长，是因为这两个政权都采取了相近的财政措施，包括增设附加税、货物税、贬值和借贷。财政收入的大幅提高，使晚清中国和奥斯曼帝国有能力更新军备，抵御外来压力，在不同程度上维持主权独立。两国之所以能够作为主权国家幸存下来,还因为它们在各自所处区域内的地缘政治秩序中扮演了独特的角色。作为区域大国,两国对于维持列强在本区域的均势起到举足轻重的作用。列强在争夺其利益的过程中,都不会允许其中任何一方独霸或征服整个中国或奥斯曼帝国。

晚清中国与奥斯曼帝国之所以在保守疆土上命运迥异,主要是因为各自独特的内部地缘政治关系。奥斯曼帝国最根本的弱项,在其首都伊斯坦布尔的地理位置;由于靠欧洲太近,帝国政权不得不把主要精力用来捍卫其欧洲属地,直至丢光巴尔干地区为止。而它之所以无力防止巴尔干各省分离,则是因为当地基督教人口的叛乱以及欧洲列强以保护当地基督教少数民族为借口进行的干涉。而巴尔干基督教信众在奥斯曼帝国的宗教宽容政策下,曾经享有数世纪的自主。他们仅仅是在 19 世纪及 20 世纪初帝国屡败于俄国和其他列强之后,才开始寻求独立(Braude 2014)。至于阿拉伯和非洲各省,对奥斯曼中央政权在财政和军事上的贡献一直微乎其微,因此相对于土耳其腹地,其重要性大打折扣;近代以来,由于中央无力应对外患,加上政府对土耳其腹地之外各省治理无方、武断行事,也导致后者对帝国日益不满。埃及则从未有效地跟整个帝国结合到一起,因此自 17 世纪末即处在实际独立的状态。而导致奥斯曼政府丢失阿拉伯各省的最致命一着,则是其在第一次世界大战中跟德国和奥匈结盟,结果在 1918 年战败,整个奥斯曼帝国也随之解体,只剩下土耳其人的安纳托利亚腹地以及欧洲小块土地,在此基础上于 1923 年成立了土耳其共和国。

清朝的优势首先在于汉人在其人口构成以及整个社会中的绝

对主导地位;而在奥斯曼帝国,居住于土耳其腹地的1700万人口,仅占帝国总人口(至19世纪末为2100万)的57%。18世纪晚期至20世纪初作为帝国人口最为密集、经济上最为先进的巴尔干各省的次第独立,曾给奥斯曼带来人口、经济和财源上的巨大损失;相比之下,清朝在经济和财政上赖以生存的内地各省,人口高度同质,不存在从中国分离出去的可能性。同时,尽管清朝中央允许边疆各地区在管理内部事务方面保留高度的自主权,一如奥斯曼帝国对待土耳其腹地之外各省的做法,但是,清廷与边疆之间紧密的政治和宗教纽带,尤其是其在任免边疆行政和宗教领袖方面的掌控地位,以及它在边疆各要害地点长期驻扎军队,均有效避免了后者寻求独立。梁启超之所以在1915年断言奥斯曼必将瓦解,也是因为他认为后者存在严重的"国内分裂":"彼自建国以来,自始盖未尝抟控其人民使成为一国民也。故区区巴尔干半岛中,而人种十数,言语十数,宗教习俗种种殊别。夫以此异种、异言、异教、异俗之人而同立于一国旗之下,号为同国,以严格律之,则未始有国而已";相比之下,中国之所以能够作为一个完整的国家幸存下来,是因为"征服者同化于被征服者",国内不存在严重的族群和宗教对立(*LQC*,9:202)。

意识形态和政治认同也可以在某种程度上解释为什么中国和土耳其走上不同的建国路径。面对日益加剧的外来威胁,奥斯曼帝国的政治和知识精英受民族主义的影响,一直寻求在各种不同的框架下打造政治认同,包括(1)奥斯曼主义(Ottomanism),倡导帝国内部所有宗教集团(millets)之间的平等关系,一度流行于青年土耳其党人中间,但并未赢得巴尔干基督教信众的支持,后者一直不愿认同于奥斯曼;(2)泛伊斯兰主义,提倡帝国内外所有穆斯林人口的团结,力图在一个公认的哈里发领导之下建立一个单一的国家,因而受帝国政府的认可,但并不能吸引受过西方教育或西方观念影响的年轻一代知识分子;以及(3)泛土耳其主义,号召所有散落在土耳其、俄国、波斯、阿富汗等国的人民实现大联合,对流散到国外的土耳其人以及境内的俄国移民颇具号召力。然而,在建立一个新国家用以取代四分五裂的奥斯曼帝国的过程中,最终胜出的却是凯末尔(Mustafa Kemal,1881—1938)所提出的在土耳其建立一个土耳其人的疆域国家的想法。按照他的设想,建国运动应该仅仅限于土耳其人生息繁衍的地区,亦即安纳托利亚腹地,凯末尔谓之"我们天然的和合法的界址"(Lewis 2002:353—354)。

清朝跟奥斯曼帝国以及所有其他王朝国家一样,都强调培养臣民对君主的忠诚,借此打造对国家的认同,但是在界定统治者权力和国家取向方面,却跟奥斯曼有根本的不同。首先,奥斯曼苏丹自我定位为不仅是帝国本身的统治者,而且是所有伊斯兰社会的最高领袖哈里发,因而致力于所有穆斯林地区的大一统和对非穆斯林地区的征战,并且主要依靠宗教作为纽带维系整个帝国;相比之下,清朝皇帝则自我界定为一个世俗的统治者,在中国的所有宗教当中,并不担任任何神职,同时也不在其疆域普遍提倡任何一种宗教,尽管朝廷出于实用目的,庇护西藏和蒙古的喇嘛教,以策边疆安全。一言以蔽之,清代中国是世俗国家。其次,不同于奥斯曼帝国之常年处于征战之中,其所控制的疆域一直在扩张或收缩,并无固定的边界,清朝国家的边界自1750年代起便大体上稳定下来,此后直至19世纪晚期遭受外国列强侵占之前,均无重大变化;清廷主要是通过谈判签订条约、协议、驻守边防力量或者靠习惯性边界，与周边国家划分疆界。官方文件中常以“中国”指称清朝统治下的整个疆域，包括内地各省和边疆各地区。再次，奥斯曼帝国虽然以土耳其人集中居住的安纳托利亚半岛为其腹地，土耳其人的远祖却源自腹地之外，相关的突厥语系人口分布于中欧、东欧至中亚各地；相比之下，在1640年代满人入关之前，汉人的地理分布大体上与华夏王朝所统治的疆域保持一致。清朝将亚洲内陆各边疆收归其版图之后，理论上变成了一个多族群的国家，但是在人口构成和经济文化各方面，汉人的主导地位依然如故，而在1900年前后的奥斯曼帝国，居住在土耳其腹地之外的人口，占了总人口的40%以上。

概而言之，清代中国的疆域可以通过成文的或习惯的边界，以及通过生活在其疆域上的人民及其共享的历史传统，轻易地加以定义。而19世纪和20世纪初的土耳其人，在认定或重新界定所欲建立的政治实体时，困难重重，面对模糊不清、变幻不定的宗教的、帝国的或族群的边界，莫衷一是，甚至在为他们所欲创设的新国家取名时，也举棋不定（Lewis 2002：354—355）。相比之下，20世纪初中国的政治精英可以清楚地界定他们所力图再造的国家，因为这个国家早已存在，亦即由清朝承袭自明朝，并且经过开疆拓土，至1750年代已经定型的、包括内地各省和边疆各地区的“中国”。当然，这些精英中的最激进分子曾经一度号召建立一个排他的汉人共和国，不过，这一设想更多的是一种宣传策略，即以明末满人征服的历史来激起汉人的反满情绪，它很快便让位于革命党人的“五族共和”共识，辛亥后建立起来的民国即以此为立国的原则。因此,现代中国与土耳其的建国者之间对比分明。对凯末尔来说,所谓奥斯曼主义、泛伊斯兰主义、泛土耳其主义之类,皆属于“我们从未能够实现也无法实现的理念”而已(Lewis 2002:353—354),而对于孙中山及其同党,在清朝原有的疆域之上建立一个新生的共和国不仅可行,而且就新生国家政权的合法性而言,还势在必行;毕竟,这个以“中国”为名的国家,已经稳定存在数个世纪,它只需加以再造,而非另起炉灶,加以发明。

迈向民主抑或高度集权

通过跟土耳其的比较,我们还可以进一步理解为什么中国向现代民族国家的过渡,以高度集权国家的肇建为其结局。在王朝政权覆灭之后,中国和土耳其分别于1912年和1923年创建了共和国;两国政府均致力于建立代议制民主,但最终均让位于一党专制或强人独裁,且两国皆以民族主义和国家主义为意识形态,致力于国民经济和社会的改造。尽管有这些相似之处,两国的领袖有根本的区别:尽管面临体制内的反对势力以及体制外的伊斯兰原教旨主义分子的叛乱,凯末尔一直能够牢固控制政府和军队,其权力很少受到反对者的挑战。对比之下,中国的国民政府从未达到凯末尔政府的集权程度;蒋介石需要不断地跟体制内外的地方竞争者进行博弈,直至1949年在国共内战中失败为止。此一差别,对两国在20世纪后半期走上不同的政治道路至关紧要,而其根源则在19世纪两国不同的政治遗产之中。

国民党政权在1920年代初还只是作为华南的一支地方势力,

与各区域军事政权争夺全国的统治权，而这些地方势力的崛起，则可追溯到太平天国以后由于各省督抚控制了地方税源，同时致力于地方武装的近代化，导致中央财政和军事权力的下移。地方疆吏的自主权日益扩大，曾经有助于清廷克服内忧外患，推进洋务和新政，但清末数年间满汉精英之间裂痕的急速扩大，导致朝廷在内地汉人中间失去了合法性，最终在辛亥革命中覆灭。奥斯曼帝国也经历了财政资源从中央下移至各省显贵的过程，后者竞相从事税款包收，将帝国税款净额的三分之二以上化为己有。绝大多数的包税人皆为首都或地方各省的富室，主要是希腊和犹太裔的金融家，他们跟政府订立合同，承包一至五年乃至终身的包税业务。但不同于晚清督抚之抗衡中央，这些包税商事实上仰赖中央的庇护，才得以从事此业，从中牟利。因此，有史家认为，“中央与地方显要之间的这种互利关系，是理解中央在其军权日渐衰弱之后依然能够对各省维持一定程度的控制权之关键所在”（Pamuk 2004：241）。

因此，奥斯曼和晚清国家虽然都经历了财政体制的非集中化，但后果却大不相同：在奥斯曼帝国，财政非集中化以包税的形式发生在政府体制之外，从中受益的是作为个人的各省显要，他们并不一定掌握地方上的行政和军事权力，所以，他们跟中央结盟事实上有助于延长帝国的寿命。相比之下，晚清中国的非集中化发生在政府体制之内，各省督抚自主收税、截留税款，用于地方事业，结果强化了自身权力。晚清的权力下移因此走向了制度化，使得各省实力派构成对朝廷的真正威胁，最终带来民国初年各区域财政军事政权的崛起。不同于土耳其开国领袖凯末尔在奥斯曼帝国分崩离析之后,由于没有内地各省割据势力的存在,因而可以轻易建立一个中央集权的国家,进而为日后走向民主体制扫清了障碍,民国时期的中国国家必须把主要精力用于清除各区域的地方势力,为此不得不追求一个更加集权、更为强势的中央政权。

地缘政治关系是影响中、土两国在20世纪国家转型道路的另一个关键因素,俄国在其中扮演了主要角色。奥斯曼帝国覆灭后,为了建立新国家,凯末尔主要依靠苏俄的物资援助,并且在创建土耳其共和国之后,力图维持与苏俄的友好关系,但他坚定认为共产主义不适用于土耳其社会;土耳其人民对于历史上奥斯曼与沙俄长期对抗的集体记忆,也使凯末尔不愿看到苏俄在土耳其有太大影响。另一方面,为了让土耳其走上全面现代化的道路,跟西方国家搞好关系很有必要。二次大战期间,土耳其力图维持中立国地位。尽管在纳粹德国全盛时期,极权体制一度成为可以取代自由民主政体的选项,战后,土耳其政府迅速完成从一党统治到多党制民主的过渡,而苏联所提出的领土要求以及其他有损于土耳其主权的主张,只能强化其加入西方阵营的意愿(Shaw and Shaw 1977: 399—400)。

与土耳其建国运动时期凯末尔领导下的武装力量一样,广东时期的国民党政权也一度依赖苏俄的物资援助。但是蒋介石不久即跟苏俄翻脸,于1927年将共产党人从军队中清除出去;此后二十多年,共产党革命运动对其统治构成最可怕的威胁。共产主义学说在土耳其社会影响甚微,但在第一次世界大战结束后的中国,尤其是在激进的知识分子中间,却大受欢迎;加上南京政府在其最初数年之致力于收拾其他各路军阀,以及1937年后日本的全面入侵,客观上为共产党革命创造了充分的发展时机和空间。相比之下，凯末尔在其执政期间，建立了个人对土耳其国家机器的全面控制，加上二战期间严守中立，国内保持稳定，因此不存在任何反对势力用武力颠覆政府的空间。战后土耳其跟西方结盟，使多党制民主在大权独揽的凯末尔去世后成为其政府的唯一选项。而共产党革命在中国的胜利，以及毛泽东的对苏"一边倒"的地缘战略，也使得共产党领导下的高度集权的政治体制（人民民主专政），成为新中国领导人的唯一选择。

因此，多种因素共同作用，形塑了中、土两国不同的建国路径。不同的地缘政治格局以及宗教文化背景对各自的建国运动领导人的道路选择起到制约作用，但是国内各支政治势力之间的权力关系依然是决定建国方向的最关键因素。晚清中国制度化了的权力下移带来省级势力财政军事上的自主，在整个政府体系中打下牢固的根基，并且在清朝覆灭后继续形塑中国的政治景观。民国时期地方离心势力的存在和发展构成了国民党国家的根本缺陷，也为共产党势力的崛起提供了条件。而对后者来说，唯有建立一个比所有对手都更加集权的财政军事机器和更为有效的动员机制，方可击败对手，彻底翦除地方割据势力。相形之下，代议制民主虽曾在民国初年和最后几年有所尝试，但伴随地方主义而来的严重政治分裂和剧烈军事对抗只能使之夭折并最终束之高阁。

第十一章　历史地认识现代中国

研究历史最艰难也最有趣的地方，是区别历史正在发生时那些亲历者对当下事件的参与、认识和愿景，与事后人们——包括历史书写者——对往事的建构，以及他们加在历史行动者身上的各种标签以及所臆想的历史"过程"及其意图。中国现代国家的成长历史也不例外。清朝在 17 和 18 世纪从关外到关内再到塞外的一连串用兵，让人们不假思索地把一个如此形成的疆域国家，与世界历史上屡见不鲜的征服帝国等而视之，进而把 19 和 20 世纪中国从清朝到民国以及中华人民共和国的一连串变革，等同于从帝国到民族国家的转型过程，但同时又为一个如此形成的"民族国家"感到困惑：今天的中国就其疆域和人口分布而言，是世界上唯一的建立在昔日"帝国"基础之上的国家，与世界其他地区帝国瓦解之后民族自决的结局相去甚远；不仅如此，中国还是所有大国当中，唯一一个拒绝西式代议制民主体制的国家，似乎不能体现作为现代民族国家核心特征的"主权在民"原则；由此形成的现代中国，是否具有民族国家应有的合法性和生命力,似乎也颇成疑问。

面对现代中国的国家形成问题上所存在的这种历史与逻辑之间的矛盾,最好的解决办法是双管齐下:抛开制约人们认知过程的那套逻辑,回到历史之中,以认识事实的真相;同样重要的是要去了解这套逻辑本身是如何被建构的,而且是如何用来建构历史的。只有回到历史过程之中,掌握真相,我们才能解构被既往的逻辑所建构的历史,并把自己从这套逻辑的束缚中解脱出来。

“民族国家”的迷思

事实上,今天已经普遍存在于非西方世界并被人们视为理所当然的所谓民族国家,其实是 20 世纪的发明,更准确地说,是二次大战之后欧洲殖民帝国土崩瓦解、非西方世界各地民族主义运动蓬勃发展的结果。在此之前,很少有西方国家愿意在国际法下把亚洲和非洲各地的人民和统治他们的国家视为平等伙伴。从 16 和 17 世纪欧洲各国次第加入对非西方各国殖民地的争夺和瓜分,并在 19 世纪后期走向高潮,到 20 世纪中叶这些欧洲殖民帝国纷纷崩溃,西方世界里一个根深蒂固的观点,即西方创造了真正的“文明”,西方人具有发明、科学、自律、自控、实际、前瞻、独立、博爱等等精神,而西方之外的所有人类则构成了类别迥异的“他者”,只具模仿、被动、迷信、懒惰、怪异、走极端、情绪化、听天由命等等特性。在 18 和 19 世纪的欧洲尤其是英国,一种流行的做法是把全世界分成三等,白种的西方尤其是英国和西欧国家属于头等的“文明”(civilized)世界,代表了进步,人民享有自由民主和理性精神,组成了边界分明的主权国家;黄种的亚洲各国生活于专制政权之下,人民缺乏理性,国家没有疆界和主权,或者处于其他帝国的间接统治之下,属于次等的“野蛮”(barbaric)世界;而黑种的非洲土著只有部落组织,没有政府,没有进步,处于时间凝固状态,属于最底层的“蛮荒”(savage)世界(Hobson 2006)。无论是半开化的亚洲专制国家,还是未开化的非洲或大洋洲群岛部落,都不配享有西方白人国家所拥有的主权,更不适合在国际法下行使主权;它们须由西方所引导、控制、界定乃至瓜分,在跟西方打交道时,要么必须给以种种特权,要么任由西方加以征服、殖民,亦即所谓“白人的负担”,这是当时的西方帝国主义或殖民主义者唯一认可的“逻辑”(参见 Said 1979;Bain 2003;Balibar 1991;Torgovnick 1990)。

二次大战之后,这种赤裸裸的欧洲中心主义和白人至上论调有所退缩,这一方面是由于纳粹德国以种族优越论为支撑的大屠杀早已失去了道义高地,同时非西方国家的民族主义运动风起云涌,对西方的殖民统治和种族主义构成前所未有的冲击。但是,欧洲中心论并没有随之消逝,而是以一种新的学术包装继续影响西方对近世以来世界各国历史的解读,也深刻影响了非西方社会政治及知识精英的自我认知。这种新的欧洲中心论视欧美国家的建国和成长经历为具有典范意义的普遍适用的路径;它跟二战前旧的欧洲中心论的最大不同在于,过去认为只有欧洲人或者他们在欧洲之外的分支才有能力创造文明,并享有主权国家所应有的一切,现在则断称,欧美国家所走过的路和所代表的进步方向,适用于一切非西方国家——这便是在 1950 年代至 1970 年代盛行一时的“现代化理论”(modernization theory)。按照这种理论,世界各国,无论是欧美的先行者,还是亚非拉的后来者,迟早都会经历从糊口经济到科技密集的工业化经济、从威权主义统治到民众广泛参与的民主政治、从受宗教支配的价值观到科学理性的世俗主义的“现代化”转变,而现代化的前提则是民族国家的建立;只有在民族国家建立之后,经济起飞、政治参与扩大和社会整合才有可能。这种理论之所以是欧洲中心论的改头换面,因为它把战后欧美国家尤其是美国所流行的政治经济和社会制度,视为世界其余国家应该仿效的样板。事实上,现代化理论不仅是一种影响社会科学各个领域至深的学术表述,更是服务于美国在冷战期间在全世界与社会主义阵营对抗、争夺对第三世界新兴国家影响力的一种意识形态(参见 Latham2000;Guilman 2003)。

1990 年代以来,一种“直白的”欧洲中心主义(manifest Eurocentrism)重新浮出水面。这一方面是由于冷战结束,以苏联为首的社会主义阵营全面溃退,似乎印证了欧美国家所代表的自由主义价值、资本主义市场经济和代议制民主政治的优越性和最终胜利(Fukuyama 1992);由此产生一种颇有影响的预测,即在后冷战时代,原先东西方之间的不同制度之争,将让位于不同文明之间的冲突,主要是西方基督教国家与中东伊斯兰国家之间的对抗,而代表儒家文明的中国,据称将有可能与伊斯兰教国家联手,共同对抗以美国为首的西方文明(Huntington 1996)。另一方面,来自伊斯兰极端分子的恐怖袭击,尤其是 2001 年美国“9·11”事件,以及随后美国在中东的反恐战争,似乎印证了文明冲突论。反恐战争本身被表述为美国所代表的“整个文明世界”与“未开化的”“野蛮的”原教旨主义恐怖势力及其同情者之间的对抗;全世界所有国家必须在这两者之间站边,要么站在美国一方,和整个文明世界一道反恐,要么成为支持或同情恐怖分子的势力,从而构成“邪恶轴心”的一部分(Bowden 2009)。这种后冷战时代再度流行且经由反恐战争而得到强化的文明对抗论及其背后的欧洲中心主义宏大叙事,与1990年代越演越烈的“全球化”浪潮一起,大大挤压了非西方世界民族国家的主权空间,使世界各国的主权呈两极化发展,即西方国家借助反恐和全球化而大大增强的主权能力,形成所谓“超级主权”(hyper-sovereignty),与东方各国的国家主权的缩减和退让,导致“有条件的主权”(conditional sovereignty)(Hobson 2015)。

因此,欧洲中心主义一直在变,如果说它在二战之前是一种赤裸裸的种族决定论,强调不同种族之间的反差,并据此为西方的帝国主义和殖民主义背书的话,冷战时期则体现为一种制度决定论,强调两大阵营之间的不同政治经济制度和价值观之间的对垒,而在后冷战和全球化时代,种族决定论改头换面,以文明决定论的形式大行其道,只不过现在已经从19世纪西方白种国家对非白种的国家或群落的单向征服,变成了西方主导的“文明”世界与“非文明”势力之间的双向对抗。

现代中国之成为“问题”

中国从18世纪到20世纪所经历的国家转型,正是在由那些所谓文明国家——19世纪的英国和法国,清末民初的日本和俄国,以及1940年代的美国和苏联——所界定的地缘政治格局及其所建构的国际政治宏大叙事下展开的。在整个19世纪和20世纪上半期，列强一直视中国为亚洲“半开化”国家的一员；晚清的落后、颟顸和民国的贫穷、内乱和腐败，主导了西方政治和知识精英对同时代的中国想象。中国理所当然地被排斥在“文明”国体系之外，不仅无法在国际法下享有与那些“文明”国同等的权利，反而成为后者追逐商业利益、争夺“势力范围”乃至进行侵略和扩张的对象。帝国主义列强本可像对待其他亚非国家一样，对中国进行征服、瓜分和殖民统治，无奈它们在 19 世纪所遭遇的是一个幅员辽阔、人口庞大、政府体系复杂且能够在全国范围内进行有效调控的对手，这使任何帝国主义国家都无法单独加以征服和侵吞；因此列强的基本策略是对华进行局部的战争和领土的蚕食，通过战争胁迫清廷屈服，除割地赔款外，还获得种种在华特权，包括固定关税、最惠国待遇以及——最为重要的——治外法权。（唯一的例外是中国的近邻日本，在 1937 年发动全面侵华战争，其野心之大，唯有“以蛇吞象”这句中国成语可以比喻；日本可以凭借其军事实力逞凶于一时，但在中国的民族建国已经取得实质性进展的条件下，两国人口、幅员和资源的不对称，注定了日本军国主义终将失败。）

驱动中国国家转型的，正是在这样一种地缘政治背景下国内政治和知识精英所形成的一个共同诉求，即中国必须仿照西方国家的模样，重新打造自己，首先是在枪炮、舰队以及制造和交通上向西方学习，继而在法律、外交以至整个政府体系方面，全面西化，以便使中国在国际法下受到列强的平等相待，成为由主权国家所组成的国家体系中的一员。经过数代人的奋斗，到 1945 年二次大战结束时，中国似乎已经接近这个目标，不仅已经废除了晚清政府与列强签订的所有不平等条约，甚至还和其他主要盟国一道，成为联合国的创始成员国和五个常任理事国之一。1949 年共产党革命的成功,进一步终结了国内的长期政治分裂和动荡;经过毛泽东时代和改革时代持续不断的基础设施建设和快速的经济成长,到 2010 年代,中国已经成为世界上最具活力和最庞大的经济体之一,其在国际政治上的影响力,也远非一般国家可比。尽管如此,中国是否能够成为一个富有生命力的、与西方大国并驾齐驱的大国,在不少西方主流政治和知识精英看来,依然充满了不确定性;关于中国即将崩溃的预测,时有所闻(例见 Chang 2001; Gorrie 2013; Shambaugh 2015)。

这种质疑态度,不仅跟改革时期中国本身在政治、经济、社会和文化、宗教等各个领域层出不穷的种种挑战有关,而且深深扎根于西方数世纪以来对中国以及整个东方的欧洲中心主义态度。无论是 19 世纪的种族决定论,还是冷战时期的制度决定论和后冷战时代的文明决定论,都在影响和支配西方主流知识和政治精英对当代中国的认知。对非白人种族和文明的创造力的怀疑,使有关亚洲国家(包括中国)只会在科技上依赖和模仿西方、不具创新能力的成见,在西方乃至非西方国家被广为接受。尽管改革以来的中国竭力使自己的市场规则跟国际接轨,但中国在国家金融调控和市场准入方面的政策,以及众多企业自身在知识产权保护方面的滞后,让西方主要经济体找到借口,拒不承认中国的市场经济地位,尽管同样的问题也曾经并且多少依然存在于那些“标准的”市场经济国家当中。而对现代中国最根本的质疑,则在构成中国国家本身的一些最基本要素,包括它的疆域、族群构成和治理体系。这种质疑,不同于冷战时期东西方之间的意识形态对抗,当时在此种背景下人们在研究中国时关注的焦点，是中国的各项制度的起源（例如，共产党革命究竟是受俄国的影响抑或长期结构性变革的结果）、性质（毛式的社会主义究竟借自苏联抑或植根于中国的传统）及其有效性（这些制度究竟带来中国的进步还是落后）；在后冷战时期，这些问题似乎已经有了明确的结论，而邓小平上台后中国所展开的各项改革似乎也否定了从前的制度。在21世纪初，尤其是在中国借助全球化获得快速的经济成长、成为国际政治舞台上举足轻重的力量之后，对中国的责难和偏见，依然受到过去的种族决定论和制度决定论的支撑，但更多的是受到文明冲突论的驱使，并集中在支撑中国作为一个文明体系的国际竞争力的现代中国国家上面。质疑的焦点不再是国家内部各项具体的制度，而在国家本身的历史正当性、统治能力及其生命力。这种质疑背后的一个基本的假设则是，欧美国家所经历的国家构建过程，是现代国家形成的唯一正确路径；只有按照这种路径所建立的民族国家，才是具有合法性和生命力的现代主权国家；而中国在19和20世纪所走过的建国道路，与此相去甚远：今天的中国不仅在版图和族群构成上继承了一个往日"帝国"的衣钵，而且在统治形式上似乎也跟前近代的王朝没有本质上的不同。

有关中国即将崩溃的种种预测，已经被证明并未成为事实；类似的预测今后无疑还会继续出现。这里所要强调的是，要理解现代中国的生命力和竞争力，必须摒除源自欧美国家历史经验的种种理论预设和概念架构，回到中国历史之中，把中国现代国家放到中国从17世纪到20世纪漫长的国家转型过程中加以理解；正是这一过程所独有的动力和演进形态，导致当代中国呈现出不同于欧美国家的基本特征。更为重要的是,这一过程至今依然在进行之中;中国的现代国家转型,因此最好被理解为一个尚未完成的、终端开放的历史过程。为了说明现代中国为什么具有不同于"规范的"民族国家的两个最基本特质,即规模之"大"和结构之"强",这里有必要重复一下前面各章的基本论点。

中国为何如此之"大"?

现代中国之所以呈现出超大规模的疆域和多族群的人口构成,至少可以归结于以下四个因素:

1. 清代以前"原初中国"的形成,为清代国家的疆域整合和多族群疆域国家的建立,奠定了牢固的基础。构成"中国"人口主体的华夏族群,经过数千年的扩张和同化,到明代已经形成了欧亚大陆东部人口最多、疆域最辽阔、经济最富足的大国;清朝从明朝承袭了它最基本的要素,包括以职业官僚为主体的高度集权的行政管理体系,以儒家说教为唯一正统的国家意识形态,以及——最为重要的——统治"中国"的合法王朝地位和内地十八省所提供的所需全部财源。

2. 清朝前期的边陲用兵进一步拓展了中国的有效治理范围,即在内地十八省的基础上,又增加了满洲、蒙古、新疆和西藏;中国本身也被重新定义,从原来以汉人为主体的单一族群国家变成了多族群的疆域国家;现代中国国家赖以形成的地理和人口基础,也由此定形。但我们不能把清朝国家简单地比附于欧亚大陆的旧帝国或欧洲殖民帝国,因为清朝用兵的动力跟欧亚诸帝国有根本的不同:清朝在迁都北京、控制内地十八省之后,并不寻求对外扩张;其陆地版图在此后长达半个世纪的时间里也保持大体稳定。后来从1690年代至1750年代,清朝先后将外蒙古、新疆和西藏纳入其有效治理范围,是因为准噶尔蒙古部落入侵和占领了这些地区,从而对清朝核心地带构成直接威胁。清朝对准噶尔历时半个世纪的征战,先是防御性的,后是预防性的。而清廷之所以能够连续用兵边陲,靠的是内地十八省所提供的财政支撑;财源的多寡,决定了用兵的规模和频率。但清廷用兵准噶尔,并非像欧亚诸帝国那样,是为了寻求获得更多的土地、财富,或是为了传播自己的宗教;把战后所控制的土地纳入其版图,只是用兵的副产品,而非原初目标。清廷从未把这些新建立的边疆作为其财源,而是恰恰相反,为它们提供财政补贴。清朝统治者自身并没有任何正式的宗教信仰,他们之所以庇护流行于西藏和蒙古的喇嘛教,乃出于实用的目的,即让这些边疆精英处在顺从的地位;朝廷并没有在其所统治的其他地区提倡此一宗教。一旦彻底消除准噶尔部落的威胁之后,清朝在边陲地区便不再有重大的整合举措,尽管18世纪中叶处在国力鼎盛时期的清廷有充沛的财政和军事资源从事进一步扩张;这从反面印证了清朝国家跟欧亚大陆历史上的靠对外扩张维持生存的诸征服帝国有根本的不同。

3. 现代中国赖以形成的疆域和人口基础,之所以能够保持其惊人的稳定和连续性,关键在于清朝对内地和边疆所施行的复杂而有效的治理方式。源自非华夏族群的清统治者为了在内地十八省建立王朝的合法性,比以往任何一个汉人王朝都更真诚而切实地尊崇儒家的"仁政"治国理念,在整个清代的绝大部分时间里遵守轻税政策。而这一政策之所以能够长久实施,不仅因为内地十八省的庞大人口和经济体量产生了巨大的纳税基础,更因为清朝在内地之外,建立了牢固的边疆,使汉人王朝历史上危害数千年的“边患”不复存在,从而大大减轻了清朝的军事支出。清朝之所以能够维持边疆的稳定,而不是像欧亚大陆诸征服帝国的“前沿地带”那样在不断地随着扩张的成败而在不停地前进或后退,又是因为它通过一系列措施,建立了对边疆的牢固统治,使其成为清朝国家有效版图的一部分。这些措施包括:长期驻军边疆地区;控制对边疆世俗和宗教领袖的任免和册封权;给予这些边疆领袖内部事务管理上的高度自主权;通过宗教庇护和联姻手段,笼络边疆宗教或世俗领袖;为了防止边疆宗教领袖势力过大,又采取分而治之的策略;后来进一步鼓励内地汉人移民边疆(包括满洲、蒙古和新疆),并使边疆行省化,跟内地在经济和行政上走向整合。

4. 现代中国超大规模和多族群的疆域,还得益于晚清和民国政权在向近代主权国家转型过程中,大体上有能力捍卫领土的完整性和连续性,而这又应进一步归结于如下三个因素。其一是19世纪后半期财政军事体制上的所形成的“地方化集中主义”机制。不管这种资源抽取和调控机制多么低效和不合理,它使晚清国家得以充分利用中国内地的巨大经济体量,产生足够的财源,在1894年中日战争之前的数十年间,推进国防、制造业、交通运输、教育和外交的现代化,从而出现了“中兴”局面,并且在庚子义和团之后以“新政”的名义展开新一轮的全面现代化工程。其二是清廷对边疆的有效治理以及由此所带来的边疆长期稳定和巩固,使得世世代代居于其内的各个族群(尤其是他们当中的精英阶层)对朝廷产生效忠和认同。这对于民国肇建之际中国疆域在清朝与民国鼎革之际的顺利传承至关紧要。民国时期,在内地战乱不断、中央政权和地方势力无暇他顾之际,之所以能够避免满洲、内蒙、新疆和西藏的分离或独立,端赖清廷治边所留下的各项遗产,以及内地汉人对其赖以生息的国土的认同。这种内在的共识,在 19 世纪和 20 世纪初国土遭受外来侵略之后,可以克服不同政治势力和不同地域之间的隔阂,转化为共同的民族主义理念。其三是中国之所以能够作为一个独立、完整的国家幸存于 19 世纪帝国主义侵略危机之中,还有一个地缘政治的因素。虽然晚清政权屡被欧洲列强和日本打败,战后割地赔款,主权受到严重侵害,但是,列强之间在中国竞相争夺商业和政治利益,也导致它们彼此之间产生均势,使得其中任何一方都无法排除其他竞争者而独自树立在华主导地位。中国疆域之幅员辽阔,内地人口之高度同质,政府体制之高度整合,使得任何列强皆无法在华施展其在亚非各殖民地屡试不爽的分而治之策略。

中国为何如此之“强”?

在 20 世纪前半期,无论是国民党政权,还是与之竞争二十多年并在 1949 年获胜的共产党政权,都力图打造一个权力高度集中、组织凝聚力强大的现代党治国家。此一发展趋势,可以从以下四个方面加以解释。

1. 首先是 19 世纪以前中国国家权力结构和政治文化的影响。在秦汉以来数千年的中国历史上,不存在如同中世纪欧洲在西罗马帝国灭亡后所出现的分权的政府形态,即在君主所代表的权力中心之外,同时还存在自治市镇、贵族和教会,并组成代议机构,对君主的权力起制约作用(Downing 1992;Ertman 1997);相反,从秦汉至明清,国家权力始终集中于皇帝之手,并且在大一统时期,皇权有逐步强化的趋势;分权、代议制政治,从来不是皇权时代中国政治文化的一部分。这当然并不是说,中国古代的皇权不受任何制约;通常情况下,君主必须按照国家正统意识形态(亦即儒家说教)塑造自己的形象,而构成国家主体的职业官僚也按部就班地依照规章行使自己的职责。这种建立在皇帝个人专断与官僚体制常规化运作的巧妙结合基础之上的高度集权的行政管理体制,在19世纪末受到外来政治思想的挑战之前,一直被视为理所当然的国家形态,并在事实上一直延续至20世纪初,因清末新政期间倡行地方自治和预备立宪才有所改变。清末代议制政治的初步试验,部分出自中央和地方的政治精英力图节制满人皇族集团的揽权企图,部分源自西方自由主义思想在国内知识界的传播,并无强大的独立于朝廷的社会政治力量作为其支撑;直至清朝覆灭,始终未能成功,远不足以与内生的以统治者为中心的权力等级秩序和相关的政治文化相抗衡。这种高度集权的政治传统有一种示范效应:每当旧秩序崩溃之后,那些试图建立新秩序的竞争者所追求的,往往是建立另一个高度集权的个人统治,而不是心甘情愿地与他人分享权力,或者愿意使自己的权力受到有力的制衡。这在20世纪的中国,在民主成为各方社会政治势力的真正要求之前,尤为如此。

2. 进入民国以后,中国曾有两次践行代议制民主的机会,一是在民初1912和1913年北京政府时期，一是在1946年南京政府时期。两次实验均昙花一现，旋即让位于不同政治势力之间的争斗。1913年民主政治的失败，导致袁世凯去世后军阀混战局面的出现以及1927年国民党政权的崛起；而紧随1946年短暂的民主试验其后的，乃是国共内战的爆发，共产党革命的胜利和人民共和国的建立。而导致民主政治反复中断的最根本原因，乃在政府体制内部或共享的国家架构内部之制度化了的权力下移，致使各省或各区域的自主力量与中央政权争夺对财政、军事和行政资源的控制；此一过程始于晚清，而在民国时期进一步加剧。在消除地方离心势力、结束国内政治不稳定之前，民主政治不具备最基本的实现条件。

3.高度集中的国家权力结构在20世纪中国的最终形成，正是在解决国家权力下移的过程中，中央与地方势力之间反复博弈的结果。这一过程是辩证的，因为权力的地方化，既可能有助于国家克服内部或外来危机，为国家权力走向集中铺平道路，但同时又可能成为国家权力集中化的障碍；而为了克服这样的障碍，那些觊觎中央政权的地方势力又不得不致力于自身的更高程度的集中化，从而消除竞争对手，达成真正的全国统一和权力集中。正是太平天国以后出现的“地方化集中主义”，才使清廷有可能平定大规模内乱，致力洋务和边疆防卫，并在义和团之后展开全面的新政建设；然而，在清末满汉撕裂、汉人精英对皇室的忠诚不复存在的条件下，权力的地方化适成清朝的致命伤，最终导致辛亥易帜。民国肇建后，尤其在大总统袁世凯死后，军阀割据日益严重，那些最具企图心的地方势力纷纷致力于内部财政、军事和行政资源的统一集权,这种“集中化地方主义”既加剧了军阀派系之间的政治分裂和武力竞争,同时又为全国范围的政治统一和集权国家的建立打下了基础。国民党之所以能够在各支地方势力的激烈竞争中胜出,是因为它打造了一个比任何其他竞争对手都更加统一、集中的财政军事组织;但在 1928 年名义上统一全国之后,南京政府不仅未能成功地整编各支地方势力,也未能建立一个全国范围的集权、高效的行政管理体系,更谈不上把国家权力有效地渗透到城乡社会底层,铺设一个可以满足国家的财政收入和社会控制需求的基础结构。相较于国民党国家的“半集中主义”,共产党之所以在 1946 年以后的内战中获胜,不仅因为中国的地缘政治格局发生了有利于共产党的根本变化,更因为在内战前夕和内战期间,共产党的组织结构、意识形态和财政军事体制走向了“全面集中主义”。它在 1949 年打败国民党之后所建立的国家政权,就政治统一和权力集中程度而言,超过了此前任何一个政权,也就不足为奇了。

4. 20 世纪中国的“强国家”(strong state),追根溯源,不得不归结到 1750 年代清朝鼎盛时期所形成的地缘格局和财政构造。正是清代中国在与周边国家关系上的独尊地位和军事上无可匹敌的优势,使它从此失去了革新军事装备和提升军队战力的动力,使其正规军事力量——无论八旗还是绿营——在规模和质量上都处在停滞不前和不断衰退的状态;这注定了它在 1850 年代面对大规模内乱时无能为力,必然求助于地方上非正规的军事势力。与此同时,也正是清代国家的地缘优势和内地同质社会的低治理成本,使中央政权失去了不断提升其汲取能力以增加税收的动力,财政构造由此出现低度均衡的特征,从而注定了在 19 世纪中叶国内外危机纷至沓来之际,中央耗尽自身财源之后,不得不转而依靠地方势力筹集资金,以应对内忧外患。假使18世纪的中国,不是居于独大的地位,而是如同整个欧洲一样处在列国竞争、强者生存的局面,其正规军事力量必然经历一场装备和技术上的革命;其财源也必然从依赖固定不变的田赋,过渡到越来越依靠工商业税收,岁入总量也必然在不断扩大;19世纪和20世纪中国现代国家形成的轨迹,也将会完全不同。当然,我们对历史的认识不能基于反事实的假设。不过,20世纪中国国家转型的第一个基本事实是,民国初期各地方势力所竭力打造的高度集中统一的区域性财政军事政权,与晚清财政军事权力的地方化一脉相连,乃是确凿无疑的。第二个基本事实是,广东国民党政权之所以能够在各支地方势力的竞争中胜出,靠的是它在广州所打造的一个比所有其他区域性对手更为统一集中的财政军事机器。第三个基本事实是,共产党最终战胜国民党,同样是依靠它所打造的一个比国民党政权更为统一集中的政治组织和财政军事机器。国家转型的演进过程因此环环相扣:从清朝鼎盛时期的地缘优势和财政低度均衡,到后期的军备松弛,军事财政权力地方化,到20世纪区域性财政军事政权的兴起,再到国民党和共产党政权的次第崛起,中国的国家政权在此过程中一步步趋于更加集中化;并且也只有建造一个比对手或者现存政权更为统一集中的财政军事机器,并且在其内部塑造更高程度的政治认同,新的挑战者才会最终胜出。这便是中国国家转型最本质的逻辑,也是20世纪中国"强国家"得以形成的最根本原因。

国家转型的连续性

以上对影响中国国家形成的各项因素的讨论,对于我们认识现代中国国家的特质到底有何含义?

首先,奠定现代中国的疆域和族群构成基础的清朝国家,并不能简单地等同于一个征服帝国。前面我们已经反复论证,清朝并不依靠持续不断的对外扩张来维持自己的生存和统治;恰恰相反,边陲整合在迁都北京后的清朝历史上仅仅限于1690年代后期至1750年代中期的半个多世纪,是在自身的核心地缘战略利益受到根本威胁后的被动反应和预防措施;在1690年代之前的半个世纪和1750年代后的其余年份,清朝从未寻求陆地疆域的进一步扩张。一言以蔽之,边陲用兵是1644年以后清朝历史上的例外,而非通则。其根本的原因在于,除了准噶尔部落一度构成威胁,直至1840年代之前,清朝在其周边并不存在任何对其构成致命威胁的竞争对手;而内地十八省所提供的财政收入,已足以满足其日常开支所需,并能产生巨大盈余。它将自己定位为一个上承明朝、统治整个中国的正统王朝,并以内地各省为其全部的财源;而对边疆各地区,则以军队加以驻守,以确保其地缘战略上的安全。因此,1640年代以后的清朝地缘战略取向是守成的,而非外扩的;它始终能够保持整个版图的大体稳定。与周边邻国的边界,也通过正式谈判或非正式的习惯性划分而得到明确的界定。在其历史的大部分时间里,清朝并不寻求通过战争获得邻国的土地,而是一直保持着和平状态。这与欧亚大陆的所有征服帝国完全相反:后者以扩张为其生存方式;一旦失去扩张能力,便纷纷走向萎缩和四分五裂。所以,我们最好把清代中国定义为一个早期近代的疆域国家:它既不同于靠战争维持其生命的军事帝国,也不同于前近代世界历史上缺少明确疆域概念的各种形式的政治实体;它拥有固定的边界和稳定的版图,拥有一支庞大的形制完备的常备军,拥有一个高度集权的科层化的行政体制,拥有一个高效的无须依赖外包的税收系统,此外,在各族群精英中间有着通过多种方式凝结而成的共享的国家认同(这当然不同于现代国家的民族认同),所有这些,都使得清代中国与早期近代欧洲的主权国家更为接近,虽然它不是一个正形成于西方的、由主权国家所构成的近代世界体系之一员。

其次,晚清和民国的历史显示,1850 年代之前的清朝作为一个传统的疆域国家,与此后日渐融入世界国家体系从而成为一个现代主权国家,这两者之间具有一定的兼容性和连续性。这体现在两个方面。其一,就疆域而言,从清代到 1949 年后的人民共和国时期,由以汉人为主体的内地各省与非汉人各族群为主体的边疆地区所构成的格局一直未变。这与欧亚大陆旧帝国在衰亡后裂变为众多主权国家,以及欧洲殖民帝国崩溃后在第三世界诞生了众多“新兴国家”形成了鲜明对比。理解这一反差的锁钥,在于清朝国家的形成动力和治理方式,与上述诸帝国有根本的不同。清朝与其说是一个帝国,不如说是一个濒临近代主权国家边缘的前近代疆域国家;正是借助这样一个前近代疆域国家所业已具备的各种资源和遗产(固定的疆域、高度集权的官僚体系、巨大的财政资源、对国家的认同等等),晚清政权有能力捍卫自己的全部边疆,逐步向近代主权国家过渡,并且将其版图完整地传承于 1912 年以后的中华民国。其二,就权力结构而言,晚清和民国时期的国家转型,一直是在集中化与非集中化的辩证运动中展开的。权力的非集中化,既推动了国家建设,为更高程度的统一和集中奠定了基础,又可能成为全国范围的统一和集权的最大障碍。从晚清的地方化集中主义,到民初的集中化地方主义,从国民党的不完全集中主义,到共产党的全面集中主义,中国的国家转型,正是在克服非集中化的过程,一步步走向更高程度的统一和集中。

因此,现代中国的形成,最好被视作不同的历史遗产叠层累加、共同作用的结果,其内涵是由以下四个各具特色的层次所组成的。在其新近的表层,中国呈现为一个党治国家,亦即共产党领导下的权力高度集中的政治体制;它是共产党革命尤其是 1946—1949 年内战的直接结果。在此表层之下的第二个层次,中国呈现为一个主权国家,在国际法下与所有其他国家一律平等,并且对于其官方地图所显示的边界之内的所有土地和水域拥有排他的主权。它的出现,是 19 世纪后期和 20 世纪早期中国被逐步纳入世界范围的主权国家体系的结果,并且以丧失部分领土和主权为其代价,而国民党国家在 1920 年代至 1940 年代的建国努力,对于界定现代中国的主权范围起到最关键的作用。在第三个层面,中国还把自己表述为一个统一的多民族的国家;在行政划分上包含 23 个以汉族人口为主的省份,4 个直辖市,以及 5 个少数民族集中居住的自治区、2 个特别行政区。这一行政的和人口的区域划分,源自清朝至 1750 年代为止的军事征讨和疆域整合,同时也离不开此后一个半世纪清廷对边疆的用心治理。而处在国家历史建构最底层的,则是华夏族群在其赖以生息繁衍的土地上所形成的原初"中国”及其所孕育的延绵不断的文明；它为现代中国人民形塑民族认同、建造现代国家提供了强劲的动力和丰沛的文化资源。中国的国家转型，一言以蔽之，并不是帝国与民族国家之间的断裂，而是上述四个层次由底部到表层不断叠加的结果；每增添一层，中国的国家形态即会有新的变化，被赋予新的含义；现代中国孕育于古老的华夏文明，但更是清代以来国家转型的结果。

最后，也是最为重要的是，现代中国的国家形成，显示了一个与既往欧洲中心主义视角下所形成的“从帝国到民族国家”认识范式完全不同的路径。在这一范式的影响下，人们把西方和非西方国家在帝国崩溃后，有相同族群或文化背景的民众组成单一的“民族国家”视为唯一的“正常”路径，并且理所当然地认为，体现民族国家的人民主权原则的唯一合法的政府形式是欧美国家的代议制民主政治。事实上，作为国家形成先行者和“民族国家”标本的那些西欧国家本身，在其形成过程中，亦充满了军事征服，某种程度上与帝国的形成过程并无实质性区别；同时在彼此竞争的过程中，也在不断地向外扩张，把自己打造成殖民帝国；这些所谓民族国家，不过是另一种形式的帝国而已。而 19 世纪尤其是二次大战之后在非西方世界纷纷诞生的所谓民族国家，也大多是在原先殖民统治的基础上，在短暂的“民族主义”运动中人为地匆忙产生的，并且大多以欧美的代议制民主为仿效的榜样。然而，它们随后所经历的往往是持续的政治不稳定，不同族群之间的冲突、战争乃至种族灭绝，以及长期的经济停滞和贫穷，形成所谓“失败国家”。中国的国家形成路径与上述“帝国—民族国家”的规范认识完全不同。它以最接近于近代主权国家的早期近代疆域国家为起点，依靠这个疆域国家数百年来所积累的行政、财政和文化资源,缓慢、艰难但是稳步地朝着近代主权国家的方向演进,并且最终在 20 世纪中叶达到的主权完整、政治统一、高度集权的阶段性目标。驱动这一演进历程的,归根到底,是由中国的不断变化的地缘格局和自身的各种财政、军事和政治资源的相互作用所构成的原动力,而不是像非西方世界的绝大多数"民族国家"那样,在其形成过程中受外来影响的决定性支配。中国的建国力量,从晚清的改良和立宪派,到民初的革命党人,以及 20 年代以后的国民党和共产党政权,都曾一度倾心于欧美、日本或苏俄的各种建国模式,但是中国的体量太大,历史惯性太强,使那些移植自国外的任何理念和模式,最终不得不让位于植根于中国自身传统和资源的内在动力和逻辑。

参考文献

原始资料部分

BYJF(1990):《北洋军阀》6 卷,中国史学会、中国社会科学院近代史研究所编。武汉:武汉出版社。

CBYW(1995):《筹办夷务始末》6 卷,文庆、贾祯、宝鋆编《续修四库全书》。上海:上海古籍出版社。

DBCJ(1988):《东北解放区财政经济史资料选编》第 3 卷,朱建华编。哈尔滨:黑龙江人民出版社。

DMHD(2007):《大明会典》5 册。扬州:广陵书社。

DQXFL(2010):《大清新法令》(1901—1911),上海商务印书馆编译所。北京:商务印书馆。

FYX(1999):《我的生活》,冯玉祥著。长沙:岳麓书社。

GMDD(1985):《中国国民党历次代表大会及中央全会资料》2 卷,荣孟源编。北京:光明日报出版社。

GCGJ(1997—2012):《共产国际、联共(布)与中国革命档案资料丛书》21 卷,中共中央党史研究室第一研究部编。北京:北京图书馆出版

社/中央文献出版社。

GJWX(1981):《共产国际有关中国革命的文献资料》3卷,中国社会科学院近代史研究所翻译室编。北京:中国社会科学出版社。

GMWX(1958—1989):《革命文献》,中国国民党中央党史史料编纂委员会编。

GXCD(1958):《光绪朝东华录》。北京:中华书局。

HBJ(1996):《华北解放区财政经济史资料选编》第1卷,华北解放区财政经济史资料选编编辑组编。北京:中国财政经济出版社。

HBS(1974):《中国近代货币史资料》,中国人民银行参事室金融史料组编。台北:文海出版社。

HQM(2003):《胡乔木回忆毛泽东》,胡乔木著。北京:人民出版社。

JDYL(2011):《建党以来重要文献选编(一九二一——一九四九)》26卷,中共中央文献研究室、中央档案馆编。北京:中央文献出版社。

JGSX(1984):《先"总统"蒋公思想言论总集》23卷,秦孝仪编。台北:中国国民党中央委员会党史委员会。

JJSR: Inventory of the Chiang Kai-shek Diaries, Hoover Institution Archives, Stanford University, Stanford, CA.

KYW(2007):《康有为全集》12卷,姜义华、张荣华编。北京:中国人民大学出版社。

LHZ(2008):《李鸿章全集》,顾廷龙、戴逸编。合肥:安徽教育出版社。

LQC(2018):《梁启超全集》,汤志钧、汤仁泽编。北京:中国人民大学出版社。

LSJZ(1988):《辽沈决战》第1卷,中共中央党史资料征集委员会等编。北京:人民出版社。

LSQ(1981):《刘少奇选集》2卷,中共中央文献编辑委员会编。北京:人民出版社。

LWH(1986):《回忆与研究》2卷,李维汉著。北京:中共党史资料

出版社。

LZA(2002):《雷震案史料汇编——雷震狱中手稿》,陈世宏编。台北:国史馆。

LZR(2005):《李宗仁回忆录》2 卷,唐德刚撰。桂林:广西师范大学出版社。

MCZZ(1983):《民初政争与二次革命》2 卷,朱宗震、杨光辉编。上海:上海人民出版社。

MGDA(1979—2000):《中华民国史档案资料汇编》5 编,中国第二历史档案馆编。南京:江苏人民出版社。

MGSL(1981):《中华民国重要史料初编——对日抗战时期》7 编,秦孝仪编。台北:中国国民党中央委员会党史委员会。

MGWJ(1988):《中华民国外交史资料选编》2 卷,程道德等编。北京:北京大学出版社。

MJS(1993):《毛泽东军事文集》6 卷,中共中央文献研究室、中国人民解放军军事科学院编。北京:军事科学出版社、中央文献出版社。

MWJ(1993—1999):《毛泽东文集》8 卷,中共中央文献研究室编。北京:人民出版社。

MXJ(1991):《毛泽东选集》4 卷,中共中央文献编辑委员会编。北京:人民出版社。

QCXW(2000):《清朝续文献通考》4 卷,刘锦藻编。杭州:浙江古籍出版社。

QMLX(1979):《清末筹备立宪档案史料》2 卷,故宫博物院明清档案部编。北京:中华书局。

QSG(1979):《清史稿》。北京:中华书局。

QSL(2008):《清实录》。北京:中华书局。

SB(1872—1949):《申报》。上海。

SLGB(2003—2012):《蒋中正“总统”档案事略稿本》70 卷,王正华等编。台北:国史馆。

SLXJ(1960):《辛亥革命前十年间时论选集》3 卷,张枬、王忍之编。北京:三联书店。

SQYJ(1985):《石渠余记》,王庆云著。北京:北京古籍出版社。

SSJY(1973—1990):《"中华民国"史事纪要(初稿)》,"中华民国"史事纪要编辑委员会编。台北:国史馆。

SSL(1983):《一九二七年的上海商业联合会》,上海市档案馆编。上海:上海人民出版社。

SZS(1981):《孙中山全集》11 卷,中国社会科学院近代史研究所、广东省社会科学院历史研究所、中山大学历史系编。北京:中华书局。

TDGG(1981):《解放战争时期土地改革文件选编(一九四五——一九四九)》,中央档案馆编。北京:中共中央党校出版社。

USFR(1961):*Foreign Relations of the United States Diplomatic Papers*, *The Conferences at Cairo and Tehran*, 1943, Department of State Publication 7187, Historical Office, Bureau of Public Affairs. United States Government Printing Office, Washington.

WSZL(1960—2013):《文史资料选辑》163 卷,中国人民政治协商会议全国委员会文史资料研究委员会编。北京:中华书局、文史资料出版社、中国文史出版社。

WWZQ(1984):《汪伪政权资料选编》第 1 卷《汪精卫国民政府成立》,黄美真、张云编。上海:上海人民出版社。

WZZ(2001):《王子壮日记》10 卷。台北:"中央研究院"近代史研究所。

XHGM(1957):《辛亥革命》8 卷,中国史学会编。上海:上海人民出版社。

XZDA(1994):《元以来西藏地方与中央政府关系档案史料汇编》7 卷,中国藏学研究中心等编。北京:中国藏学出版社。

XZDF(2007):《西藏地方近代史资料选辑》,许广智、达瓦编。拉萨:西藏人民出版社。

XZZL(1996):《清代以来中央政府对西藏的治理与活佛转世制度史料汇集》,赵学毅、常为民、欧声明编。北京:华文出版社。

YDJ(1986):《杨度集》,刘晴波编。长沙:湖南人民出版社。

YFJ(1986):《严复集》5 卷,王栻编。北京:中华书局。

YWYD(1961):《洋务运动》8 卷,中国史学会编。上海:上海人民出版社。

YZHB(1957):《中外旧约章汇编》3 卷,王铁崖编。北京:三联书店。

ZGDS(1979):《中共党史参考资料》8 卷,中共中央党校党史教研室编。北京:人民出版社。

ZGF(1985):《曾国藩全集》,罗镇岳、韩长耕编。长沙:岳麓书社。

ZGHG(1983):《中国海关与义和团运动》,中国近代史数据编辑委员会编。北京:中华书局。

ZGT(1963):《我的回忆》3 卷,张国焘著。北京:东方出版社。

ZGTL(1963):《中国近代铁路史资料,1863—1911》3 卷,宓汝成编。北京:中华书局。

ZGZY(1991):《中共中央文件选集》18 卷,中央档案馆编。北京:中共中央党校出版社。

ZMGX(1957—1960):《中美关系资料汇编》2 卷。北京:世界知识出版社。

ZRWJ(1983):《邹容文集》,周永林编。重庆:重庆出版社。

ZTY(1977):《章太炎政论选集》2 卷,汤志钧编。北京:中华书局。

ZWXG(1963):《张文襄公全集》。台北:文海出版社。

ZXL(1992):《张学良文集》2 卷,毕万闻、周毅、那丽编注。北京:新华出版社。

ZZT(1992):《左宗棠全集》,刘泱泱编。长沙:岳麓书社。

ZZZ(2007):《张治中回忆录》,张治中著。北京:华文出版社。

中、日文论著

敖光旭(2007):《1920年代国内蒙古问题之争——以中俄交涉最后阶段之论争为中心》,《近代史研究》,4:55—73。

宝音朝克图(2007):《清代蒙古地区卡伦设置时间考——以漠北地区为中心》,《河北师范大学学报》,30.2:135—138。

薄一波(1996):《七十年奋斗与思考》2卷。北京:中共党史出版社。

防衛庁防衛研修所戦史室(1967—1975):《大本營陸軍部》9卷。东京:朝雲新聞社。

渤海寿臣(1969):《辛亥革命始末记》。台北:文海出版社。

蔡惠霖、孙维吼(1987):《光荣的抉择——原国民党军起义将领回忆录》上册。北京:中国人民解放军国防大学出版社。

蔡美彪编(1994):《中国通史》,卷9—10。北京:人民出版社。

车维汉、朱虹、王秀华(2001):《奉系对外关系》。沈阳:辽海出版社。

陈锋(1992):《清代军费研究》。武汉:武汉大学出版社。

陈锋(2008):《清代财政政策与货币政策研究》。武汉:武汉大学出版社。

陈福霖、余炎光(1991):《廖仲恺年谱》。长沙:湖南出版社。

陈恭禄(1935):《中国近代史》。上海:商务印书馆。

陈慧生、陈超(2007):《民国新疆史》。乌鲁木齐:新疆人民出版社。

陈进金(1997):《抗战前教育政策之研究》。台北:近代中国出版社。

陈进金(2000):《东北军与中原大战》,《近代史研究》,5:1—34。

程舒伟、常家树(1997):《抗日战争重要问题研究》。沈阳:东北大学出版社。

陈蕴茜(2007):《身体政治:国家权力与民国中山装的流行》,《学术月刊》,39.9:139—147。

陈支平(1986):《清初地丁钱粮征收新探》,《中国社会经济史研究》,4:88—95。

程中原(2006):《张闻天传》。北京:当代中国出版社。

楚双志(2008):《变革中的危机:袁世凯集团与清末新政》。北京:九州出版社。

慈鸿飞(1994):《二三十年代教师、公务员工资及生活状况考》,《近代史研究》,3:285—291。

戴逸(2006):《简明清史》2卷。北京:中国人民大学出版社。

戴逸(1992):《乾隆帝及其时代》。北京:中国人民大学出版社。

邓绍辉(1998):《晚清财政与中国近代化》。成都:四川人民出版社。

邓亦兵(2004):《清代前期抑商问题新探》,《首都师范大学学报》,4:1—8。

查尔斯·蒂利(2007):《中文版序》,《强制、资本和欧洲国家》(魏洪钟译)(上海:上海人民出版社),i—iv。

董丛林(1994):《领袖导向与湘淮系势力的"异流"》,《近代史研究》,2:14—36。

董显光(1952):《蒋"总统"传》。台北:中华文化出版事业委员会。

杜聿明(1985):《国民党破坏和平进攻东北始末》,中国人民政治协商会议全国委员会文史资料研究委员会《辽沈战役亲历记》编审组编《辽沈战役亲历记——原国民党将领的回忆》(北京:中国文史出版社):514—564。

范文澜(1949):《中国近代史》。上海:三联书店。

FDS(中华人民共和国财政部《中国农民负担史》编辑委员会)(1990):《中国农民负担史》,卷3。北京:中国财政经济出版社。

冯理达、罗元铮(2009):《冯玉祥在民国的日子里》,《人物》编辑部编《长风忆至亲》。北京:东方出版社,1—11。

冯田夫、李炜光(2006):《中国财政通史》革命根据地卷。北京:中国财政经济出版社。

付百臣(2008):《中朝历代朝贡制度研究》。长春:吉林人民出版社。

高晓林(1999):《桂系地方实力派对抗日战争的贡献》,《中共党史研究》,2:87—92。

葛剑雄(2013):《统一与分裂——中国历史的启示》。北京:商务印书馆。

葛兆光(2011):《宅兹中国——重建有关"中国"的历史论述》。北京:中华书局。

谷苞(2005):《西北通史》5卷。兰州:兰州大学出版社。

管汉晖、李稻葵:《明代GDP试探》(未刊稿)。

郭成康(2000):《也谈满族汉化》,《清史研究》,2:24—35。

郭成康(2005):《清朝皇帝的中国观》,《清史研究》,4:1—18。

郭成康、郑宝凤(1995):《论清代"不加赋"及其对社会经济的影响》,《社会科学辑刊》,2:100—107。

郭松义(1994):《清前期南方稻作区的粮食生产》,《中国经济史研究》,1:3—32。

郭松义(1995):《清代北方旱作区的粮食生产》,《中国经济史研究》,1:24—46。

郭松义(2001):《明清时期粮食生产与农民生活水平》。中国社会科学院历史研究所编委会,编《中国社会科学院历史研究所学刊》,1:373—396。北京:社会科学文献出版社。

郭绪印(1992):《国民党派系斗争史》。上海:上海人民出版社。

海纯良(2009):《清末新政与外蒙古独立》,《内蒙古民族大学学报》,35.1:35—38。

郝秉让(2000):《奉系军事》。沈阳:辽海出版社。

服部卓四郎(1956):《大東亜戦争全史》8卷。东京:原書房。

何家伟(2009):《南京国民政府公务员数量的膨胀及其溃败之考察》,《人文杂志》,2:145—152。

何家伟、骆军(2011):《国民政府公务员俸给与其经济地位关系嬗变述论》,《边疆经济与文化》,10:39—43。

何平(1998):《清代赋税政策研究:1644—1840》。北京:中国社会科学出版社。

贺渊(1998):《1912—1927 年阎锡山治晋思想初探》,《近代史研究》,1:234—247。

何兆武、文靖(2008):《上学记》。北京:三联书店。

侯宜杰(1993):《二十世纪初中国政治改革风潮》。北京:人民出版社。

胡平生(1985):《民国初期的复辟派》。台北:台湾学生书局。

胡玉海、里蓉(2005):《奉系军阀大事记》。沈阳:辽宁民族出版社。

胡绳(1981):《从鸦片战争到五四运动》。北京:人民出版社。

胡绳(2001):《胡绳关于撰写〈从五四运动到人民共和国成立〉一书的谈话。《从五四运动到人民共和国成立"课题组,《胡绳论"从五四运动到人民共和国成立"》,3—51。北京:社会科学文献出版社。

黄道炫(1999):《关于蒋介石第一次下野的几个问题》,《近代史研究》,4:142—165。

黄兴涛(2011a):《清代满人的"中国认同"》,《清史研究》,1:1—12。

黄兴涛(2011b):《文化史的追寻:以近世中国为视域》。北京:中国人民大学出版社。

黄瑶等(1993):《罗荣桓传》。北京:当代中国出版社。

贾士毅(1932):《民国续财政史》(一),卷 1。上海:商务印书馆。

贾士毅(1933):《民国续财政史》(二),卷 2。上海:商务印书馆。

贾士毅(1934):《民国财政史》。上海:商务印书馆。

贾熟村(2004):《丁宝桢编年事略》,《临沂师范学院学报》,26.1:90—94。

江炳明(1990):《清末新政与北部边疆开发》,马汝珩、马大正编《清代边疆开发研究》。北京:中国社会科学出版社,52—86。

姜萌(2010):《中国近代知识阶层的开明专制思想》,《史学月刊》,8:41—53。

姜涛(1990):《清代人口统计制度与1741—1851年间的中国人口》,《近代史研究》,5:26—50。

蒋廷黻(1939):《中国近代史》。上海:商务印书馆。

蒋致洁(1988):《左宗棠收复新疆战役军饷问题探讨,《中国社会经济史研究》,2:26—31。

金冲及(2001):《辛亥革命和中国近代民族主义》,《近代史研究》,5:1—20。

金冲及(2006):《较量:东北解放战争的最初阶段》,《近代史研究》,4:1—28。

金海(1997):《从地域概念看日本"满蒙政策"的演变及其实质》,《内蒙古大学学报》,2:14—21。

金以林(2005):《地域观念与派系冲突——以二三十年代国民党粤籍领袖为中心的考察》,《历史研究》,3:115—128。

孔经纬(1958):《日俄战争时期至抗战胜利期间东北的工业问题》。沈阳:辽宁人民出版社。

孔经纬、傅笑枫(1989):《奉系军阀官僚资本》。长春:吉林大学出版社。

孔令纪、曲万法、刘运珍、刘锦星编(1993):《中国历代官制》。济南:齐鲁书社。

来新夏(2000):《北洋军阀史》。天津:南开大学出版社。

李静之(1984):《试论蒋冯阎中原大战》,《近代史研究》,1:219—247。

李里峰(2004):《民国文官考试制度的运作成效》,《历史档案》,1:101—107。

李里峰(2008):《经济的“土改”与政治的“土改”——关于土地改革历史意义的再思考》,《安徽史学》,2:68—75。

李强(2008):《金融视角下的“康乾盛世”——以制钱体系为核心》。合肥:黄山书社。

李时岳(1957):《辛亥革命时期两湖地区的革命运动》。北京:三联书店。

李炜光(2000):《中国财政史述论稿》。北京:中国财政经济出版社。

李新、李宗一编(1987):《中华民国史》,第二编,北洋政府统治时期,卷1。北京:中华书局。

李细珠(2012):《地方督抚与清末新政——晚清权力格局再研究》。北京:社会科学文献出版社。

李洵、薛虹编(1991):《清代全史》,第一卷。沈阳:辽宁人民出版社。

李勇军(2011):《清末民初的西藏建省论》,《中南民族大学学报》,31.5:70—74。

李运昌(1988):《忆冀热辽部队挺进东北》。中共中央党史资料征集委员会、中国人民解放军辽沈战役纪念馆建馆委员会编《辽沈决战》。北京:人民出版社,167—183。

李云泉(2004):《朝贡制度史论——中国古代对外关系体制研究》。北京:新华出版社。

梁方仲(2008):《中国历代户口、田地、田赋统计》。北京:中华书局。

梁漱溟(2006):《忆往谈旧录》。北京:金城出版社。

凌宇(1987):《江浙财团和蒋介石反动统治的建立》,中国人民博物馆党史研究室编《党史研究资料》。成都:四川人民出版社,7:46—59。

刘翠溶(1967):《顺治康熙年间的财政平衡问题》。台北:嘉新水泥公司文化基金会。

刘惠恕(2006):《刘惠恕文存》。上海:百家出版社。

刘敬忠、田伯伏(2004):《国民军史纲》。北京:人民出版社。

刘瑞中(1987):《十八世纪中国人均国民收入估计及其与英国的比较》,《中国经济史研究》,3:105—120。

刘统(1998):《华东解放战争纪实》。北京:人民出版社。

刘统(2000):《解放战争中东北野战军武器来源探讨——兼与杨奎松先生商榷》,《党的文献》,4:76—81。

刘伟(2003):《晚清督抚政治:中央与地方关系研究》。武汉:湖北教育出版社。

柳岳武(2009):《传统与变迁:康雍乾之清廷与藩部属国关系研究》。重庆:巴蜀书社。

刘增合(2014):《光宣之交清理财政前夕的设局与派官》,《广东社会科学》,2:111—120。

刘子扬(1988):《清代地方官制考》。北京:紫禁城出版社。

龙盛运(1990):《湘军史稿》。成都:四川人民出版社。

卢世川(1987):《山东抗日根据地财政的创建和发展》。财政部财政科学研究所编《抗日根据地的财政经济》。北京:中国财政经济出版社,233—246。

罗尔纲(1947):《太平天国史纲》。上海:商务印书馆。

罗尔纲(1958):《太平天国革命前的人口压迫问题》,包遵彭、吴相湘、李定一编《中国近代史论丛》,2.2(台北:正中书局):16—88。

罗平汉(2005):《一九四七年下半年解放区土改运动中的“左”倾错误及其纠正》,《中共党史研究》,2:44—54。

罗玉东(1970):《中国厘金史》。台北:文海出版社。

马金华(2011):《外债与晚清政局》。北京:社会科学文献出版社。

马汝珩、马大正编(1994):《清代的边疆政策》。北京:中国社会科学出版社。

马尚斌(2000):《奉系经济》。沈阳:辽海出版社。

马宣伟、温贤美(1986):《川军出川抗战纪事》。成都:四川省社会科学院出版社。

茅海建(2005):《天朝的崩溃:鸦片战争再研究》。北京:三联书店。

妙舟(2009):《蒙藏佛教史》。扬州:广陵书社。

闵宗殿(1999):《从方志记载看明清时期我国水稻的分布》,《古今农业》,1:35—48。

闵宗殿(2003):《明清时期中国南方稻田多熟种植的发展》,《中国农史》,3:10—14。

逄先知、金冲及编(2011):《毛泽东传》6卷。北京:中央文献出版社。

彭明、周天度(1987):《中华民国史》第二编第二卷。北京:中华书局。

彭信威(2007):《中国货币史》。上海:上海人民出版社。

彭泽益(1983):《十九世纪后半期的中国财政与经济》。北京:人民出版社。

彭泽益(1990):《清代财政管理体制与收支结构》,《中国社会科学院研究生院学报》,2:48—59。

齐木德道尔吉(1998):《1640年以后的清朝与喀尔喀的关系》,《内蒙古大学学报》,4:12—20。

钱穆(2012):《中国历代政治得失》。北京:三联书店。

秦庆钧(1982):《北伐战争时期的广东省财政》。中国人民政治协商会议广东省广州市委员会文史资料研究委员会编《广州文史资料》,27:161—191。

容闳(1985):《西学东渐记》。长沙:湖南人民出版社。

桑兵(2007):《晚清学堂学生与社会变迁》。桂林:广西师范大学出版社。

商鸿逵(1982):《论清代的尊孔和崇奉喇嘛教》,《社会科学辑刊》,5:109—115。

沈嘉荣编(1993):《江苏史纲》近代卷。南京:江苏古籍出版社。

师哲(1991):《在历史巨人身边》。北京:中央文献出版社。

史志宏(2009):《清代户部银库收支和库存统计》。福州:福建人民出版社。

史志宏(2011):《十九世纪上半期的中国耕地面积再估计》,《中国经济史研究》,4:85—97。

史志宏、徐毅(2008):《晚清财政:1851—1894》。上海:上海财经大学出版社。

石仲泉(2012):《忆乔木同志谈延安整风——兼论延安整风运动》,《中共党史研究》,5:10—23。

宋良曦(1998):《清代中国盐商的社会定位》,《盐业史研究》,4:24—33。

苏全有、景东升(2004):《论袁世凯的仇日政策及实践,《历史教学》,5:22—26。

苏全有(2010):《有关清末财政问题的两点思考》,《安徽史学》,4:11—18。

岁有生(2013):《清代州县经费研究》。郑州:大象出版社。

孙宏年(2004):《20世纪初英国对中国西藏的侵略与西藏建省问题研究》,《西藏研究》,3:15—20。

孙宏年(2006):《清代藩属观念的变化与中国疆土的变迁》,《清史研究》,4:17—27。

孙宏年(2011):《清代中国与邻国“疆界观”的碰撞、交融刍议——以中国、越南、朝鲜等国的“疆界观”及影响为中心》,《中国边疆史地研究》,4:12—22。

孙毓棠、张寄谦(1979):《清代的垦田与丁口的记录,《清史论丛》,1。

孙中山(1956):《孙中山选集》,卷1—2。北京:人民出版社。

谭其骧编(1982):《中国历史地图集》,卷1—8。北京:中国地图出版社。

谭其骧编(1991):《简明中国历史地图集》。北京:中国地图出版社。

谭肇毅(2009):《新桂系论》,《广西社会科学》,6:14—19。

谭肇毅(2010):《新桂系的"三自政策"》,《广西地方志》,1:47—51。

田亮(1999):《禹贡学会和<禹贡>半月刊》,《史学史研究》,3:58—66。

田雪原主编(2002):《中国民族人口》(一)。北京:中国人口出版社。

汪炳明(1990):《清末新政与北部边疆开发》,马汝珩、马大正编《清代边疆开发研究》,北京:中国社会科学出版社。

汪朝光(2005):《全面内战初期国民党军事失利原因之辨析》,《民国档案》,1:97—105。

王东平(2005):《关于清代回疆伯克制度的几个问题》,《民族研究》,1:72—79。

王尔敏(1987):《淮军志》。北京:中华书局。

王贵忠(1993):《张学良与东北铁路建设》。张学良暨东北军史研究会编《张学良暨东北军新论》。北京:华文出版社。

王海晨(2004):《从"满蒙交涉"看张作霖的对日谋略》,《史学月刊》,8:36—46。

汪敬虞编(2000):《中国近代经济史:1895—1927》,卷1—3。北京:人民出版社。

王开玺(2006):《清末满汉官僚与满汉民族意识简论》,《社会科学辑刊》,6:168—174。

王力(2010):《晚清满汉关系与新伊分治》,《西域研究》,2:13—19。

王礼琦、李炳俊(1981):《土地革命时期革命根据地的财政(中)》,《财政》,1:29—31。

王森生编(1997):《中国人民解放军全国解放战争史》,卷4。北京:

军事科学出版社。

王明珂(1997):《华夏边缘:历史记忆与族群认同》。台北:允晨文化出版公司。

王年咏(1994):《近代中国的战争赔款总值》,《历史研究》,5:175—177。

王日根(2000):《论康熙的恤商思想与实践》,《云南财贸学院学报》,16.2:78—85。

王奇生(2003):《党员、党权与党争——1924—1949年中国国民党的组织形态》。上海:上海书店出版社。

王奇生(2010):《革命与反革命:社会文化视野下的民国政治》。北京:社会科学文献出版社。

汪荣祖编(2014):《清帝国性质的再商榷:回应新清史》。台北:远流出版社。

王希恩(2011):《辛亥革命中的满汉矛盾及其影响》,《西南民族大学学报》,10:20—25。

王续添(2000):《地方主义与民国社会》,《教学与研究》,2:57—63。

王印焕(2005):《民国政府公教人员生活状况的演变》,《北京科技大学学报》,21.1:66—82。

王玉贵(1996):《试析新桂系久踞民国政坛的原因》,《广西社会科学》,3:75—80。

王芸生(1979):《六十年来中国与日本》8卷。北京:三联书店。

王玉茹、燕红忠(2007):《世界市场价格变动与近代中国产业结构模式研究》。北京:人民出版社。

王芸生(2005):《六十年来中国与日本》。北京:三联书店。

王正华(2002):《1927年蒋介石与上海金融界的关系》,《近代史研究》,4:76—112。

魏宏运、星光、傅尚文(1984):《抗日战争时期晋察冀边区财政经济史资料选编》,卷4。天津:南开大学出版社。

魏源(1984):《圣武记》。北京:中华书局。

文斐编(2004):《我所知道的"北洋三雄"徐世昌、曹锟、孙传芳》。北京:中国文史出版社。

吴景平(1992):《宋子文传》。福州:福建人民出版社。

吴景平(1998):《宋子文政治生涯编年》。福州:福建人民出版社。

伍修权(2009):《伍修权回忆录》。北京:中国青年出版社。

相瑞花(1999):《试析近代中国的战争赔款》,《青海师范大学学报》,1:78—84。

萧一山(1967):《清代通史》。台北:商务印书馆。

谢本书、牛鸿宾(1990):《蒋介石和西南地方实力派》。郑州:河南人民出版社。

许道夫(1983):《中国近代农业生产及贸易统计资料》。上海:上海人民出版社。

徐鼎新、钱小明(1991):《上海总商会史(1902—1929)》。上海:上海社会科学院出版社。

许涤新、吴承明(2003a):《中国资本主义发展史》第一卷。北京:人民出版社。

许涤新、吴承明(2003b):《中国资本主义发展史》第二卷。北京:人民出版社。

许檀、经君健(1990):《清代前期商税问题新探》。《中国经济史研究》,2:87—100。

许毅(1982):《中央革命根据地财政经济史长编》,卷2。北京:人民出版社。

徐义生(1962):《中国近代外债史统计资料:1853—1927》。北京:中华书局。

《宣统政纪》(1967):沈云龙编《近代中国史料丛刊》,3.18。台北:文海出版社。

薛福成(1987):《薛福成选集》。上海:上海人民出版社。

杨菁(2002):《试析中央革命根据地的财政收入政策》,《党史研究与教学》,4:47—56。

杨奎松(1999):《毛泽东与莫斯科的恩恩怨怨》。南昌:江西人民出版社。

杨奎松(2007):《从供给制到职务等级工资制——新中国建立前后党政人员收入分配制度的演变》,《历史研究》,4:111—137。

杨奎松(2011):《抗战胜利后中共土改运动之考察》,《江淮文史》,6:46—66。

杨恕、曹伟(2008):《评清朝在新疆的隔离制度》,《中国边疆史地研究》,18.2:40—48。

杨树标、杨菁(2008):《蒋介石传》。杭州:浙江大学出版社。

杨涛(1985):《明末财政危机与三饷加派》,《云南师范大学学报》,2:9—15。

杨天石编(1996):《中华民国史》第二编第五卷。北京:中华书局。

杨荫溥(1985):《民国财政史》。北京:中国财政经济出版社。

叶剑英(1982):《伟大的战略决策》,中国人民解放军战士出版社编《星火燎原选编之十》(北京:中国人民解放军战士出版社),1—21。

袁世凯(1966[1912]):《致库伦活佛书》,沈云龙编《袁世凯史料汇刊续集》,台北:文海出版社。

曾宪林、曾成贵、江峡(1991):《北洋军阀史》。成都:四川人民出版社。

张德良、周毅(1987):《东北军史》。沈阳:辽宁大学出版社。

张公权、杨志信(1986):《中国通货膨胀史(一九三七——一九四九)》。北京:文史资料出版社。

张皓编(2008):《中国现代史》。北京:北京师范大学出版社。

张杰(1999):《清代康熙朝蠲免政策浅析》,《古今农业》,1:54—59。

张佩国(2000):《地权分配·农家经济·村落小区——1900—1945年的山东农村》。济南:齐鲁书社。

张启雄(2010):《中华世界秩序原理的源起:近代中国外交纷争中的古典文化价值》。吴志攀、李玉编《东亚的价值》(北京:北京大学出版社),105—146。

张双智(2010):《清朝外藩体制内的朝觐年班与朝贡制度》,《清史研究》,3:106—115。

张侠、杨志本、罗澍伟、王苏波、张利民(1982):《清末海军史料》。北京:海洋出版社。

张宪文主编(2005):《中华民国史》4卷。南京:南京大学出版社。

张晓堂(1990):《乾隆年间清政府平衡财政之研究》,中国人民大学清史研究所编《清史研究集》,7:26—60。

张喜德(2009):《共产国际与延安整风运动》,《中共党史研究》,4:74—83。

张学继(2006):《论有贺长雄与民初宪政的演变》,《近代史研究》,3:54—75。

张研(2008):《17—19世纪中国的人口与生存环境》。合肥:黄山书社。

张永(2010):《解放战争中以诉苦会为中心的新式整军运动》,《中共党史研究》,6:72—80。

张驭涛、徐占权、江英(1991):《论中国共产党对军队实行绝对领导的基本经验》,《军事历史研究》,2:1—9。

张羽新(1995):《清代前期西部边政史论》。哈尔滨:黑龙江教育出版社。

张泽宇(2011):《全面抗战时期苏联和共产国际对中共的援助研究》,《中共党史研究》,8:71—77。

赵云田(1984):《清代前期利用喇嘛教政策的形成和演变"》,《西藏民族学院学报》,1:63—76。

赵云田(1995):《清代治理边陲的枢纽——理藩院》。乌鲁木齐:新疆人民出版社。

赵云田(2002):《中国治边机构史》。北京:中国藏学出版社。

郑汕、郑友来(1993):《论晚清“保藩固圉”的边防政策》,《中国边疆史地研究》,4:35—46。

郑天挺(1999):《清史探微》。北京:北京大学出版社。

中共中央文献研究室(2004):《任弼时年谱(1904—1950)》。北京:中央文献出版社。

周谷(1990):《“西藏贸易团”美英之行始末》,《中国西藏》春季号。

周文琪(2006):《伟人的征程——中苏关系曲折发展中的毛泽东》。北京:中共党史出版社。

周育民(2000):《晚清财政与社会变迁》。上海:上海人民出版社。

周志初(2002):《晚清财政经济研究》。济南:齐鲁书社。

朱东安(2007):《晚清满汉关系与辛亥革命》,《历史档案》,1:36—43。

朱洪(2007):《大革命时期苏联和共产国际对国共两党经济援助之比较研究》,《党的文献》,2:52—57。

朱建华(1987a):《东北解放战争史》。哈尔滨:黑龙江人民出版社。

朱建华(1987b):《东北解放区财政经济史稿》。哈尔滨:黑龙江人民出版社。

朱宗震、陶文钊(2000):《中华民国史》第3编第6卷。北京:中华书局。

英文著述

Alesina, Alberto and Enrico Spolaore. 1997. "On the Number and Size of Nations," The *Quarterly Journal of Economics*, 112.4: 1027—1056.

____. 2003. *The Size of Nations*. Cambridge, MA: MIT Press.

Alter, Peter. 1994. *Nationalism*, 2nd ed. London: Edward Arnold.

Anderson, Benedict. 2006. *Imagined Communities: Reflctions on the Origin and Spread of Nationalism*, revised ed. London: Verso.

Anderson, Perry. 1974a. *Lineages of the Absolutist State*. London: Lew Left Books.

____. 1974b. *Passages from Antiquity to Feudalism*. London: New Left Books.

Bain, William. 2003. *Between Anarchy and Society: Truasteeship and the Obligations of Power*. Oxford: Oxford University Press.

Balibar, Etienne. 1991. "Racism and Nationalism, " in Etienne Balibar and Immanuel Wallerstein, eds., *Race, Nation, Class: Ambiguous Identities* (London: Verso), 37—68.

Bayly, C. A. 2004. *The Birth of the Modern World, 1780—1914: Global Connections and Comparisons*. Malden, MA: Wiley-Blackwell.

Beaulac, Stephane. 2000. "The Westphalian Legal Orthodoxy-Myth or Reality, "*Journal of the History of International Law*, 2: 148—177.

Bergère, Marie-Claire. 1986. *The Golden Age of the Chinese Bourgeoisie, 1911—1939*. Cambridge, UK: Cambridge University Press.

Bonney, Richard. 1981. *The King's Debts: Finance and Politics in France, 1589—1661*. New York: Oxford University Press.

____. 1988. *Society and Government in France under Richelieu and Mazarin, 1624—1961*. New York: St. Martin's Press.

Bourke, Richard and Quentin Skinner, eds. 2015. *Popular Sovereignty in Historical Perspective*. Cambridge: Cambridge University Press.

Bowden, Brett. 2009. *The Empire of Civilization: the Evolution of an Imperial Idea*. Chicago: University of Chicago Press.

Braude, Benjamin. 2014. *Christians and Jews in the Ottoman Empire*. Boulder, CO: LynneRienner.

Brewer, John. 1989. *The Sinews of Power: War, Money and the English State, 1688—1783*. London: Routledge.

Brubaker, Rogers. 1996. *Nationalism Reframed: Nationhood and the National Question in the New Europe*. Cambridge: Cambridge University Press.

Burbank, Jane and Frederick Cooper. 2010. *Empres in World History: Power and the Politics of Difference*. Princeton, NJ: Princeton University Press.

Cassel, Par Kristoffer. 2011. *Grounds of Judgment: Extraterritoriality and Imperial Power in Nineteenth-Century China and Japan*. New York: Oxford University Press.

Chang, Chun-shu. 2007. *The Rise of the Chinese Empire: Frontier, Immigration, and Empire in Han China, 130 B.C.—A.D. 157*. Ann Arbor: University of Michigan Press.

Chang, Chung-li. 1962. *The Income of the Chinese Gentry: A Sequel to The Chinese Gentry: Studies on Their Role in Nineteenth-Century Chinese Society*. Seattle: University of Washington Press.

Chang, Gordon. 2001. *The Coming Collapse of China*. New York: Random House.

Chang, Kwang-chih. 1987. *The Archaeology of Ancient China, 4th ed*. New Haven: Yale University Press.

Chen, Yung-fa. 1986. *Making Revolution: the Communist Movement in Eastern and Central China, 1937—1945*. Berkeley: University of California Press.

Chung, Chris. 2016. "Drawing the U-Shaped Line: China's Claim in the South China Sea, 1946—1974, "*Modern China*, 42.1: 38—72.

Coble, Parks. 1986. *The Shanghai Capitalists and the Nationalist Government, 1927—1937*. Cambridge, MA: Harvard University Press.

Cohen, Paul A. 2010. *Discovering History in China: American Historical Writing on the Recent Chinese Past*. New York: Columbia University Press.

Crook, Isabel and David Crook. 1979. *Ten Mile Inn: Mass Movement in a Chinese Village*. New York: Pantheon Books.

Crossley, Pamela Kyle. 1992. "The Rulerships of China, " *American Historical Review*, 97.5: 1468—1483.

____. 1999. *A Translucent Mirror: History and Identity in Qing Imperial Ideology*. Berkeley: University of California Press.

Crossley, Pamela Kyle, Helen F. Siu, and Donald S. Sutton. 2006. *Empire at the Margins: Culture, Ethnicity, and Frontier in Early Modern China*. Berkeley: University of California Press.

Dai, Yingcong. 2009. *The Sichuan Frontier and Tibet: Imperial Strategy in the Early Qing*. Seattle: University of Washington Press.

Dale, Stephen F. 2010. *The Muslim Empires of the Ottomans, Safavids, and Mughals*. Cambridge, UK: Cambridge University Press.

Department of State. 1967. *The China White Paper, August 1949*. Stanford, CA: Stanford University Press.

____. 1972. *Foreign Relations of the United States, 1946, The Far East: China*, vol. 10. Washington DC: United States Government Printing Office.

DeVries, Kelly. 2010. "Warfare and the International State System." In Frank Tallett and D. J. B. Trim, eds., *European Warfare, 1350—1750* (Cambridge: Cambridge University Press), pp. 27—49.

Di Cosmo, Nicola. 1998. "Qing Colonial Administration in Inner Asia, " *The International History Review*, 20.2: 287—309.

____. 2004. "Did Guns Matter? Firearms and the Qing Formation." In Lynn A. Struve, ed., *The Qing Formation in World-Historical Time*, 121—166.

Downing, Brian. 1992. *The Military Revolution and Political Change: Origins of Democracy and Autocracy in Early Modern Europe*. Princeton, NJ: Princeton University Press.

Doyle, Michael W. 1986. *Empires*. Ithaca: Cornell University Press.

Dunstan, Helen. 1996. *Conflicting Counsels to Confuse the Age: A Documentary Study of Political Economy in Qing China, 1644—1840*. Ann

Arbor: Center for Chinese Studies, the University of Michigan.

____. 2006. *State or Merchant? Political Economy and Political Process in 1740s China*. Cambridge: Harvard University Press.

Eastman, Lloyd E. 1974. *The Abortive Revolution: China under Nationlist Rule, 1927—1937*. Cambridge, MA: Harvard University Press.

____. 1984. *Seeds of Destruction: Nationalist China in War and Revolution, 1937—1949*. Stanford, CA: Stanford University Press.

Eisenstadt, Samuel N. 1963. *The Political Systems of Empires: The Rise and Fall of the Historical Bureaucratic Societies*. New York: The Free Press of Glencoe.

Elliott, Mark C. 2001. *The Manchu Way: The Eight Banners and Ethnic Identity in Late Imperial China*. Stanford: Stanford University Press.

____. "Ethnicity in the Qing Eight Banners." In Pamela Kyle Crossley, etc., eds., *Empire at the Margins*, 27—57.

Elman, Benjamin A. 2009. *A Cultural History of Modern Science in China*. Cambridge, MA: Harvard University Press.

____. 2004. "Naval Warfare and the Refraction of China's Self-Strengthening Reforms into Scientific and Technological Failure, 1865—1895," *Modern Asian Studies*, 38.2: 283—326.

Emerson, Rupert. 1960. *From Empire to Nation: the Rise to Self-Assertion of Asian and African Peoples*. Cambridge: Harverd University Press.

Epstein, Israel. 1993. *Woman in World History: Life and Times of Soon Ching Ling (Mme. Sun Yatsen)*. Beijing: New World Press.

Ertman, Thomas. 1997. *Birth of the Leviathan: Building States and Regimes in Medieval and Early Modern Europe*. Cambridge, UK: Cambridge University Press.

Esherick, Joseph W. 2006. "How the Qing Became China." In Joseph W. Esherick, HasanKayali, and Eric Van Young, eds., *Empire to Nation:*

Historical Perspectives on the Making of the Modern World (Lanham, MD: Rowman&Littlefield) , pp. 229—259.

____. 2010. "China and the World: from Tribute to Treaties to Popular Nationalism." In Brantly Womack, ed., *China's Rise in Historical Perspective* (Lanham, MD: Rowman & Littlefield) , 19—38.

Esherick, Joseph W., HasanKayali, and Eric Van Young, eds.. 2006. *Empire to Nation: Historical Perspectives on the Making of the Modern World*. Oxford: Rowman & Littlefield.

Fairbank, John K. 1969. *Trade and Diplomacy on the China Coast: the Opening of the Treaty Ports, 1842—1854*. Cambridge: Harvard University Press.

Fairbank, John K and Kwang-ching Liu, eds. 1980. *The Cambridge History of China*, vol. 11, Cambridge, UK: Cambridge University Press.

Fairbank, J. K. and S. Y. Teng. 1941. "On the Ch'ing Tributary System, "*Harvard Journal of Asiatic Studies*, 6.2: 135—246.

Fitzgerald, John. 1995. "The Nationless State: the Search for a Nation in Modern Chinese Nationalist, "*The Australian Journal of Chinese Affairs*, 33: 75—104.

____. 1996.*Awakening China: Politics, Culture, and Class in the Nationalist Revolution*. Stanford: Stanford University Press.

Friedman, Edward, Paul G. Pickowicz, and Mark Selden. 1991.*Chinese Village, Socialist State*. New Haven: Yale University Press.

Gellner, Ernest. 1997. *Nationalism*. New York: New York University Press.

____. 2006. *Nations and Nationalism*, 2nd ed. Oxford: Blackwell.

Gilman, Nils. 2003.*Mandarins of the Future: Modernization Theory in Cold War America*. Baltimore: Johns Hopkins University Press.

Glete, Jan. 2002. *War and the State in Early Modern Europe: Spain, the*

Dutch Republic and Sweden as Fisca-Military States. New York, NY: Routledge.

Goldstein, Melvyn C. 1989.*A History of Modern Tibet, vol. I, The Demise of the Lamaist State*. Berkeley: University of California Press.

Goldstone, Jack. 1991.*Revolution and Rebellion in the Early Modern World*. Berkeley, CA: University of California Press.

____. 2004. "Neither Late Imperial nor Early Modern: Efflorescences and the Qing Formation in World History." In Lynn Struve, ed., *The Qing Formation in World-Historical Time*, 242—302.

Gorrie, James. 2013.*The China Crisis: How China's Economic Collapse Will Lead to a Global Depression*. Hoboken: Wiley.

Greenfeld, Liah. 1992.*Nationalism: Five Roads to Modernity*. Cambridge: Harvard University Press.

Grunfeld, A. Tom. 1996. *The Making of Modern Tibet*. Armonk, NY: East Gate Book.

Guilmartin, Jr., John F. 1988. "Ideology and Conflict: The Wars of the Ottoman Empire, 1453—1606, "*Journal of Interdisciplinary History*, 18. 4: 721—747.

Gunn, Steven. 2010. "War and the Emergence of the State: Western *Europe*, 1350—1600." In Frank Tallett and D. J. B. Trim, eds., *European Warfare, 1350—1750* (Cambridge: Cambridge University Press), pp. 50—73.

Gunn, Steven, David Grummitt, and Hans Cools. 2008. "War and the State in Early Modern Europe: Widening the Debate, "*War in History*, 15.4: 371—388.

Guy, Kent R. 2010.*Qing Governors and Their Provinces: The Evolution of Territorial Administration in China, 1644—1796*. Seattle: University of Washington Press.

Halsey, Stephen. 2015. *Quest for Power: European Imperialism and the*

Making of Chinese Statecraft. Cambridge: Harvard University Press.

Harding, Alan. 2002.*Medieval Law and the Foundations of the State*. New York: Oxford University Press.

Harding, Harry. 1993. "The Concept of ' Greater China' : Themes, Variations and Reservations, "*The China Quarterly*, 136: 660—686.

Harriman, W. Averell. 1975.*Special Envoy to Churchill and Stalin, 1941—1946*. New York: Random House.

Harriss, Gerald. "Political Society and the Growth of Government in Late Medieval England, "*Past & Present*, 138: 28—57.

He, Wenkai. 2013.*Paths toward the Modern Fiscal State: England, Japan, and China*. Cambridge: Harvard University Press.

Hechter, Michael. 2000. *Containing Nationalism*. Oxford: Oxfard University Press.

Hertslet, Godfrey E. 1908.*Hertslet's China Treaties*. London: Harrison & Sons.

Hinton, William. 1966.*Fanshen: A Documentary of Revolution in a Chinese Village*. New York: Vintage Books.

Hintze, Otto. 1975. "Military Organization and the Organization of the State." In Felix Gilbert, ed., *The Historical Essays of Otto Hintze* (New York: Oxford University Press), 178—215.

Ho, Ping-ti. 1959. *Studies on the Population of China, 1368—1953*. Cambridge, Mass.: Harvard University Press.

____. 1967. "The Significance of the Ch'ing Period in Chinese History, "*The Journal of Asian Studies*, 26.2: 189—195.

____. 1998. "In Defense of Sinicization: A Rebuttal of Evelyn Rawski's ' Reenvisioning the Qing' , "*The Journal of Asian Studies*, 57.1: 123—155.

Hobson, John M. 2006. "Civilizing the Global Economy: Racism and the Continuity of Anglo-Saxon Imperialism, " in Brett Bowden and Leonard

Seabrooke, eds., *Global Standards of Market Civilization* (London: Routledge), 60—76.

____. 2015. "Decolonizing Sovereignty: Globalization and the Return of Hyper-Sovereignty, " in Robert Schuett and Peter Stirk, eds., *The Concept of the State in International Relations: Philosophy, Sovereignty, Cosmopolitanism* (Edinburgh: Edinburgh University Press), 135—162.

Hobsbawm, E. J. 1987. *The Age of Empire, 1875—1914*. New York: Vintage Books.

____. 2012. *Nations and Nationalism since 1780: Programme, Myth and Reality*, 2nd ed. Cambridge: Cambridge University Press.

Hodgson, Marshall G. S. 1974. *The Ventures of Islam: Conscience and History in a World Civilization*, 3 vols. Chicago: University of Chicago Press.

Howe, Stephen. 2002. *Empire: A Very Short Introduction*. Oxford: Oxford University Press.

Huang, Philip. 1996. *Civil Justice in China: Representation and Practice in the Qing*. Stanford, CA: Stanford University Press.

____. 2002. "Development or Involution? 18th Century Britain and China." *Journal of Asian Studies*, 61.2: 501—538.

Huang, Ray. 1974. *Taxation and Governmental Finance in Sixteenth-Century Ming China*. Cambridge, UK: Cambridge University Press.

____. 1997. *China: A Macro History*. New York: M. E. Sharpe.

Hui, Victoria Tin-bor. 2005. *War and State Formation in Ancient China and Early Modern Europe*. Cambridge, UK: Cambridge University Press.

Huntington, Samuel, P. 1996. *The Clash of Civilizations and the Remaking of World Order*. New York: Simon& Schuster.

____. 2005. *Who Are We? The Challenges to America's National Identity*. New York: Simon & Schuster.

Ingatieff, Michael. 1993. *Blood and Belonging: Journeys into the New*

Nationalism. New York: Farrar, Straus &Giroux.

Johnson, Chalmers. 1962. *Peasant Nationalism and Communist Power: the Emergence of Revolutionary China, 1937—1945*. Stanford, CA: Stanford University Press.

Kaeuper, Richard W. 1988. *War, Justice, and Public Order: England and France in the Later Middle Ages*. New York: Oxford University Press.

Keating, Pauline. 1997. *Two Revolutions: Village Reconstruction and the Cooperative Movement in Northern Shaanxi, 1934—1945*. Stanford, CA: Steanford University Press.

Kelly, Morgan. 1997. "The Dynamics of Smithian Growth, " *Quarterly Journal of Economics,* 112.3: 939—964.

Kirby, William. 1997. " The Internationalization of China: Foreign Relations at Home and Abroad in the Republican Era, "*The China Quarterly*, 150: 433—458.

Kissinger, Henry. 2014. *World Order*. New York: Penguin.

Krasner, Stephen. 2001. "Rethinking the Sovereign State Model." In Michael Cox, Tim Dunne, Ken Booth, eds., *Empires, Systems and States: Great Transformations in Internationa Politics* (Cambridge, UK: Cambridge University Press) , pp. 17—42.

Kuhn, Philip. 1970. *Rebellion and Its Enemies in Late Imperial China: Militarization and Social Structure, 1796—1864*. Cambridge, MA: Harvard University Press.

____. 1990. *Soulstealers: The Chinese Sorcery Scare of 1768*. Cambridge, MA: Harvard University Press.

Kumar, Krishan. 2010. "Nation-states as Empires, Empires as Nation-states: Two Principles, One Practice?"*Theory and Society*, 39.2: 119—143.

Kuo, Ting-yee and Kwang-Ching Liu. 1978. "Self-Strengthening: the Puisuit of Western Technology, " in Denis Twitchett and John K. Fairbank, eds., *The Cambridge History of China*, vol. 10 (Cambridge: Cambridge University Press), pp. 491—542.

Kuznets, Simon. 1966. *Modern Economic Growth: Rate, Structure, and Spread*. New Haven: Yale University Press.

Latham, Michael. 2000. *Modernization as Ideology: American Social Science and "Nation Building" in the Kennedy Era*. Chapel Hill: University of North Carolina Press.

Lattimore, Owen. 1988 (1940). *Inner Asian Frontiers of China*. Oxford: Oxford University Press.

Lee, Daniel. 2016. *Popular Sovereighty in Early Modern Constitutional Thought*. Oxford: Oxford University Press.

Levine, Steven I. 1987. *Anvil of Victory: the Communist Revolution in Manchuria, 1945—1948*. New York: Columbia University Press.

Lewis, Bernard. 1958. "Some Reflections on the Decline of the Ottoman Empire," *Studia Islamica*, 9: 111—127.

____. 2002. *The Emergence of Modern Turkey*. 3rd ed. New York: Oxford University Press.

Li, Bozhong. 1998. *Agricultural Development in Jiangnan, 1620—1850*. New York: St. Martin's.

Li, Huaiyin. 2013. *Reinventing Modern China: Imagination and Authenticity in Chinese Historical Writing*. Honolulu: University of Hawaii Press.

Liu, Kwang-Ching. 1970. "The Confucian as Patriot and Pragmatist: Li Hung-chang's Formative Years, 1823—1866," *Harvard Journal of Asiatic Studies*, 30: 5—45.

____ and Richard Smith. 1980. "The Millitary Challenge: the North-west and the Coast," in John K. Fairbank and Kwang-Ching Liu, eds., *The Cambridge History of China*, vol. 11 (Cambridge: Cambridge University Press), pp. 202—273.

Liu, Xiaoyuan. 2010. *Recast All Under Heaven: Revolution, War, Diplomacy, and Frontier China in the 20th Century*. New York: Continuum.

Maddison, Angus. 1998. *Chinese Economic Performance in the Long Run*. Paris: OECD

____. 2001. *The World Economy: A Millennial Perspective*. Paris: OECD.

Mann, Michael. 1980. "State and Society, 1130—1815: An Analysis of English State Finances." In Maurice Zeitlin, ed., *Political Power and Society Theory: A Research Annual*, vol. I. Greenwich, CT: JAI Press.

____. 1986a. "The Autonomous Power of the State: Its Origins, Mechanisms and Results." In John A. Hall, ed., *States in History* (Oxford: Basil Blackwell), pp. 109—136.

____. 1986b. *The Sources of Social Power, Vol. I: A History of Power from the beginning to A.D. 1760*. Cambridge, UK: Cambridge University Press.

____. 2005. *The Dark Side of Democracy: Explaining Ethnic Cleansing*. Cambridge: Cambridge University Press.

Mann, Susan. 1987. *Local Merchants and the Chinese Bureaucracy, 1750—1950*. Stanford: Stanford University Press.

Marx, Karl and Frederick Engels. 1969. "Manifesto of the Communist Party." In Karl Marx and Frederick Engels, *Selected Works* (Moscow: Progress Publishers), 1: 98—137.

Mehta, U. Singh. 1999. *Liberalism and Empire: A Study in Nineteenth-Century British Liberal Thought*. Chicago: Chicago University Press.

Millward, James P. 1998. *Beyond the Pass: Economy, Ethnicity, and Empire in Qing Central Asia, 1759—1864*. Stanford, CA: Stanford University Press.

Mitter, Rana. 2013. *Forgotten Ally: China's World War II, 1937—1945*. Boston: Mariner Books.

Morgan, Edmund s. 1988. *Inventing the People: The Rise of Popular Sovereighty in England and America*. New York: W. W. Norton & Co.

Mosca, Matthew. 2013. *From Frontier Policy to Foreign Policy: The Question of India and the Transformation of Geopolitics in Qing China*. Stanford, CA: Stanford University Press.

Muthu, Sankar. 2003. *Enlightement against Empire*. Princeton: Princeton University Press.

Obregón, Liliana. 2012. "The Civilized and the Uncivilized." In BardoFassbender and Anne Peters, eds., *The Oxford Handbook of the History of Internaitonal Law* (Oxford: Oxford University Press), pp. 917—942.

O'Brien, Patrick K. 2002. "Fiscal Exceptionalism: Great Britain and its European Rivals from Civil War to Triumph at Trafalgar and Waterloo." In Donald Winch and Patrick K. O'Brien, eds., *The Political Economy of British Historical Experience, 1688—1914* (New York: Oxford University Press), pp. 245—265.

Opello, Walter C., Jr. 2004. *The Nation-State and Global Order: A Historical Introduction to Contemporary Politics*, 2nd ed. Boulder: LynneRienner.

Osiander, Andreas. 2001. "Sovereignty, International Relations, and the Westphalian Myth, "*International Organization*, 55.2: 251—287.

Pagden, Anthony. 1994. *European Encounters with the New World: From Renaissance to Romanticism*. New Haven: Yale University Press.

____. 1995. *Lords of All the World: Ideologies of Empire in Spain, Britain and France, c. 1500—c. 1800*. New Haven: Yale University Press.

____. 2003. *Peoples and Empires*. New York: The Modern Library.

Paine, S. C. M. 1996. *Imperial Rivals: China, Russia, and Their Disputed Frontier*. Armonk, NY: M. E. Sharpe.

Pamuk, Sevket. 2004. "Institutional Change and the Longevity of the Ottoman Empire, 1500—1800, "*Journal of Interdisciplinary History*, 35. 2: 225—247.

Pepper, Suzanne. 1978. *Civil War in China: the Political Struggle, 1945—*

1949. Los Angeles: University of California Press.

Perdue, Peter. "Military Mobilization in Seventeenth and Eighteenth-Century China, Russia, and Mongolia," *Modern Asian Studies*, 30. 4: 757—793.

____. 2005. *China Marches West: the Qing Conquest of Central Eurasia*. Cambridge, MA: Harvard University Press.

Pitts, Jennifer. 2005. *A Turn to Empire: The Rise of Imperial Liberalism in Britain and France. Princeton*: Princeton University Press.

Philpott, Daniel. 2000. "The Religious Roots of Modern Internaiotnal Relations, "*World Politics*, 52.2: 206—245.

Prazniak, Roxann. 1999. *Of Camel Kings and Other Things: Rural Rebels against Modernity in Late Imperial China*. Lanham, MD: Rowman & Littlefield.

Pugach, Neol. 1973. "Embarrassed Monarchist: Frank J. Goodnow and Constitutional Development in China, 1913—1915, " *The Pacific Historical Review*, 42.4: 499—517.

Rasler, Karen and William Thompson. 1989. *War and State Making: The Shaping of the Global Powers*. Boston, MA: Unwin Hyman.

Rawski, Evelyn S. 1996. "Reenvisioning the Qing: The Significance of the Qing Period in Chinese History, " *The Journal of Asian Studies*, 55. 4: 829—850.

____. 1998. *The Last Emperors: A Social History of Qing Imperial Institutions*. Berkeley: University of California Press.

____. 2004. "The Qing Formation and the Early-Modern Period." In Lynn Struve, ed., *The Qing Formation in World-Historical Time*, 207—241.

____. 2010. " Chinese Strategy and Security Issues in Historical Perspective." In Brantly Womack, ed., *China's Rise in Historical Perspective* (Lanham, MD: Rowman & Littlefield), 63—87.

Reed, Bradly. 2000. *Talons and Teeth, County Clerks and Runners in the*

Qing Dynasty. Stanford, CA: Stanford University Press.

Rhoads, Edward J. 2000. *Manchus and Han: Ethnic Relations and Political Power in Late Qing and Early Republican China, 1861—1928*. Seattle: University of Washington Press.

Roberts, Michael. 1967. "The Military Revolution, 1560—1660." In Michael Roberts, *Essays in Swedish History* (London: Weidenfeld & Nicolson), 195—225.

Roeder, Philip G. 2007. *Where Nation-States Come From: Institutional Change in the Age of Nationalism*. Princeton: Princeton University Press.

Rowe, William T. 1993. "State and Market in Mid-Qing Economic Thought: the Case of Chen Hongmou (1696—1771), "*Étudeschinoises*, 12. 1: 7—40.

Said, Edward. 1979. *Orientalism*. New York: Vintage.

Scammell, G. V. 1989. *The First Imperial Age: European Overseas Expansion, c. 1400—1715*. London: Routledge.

Selden, Mark. 1971. *The Yenan Way in Revolutionary China*. Cambridge: Harvard University Press.

Shambaugh, David. 2015. "The Coming Chinese Crackup, " in *The Wall Street Journal*, March 6.

Shaw, Stanford. 1976. *History of the Ottoman Empire and Modern Turkey. Vol. I: Empire of the Gazis: the Rise and Decline of the Ottoman Empire, 1280—1808*. Cambridge University Press.

____ and EzelKural Shaw. 1977. *History of the Ottoman Empire and Modern Turkey. Vol. II: Reform, Revolution, and Republic: the Rise of Modern Turkey, 1808—1975*. Cambridge University Press.

Shakabpa, Tsepon. 1967. *Tibet: A Political History*. New Haven: Yale University Press.

Shulman, Stephen. 2002. "Challenging the Civic/Ethnic and West/East

Dichotomies in the Study of Nationalism, "*Comparative Political Studies*, 35.5: 554—585.

Skocpol, Theda. 1979. *States and Social Revolutions: A Comparative Analysis of France, Russia, and China*. Cambridge, UK: Cambridge University Press.

Smedley, Agnes. 1938. *China Fights Back: An American Woman with the Eighth Route Army*. New York: Vanguard Press.

Smith, Anthony D. 1991. *National Identity*. London: Pengui.

Storrs, Christopher. 2009. "Introduction: The Fiscal-Military State in the ' Long' Eighteenth Century." In Christopher Storrs, ed., *The Fiscal-Military State in Eighteenth-Century Europe: Essays in Honor of P. G. M. Dickson* (Burlington, VT: Ashgate Publishing Co.): 1—22.

Strayer, Joseph R. 1970. *On the Medieval Origins of the Modern State*. Princeton: Princeton University Press.

Streusand, Douglas E. 2010. *Islamic Gunpowder Empires: Ottomans, Safavids, and Mughals*. Boulder: Westview Press.

Struve, Lynn A., ed. 2004. *The Qing Formation in World-Historical Time*. Cambridge: Harvard University Press.

Svarverud, Rune. 2011. "Re-constructing East Asia: International Law as Inter-Cultural Process in Late Qing China, "*Inter-Asia Cultural Studies*, 12. 2: 306—318.

Tanner, Harold. 2015. *Where Chiang Kai-shek Lost China: The Liao-Shen Campaign, 1948*. Bloomington: Indiana University Press.

Taylor, Jay. 2009. *The Generalissimo: Chiang Kai-shek and the Struggle for Modern China*. Cambridge: Harvard University Press.

Thaxton, Ralph. 1983. *China Turned Rightside Up: Revolutionary Legitimacy in the Peasant World*. New Haven, CT: Yale University Press.

____. 1997. *Salt of the Earth: the Political Origins of Peasant Protest and*

Communist Revolution in China. Berkeley, CA: University of California Press.

Theobald, Ulrich. 2013. *War Finance and Logistics in Late Imperial China: A Study of the Second Jinchuan Campaign (1771—1776)*. Leiden: Brill.

Tilly, Charles. 1975. "Reflections on the History of European State-Making." In Charles Tilly, ed., *The Formation of National States in Western Europe* (Princeton, NJ: Princeton University Press), 3—83.

____. 1985. "War Making and State Making as Organized Crime." In Peter Evans, Dietrich Rueschemeyer and ThedaSkocpol, eds., *Bringing the State Back In* (Cambridge, UK: Cambridge University Press), 169—191.

____. 1990. *Coercion, Capital, and European States, AD 990—1992*. Malden, MA: Blackwell Publishers Inc.

Torgovnick, Marianna. 1990. *Gone Primitive: Savage Intellects, Modern Lives*. Chicago: University of Chicago Press.

Truman, Harry S. 1986. *Memoirs of Harry S. Truman*, vol. 1, "1945, Year of Decisions." Cambridge, MA: Da Capo Press.

Tuck, Richard. 2015. *The Sleeping Sovereign: The Invention of Modern Democracy*. Cambridge: Cambridge University Press.

van Creveld, Martin. 1999. *The Rise and Decline of the State*. Cambridge, UK: Cambridge University Press.

Waldron, Arthur. 1995. *From War to Nationalism: China's Turning Point, 1924—1925*. Berkeley: University of California Press.

Waley-Cohen, Joanna. 2004. "The New Qing History, " in *Radical History Review*, 88: 193—206.

Wallerstein, Immanuel. 1974. *The Modern World-System: Capitalist Agriculture and the Origins of the European World-Economy in the Sixteenth Century*. New York: Academic Press.

Wang, Yeh-chien. 1974. *Land Taxation in Imperial China, 1750—1911*. Cambridge, MA: Harvard University Press.

____. 1992. "Secular Trends of Rice Prices in the Yangzi Delta, 1638—1935." In—Thomas G. Rawski and Lillian M. Li, eds., *Chinese History in Economic Perspective* (Berkeley, CA: University of California Press): 35—68.

Weber, Max. 1978. *Economy and Society: An Outline of Interpretive Sociology*. Berkeley: University of California Press.

Westad, Odd A. 2003.*Decisive Encounters: the Chinese Civil War, 1946—1950*. Stanford, CA: Stanford University Press.

Wilson, Peter. 2009. "Prussia as a Fiscal-Military State, 1640—1806." In Christopher Storrs, ed., *The Fiscal-Military State in Eighteenth-Century Europe: Essays in Honor of P. G. M. Dickson* (Burlington, VT: Ashgate Publishing Co.): 95—124.

Winerbotham, William. 1795.*An Historical, Geographical, and Philosophical View of the Chinese Empire*. London: Ridgway and Button.

Wimmer, Andreas. 2002. *Nationalist Exclusion and Ethnic Conflicts: Shadows of Modernity*. Cambridge: Cambridge University Press.

Wittfogel, Karl A. 1957.*Oriental Despotism: A Comparative Study of Total Power*. New Haven: Yale University Press.

Wong, R. Bin. 1997.*China Transformed: Historical Change and the Limits of European Experience*. Ithaca: Cornell University Press.

Wou, Odoric Y. K. 1994.*Mobilizing the Masses: Building Revolution in Henan*. Stanford, CA: Stanford University Press.

Yack, Bernard. 2001. "Popular Sovereighty and Nationalism, "*Political Theory*, 29.4: 517—536.

Young, Arthur N. 1971. *China's Nation-Building Effort, 1927—1937: The Financial and Economic Record*. Hoover Institution Press.

Zarrow, Peter. 2005. *China in War and Revolution, 1895—1949*. London: Routledge.

____. 2012. *After Empire: The Conceptual Transformation of the Chinese*

State, 1885—1924. Stanford, CA: Stanford University Press.

Zelin, Madeleine. 1984. *The Magistrate's Tael: Rationalizing Fiscal Reform in Eighteenth-Century Ch'ing China*. Berkeley: University of California Press.

Zhao, Gang. 2006. "Reinventing China: Imperial Qing Ideology and the Rise of Modern Chinese National Identity in the Early Twentieth Century," *Modern China*, 32.1: 3—30.